Peter Herbek

Strategische Unternehmensführung

Wandel fördern und Stabilität sichern

Bibliografische Information der Deutschen Nationalbibliothek
Die Deutsche Nationalbibliothek verzeichnet diese Publikation in der Deutschen
Nationalbibliografie. Detaillierte bibliografische Daten sind im Internet über
http://dnb.d-nb.de abrufbar.

Für Fragen und Anregungen:
herbek@mi-wirtschaftsbuch.de

Nachdruck 2014
© 2007 by mi-Wirtschaftsbuch, ein Imprint der Münchner Verlagsgruppe GmbH
Nymphenburger Straße 86
D-80636 München
Tel.: 089 651285-0
Fax: 089 652096

Alle Rechte, insbesondere das Recht der Vervielfältigung und Verbreitung sowie der Übersetzung, vorbehalten. Kein Teil des Werkes darf in irgendeiner Form (durch Fotokopie, Mikrofilm oder ein anderes Verfahren) ohne schriftliche Genehmigung des Verlages reproduziert oder unter Verwendung elektronischer Systeme gespeichert, verarbeitet, vervielfältigt oder verbreitet werden.

Redaktion: Dr. Rainer Vollath, München
Lektorat: Stephanie Walter, München
Umschlaggestaltung: Jarzina Kommunikations-Design, Holzkirchen
Satz: Simone Willfahrt, Journal Media GmbH. Poing
Druck: Books on Demand GmbH, Norderstedt

ISBN Print 978-3-86880-148-4

Weitere Informationen zum Verlag finden Sie unter
www.mi-wirtschaftsbuch.de

Beachten Sie auch unsere weiteren Verlage unter
www.muenchner-verlagsgruppe.de

Inhalt

Vorwort 7

Einführung 9

Teil 1 – Positionierung 15

1 Die Entwicklung zur strategischen Unternehmensführung 17
   1.1   Methodische Entwicklung der Unternehmensführung 17
   1.2   Inhaltliche Entwicklung der Unternehmensführung 21

2 Strategische Unternehmensführung – techno-kausales versus systemisch-konstruktivistisches Paradigma 29
   2.1   Techno-kausales Management 29
   2.2   Systemisch-konstruktivistisches Management 32
   2.3   Systemisches Modell der strategischen Unternehmensführung 45

3 Unternehmensidentität 51
   3.1   Selbstverständnis und Grundwerte des Unternehmens 54
   3.2   Unternehmensvision 57
   3.3   Kernkompetenzen 67
   3.4   Strategische Marktdifferenzierung 74
   3.5   Systemische Zusammenhänge aus dem Blickwinkel der Unternehmensidentität 84

4 Strategiemanagement 87
   4.1   Markt- versus ressourcenorientierte Strategieansätze 91
   4.2   Produkt-Markt-Kombinationen und strategische Geschäftsfelder 92
   4.3   Strategische Erfolgspotenziale 104
   4.4   Branchen- und Wettbewerbssituation 110
   4.5   Systemische Zusammenhänge aus dem Blickwinkel des Strategiemanagements 124

5 Struktur- und Prozessmanagement 129
   5.1   Strukturmanagement 133

5.2	Gestaltung der Geschäftsprozesse	155
5.3	Systemische Zusammenhänge aus dem Blickwinkel des Strukturmanagements	156

6 Kulturmanagement ... 159
    6.1   Begriff und Inhalte der Unternehmenskultur ... 159
    6.2   Gestaltungselemente der Unternehmenskultur ... 166
    6.3   Systemische Zusammenhänge aus dem Blickwinkel des Kulturmanagements ... 175

7 Prozess der Strategieentwicklung ... 183
    7.1   Systemische Diagnose der strategischen Ausgangssituation ... 185
    7.2   Strategieformulierung ... 187
    7.3   Gestaltung der Organisationsstrukturen ... 192
    7.4   Strategie- und Strukturimplementierung ... 194

Teil 2 – Transformationsmanagement ... 197

8 Spektrum und Positionierung der Transformation ... 199
    8.1   Formen der Transformation ... 199
    8.2   Die drei Ebenen der Transformation ... 218

9 Phasen des Transformationsprozesses ... 235
    9.1   Idealtypischer Verlauf ... 235
    9.2   Initiierungsphase ... 238
    9.3   Diagnosephase ... 245
    9.4   Konzeptionsphase ... 271
    9.5   Umsetzungsphase ... 298
    9.6   Veränderungs- und Entwicklungsprozesse im Vergleich ... 300

Anmerkungen ... 309

Abbildungen und Tabellen ... 313

Literatur ... 317

Register ... 323

Autoreninformation ... 327

Vorwort

Dieses Buch richtet sich sowohl an Studierende der Betriebswirtschaftslehre, die sich mit dem Thema der strategischen Unternehmensführung auseinandersetzen, als auch an Praktiker, die in den Unternehmen täglich mit der Aufgabe der Unternehmensführung konfrontiert sind. Gerade in Zeiten revolutionärer Veränderungen im Umfeld der Unternehmen kommt der strategischen Unternehmensführung eine besondere Bedeutung zu.

Die Ausführung gliedert sich in zwei Teile: Der erste Teil beschäftigt sich mit der strategischen Positionierung des Unternehmens, der zweite Teil mit dem dynamischen Faktor Transformation – also der Bewegung des Unternehmens.

Das Herzstück des ersten Teils stellt die Unternehmensidentität dar, unter der, aufbauend auf den zentralen Werthaltungen des Unternehmens, die Unternehmensvision, die Kernkompetenzen und die Marktpositionierung zu subsumieren sind. Darauf aufbauend beschäftigen sich die Kapitel Strategie-, Struktur- und Prozessmanagement sowie Kulturmanagement mit den weiteren Faktoren der strategischen Unternehmensführung im Rahmen der Unternehmenspositionierung. Dieser Teil schließt mit einem Kapitel über den Prozess der Strategiegestaltung und wendet sich damit folgender Frage zu: Wie sehen Vorgangsweise und Ablauf in der Findung beziehungsweise Überarbeitung der strategischen Ausrichtung eines Unternehmens aus?

Im zweiten Teil stehen die Transformationsprozesse des Unternehmens im Mittelpunkt der Betrachtung. Die zentralen Fragen sind: Wie kann ein soziales System – wie das ein Unternehmen darstellt – von einem Zustand A in einen Zustand B überführt werden? Wie müssen in diesem Zusammenhang die Transformationsprozesse initiiert, gestaltet und gesteuert werden? So werden die wichtigsten Formen von Transformationsprozessen beleuchtet, deren situative Anwendung diskutiert und darüber hinaus auch die Methoden und Instrumente zur Führung und Gestaltung von Transformationsprozessen dargestellt.

Viele Abschnitte sind mit kurzen Beispielen aus unserer Unternehmensberatungspraxis (Fallvignetten) versehen, um so – vor allen den Studierenden – einen Praxisbezug bieten zu können. All diese Beispiele haben einen realen Hintergrund und stammen ausschließlich aus der eigenen Beratungspraxis; sie sind von den Rahmendaten her aber teilweise verfremdet dargestellt, um einen direkten Bezug zum tatsächlichen Unternehmen zu vermeiden.

Für den »schnellen Leser« wurden die Kernaussagen jedes Abschnittes als Marginalie zusammengefasst. Damit man sich rasch einen Überblick über den Inhalt des jeweiligen Kapitels verschaffen und sich individuell nach den eigenen Bedürfnissen mit dem Text auseinandersetzen kann. Darüber hinaus sollte diese Form der Darstellung für die Studierenden eine Lernhilfe bieten.

Mit den Themen meines Buches beschäftige ich mich seit vielen Jahren sowohl in der Theorie als auch in der Praxis. Zum einen sind die beschriebenen Inhalte Basis meiner Vorlesungen *Unternehmensstrategie und Transformationsmanagement* im Rahmen von Lehraufträgen an der Wirtschaftsuniversität Wien, der Technischen Universität Wien und der Donau-Universität Krems. Zum anderen bin ich wissenschaftlicher Leiter des MBA-Lehrganges an der PEF Privatuniversität für Management. Meine Beratertätigkeit beschäftigt sich ausschließlich mit diesen Themenbereichen. Damit habe ich das Glück, diese Themen permanent einer kritischen Überprüfung und Weiterentwicklung unterziehen zu können, und zwar sowohl auf akademischer Ebene in Form von unzähligen Diskussionen mit meinen Studenten als auch praxisorientiert mit vielen Mitgliedern der Geschäftsführung aus unterschiedlichen Unternehmenszweigen. Die Diskussionen der letzten zehn Jahre sind die Basis der nun vorliegenden Weiterentwicklung geworden. Die strategische Unternehmensführung ist meiner Meinung nach das spannendsten Gebiet der Betriebs- und Managementlehre. Gegenüber der ersten Auflage sind einige Themen neu, einige wurden grundlegend überarbeitet und einige gekürzt; nur wenig ist völlig unverändert geblieben.

Mein Dank gilt all denen, die durch ihre kritischen Reflexionen diese zweite, verbesserte Auflage ermöglicht haben, und meiner lieben Frau für ihre redaktionelle Unterstützung.

Peter Herbek

Wien, im August 2010

Einführung

Die Welt hat sich in den letzten 50 Jahren im Hinblick auf Technologie, Wirtschaft, Politik und Lebenserwartung, aber auch in den Wertvorstellungen der Menschen radikaler verändert als in den 500 Jahren davor. Die Unternehmen sehen sich heute zunehmend in eine dynamisierende Umwelt eingebunden: einerseits ausgelöst durch die Innovationen in der Mikro-Elektronik, der Informatik und Telekommunikation, andererseits durch die zunehmende Globalisierung der Weltmärkte. Sie sind daher mit völlig neuen Herausforderungen konfrontiert.

War noch vor wenigen Jahrzehnten Stabilität in den Unternehmen ein gefragtes und erstrebenswertes Ziel, so wird diese Stabilität heute als Stagnation und damit als Bedrohung und Rückschritt gewertet. Die aktuelle Managementliteratur beginnt zunehmend, sich mit diesem Thema zu beschäftigen. Die bestehende Begriffsvielfalt zeugt von der großen Zahl dieser Ansätze. Begriffe wie Wandel – »Change« in der angloamerikanischen Literatur – Entwicklung, Dynamik, Veränderung, Innovation und Transformation kennzeichnen diese Situation. Eines haben aber all diese Begriffe gemeinsam: Stabilität allein ist zu wenig! Heute geht es in den Unternehmen laufend darum, sich an die Umwelt anzupassen – und damit letztlich um Veränderung und Entwicklung. Diese Anpassung hat in der Gegenwart aber immer weniger reagierenden Charakter, denn sie muss die Zukunft bereits vorausahnen. Daher müssen Entwicklungen in den Unternehmen heute eingeleitet werden, um morgen den Bedürfnissen des Marktes entsprechen zu können.

Die Erfolge von gestern sind die Feinde von morgen. Die strategische Unternehmensführung ist daher aufgefordert, nicht allein Stabilität und Ordnung in die Unternehmen zu bringen, sondern das Chaos bestmöglich zu managen. Deshalb fängt auch die Betriebswirtschaftslehre zunehmend damit an, sich mit den Erkenntnissen der

Die Welt hat sich in den letzten 50 Jahren dramatischer verändert als in den 500 Jahren davor.

Die Erfolge von gestern sind die Feinde von morgen. Stabilität degeneriert zur Stagnation.

Chaoslehre auseinanderzusetzen, deren Ursprung aus der Mathematik stammt. Auf der anderen Seite beginnt die Chaostheorie damit, sich mit unternehmerischen Phänomenen zu beschäftigen.

In dem Bestsellerroman *Vergessene Welt* von Michael Crichton sagt die Figur des Chaostheoretikers einige Sätze zu komplexen Systemen, die in erstaunlichem Ausmaß jene Situation widerspiegeln, in denen sich die Unternehmen heute größtenteils befinden: »Wichtig ist die Art, wie komplexe Systeme ein Gleichgewicht herzustellen scheinen; zwischen dem Bedürfnis nach Ordnung und dem Drang nach Veränderung. Komplexe Systeme scheinen sich an einem Ort zu platzieren, den wir den Rand des Chaos nennen. Wir stellen uns den Rand des Chaos als einen Ort vor, an dem es genug Innovation gibt, um ein lebendes System in Schwung zu halten, und gleichzeitig genug Stabilität, um es vor dem Absturz in die Anarchie zu bewahren. Es ist eine Zone des Konflikts und der Umwälzung, in der sich Altes und Neues beständig bekriegen. Das Gleichgewicht zu finden, muss eine diffizile Angelegenheit sein – wenn ein lebendes System sich zu sehr dem Rand nähert, läuft es Gefahr, den inneren Zusammenhalt zu verlieren und sich aufzulösen; wenn es sich aber zu weit davon (weg-) begibt, wird es steif, starr, totalitär. Beide Zustände führen zum Aussterben. Zu viel Veränderung ist ebenso zerstörerisch wie zu wenig. Nur am Rande des Chaos können komplexe Systeme gedeihen.«[1]

Das Management der Veränderungs- und Entwicklungsprozesse wird daher für Unternehmen immer mehr zum entscheidenden Erfolgsfaktor. War es bis weit in die 70er Jahre noch eine gesicherte Erkenntnis, dass permanentes »Umorganisieren« zum Untergang des Unternehmens führt, so steht heute folgende These im Mittelpunkt: »Wer sich nicht schnell genug anpasst, geht unter.« Wurde die Unternehmenserneuerung in den 30er Jahren als Krisenmanagement verstanden, so ist sie in den 90er Jahren in der Unternehmenspraxis permanente Realität geworden.[2]

Nach dem Zweiten Weltkrieg waren Europa, die USA und Japan durch ein stetiges Wirtschaftswachstum gekennzeichnet, das die Wirtschaftsforscher jährlich auf

Zehntelprozentpunkte voraussagen konnten. Seit der Energiekrise in den frühen 70er Jahren ist diese Kontinuität jäh unterbrochen worden, und die Wachstumsvoraussagen müssen mehrmals im Jahr um ganze Prozentpunkte korrigiert werden.[3] Eine Prognose der Umweltentwicklung wird immer schwieriger, und das bringt für die Anpassungsprozesse im Unternehmen eine zusätzliche Dynamik mit sich.

All diese Probleme zeigen sich auch in einer drastischen Reduktion der Lebensdauer von Unternehmen. In einer Studie der Royal Dutch/Shell aus dem Jahr 1983 zeigt sich, dass ein Drittel der Firmen, die 1970 zu den 500 größten US-Gesellschaften gehörten, nicht mehr existierte. Die Studie kommt zu dem Ergebnis, dass die durchschnittliche Lebenserwartung der größten Wirtschaftsunternehmen weniger als 40 Jahre beträgt – also die Hälfte der durchschnittlichen Lebenserwartung eines Menschen.[4] Diese Entwicklung wurde in den letzten Jahren eher verstärkt denn abgeschwächt.

Die durchschnittliche Lebenserwartung eines Unternehmens beträgt heute circa 40 Jahre.

Generell gesehen ist die wirtschaftliche Entwicklung von der Agrargesellschaft über die Industriegesellschaft zur Dienstleistungsgesellschaft fortgeschritten. Heute stehen wir am Beginn der Informations- und Wissensgesellschaft, die noch tiefer greifende Veränderungen mit sich bringen wird.[5] Schon jetzt entfallen oft 70 bis 90 Prozent der Lohnkosten eines Fertigungsunternehmens auf sogenannte indirekte Mitarbeiter, auf »Wissensmitarbeiter« wie Experten im Bereich Informationswissenschaften, Ingenieure, Finanzexperten, Marketingfachleute et cetera. Der Produktivitätsfaktor der Zukunft wird Wissen sein. Die Verkürzung der Innovationszeiten spricht in diesem Zusammenhang eine klare Sprache und ist von existenzieller Bedeutung. So wurden beispielsweise in den 60er Jahren etwa 20 unterschiedliche Automobilmodelle angeboten, heute sind es schon 170.[6]

Der Produktionsfaktor der Zukunft ist Wissen.

Einführung

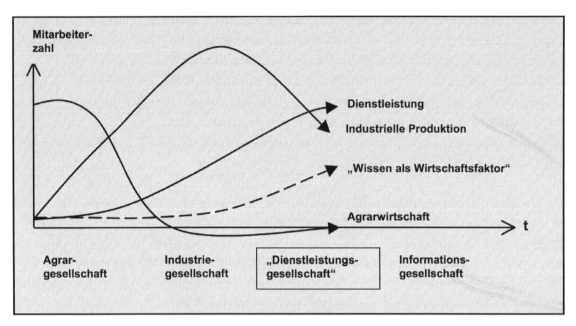

Abbildung 1: Von der Agrargesellschaft zur Informationsgesellschaft [7]

Die zweite nach wie vor auch heute noch entscheidende Dimension der strategischen Unternehmensführung ist die der Positionierung, das heißt die Fixierung der strategischen, strukturellen und kulturellen Rahmenbedingungen, in denen das Unternehmen agiert. Die strategische Positionierung wirkt dabei auf das Unternehmen als Stabilitätskraft ein. Es gilt daher, einen Ausgleich und eine Harmonie zwischen Positionierung – also Stabilität – und Bewegung – also Veränderung – im Unternehmen zu erzeugen.

Von der Agrargesellschaft über die Industrie- und Dienstleistungsgesellschaft zur Informationsgesellschaft.

Trotz dieser zitierten Umweltdynamik sind die Fähigkeit und die Erfahrung der Unternehmen im Umgang mit fundamentalen Veränderungsprozessen noch sehr gering ausgeprägt. Zahlreiche fehlgeschlagene Veränderungsbemühungen dokumentieren das. Gerade in Phasen, in denen das Unternehmen noch über ein ausreichendes Erfolgspotenzial verfügt und die Zahlen stimmen, also kein akuter Leidensdruck vorhanden ist, ist die Initiierung solcher Veränderungsprozesse äußerst schwierig. Oft ist erst in Krisensituationen die Veränderungsbereitschaft gegeben, und es werden ambitionierte Konzepte entwickelt, wobei auch da der Erfolg mangels Umsetzungskompetenz oft ausbleibt. Professionelles Gestalten und Steuern von Entwicklungs- und Veränderungsprozessen im Unternehmen ist somit in den meisten Fällen noch sehr unterentwickelt. Geschichtlich gesehen ist das durchaus verständlich, da in der Vergangenheit solche Transformationsprozesse in der heute notwendigen Radikalität meist nicht notwendig waren und es daher im Unternehmen kein ausreichendes Erfahrungswissen geben kann. Dennoch sind in diesem Zusammenhang erhebliche Unterschiede zwischen den Branchen feststellbar.

Wenngleich das Gestalten und Steuern von Transformationsprozessen heute in vielen Unternehmen einen entscheidenden Erfolgsfaktor darstellt, so ist das Transformationsmanagement doch nur eine Dimension, nämlich die der Bewegung, im Rahmen der gesamten strategischen Unternehmensführung.

Das zentrale Fundament im Rahmen der Positionierung stellt die Unternehmensidentität dar, die als Herzstück der strategischen Unternehmensführung zu bezeichnen ist. Darauf aufbauend lassen sich die Fragen der Unternehmensstrategie, der Unternehmensstruktur, aber auch der Unternehmenskultur ableiten.

Strategische Unternehmensführung ist also einerseits ein Akt der Positionierung und andererseits ein Prozess der Bewegung. Beide Dimensionen – Stabilität und Veränderung – sind untrennbar miteinander verbunden und wirken aufeinander.

Strategische Unternehmensführung ist ein Akt der Positionierung und ein Prozess der Bewegung.

Teil 1

Positionierung

1 Die Entwicklung zur strategischen Unternehmensführung

Der Begriff Strategie leitet sich aus den griechischen Worten »Stratos« (Heer) und »Agos« (Führer) ab und wurde schon im 19. Jahrhundert von Clausewitz im militärischen Bereich angewendet. Erst in den 50er Jahren wurde der Begriff der Unternehmensstrategie – ausgehend von der Harvard Business School – in die Betriebswirtschaftslehre eingeführt. Dabei wurde er gegenüber der militärischen Bedeutung – Mittelwahl zur Erreichung definierter Ziele – um die Zielbildung erweitert.[8] Das Ziel der strategischen Unternehmensführung ist, alle unternehmerischen Aktivitäten so zu gestalten, dass damit nachhaltige Erfolgspotenziale im Unternehmen generiert werden.[9]

Im Folgenden wird eine Unterscheidung zwischen der methodischen und der inhaltlichen Entwicklung der Unternehmensführung vorgenommen.

Das Generieren von nachhaltigen Erfolgspotenzialen ist das Ziel der strategischen Unternehmensführung.

1.1 Methodische Entwicklung der Unternehmensführung

In der Vergangenheit war es in der Regel völlig ausreichend, die Unternehmensführung auf die bestmögliche Gestaltung und Erledigung der operativen Aufgaben zu konzentrieren. Buchhaltung und Kostenrechnung waren in Verbindung mit einem eher autoritären Führungsstil die Schlüssel zum Unternehmenserfolg.[10] Operative Planungsarbeit war für die Unternehmensführung völlig ausreichend. Diese Form der Planung erfolgte in der Regel nicht nur für ein Jahr, sondern gestaltete sich im Rahmen der sogenannten Langfristplanung über mehrere Perioden hinweg.[11] Ihr Charakter war aber letztlich immer ein

In der Vergangenheit reichte es in der Regel aus, ein Unternehmen operativ zu führen. Die strategische Aufgabe reduzierte sich auf die Unternehmensgründung.

Fortschreiben der Vergangenheit in die Zukunft.[12] Die Langfristplanung war also stark quantitativ orientiert und schrieb mittels Trendextrapolation die Vergangenheit in die Zukunft fort.

Diese Form der Unternehmensführung hatte in den 50er und 60er Jahren durchaus Berechtigung, da es noch wenig Verdrängungswettbewerb gab, die Umweltveränderungen nur sehr langsam vor sich gingen und die Marktentwicklung in den meisten Branchen vorhersagbar war. Die strategische Aufgabe reduzierte sich auf einen einmaligen Akt im Rahmen der Unternehmensgründung. Es galt dann, die Tagesarbeit zu organisieren und zu optimieren, um das Unternehmen auf Erfolgskurs zu halten. Einige wenige Nischen, in denen diese Form der Unternehmensführung ausreichend scheint, gibt es noch: Branchen, in denen der Dienstleistungscharakter, die räumliche Nähe zum Kunden und damit die Befriedigung der lokalen Märkte im Vordergrund stehen und es in den letzten Jahrzehnten kaum technologische Weiterentwicklung zu verzeichnen gab, zählen dazu. Manche Gewerbebereiche können so charakterisiert werden.

Spätestens seit der Ölkrise 1973 wurde den meisten Unternehmen immer mehr bewusst, dass diese Form der Planung und der operativen Unternehmensführung wenig Sinn ergibt und teilweise auch zu kontraproduktiven Entscheidungen und Entwicklungen führen kann. Es reifte die Erkenntnis, dass den geänderten Unternehmensumweltfaktoren zunehmend Bedeutung geschenkt werden muss. Diese Faktoren sind im Wesentlichen:

- instabiles Nachfrageverhalten bei teilweise gesättigten Märkten,
- kürzere Produktlebenszyklen bei steigenden Entwicklungskosten und -zeiten,
- zunehmende Bedeutung von politischen und gesellschaftlichen Entwicklungen (Mündigkeit des Konsumenten, Produkthaftungsgesetze, Umweltschutzauflagen et cetera).

Es setzte sich die Erkenntnis durch, dass die ausschließliche operative Unternehmensführung nicht mehr ausreicht, um nachhaltige Erträge zu erwirtschaften, und so entwickelte sich die Langfristplanung zur strategischen Planung.[13] Die strategische Planung bezieht die Umwelteinflüsse, die auf ein Unternehmen wirken beziehungsweise wirken können, aktiv in ihre Betrachtung mit ein. Im Unterschied zur quantitativen Langfristplanung dominieren qualitative Akzente. Nicht die Frage, wie hoch der Deckungsbeitrag einer bestimmten Produktgruppe in drei Jahren sein wird, steht im Mittelpunkt, sondern ob es diese Produktgruppe in drei Jahren überhaupt noch geben wird. Die strategische Planung denkt und rechnet in Alternativen und Bandbreiten und nicht mehr in linearen Prognosen, entwickelt mögliche Szenarien, beleuchtet die Auswirkungen auf das eigene Unternehmen und versucht dadurch frühzeitig Risiken, aber auch Chancen zu erkennen, berücksichtigt relevante Umweltfaktoren und billigt Prognosen nur noch Orientierungscharakter zu.

Die strategische Planung denkt in Szenarien, bezieht die relevanten Umweltfaktoren aktiv ein und versucht so, zukünftige Chancen und Risiken frühzeitig zu erkennen.

Doch auch die Philosophie der strategischen Planung, die in periodischen Planungszyklen das gesamte Management über die zukünftige Unternehmensentwicklung nachdenken lässt und daraus ein mittel- bis langfristiges Unternehmenskonzept ableitet, ist mittlerweile in Verruf gekommen.[14] Unternehmensführung, die auf strategischer Planung und darauf aufbauend auf operativer Planung und Umsetzung basiert, ist zu eng gegriffen. Dazu sind unsere Umweltbedingungen einer zu rasanten Veränderung unterworfen. Strategische Ansätze gehen in der Regel davon aus, dass Strategien bewusst und geplant entstehen. Betrachtet man allerdings die Ergebnisse der empirischen Forschung, so zeigt sich, dass nur ein kleiner Teil der Strategien bewusst geplant wird. Der größere Teil entsteht aus dem Tagesgeschehen heraus. Die strategische Planung hat sich zu einer strategischen Unternehmensführung entwickelt, wo sich, ausgehend vom systemischen Ansatz der Unternehmensführung, strategische Aufgaben, operative Aufgaben und Umsetzungsarbeit täglich vermischen, immer mehr eine Einheit bilden und nicht mehr voneinander trennbar sind.[15] Visions- und Identitätsmanagement treten an die Stelle einer in periodischen Abständen durchgeführten strategischen Planung.[16]

Die strategische Planung von General Electric war mehrere Jahre lang Vorbild für viele internationale Konzerne, und deren zentrale Planung mit 350 Mitarbeitern produzierte in den 80er Jahren dicke Bände strategischer Planungsunterlagen. Heute gibt es nur noch wenige »Business Development Specialists«, die vor allem die Leiter der 13 Geschäftsfelder in einem Konzern bei der Entwicklung ihrer Vision beraten und betreuen.[17]

Strategische und operative Unternehmensführung stellt in sich auch keine Top-Down-Beziehung dar, wo zuerst die Strategien entwickelt und dann umgesetzt werden, sondern eine gleichrangige und gegenseitige Befruchtung bringende Beziehung. Gerade die Erkenntnis, dass viele Strategien nicht geplant, sondern intuitiv, das heißt aus den Erkenntnissen und Erfahrungen des Tagesgeschäfts entstehen, zeigt die Notwendigkeit der gleichrangigen Betrachtung.[18]

Strategische, operative und Umsetzungsaufgaben bilden eine untrennbare Einheit. Damit wird dem systemisch-vernetzten Charakter des Unternehmens Rechnung getragen.

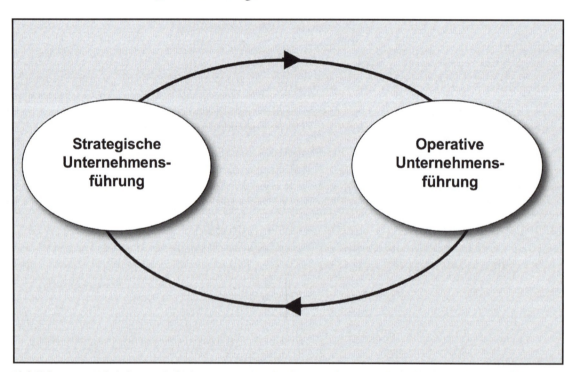

Abbildung 2: Gleichrangigkeit von strategischer und operativer Unternehmensführung

Im Rahmen der strategischen Unternehmensführung ist heute die Unternehmensidentität der stabilisierende Faktor. Die Strategie hingegen ist einer permanenten Entwicklung unterworfen und muss ein hohes Maß an Flexibilität aufweisen. Neue Technologien, neue Arbeitsprozesse, Veränderung der Konkurrenzsituation und vieles mehr beschreiben die Notwendigkeiten dieser Betrachtung. Diese Form der Unternehmensführung stellt zweifellos nicht nur eine intellektuelle Herausforderung an das Management dar, sondern setzt auch eine hohe Entwicklungs- und Veränderungsfähigkeit der soziokulturellen Ebene im Unternehmen voraus. Strategische Unternehmensführung ist von einer periodischen zu einer permanenten Aufgabe des Managements geworden.

> **Strategische Unternehmensführung ist von einer periodischen zu einer permanenten Aufgabe geworden.**

1.2 Inhaltliche Entwicklung der Unternehmensführung

Seit etwa 40 Jahren gibt es innerhalb der Betriebswirtschaftslehre einen eigenständigen Bereich, der sich mit dem strategischen Management beziehungsweise mit dem Begriff der strategischen Planung auseinandersetzt.[19] Versucht man nun als Praktiker – als jemand, der ein Unternehmen strategisch zu führen hat oder als Berater in strategischen Fragen fungieren muss –, die vorhandene vielfältige Literatur zu studieren, so kommt man zu einer erstaunlichen Erkenntnis: Widersprüche, und oft unüberbrückbare Gegensätze, sind in der strategischen Literatur[20] vorherrschend. So postuliert eine Richtung die feste Überzeugung, die Organisationsstruktur habe der Unternehmensstrategie zu folgen, während eine andere genau das Gegenteil vertritt. Eine Denkrichtung fokussiert die strategische Unternehmensführung auf den Ergebnissen kognitiver Planungsprozesse, während die andere eine intuitive und erfahrungsorientierte Improvisation in den Mittelpunkt der Betrachtung stellt. Gerade in den letzten Jahren ist eine Diskussion entstanden, die einerseits die primäre Marktorientierung als die strategische Aufgabe darstellt, und die andererseits – fast im Gegenzug – eine ressourcenorientierte Ausrichtung in Form des Managements der Kernkompetenzen[21] als zentrale strategische Aufgabe herausbildet. Als weiteres Beispiel der Gegensätze kann eine evolutionäre Entwicklungsphilosophie – ausgehend von dem Begriff der lernenden Organisation[22]

Die Literatur zum Thema der strategischen Unternehmensführung ist voll von Gegensätzen und Widersprüchen.

– im Bereich der strategischen Unternehmensführung erkannt werden, während im Gegenzug der revolutionäre Veränderungsansatz – beispielsweise im Rahmen des strategischen Ansatzes des Reengineerings[23] – genauso seine unumstößliche Richtigkeit postuliert. All diese Widersprüche in der strategischen Literatur sind noch stark in der newtonschen Ursache-Wirkungs-Philosophie verhaftet, wo aus A B folgt und nur B. Die primäre Betrachtung der einzelnen Unternehmenselemente und linearer Zusammenhänge stehen im Vordergrund der Betrachtung.

Betrachtet man die inhaltliche Entwicklung der Unternehmensführung in den vergangenen 30 Jahren, so war speziell die Strategiediskussion immer wieder von anderen Schwerpunkten und Modeerscheinungen beherrscht. Diese ließen oft den Eindruck entstehen, dass die spektakuläre Fokussierung der einzelnen Ansätze eher der Profilierung der einzelnen wissenschaftlichen Autoren Rechnung trug als dem Ziel, ein umfassendes Strategiemodell zu entwickeln, das auch für die betriebliche Realität von nachhaltiger Relevanz ist. Auch die Branche der Unternehmensberater ist an dieser Entwicklung nicht ganz unschuldig. Das Motto ist: Fokussierung führt zur Beachtung und damit zur Profilierung, damit zu Bekanntheitsgrad und zu Aufträgen. Strategiekonzepte der letzten Jahre haben sehr häufig den Charakter von Markenartikeln, die Beratungsunternehmen genauso wie Universitätsinstituten der Selbstdarstellung dienen. Dabei werden die dafür typischen Produktlebenszyklen immer kürzer, und die Strategieautoren sind gezwungen, in immer kürzeren Abständen scheinbar neue Erkenntnisse zu generieren, die bei genauerer Betrachtung zumeist keine wesentlichen Neuerungen bieten und oft den Charakter von gleichen Inhalten in neuer Verpackung haben.[24] Häufig wird aus populistischen Gründen Altes verworfen und Neues, gepaart mit einer geänderten Terminologie, in die Diskussion geworfen.[25] Dies soll keineswegs heißen, dass es keine neuen Ansätze, Ideen und Konzepte im Bereich der Strategiediskussion geben soll. Ziel sollten aber integrierte ganzheitlich-systemische Ansätze sein und nicht die Fokussierung einzelner Aspekte mit dem Charakter, »der Weisheit letzter Schluss« zu sein.

Die Fokussierung auf Einzelaspekte führt in eine Sackgasse; integrierende systemische Ansätze sind notwendig.

Die folgende Abbildung zeigt die wichtigsten Gegensätze, die in der strategischen Literatur der letzten Jahre zu finden sind.

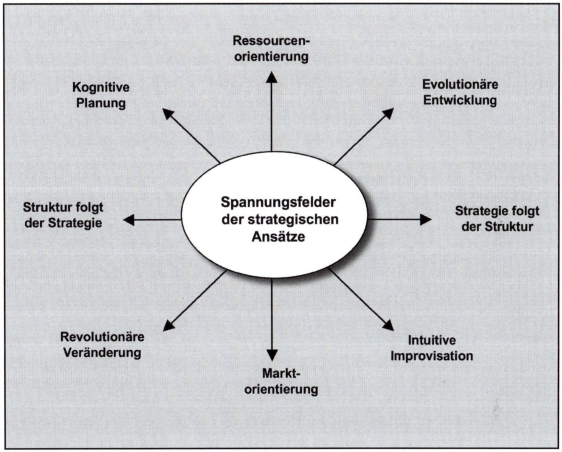

Abbildung 3: Unternehmensstrategie im Spannungsfeld der theoretischen Entwicklungslinien

Geschichtlich gesehen sind folgende Entwicklungsschritte in der Diskussion der Unternehmensstrategie zu erkennen. Bei den ersten strategischen Planungsmodellen stand die Suche nach den Stärken und Schwächen des Unternehmens im Zentrum der Betrachtung. Einer der Urväter strategischer Konzepte, Ansoff, steht für diese Richtung.[26] Ihm zufolge sind die Ressourcen im Unternehmen der zentrale Motor strategischer Unternehmensführung. Die Stärken des Unternehmens im Vergleich zu den Mitbewerbern stellen somit den eigentlichen Wettbewerbsvorteil dar. In den 80er Jahren rückte dieser Ansatz – vor allem durch die Arbeiten Porters – in den

Die Entwicklung der Strategielehre führte von den ressourcenorientierten zu den marktorientierten Strategieansätzen und wieder zurück zum Management der Kernkompetenzen.

Hintergrund. Nicht unternehmensorientierte Strategien, sondern marktorientierte Strategien standen jetzt im Mittelpunkt der Betrachtung. Die Branche, und innerhalb dieser das jeweilige Marktsegment, in dem das Unternehmen agiert, wird als der bedeutendste strategische Zugang angesehen. Die zentrale Botschaft heißt, das strategische Management solle sich primär um den Markt kümmern, denn Ressourcenmanagement ist nicht geeignet, um langfristige Wettbewerbsvorteile zu erzielen. Branchen- und Umfeldanalysen[27] treten in den Vordergrund, und Unternehmensressourcen gelten als austauschbar. In den 90er Jahren scheint wieder eine Kehrtwendung in der strategischen Diskussion eingetreten zu sein. Die unternehmensorientierte Betrachtung in der Form des Managements der Kernkompetenzen gewinnt im Rahmen der strategischen Unternehmensführung wieder die Oberhand.[28]

Ein nächster Entwicklungsschritt liegt auf der Hand, nämlich die Integration beider Denkrichtungen und damit ein systemischer Zugang zur strategischen Unternehmensführung. Für ein Unternehmen sind nämlich beide strategischen Auswirkungen relevant; sowohl die Entwicklung eigener Kernkompetenzen, und damit die Abgrenzung gegenüber der Konkurrenz, als auch die Befriedigung relevanter Marktbedürfnisse der einzelnen Kundengruppen. Erst die Verbindung von beiden Ansätzen kann den langfristigen Erfolg eines Unternehmens sichern. Einseitige Betrachtungen führen in der betrieblichen Praxis selten zum Erfolg.

Die Integration und damit die systemische Betrachtung beider Strategieansätze – marktorientiert und ressourcenorientiert – ist ein notwendiger Entwicklungsschritt.

Die Integration der einzelnen strategischen Ansätze ist allerdings kein Akt der »Aufsummierung« oder eine Suche nach einem gemeinsamen Nenner. Vielmehr ist ein neuer gedanklicher Zugang notwendig. In diesem Zusammenhang zeigt der systemische Zugang zum Thema der strategischen Unternehmensführung einen ganz neuen Weg auf: Nicht die einzelnen Elemente der strategischen Unternehmensführung sind die relevanten Größen, sondern deren Beziehungen in einem bestimmten sozialen Kontext, in dem sich das Unternehmen im Moment befindet. Dies stellt einen radikal anderen Gedankenzugang dar. In der Vergangenheit wurden die einzelnen Elemente und Faktoren des Unternehmens analysiert – das heißt also zerlegt –, und es wurde aus deren Gesetzmäßigkeit versucht, das Unternehmen als Ganzes zu verstehen.[29]

Dieser Weg hat in die Sackgasse geführt. Ein soziales System, wie das ein Unternehmen, aber auch jede andere Organisationsform darstellt, ist nicht aus der Summe seiner Einzelteile zu erklären; es verhält sich genau umgekehrt. Es müssen die Beziehungen zwischen den einzelnen Elementen studiert und diagnostiziert werden, um Rückschlüsse auf die einzelnen Teile ziehen zu können. Die Analyse der Unternehmenskultur, der Finanzstruktur, der Vertriebsstrukturen sowie der Kernkompetenzen können für sich gesehen nicht das System Unternehmen erklären. Es gilt, das gesamte System in seinen Gesetzmäßigkeiten zu begreifen, die Spielregeln und die Selbstregulierungsmechanismen aufzudecken – also das gesamte Beziehungsmuster, das sach-rationale mit dem soziokulturellen Netzwerk des Unternehmens zu verbinden und in seiner ganzen Komplexität zu verstehen. Es gilt, die innere Logik des Systems zu erfassen. Erst dann sind die einzelnen Elemente und deren Eigenschaften sowie Verhaltensweisen erklärbar. Diese Betrachtung stellt den traditionellen Zugang zur Unternehmensführung der Vergangenheit auf den Kopf.[30] In der Praxis wird meist aber der umgekehrte Weg beschritten, wo noch immer eine elementbezogene Unternehmensanalyse die Basis für Entwicklung und Veränderung darstellt.

Nicht die Analyse der einzelnen Unternehmenselemente führt zum Verständnis der Unternehmenssituation, sondern die systemische Diagnose des Unternehmensnetzwerkes führt zur Erklärung der einzelnen Unternehmenselemente.

Fallvignette 1: Analyse- versus Diagnoseergebnis

Die Analyse zweier Unternehmen der Finanzdienstleistungsbranche mit circa 150 beziehungsweise 270 Mitarbeitern ergab ein fast identisches Ergebnis. In beiden Unternehmen war eine ausgesprochen hohe Selbstständigkeit auf der Ebene der einzelnen strategischen Geschäftsfelder – die sich auch organisatorisch widerspiegelte – gegeben. Die Leiter dieser Einheiten trafen neben ihren operativen Entscheidungen auch fast sämtliche strategischen Entscheidungen, wobei die Personalqualität auf dieser Ebene sehr gut ausgeprägt war. In beiden Fällen gab es relativ wenig Kommunikation zwischen den einzelnen Organisationseinheiten und daher auch relativ wenig – zumindest sichtbares – Konfliktpotenzial. Beide Unternehmen waren somit starken Zentrifugalkräften ausgesetzt und drohten auseinanderzubrechen. Strategisches Management auf der ersten Führungsebene war weitgehend nicht vorhanden. Also, offensichtlich zwei Unternehmen in vergleichbarer Situation, wo es auch nahe liegend wäre, gleiche Maßnahmen zu ergreifen. Soweit die Ergebnisse einer traditionellen Unternehmensanalyse, die auf den einzelnen Unternehmenselementen aufbaut.

De facto war die Situation bei der Anwendung einer systemischen Diagnose der beiden Unternehmen aber völlig unterschiedlich. Das eine Unternehmen, eingebettet in eine Konzernstruktur, war durch eine starke emotionale Unternehmensführung des Generaldirektors geprägt, dessen oberste Philosophie Flexibilität und situatives Management war. Die operative Ebene wurde aktiv angehalten, Geschäfte fast jeglicher Art zu machen. Dadurch entstand eine vielfältige und heterogene »Landschaft der strategischen Geschäftsfelder«, die kaum mehr überblickbar war, keine Gemeinsamkeiten mehr hatte und sich daher weitgehend einer strategischen Steuerung der ersten Führungsebene entzog. Man lebte von zwei bis drei »glücklichen Geschäftsabschlüssen« pro Jahr. Damit konnten alle strukturellen Mängel lange Zeit zugedeckt werden.

Die systemische Diagnose im zweiten Unternehmen – ebenfalls ein Konzernunternehmen – zeigte ein völlig anderes Bild. Die Unternehmensführung war kaum existent, und es wurden dem operativen Bereich weder strategische Entscheidungen noch Unterstützung angeboten. Das mittlere Management hatte die Erfahrung gemacht, dass jede Fragestellung nach oben langwierige Verzögerungen bedeutete, komplizierte Abläufe produzierte und dennoch zu keinen Entscheidungen führte. So lernte das System, seine Entscheidungen auf der operativen Ebene in fast allen Bereichen selbstständig zu treffen. Dies funktionierte so lange hervorragend, wie keine strategischen Entwicklungen und Veränderungen seitens des Marktes an das Unternehmen herangetragen wurden. Erst als dies der Fall war, wurden die strukturellen Mängel schlagartig deutlich.

Obwohl also die Analyse der einzelnen Elemente in beiden Unternehmen nahezu identisch war – Zentrifugalkräfte, die eine gemeinsame Unternehmensidentität weitgehend verhinderten –, zeigte die systemische Diagnose ein völlig anderes Bild, das nur zufällig zu ähnlichen Ausprägungen auf der Ebene der einzelnen Unternehmenselemente geführt hatte. Erst durch die Diagnose der Ausgangssituation und damit einer vernetzten Betrachtung zeigte sich die Notwendigkeit von völlig unterschiedlichen Interventionen. Im ersten Fall war es erforderlich, ein Basisgeschäft aufzubauen und damit auch eine Unternehmensidentität durch Konzentration der Geschäftsfelder zu generieren. Zudem musste das alleinige Kulturelement Flexibilität – bekanntlich führt jede Übertreibung einer Tugend zu einer Untugend – mit Kontinuitätselementen ergänzt werden. Im zweiten Unternehmen war die zentrale Intervention, ein personelles Unternehmenszentrum zu etablieren, das in der Lage war, einen Prozess der Unternehmensentwicklung einzuleiten, zu gestalten und zu tragen.

Fallvignette 2: Analyse- versus Diagnoseergebnis
In einem Industrieunternehmen mit über 1000 Mitarbeitern wurde jährlich eine Betriebsklimaerhebung in Form einer anonymen schriftlichen Befragung bei allen Mitarbeitern durchgeführt. Die Ergebnisse der letzten Jahre zeigten eine kontinuierliche Abwärtsbewegung, obwohl der Vorstand etliche Maßnahmen zur Klimaverbesserung getroffen hatte. So wurden Mitarbeitergespräche eingeführt, Konfliktseminare veranstaltet, individuelle Ausbildungsmöglichkeiten für Mitarbeiter angeboten, Betriebsausflüge veranstaltet und Ähnliches mehr. Dennoch schien es, als ob all diese Maßnahmen das Problem eher förderten als lösten.
Erst eine umfassende Diagnose des »Gesamtsystems Unternehmen« machte die Situation deutlich. Das Unternehmen befand sich in einer »Quasi-Monopolstellung«. Durch langfristige Verträge war die mittelfristige Zukunft des Unternehmens abgesichert – und das schon seit etlichen Jahren. Eine gewisse Lethargie und Trägheit hatte sich eingeschlichen. So wurden beispielsweise ambitionierte Organisationsprojekte in der Vergangenheit gestartet, aber nicht zu Ende gebracht beziehungsweise wurden die Zielsetzungen durch eine Vielzahl von Kompromissen weitgehend zunichtegemacht. Ferner war es in der Vergangenheit zu einem ungesunden Verhältnis zwischen Mitarbeitern und Führungskräften gekommen. Die Anzahl der Hierarchieebenen nahm zu, und die Verbindung zur Basis wurde immer schlechter. Das Verständnis für viele Maßnahmen, aber auch für Verhal-

tensweisen des Managements, reduzierte sich an der Basis dramatisch. Der Begriff »Wasserkopf« bürgerte sich für das Management und die steigende Anzahl der Stabsmitarbeiter im Unternehmen ein. All dies und die mangelnde Hoffnung auf eine wirkliche Veränderung der bestehenden Situation führte zu einer nachhaltigen und steigenden Frustration vor allem der Mitarbeiter an der Basis.

Die klassischen Analyseinstrumente zeigten eine zunehmende Klimaverschlechterung, der durch intensiven Einsatz von Personalentwicklungsmaßnahmen begegnet werden sollte. Dies führte an der Basis aber eher zu kontraproduktiven Reaktionen, da die Mitarbeiter intuitiv wussten, dass die zentralen Probleme auf dieser Ebene nicht zu lösen waren. Das schlechte Betriebsklima war vielmehr ein Ergebnis von Problematiken auf allen anderen Ebenen der strategischen Unternehmensführung. Nur ein umfassender Ansatz, der das Gesamtsystem des Unternehmens erfasste, konnte damit als »Nebenprodukt« auch das Problem des Betriebsklimas lösen.

2 Strategische Unternehmensführung – techno-kausales versus systemisch-konstruktivistisches Paradigma

Grundsätzlich gibt es zwei Arten, wie man Unternehmen, die sich paradigmatisch voneinander unterscheiden, begreifen und steuern kann. Die eine soll als techno-kausale Betrachtung, die als Grundmodell die Maschine sieht, die andere als systemisch-konstruktivistische Betrachtung, die als Grundmodell den Organismus sieht, bezeichnet werden.[31]

2.1 Techno-kausales Management

Im 17. und 18. Jahrhundert sah die Wissenschaft die Maschine als die beherrschende Metapher für das Funktionieren der Welt. Die damalige wissenschaftliche Revolution wurde durch die Entwicklung der Physik, Astronomie und Mathematik herbeigeführt. Sie ist mit den Namen Kopernikus, Galilei, Descartes, Bacon und Newton verbunden. Quantifizieren und Messen prägten das wissenschaftliche Denken, alles andere wurde als nicht wissenschaftlich abgetan. Dieser Zugang zu den Wissenschaften reicht bis in die heutige Gegenwart und hat sich auch über weite Bereiche in den Sozial- und Wirtschaftswissenschaften eingebürgert.

Paradigma über die Machbarkeit der Detailkonstruktion sozialer Systeme

Paradigma der Detailkonstruktion: Möglichst detaillierte Analyse und Gestaltung der einzelnen Systemelemente führt zu einem Systemoptimum.

Techno-kausales Management geht vom Paradigma der »Detailkonstruktion« zur Steuerung von Unternehmen aus. Dieses Denkmodell hat die detaillierte Analyse der notwendigen Aufgabenstrukturen und -prozesse eines Systems zur Basis, um anschließend diese Elemente »richtig« zusammenzusetzen und so eine optimale Organisation des Unternehmens zu gestalten. Techno-kausales Vorgehen versucht jedes Systemelement möglichst im Detail zu bestimmen und entsprechend dem Gesamtziel zu organisieren. Beispielsweise beruht die Idee des Re-engineerings weitgehend auf dieser Prämisse, aber auch die weitverbreitete Implementierung der ISO-Normen in allen nur denkbaren Branchen und Unternehmensbereichen basiert auf diesem gedanklichen Zugang. Die These lautet folgendermaßen: Wenn man die einzelnen Aufgabenprozesse konsequent genug analysiert und anschließend wie auf dem Reißbrett gestaltet und dokumentiert und somit auch quasi einfriert, dann erhält man den so gewonnenen optimalen Zustand aufrecht; die Effizienz des System-Outputs wird maximiert. Diese Überlegungen basieren auf der Prämisse, dass es definierbare und logisch ableitbare kausale Zusammenhänge in komplexen Systemen gibt und die Umweltanforderung möglichst konstant bleibt.

Friedrich von Hayek bezeichnet diese Art der Managementtheorie als die »Anmaßung der Vernunft«, also die Illusion des Menschen, alles mit nur genügend Aufwand im Detail unter Kontrolle bringen zu können.[32] Die Unmöglichkeit der Betrachtung sämtlicher denkbarer Standardsituationen und deren Gestaltung, ganz zu schweigen von allen erstmalig auftretenden Situationen, beispielsweise aufgrund von Umweltveränderungen, zeigt die Grenzen auf. Der Versuch, diese zu überschreiten, mündet oft in der bekannten Drohung mit dem »Dienst nach Vorschrift«.

Fokussierung der sach-rationalen Dimension

Techno-kausales Management filtert praktisch sämtliche zwischenmenschlichen Beziehungen und damit die gesamte soziokulturelle Dimension und konzentriert sich ausschließlich auf den sach-rationalen Zugang der Unternehmenssteuerung. Die Zusammenarbeit zwischen zwei Abteilungen erschöpft sich aber in der Regel nicht in der Erarbeitung einer detaillierten Dienstanweisung. Ein konstruktives, auf Vertrauen basierendes gutes Klima der Zusammenarbeit kann man nicht »herstellen«, es können nur die Voraussetzungen geschaffen werden, unter denen es sehr wahrscheinlich entstehen kann.

Techno-kausales Management filtert die soziokulturellen Dimension der Unternehmensführung.

Bedeutet dies im Umkehrschluss, dass die Beschäftigung mit den organisatorisch optimalen Schnittstellen zwischen zwei Organisationseinheiten sinnlos ist? Natürlich kann es das nicht bedeuten. Die Kritik richtet sich einerseits auf die ausschließliche Betrachtung der sach-rationalen Dimension der Problematik und damit auf die Ausklammerung der soziokulturellen Dimension und andererseits auf die Behinderung der Selbstorganisationskräfte des Systems durch zu detaillierte Regelungen.

Der techno-kausale Managementansatz fokussiert primär die sach-rationale Dimension und blendet alle anderen Betrachtungsdimensionen aus. Dies kann jedoch wohl nur bei relativ geringer Systemkomplexität eine denkbare Antwort auf die Frage der Unternehmenssteuerung sein. So werden Systemabweichungen nicht als das betrachtet, was sie sind, nämlich systemische Reaktionen auf eine bestehende Situation, sondern sie werden als Fehler kategorisiert, die man durch ein Mehr an Regelungen und Anweisungen wieder unter Kontrolle bringen muss. Die grundlegende Überlegung ist, dass die bestehenden Regelungen einfach nicht ausreichen, das System zu steuern. In der Regel werden mit dieser Vorgehensweise aber die negativen Symptome meist nicht verbessert – oft werden sie sogar verschärft –, da ein Zuviel an Regelungen im Detail die notwendige Flexibilität, die zur Entfaltung der Selbstorganisationskräfte führt, behindert, und Lernkurveneffekte nicht entstehen lässt. Der Versuch beispielsweise, ein Unternehmen sozusagen auf dem Reißbrett neu zu organisieren, indem man alle Aufgabenbeschreibungen, Verantwortungen, Kompetenzen und Organisationsprozesse bereits vor der Organisationsumstellung im Detail zu regeln versucht, führt schon bei mittlerer Systemkomplexität ins Chaos. Bei auftretenden Fehlern wird dann fast reflexartig mit der »Suche nach Schuldigen« begonnen, ist die Grundprämisse doch, dass sich irgendjemand im System nicht regelkonform verhalten hat. Wenn dieser gefunden und ausgetauscht ist, kehrt das System wieder zur vollen Funktionsfähigkeit zurück. Meist ist jedoch nicht der Einzelne der Schuldige, sondern die gesamte Systembeschaffenheit. Erst der Versuch, die Systemkräfte in eine neue Richtung zu lenken, erhöht signifikant die Chance auf nachhaltige Verbesserung. Diese Betrachtung soll allerdings nicht ausschließen, dass es manchmal auch notwendig sein kann, personelle Konsequenzen zu ziehen. Auch hier wird primär die Eindimensionalität der Betrachtung kritisiert.

Techno-kausales Management geht davon aus, dass eine relativ kleine Gruppe im Unternehmen die Aufgabe der Unternehmenssteuerung übernehmen kann, während der ganzheitlich-systemische Zugang eher dezentralere Unternehmensstrukturen nach sich zieht.

2.2 Systemisch-konstruktivistisches Management

Der Systembegriff wurde erstmals in der Biologie zu Beginn des 20. Jahrhunderts verwendet. Seitdem versteht man unter einem System ein integriertes Ganzes, dessen wesentliche Eigenschaften sich aus den Beziehungen zwischen seinen Teilen ergeben. Systemdenken fokussiert daher das Verständnis von Beziehungsphänomenen innerhalb eines größeren Ganzen. Dies entspricht auch der Grundbedeutung des Wortes »System«, das von dem griechischen »synista'nai« (zusammenstellen) abgeleitet ist. Dinge systemisch zu verstehen heißt, sie in einen Kontext zu stellen und das Wesen ihrer Beziehungen zu begreifen.[33] Systemdenken ist somit kontextbezogenes Denken. Die Basisüberlegung lautet hier also nicht »konstruiere

Systemdenken ist kontextbezogenes Denken in Zusammenhängen.

im Detail«, sondern schaffe und gestalte günstigste Rahmenbedingungen, damit sich eine zielgerichtete Eigendynamik entfalten kann.[34]

Die Frage, die sich in diesem Zusammenhang stellt, ist diese: Sind die Erkenntnisse für lebende Systeme auch auf soziale Systeme anwendbar oder, anders gesagt, sind soziale Systeme von ihrem Wesen her lebenden Systemen weitgehend gleichzusetzen?[35] Seit den 80er Jahren wird diese Analogie im Rahmen der systemisch orientierten Betriebswirtschaftslehre hergestellt. Als einer der wichtigsten Vertreter dieser Denkrichtung ist der Soziologe Niklas Luhmann zu nennen.[36] Soziale Systeme werden nicht gemacht, sie entwickeln sich, sie lernen aus Fehlern, und so entstehen spontane neue Ordnungen, die wieder zerfallen und durch neue ersetzt werden. Soziale Systeme sind weitgehend selbst organisierend.[37]

Mit dieser Betrachtung steigt der Komplexitätsgrad der strategischen Unternehmensführung exponentiell und damit die Angst der Manager vor der Nicht-Beherrschbarkeit. Aus dieser Sorge heraus werden oft diese gedanklichen Zugänge negiert, und es wird einem techno-kausalen Managementdenken der Vorzug gegeben. Auf dieser Ebene der Komplexitätsreduktion sind die zu setzenden Handlungen ganz klar, die Wirkung folgt der Ursache und der daraus oft entstehende Aktionismus hat letztlich auch eine beruhigende Wirkung, schließlich hat man etwas getan und es zumindest versucht. Es ist wohl befriedigender, im Rahmen einer Unternehmensumstrukturierung wenigstens neue Stellenbeschreibungen verfasst zu haben, als vor der Komplexität der Verbindungen zu den soziokulturellen Dimensionen und den Verknüpfungen zwischen Organisation und Strategie schon im Ansatz aufgrund mangelnder Methoden und Vorgehensweisen sowie gedanklicher Zugänge zu scheitern. Die Forderung nach Rezepten ist immer leichter, als sich um Einsichten zu bemühen.

Systemisch-konstruktivistisches Management versucht, die zentralen Beziehungen zwischen den Elementen zu erkennen und diese in eine günstige Konstellation zu »zwingen«, um damit Tausende anderer Beziehungen und Faktoren – quasi automatisch – mit in diese Richtung zu dirigieren. So wie man einen Flusslauf durch das bewusste Anordnen einiger großer Felsblöcke in eine andere Richtung lenken kann.[38] Die Umstellung von umsatzbezogenen Leistungsprämien auf deckungsbeitragsbezogene Verkaufsprämien wäre so ein Beispiel.

Systemisch-konstruktivistisches Management bedeutet nicht, ein möglichst widerspruchsfreies Zielsystem zu entwerfen, sondern den täglichen Versuch, mit unvermeidlichen widersprüchlichen Absichten und Erwartungen zurande zu kommen, wie beispielsweise »Wir müssen unsere Personalkosten senken, aber wir brauchen motivierte Mitarbeiter, die sich mit dem Unternehmen identifizieren« oder »Wir müssen uns dem Markt anpassen, dürfen aber unsere bestehenden Kernkompetenzen nicht verlieren« et cetera.

Systemisch-konstruktives Management bedeutet, die täglich unvermeidbaren Widersprüche aufzulösen

Drei Merkmale sind für die Beschreibung und das Begreifen sozialer Systeme bestimmend:

- Die scheinbar paradoxe Synthese zwischen Bewegung und Veränderung auf der einen und Stabilität und Ordnung auf der anderen Seite – dieses Phänomen wird als dissipative Struktur bezeichnet.
- Die kontextbezogene Betrachtung der Beziehungen zwischen den einzelnen Elementen – es geht also um die Fokussierung der Netzwerke.
- Die Fähigkeit der Selbstorganisation und damit auch der Selbstbegrenzung und Selbsterhaltung des Systems – man fasst diese Phänomene unter dem Begriff der Autopoiese zusammen. Soziale Systeme entwickeln quasi eine eigene Individualität mit weitgehend manifesten Spielregeln.

Die folgenden Kapitel betrachten diese drei systemischen »Gesetzmäßigkeiten« und zeigen die jeweiligen Zusammenhänge auf.

Positionierung und Bewegung

Dissipative Strukturen bedeuten ein Nebeneinander von Stabilität und Veränderung jenseits eines Gleichgewichtszustandes. Ordnung und Chaos schließen einander nicht aus, sondern sind die notwendigen gemeinsamen Bestandteile, um lebende und soziale Netzwerke aufrechtzuerhalten.[39] Komplexe Systeme existieren in einer Grenzregion am Rande des Chaos.

Dem folgend besteht die strategische Unternehmensführung im Wesentlichen aus zwei Komponenten: aus der Positionierung und der Bewegung. Während die Positionierung den momentanen Zustand des Unternehmens in den Dimensionen Strategie, Struktur und Kultur und damit eine Ordnungskomponente darstellt, ist die Dimension Bewegung – das Transformationsmanagement – die geplante Entwicklung beziehungsweise Veränderung des Unternehmens. Beide Dimensionen sind eng miteinander verknüpft, beeinflussen sich gegenseitig und müssen trotz der eigentlichen Widersprüchlichkeit gemeinsam gestaltet werden. Während die strategische Positionierungsaufgabe eng mit der Geschichte des Unternehmens und seiner damit verbundenen Kompetenzen und Fähigkeiten verknüpft ist, repräsentiert die Bewegung den Motor und damit die Vision der Zukunftsentwicklung.

Unternehmensführung ist somit die »Kunst«, das System Unternehmen auf dem schmalen Pfad zwischen Positionierung, also Ordnung und Stabilität einerseits, und Transformation, also Veränderung, Entwicklung und Erneuerung andererseits, zu halten. Es muss ein Ausgleich zwischen Bewahrung und Veränderung stattfinden. Lauert auf der einen Seite der Tod durch Erstarrung, droht auf der anderen Seite der Tod durch das Chaos. Ein Organismus im völligen Gleichgewicht ist ein toter Organismus. Dissipative Strukturen verkörpern also Bewegung und Stabilität jenseits eines Gleichgewichtszustandes. Dieser scheinbar stabile Zustand wird als »Fließgleichgewicht« bezeichnet. Ein Mehr an Flexibilität braucht ein Mehr an Stabilität.

Das Management des dialektischen Gegensatzes von Positionierung und Bewegung bedeutet im systemischen

> **Dissipative Strukturen vereinigen Bewahrung und Veränderung in sich. Man nennt diesen Zustand »Fließgleichgewicht«. Ein Mehr an Flexibilität fordert ein Mehr an Stabilität.**

Sinn nun keineswegs, alles den Systemkräften zu überlassen und zu hoffen, dass das System schon seinen Weg finden wird. Es geht hier vielmehr darum, Regeln für eine zweckrationale Ordnung zu definieren und vor allem auch durchzusetzen. Diese Form der Regeln legt allerdings nicht Abläufe oder Verhaltensweisen im Detail fest, abgestimmt auf alle möglich denkbaren Systemzustände, sondern es sind generelle Regeln und Prinzipien, aus denen sich konkrete Verhaltensweisen – die der jeweiligen Situation angepasst sind – ableiten. Diese Regeln haben oft die Form von Verboten, sie bestimmen also nicht zulässiges Verhalten und definieren die Grenzen zulässigen Verhaltens. Beispielsweise legt man nicht die konstruktive Zusammenarbeit zwischen Tochtergesellschaften zentralseitig fest, sondern man verbietet gegenseitige Konkurrenz. Erst durch diese Form der Regelwerke ist Komplexität beherrschbar.[40] Damit entsteht Orientierung nach innen und außen. Systeme können so strategisch positioniert werden, ohne dabei ihre notwendige Flexibilität einzubüßen.

Diese Form der Unternehmenssteuerung ist nicht mit dem bekannten Instrument des »Managements by Objectives« zu verwechseln. Systemisch-konstruktivistisches Management führt nicht primär über die quantitative Formulierung von operativen Unternehmenszielen. Diese müssen bei zunehmender Komplexität den realen Gegebenheiten laufend angepasst werden und sind daher a priori oft gar nicht bekannt. Es führt über den qualitativen Zugang der Unternehmensvision und damit über Regeln, die einerseits qualitativ eine Richtung der Unternehmensentwicklung vorgeben, und anderseits durch konkrete Grenzen den operativen Handlungsspielraum einschränken.

Eine weitere Abgrenzung ist zu einem reinen Human-Relations-Management zu ziehen. Es werden nicht Regelungen im Detail vermieden, um Motivation und Freiraum und damit die Selbstverwirklichung des Einzelnen zu fördern. Wenn dieser Zustand eintritt, ist dies ein sehr nützlicher Nebeneffekt, weil bei zunehmender Systemkomplexität keine anderen wirksamen Möglichkeiten der Systemsteuerung vorhanden sind.

Eine weitere Erkenntnis von dissipativen Strukturen besagt, dass mit der Entfernung vom Gleichgewichtszustand die Komplexität dieser Strukturen zunimmt. Mathematisch ausgedrückt steigt der Grad der Nichtlinearität in den beschriebenen Gleichungen. Nicht lineare Gleichungen haben aber mehr als eine Lösung. Das bedeutet, dass eine Lösung nicht eindeutig vorhersehbar ist und jeden Augenblick eine neue Situation eintreten kann. An den sogenannten Gabelungspunkten im nicht linearen Bereich, wo das System eine Vielzahl von Abzweigungsmöglichkeiten vorfindet, hängt das Systemverhalten von seinen Anfangsbedingungen ab. Anders ausgedrückt heißt dies wieder, dass die Entwicklung nicht vorhersehbar ist und durch die Geschichte des Systems gestaltet wird. Allerdings sind diese Systeme im Zustand der Gabelung äußerst instabil und reagieren sensibel auf Einflüsse von außen. Spätestens zum Zeitpunkt dieser Erkenntnis ist die Parallelität mit der Unternehmensrealität zwingend. Jeder, der bereits versucht hat, ein komplexes soziales Gebilde, wie das ein Unternehmen repräsentiert, zu transformieren, also einen Entwicklungs- beziehungsweise Veränderungsprozess zu gestalten, weiß Folgendes: Einerseits ist das Ergebnis dieser Bemühungen nicht eindeutig vorhersehbar, und andererseits bekommen die Geschichte des Unternehmens, aber auch punktuell auftretende Ereignisse zu diesem Zeitpunkt besonderes Gewicht und stellen so einen ganz einschneidenden Faktor bei diesen Transformationsprozessen dar.

Dissipative Strukturen fern vom Gleichgewicht folgen keinen universalen Gesetzen mehr, sondern sind in ihrer Entwicklung einzigartig. Je näher die Strukturen dem Gleichgewichtszustand sind, umso eher lassen sich allgemein gültige Gesetzmäßigkeiten formulieren. Außerhalb des Gleichgewichtes ist der Zufall ein nicht reduzierbares Gestaltungselement. Damit ist die tatsächliche Entwicklung in lebenden Netzwerkstrukturen nie wirklich vorhersagbar.

Dissipative Strukturen folgen in ihrer Entwicklung keiner universal formulierbaren Gesetzmäßigkeit.

Gerade bei starker Umweltveränderung stürzt eine Vielzahl von Informationen tagtäglich und überlappend auf das Unternehmen ein. Das System Unternehmen muss eine Selektion treffen, indem es einige Informationen zur Kenntnis nimmt und andere nicht, indem es auf einige reagiert und eine Vielzahl gar nicht aufnimmt. Damit ist die Entwicklung des Unternehmens zwar zu jedem Zeitpunkt durch die Umwelteinflüsse beherrscht, aber keineswegs determiniert und damit auch nicht vorhersehbar.

Diese Erkenntnis zeigt zwar einerseits die Problematik bei der Gestaltung und Steuerung von Transformationsprozessen, dokumentiert aber andererseits auch wieder die unternehmerische Dimension der Unternehmensführung, die nicht nur logisch abstrakt lösbar ist, sondern auch Intuition, Mut, Erfahrung und etwas Glück erfordert. Ohne all diese Phänomene könnte somit auch ein leistungsfähiger Computer die strategische Unternehmensführung übernehmen.

Management der Zusammenhänge

Systemdenken bedeutet, das Netzwerk zwischen den einzelnen Systemteilen und nicht die isolierte Analyse der Einzelteile zu diagnostizieren.

Systemdenken bedeutet, dass sich die Eigenschaften des Gesamtsystems nicht aus den Eigenschaften der einzelnen Teile ableiten lassen, sondern dass sie eine eigenständige Qualität besitzen, die in den Wechselwirkungen dieser Einzelteile zueinander und in der Einbettung in einem darüber liegenden System zu suchen sind. Die Erkenntnis, dass sich Systeme nicht ausschließlich durch die Analyse der Einzelteile verstehen lassen, war auch der Schock für die Naturwissenschaften des 20. Jahrhunderts. Dementsprechend konzentriert sich Systemdenken nicht auf die Grundbausteine, sondern vielmehr auf die Grundprinzipien der wechselseitigen Beziehungen einer Organisation.[41]

Analyse heißt, dass etwas auseinandergenommen wird, um es zu verstehen – Systemdenken heißt, dass etwas in den Kontext eines größeren Ganzen gestellt wird. Am eindrucksvollsten zeigt sich diese Entwicklung wohl in der Physik. Seit Newton hatten die Physiker geglaubt, dass alle physikalischen Phänomene durch Zerlegen und auf die Eigenschaften harter und fester Materialteilchen reduziert werden können. Zu Beginn dieses Jahrhunderts gingen starke Impulse von den Erkenntnissen der Quantenphysik in Richtung Systemdenken, die dazu zwangen, die Tatsache zu akzeptieren, dass es keine festen materiellen Objekte gibt, sondern dass sich alles auf subatomarer Ebene in wellenartige Wahrscheinlichkeitsmuster auflöst. Diese Wahrscheinlichkeitsmuster stellen keine Wahrscheinlichkeiten von Objekten, sondern von Beziehungen zwischen diesen Objekten dar. Somit zeigt die Quantenphysik, dass wir die Welt nicht in unabhängig voneinander existierende Einheiten zerlegen können, sondern es vielmehr um ein komplexes Netzwerk von Beziehungen zwischen den Teilen eines einheitlichen Ganzen geht. Werner Heisenberg, einer der Begründer der Quantentheorie, formulierte dazu: »Die Welt erscheint in dieser Weise als ein kompliziertes Gewebe von Vorgängen, in dem sich verschiedenartige Verknüpfungen abwechseln, überschneiden und zusammenwirken und in dieser Weise schließlich die Struktur des ganzen Gewebes bestimmen.« Während in der klassischen Mechanik die Eigenschaften und das Verhalten der Teile die Eigenschaften und das Verhalten des Ganzen bestimmen, verhält es sich in der Quantenmechanik genau umgekehrt: Das Ganze bestimmt das Verhalten der Teile.[42] Das Begreifen eines Systems ist ein Begreifen seiner Vernetzung.

Jeder, der sich in der Praxis je mit der Führung eines Unternehmens auseinandergesetzt hat, wird wohl erkennen, dass im Unternehmen nur der Vergleich mit der Quantentheorie zulässig sein kann. Wie in der Quantentheorie können wir zukünftige Ereignisse im Unternehmen nicht genau vorbestimmen, sondern wir müssen über Wahrscheinlichkeitsstrukturen reden. Jede Intervention in ein Unternehmen zeigt dies deutlich.

Abgeleitet aus dem Systembegriff ist ein Unternehmen also ein integriertes Ganzes, dessen wesentliche Eigenschaften sich aus den Beziehungen der einzelnen Systemelemente ergeben, eingebettet in den Kontext eines größeren Ganzen, nämlich der systemrelevanten Umwelt. Es geht also nicht um Unternehmensstrategie, Strukturmanagement oder Unternehmenskultur, sondern um die Vernetzung zwischen all diesen Elementen. Die weitgehend isolierte Betrachtung und Beschäftigung einzelner Faktoren würde der notwendigen Komplexität des Sys-

Die systemische Betrachtungsweise der Welt ging vor allem von der Physik mit der Entwicklung der Quantentheorie aus und setzte sich in der Betriebswirtschaftslehre fort.

tems Unternehmen bei Weitem nicht gerecht werden und einer unzulässigen Reduktion vorhandener Komplexität gleichkommen. Es geht nicht um die Formulierung einer neuen Unternehmensstrategie – dies ist eine relativ triviale Aufgabenstellung, an der man in der Praxis normalerweise selten scheitert; es geht vielmehr um eine neue Unternehmensstrategie, welche die Verbindungen zur Struktur, Kultur, Vergangenheit, Identität des Unternehmens und dergleichen mehr berücksichtigt und all diese Elemente in Einklang bringt. Erst dadurch ist das Ganze mehr als die Summe seiner Teile. Allerdings steigt unter dieser Prämisse der Betrachtung die Komplexität der strategischen Unternehmensführung exponentiell.

In der unternehmerischen Realität gibt es daher kein Buchhaltungs-, kein Marketing-, kein Organisations- und kein Personalproblem; es gibt nur Situationen, die sich auf das Marketing, das Personal, das Rechnungswesen auswirken. Es gibt nur Problematiken der Kategorie – es sinken die Gewinnspannen, die Durchlaufzeiten vergrößern sich, die Kundenreklamationen nehmen zu. Die Konkurrenz hat ein neues Produkt auf den Markt gebracht, und wir waren zu langsam; unsere Kapitaldecke war zu kurz, um eine notwendige Zukunftsinvestition tätigen zu können. All das verunsichert Mitarbeiter und Führungskräfte. Dies zeigt deutlich: Es geht nicht um die einzelnen Teile im Unternehmen, sondern es sind Problematiken, die allesamt die Beziehungen zwischen den einzelnen Teilen betreffen.[43] Es bringt uns weder die Lösung von wirtschaftlichen Problemen, weder die Lösung von technischen Problemen noch die Lösung von psychologischen Problemen weiter, sondern nur die Erkenntnis, dass man alles gemeinsam betrachten und die Vernetzung managen muss. Systemdenken bedeutet daher, dass sich die Eigenschaften des Gesamtsystems nicht aus den Eigenschaften der einzelnen Teile ableiten lassen, sondern dass sie eine eigenständige Qualität besitzen, die in den Wechselwirkungen dieser Einzelteile zueinander und in der Einbettung in ein darüber liegendes System zu suchen sind.

Ein weiteres Element des Systemdenkens ist die Erkenntnis, dass auch die einzelnen Systeme nicht isoliert betrachtet werden können, sondern mit anderen angren-

Systemdenken bedeutet nicht, wirtschaftliche, technische oder psychologische Probleme zu lösen, sondern deren Vernetzung zu managen.

zenden Systemen verknüpft und verzahnt sind. Ein Unternehmen ist einerseits sicher als ein komplexes soziales System zu bezeichnen und durch die Beziehungen der Einzelelemente zu beschreiben; andererseits ist das System Unternehmen aber auch mit dem für ihn relevanten Marktsegment, mit seinen Konkurrenten und Lieferanten verbunden, die wiederum in ihre eigene Umwelt eingebettet sind. Wenn aber alles mit allem verbunden ist, dann ergibt sich daraus letztlich ein Komplexitätsniveau, das nicht mehr beherrschbar ist. Damit stellt sich die Frage nach der Sinnhaftigkeit dieser Betrachtungsweise. Was den systemischen Ansatz wissenschaftlich fruchtbar macht, ist die Entdeckung, dass es so etwas wie »annäherungsweises« Wissen gibt. Das bedeutet, dass eine Komplexitätsreduktion, wenn auch nicht zu ganz exakten, so doch zu brauchbaren – eben annäherungsweisen – Erkenntnissen führt. Ohne diese Erkenntnis wäre beispielsweise die Quantenphysik kaum denkbar. Ein einfaches Beispiel erläutert diese Tatsache: Im ersten Semester Physik lässt ein Dozent einen Gegenstand aus einer bestimmten Höhe zu Boden fallen. Mithilfe einer schlichten Formel aus der newtonschen Physik kann die Zeit berechnet werden, die der Körper braucht, um zu Boden zu fallen. Dieses Ergebnis stellt aber nur eine »erste Annäherung« dar, da der Luftwiderstand nicht berücksichtigt wurde. Der Dozent könnte nun den Luftwiderstand in die Formel einbauen, um so zu einer »zweiten Annäherung« zu kommen. Der Luftwiderstand hängt aber von der Temperatur und dem Druck ab, was unser Vortragender in einer »dritten Annäherung« in die Formel einbauen kann. Allerdings hängt der Luftwiderstand nicht nur von der Temperatur und dem Druck ab, sondern auch von der Luftkonvektion, das heißt von der gesamten Luftzirkulation der Teilchen im Raum. Vielleicht werden die Studenten bemerken, dass diese Luftkonvektion nicht nur durch ein offenes Fenster, sondern auch durch ihr Atemmuster verursacht wird. Spätestens zu diesem Zeitpunkt wird der Dozent eine weitere »Annäherungsrechnung« abbrechen. In der Regel reicht jedoch die newtonsche Formel der Zeitrechnung als Annäherungswert völlig aus.

Alle Systeme sind in irgendeiner Weise miteinander verbunden. Der so entstehende Komplexitätsgrad lässt sich allerdings durch die Reduktion auf die Systemmuster in einen Erkenntnisgewinn umwandeln.

Komplexitätsreduktion, welche die zentralen Muster fokussiert, führt daher nicht nur zu einer ausreichenden »Annäherung«, sondern auch zu einem zusätzlichen Erkenntnisgewinn auf der Ebene der Zusammenhänge.

Gestaltung durch die Systemkräfte

Systeme steuern sich über ihre Vernetzung selbst und tragen so zu ihrer Selbsterhaltung bei.

Das Schlüsselmerkmal eines lebenden Netzwerkes besteht darin, dass es sich ständig selbst erzeugt und selbst erhält. Autopoiese[44] heißt wörtlich »Selbstmachen« und ist der Begriff für ein Netzwerk, in dem sich jeder Bestandteil an der Erzeugung und Umwandlung anderer Bestandteile im Netzwerk beteiligt. Auf diese Weise erhält sich das Netzwerk selbst, es wird von seinen Bestandteilen erzeugt und erzeugt wiederum diese Bestandteile.[45] Komplexe soziale Systeme sind daher nur bedingt durch geplante und bewusste Eingriffe gestaltbar.

In sozialen Systemen, wie es Unternehmen sind, entsteht die Fähigkeit zu lernen durch Rückkoppelung. Durch diese Rückkoppelungsschleifen tauchen Lernprozesse im System und damit eine Selbstorganisationskraft auf. Eine der entscheidenden Herausforderungen in der Bewältigung von Entwicklungs- und Veränderungsprozessen besteht darin, die Idee der Selbstorganisation sowie der Selbstregulierung von Systemen für die Unternehmenssteuerung konstruktiv zu nutzen.

Autopoietische Netzwerke sind selbsterzeugend, selbstbegrenzend und selbsterhaltend.

Ein weiteres Kriterium für autopoietische Netzwerke ist die Selbstbegrenzung. Lernende Systeme schaffen sich einerseits selbst ihre Grenzen und werden andererseits selbst Element eines übergeordneten Systems. Auch Unternehmen schaffen sich durch ihr Selbstverständnis, ihre Geschichte, aber auch operativ durch ihren Marktzugang eigene Grenzen, sind wiederum aber in das übergeordnete System der Branche beziehungsweise der Volkswirtschaft eingebettet.

Autopoietische Netzwerke stellen eine geschlossene Organisation dar. Dies bedeutet allerdings nicht, dass sie nicht intensiv mit der Umwelt verbunden wären. Im Gegenteil – sie stehen in einem engen Austauschverhältnis mit der Umwelt, wobei diese Beziehungen nicht originär ihre eigene Organisation bestimmen. Wäre dies der Fall, so könnte es keine Anpassungsdefizite an die Umwelt geben, und jedes Unternehmen würde sich quasi automatisch den jeweiligen Notwendigkeiten aus der Umwelt anpassen beziehungsweise es würde durch die Vielzahl der Impulse in Chaos versinken. Soziale Systeme sind also weithin durch ihre operationelle Geschlossenheit gekennzeichnet. Sie beziehen die Umwelt in ihre eigenen Überlegungen ein, werden durch diese aber nicht unmittelbar verändert. Umwelteinflüsse werden ausschließlich über interne Kommunikationsprozesse transportiert und können erst damit Auslöser von Transformationsprozessen sein.[46] So wird beispielsweise die Reorganisation eines Unternehmens nicht durch die Veränderung der Umwelt ausgelöst, sondern durch interne Elemente wie Kooperationsprobleme, langsame Entscheidungsprozesse, mangelnde Kontrollmechanismen und vieles mehr. Umwelteinflüsse werden ausschließlich über interne Probleme des Systems transportiert und können erst dann Auslöser von Transformationsprozessen sein.[47]

Autopoietische Systeme zeichnen sich durch operationale Geschlossenheit aus. Umwelteinflüsse werden ausschließlich über interne Probleme transportiert und können nur so Auslöser für Transformationsprozesse werden.

Autopoietische Netzwerke müssen sich ständig regenerieren, um ihre Organisation aufrechtzuerhalten. Ein Stillstand dieses Prozesses bedeutet den Tod für das System. Autopoietische Systeme sind daher auch selbsterhaltend.

Die Selbstorganisation komplexer Systeme führt zu Redundanz. Alle Zellen im menschlichen Organismus haben alle Informationen, auch die, die sie scheinbar für ihre eigentliche Aufgabe gar nicht brauchen. Damit sind sie aber in der Lage, bei Störungen aktiv und konstruktiv im Sinne des Gesamtsystems einzugreifen und gestörte Funktionen zu übernehmen. Die klassische Betriebswirtschaftslehre im techno-kausalen Sinn versucht, Redundanzen als Quelle der Ressourcenverschwendung aufzuspüren und zu beseitigen. Damit wird das System zwar scheinbar effizienter, aber nur solange keine unvorhergesehenen Situationen auftreten. Treten diese dann aufgrund der bestehenden Systemkomplexität aber auf, ist das System meist nicht in der Lage, eine adäquate Antwort auf diese neue Herausforderung zu finden.

Die Selbstorganisation von komplexen Systemen führt zu Redundanz. Redundante Systeme sind gegenüber unvorhergesehenen Umweltveränderungen robuster.

Die Entstehung von Regeln zur Steuerung von sozialen Systemen ist nicht nur ein bewusst gestalteter Willensakt einer kleinen Managementgruppe im Unternehmen, sondern auch das Resultat von eigendynamischen, kaum steuerbaren Kommunikationsprozessen. Diese Form von Regeln ist zwar das Ergebnis menschlicher Handlungen, stellt aber nur bedingt das Resultat menschlicher Absichten und Pläne dar.[48] Hayek wählt als Bezeichnung für diese Art der Regelgenerierung den Begriff der »spontanen Ordnung«.[49] Eine geplante Ordnung kann nur so viel an Erkenntnis und Information enthalten, wie die zentrale Instanz, die sie erlässt, erfassen und verarbeiten kann. Spontane Ordnung basiert hingegen auf einer viel größeren Anzahl von Personen, die daher ein wesentlich größeres Informationsvolumen zur Steuerung verarbeiten können. Solche Systeme sind somit in der Regel Veränderungs- und Anpassungserfordernissen jeglicher Art gegenüber robuster. Die totale Verhinderung spontaner Ordnung führt zu totalitären Systemen.

> »Spontane Ordnung« ist in der Lage, fast beliebig komplexe soziale Systeme zu steuern.

Systemisch-konstruktivistisches Management lässt spontane Ordnung zu, fördert sie und ist daher in der Lage, fast beliebig komplexe soziale Systeme zu steuern und zu führen. Der techno-kausale Ansatz kann nur so weit Komplexität beherrschen, als das Unternehmenszentrum die dazu notwendige Informationsmenge aufnehmen, verarbeiten und kontrollieren kann. Unternehmen, die nach dem Paradigma des systemisch-konstruktivistischen Managements gesteuert werden, sind wesentlich anpassungsfähiger und können in einer sich rasch verändernden Umwelt besser bestehen.[50]

Um die Systemkräfte, also spontane Ordnung, wirksam werden zu lassen, müssen im definierten Rahmen individuelle Freiheiten nicht nur zugelassen, sondern auch gefördert werden. Dies setzt ein hohes Maß an Delegation voraus, das wiederum Vertrauen bedingt. Ganzheitlich-systemisches Management geht daher weit über einen reinen Managementansatz hinaus. Es fordert bestimmte Einstellungen und Werthaltungen und damit eine Philosophie der Unternehmensführung, die auf Mut, Vertrauen und Freiheit des Einzelnen beruht. Damit ist ein konstruktives Menschenbild zwingend verbunden. Wer seinen Mitarbeitern nicht vertraut, wird keine Freiräume einräumen und dazu tendieren, auf einer sach-rationalen Ebene im Detail Regeln und Vorschriften zu formulieren, um nicht die gesamte Kontrolle über das System zu verlieren. Bei zunehmender Komplexität der Systeme ist diese Form der Unternehmenssteuerung aber nicht nur immens arbeitsintensiv, sondern auch höchst gefährlich, da sie schnell an Machbarkeitsgrenzen stößt.

Das Konzept der »spontanen Ordnung« kann aber nicht die strategische Unternehmensführung übernehmen. Damit stellt sich die paradoxe Frage der »Steuerung der spontanen Ordnung«. Die Antwort aus systemischer Sicht ist nicht, die einzelnen Handlungen zu steuern, sondern das Ganze in Form eines gemeinsam akzeptierten Zukunftsbildes, einer gemeinsamen Vision des Unternehmens.

Ein gemeinsam akzeptiertes Zukunftsbild des Unternehmens »steuert die spontane Ordnung«.

2.3 Systemisches Modell der strategischen Unternehmensführung

Systemisch orientierte strategische Unternehmensführung muss einerseits die Eigendynamik und damit die inneren Systemkräfte erkennen, um andererseits durch geeignete systemische Interventionen auf der Ebene des Gesamtunternehmens die Entwicklungsrichtung beeinflussen zu können, ohne dabei die Selbststeuerungskräfte des Systems lahmzulegen.

Abgeleitet aus dem Systembegriff ist ein Unternehmen ein integriertes Ganzes, dessen wesentliche Eigenschaften sich aus den Beziehungen zwischen seinen Teilen ergeben, eingebettet in den Kontext eines größeren Ganzen.

Das Entscheidende sind also die Beziehungen der einzelnen Unternehmensteile wie Kunden, Konkurrenten, Mitarbeiter, Technologie, Kultur, Organisationsform et cetera. In der Betriebswirtschaftslehre und auf vielen Universitätsinstituten tun wir noch oft so, als ob es ein Marketing-, Buchhaltungs- oder Mitarbeiterproblem gäbe. Dort wird noch immer überwiegend Wissen präsentiert, das nach Fachdisziplinen und -bereichen und damit zu Bruchstücken auseinandergerissen wird. Die Realität ist aber ein vernetztes System, in dem es viel weniger auf

Strategisches Management ist durch systemische Interventionen gekennzeichnet.

Ein Unternehmen als Ganzes ist mehr als die Summe seiner Teile. Systemisch orientierte strategische Unternehmensführung akzeptiert die Komplexität durch Vernetzung.

die Einzelbereiche als auf die Beziehungen zwischen ihnen ankommt.[51] Es gibt nur Problematiken, die sich aus der Beziehung all dieser Elemente ergeben, und das ist ein völlig anderer gedanklicher Zugang. Ein Unternehmen ist mehr als die Summe seiner Teile.

Der systemische Ansatz der strategischen Unternehmensführung verwirft das monokausale Ursache-Wirkung-Denken beziehungsweise das Mittel-Ziel-Denken. Er tritt für eine Lenkung des Gesamtsystems ein und akzeptiert dabei die Komplexität durch Vernetzung und die damit verbundene Unvollständigkeit des Systemverständnisses. So muss auch akzeptiert werden, dass ein eindeutiges Steuern und Gestalten nicht möglich ist, sondern bloß Richtungen und Wahrscheinlichkeiten zukünftiger Systemzustände vorausgesagt werden können.[52]

Die folgende Abbildung zeigt die wichtigsten Elemente der strategischen Unternehmensführung und deren Zusammenhänge aus dem Blickwinkel der systemischen Betrachtung.

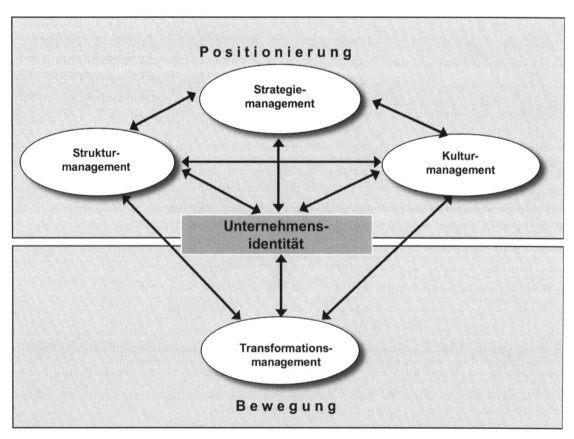

Abbildung 4: Systemisches Modell der strategischen Unternehmensführung

Die wichtigsten Säulen zukunftsorientierter Unternehmensführung sind: Strategie-, Struktur-, Kultur- und Transformationsmanagement. Das Zentrum dieser vier Elemente ist die Unternehmensidentität. Sie ist aber auch Zielsetzung und Motor für die Gestaltung und Entwicklung des Unternehmens und weckt und fördert darüber hinaus die emotionale Bindung an das Unternehmen. Ohne Identität fehlt das Fundament für das Handeln im Unternehmen. Dabei ist es nicht wesentlich, ob sie ausformuliert ist oder nicht, sie muss nur für alle Mitglieder des Unternehmens erkennbar sein. Das bestehende Synergiepotenzial kann dann nicht oder nicht ausreichend genutzt werden. Das Unternehmen präsentiert sich sowohl nach außen als auch nach innen konturlos und verschwommen.[53]

Die Säulen zukunftsorientierter Unternehmensführung sind: Strategie-, Struktur-, Kultur- und Transformationsmanagement, verbunden durch die Unternehmensidentität.

Darüber hinaus sind alle Systemelemente ohne eine hierarchische Über- beziehungsweise Unterordnung netzartig miteinander verbunden. Jedes der dargestellten Elemente der strategischen Unternehmensführung stellt für sich genommen wieder eine Netzstruktur dar. Alle Elemente sind gleichgestellt und gleichrangig. Dies gilt auch für die Unternehmensidentität, die nicht auf einer höheren Ebene steht. Das wäre zwar intellektuell logisch, entspricht aber nicht dem Charakter von Netzwerkstrukturen und vor allem nicht der Realität der Unternehmensführung.

Die Elemente der strategischen Unternehmensführung sind netzartig und ohne hierarchische Über- oder Unterordnung miteinander verbunden.

So hat beispielsweise die Entscheidung, in ein neues strategisches Geschäftsfeld einzusteigen, nicht nur strategische und strukturelle Auswirkungen, sondern auch Konsequenzen auf der Führungs- und Kulturebene. Macht- und Einflussstrukturen werden verschoben beziehungsweise beeinflusst, Beziehungen und Abgrenzungen zu den anderen bestehenden Geschäftsfeldern müssen gefunden werden et cetera. In der Praxis scheitern solche Entwicklungen und Veränderungen oft am Fehlen eines professionellen Transformationsmanagements.

Im Wesentlichen besteht die strategische Unternehmensführung aus zwei Komponenten: Positionierung und Bewegung. Während die Positionierung den momentanen Zustand des Unternehmens in den Ausprägungen Strategie, Struktur und Kultur und damit die Stabilität darstellt,

Strategische Unternehmensführung hat zwei Dimensionen: Positionierung nach innen und außen und Bewegung im Zeitverlauf.

ist die Dimension Bewegung – das Transformationsmanagement – die geplante Entwicklung beziehungsweise Veränderung des Unternehmens und damit die Dimension der Bewegung. Beide Dimensionen sind eng miteinander verknüpft und beeinflussen sich gegenseitig. Das gemeinsame Zentrum ist die Unternehmensidentität in ihrer Brückenfunktion zwischen Positionierung und Bewegung.

Die Dimension der Positionierung beantwortet Fragen wie: In welchen Marktsegmenten mit welchen Produkten ist das Unternehmen tätig? Welche sind die Kernkompetenzen? Welche strategischen Geschäftsfelder betreibt das Unternehmen? Wie sehen Organisationsstruktur und Geschäftsprozesse aus? Wie lässt sich die bestehende Unternehmenskultur beschreiben et cetera. Die Dimension Bewegung beschäftigt sich mit der Entwicklung und Veränderung des Unternehmens. Wie sieht das Zukunftsbild des Unternehmens aus? Welche Visionen werden verfolgt und wie können Entwicklungs- beziehungsweise Veränderungsprozesse initiiert und gestaltet werden? Mit beiden Dimensionen muss sich die strategische Unternehmensführung gleichzeitig und permanent auseinandersetzen.

Wie in der Vergangenheit, geht es auch heute in der praktischen Arbeit der Unternehmensführung in erster Linie darum, das Unternehmen auf einer sach-rationalen Ebene so zu positionieren, dass damit einerseits ein konkretes Marktbedürfnis einer bestimmten Zielgruppe befriedigt und die eigene Stellung gegenüber den Mitbewerbern behauptet beziehungsweise ausgebaut werden kann, und andererseits bestehende Kernkompetenzen berücksichtigt und entwickelt werden können. Fragen der Produktentwicklung, Produktionsverfahren, Marketingstrategien, aber auch nach innen gerichtete Themen, wie die der geeigneten Organisationsstruktur und der Gestaltung der Geschäftsprozesse, stehen im Mittelpunkt der Betrachtung.

In der Vergangenheit konnte man in der Unternehmenspraxis mit dieser sach-rationalen Positionierung das Auslangen finden, da sie ein weitgehender Garant für einen nachhaltigen Unternehmenserfolg war. Im nächsten Schritt der Unternehmensführung kam die Erkenntnis, dass nachhaltige Erfolge nur mittels Ergänzung durch ein aktives Kulturmanagement möglich sind. Dies lag an den »Maslowschen Bedürfnisebenen«[54]: besser ausgebildete Mitarbeiter, komplexere Aufgabenstellungen und damit eine Verringerung der klassischen Arbeitsteilung sowie ein nachhaltiger Wertewandel. Die soziokulturelle Betrachtungsweise wurde somit integrativer Bestandteil der Unternehmensführung. Damit konnten latente Synergiepotenziale, die brachlagen und exzellenten Unternehmenserfolg behinderten, genutzt werden. In der Folge entwickelte sich die Erkenntnis, dass Unternehmenskultur nicht ungelenkt im Unternehmen entstehen soll, sondern der Versuch der Gestaltung aktiv unternommen werden muss. So wurde Kulturmanagement eine wichtige Aufgabe der Unternehmensführung.[55] Unternehmenskultur und Führungsstil sind zwei untrennbare Faktoren, die sich gegenseitig beeinflussen und bedingen.[56] Aktives Kulturmanagement setzt daher ein Gestalten der Führungswerthaltungen und des Führungsverhaltens voraus, da sonst ein nicht überbrückbares Spannungsverhältnis zwischen dem »Sein« und dem »Sollen« entsteht.

Doch auch in dieser Entwicklungsphase der strategischen Unternehmensführung hatte immer noch der Stabilitätsgedanke hohe Bedeutung und Priorität. Veränderung und geplante Entwicklung waren noch nicht in den Alltag der Unternehmen eingekehrt.

Im nächsten Entwicklungsschritt ergänzte ein dritter Faktor die Realität der Unternehmensführung: Die Gestaltung und Steuerung von Entwicklungs- und Veränderungsprozessen im Unternehmen. Dieser Faktor der Unternehmensführung soll als Transformationsmanagement bezeichnet werden. Strategie-, Struktur- und Kulturmanagement genügen nicht mehr, die Nachhaltigkeit des Unternehmenserfolges zu sichern. Umfassende permanente Anpassungsprozesse an die veränderte Umwelt sind notwendig geworden. Immer stärker ist die Unternehmensführung damit konfrontiert, die Unternehmenserfolge durch gezieltes Transformationsmanagement auch für die Zukunft zu sichern. Statische Stabilität ist ein Luxus, den sich das Unternehmen von heute nicht mehr leisten kann.

Seit einigen Jahren ist die Dimension der Bewegung, also ein aktives Transformationsmanagement, ein fixer Bestandteil der strategischen Unternehmensführung geworden.

Die Unternehmensidentität bildet den gemeinsamen Rahmen und ist Ziel und Motor zugleich.[57] Damit steht sie im Mittelpunkt zukunftsorientierter Unternehmensführung und wirkt in alle Richtungen, während auch alle anderen Elemente der systemischen Unternehmensführung wieder auf sie zurückfallen. Je einfacher und klarer die Unternehmensidentität formuliert ist, umso stärker ist ihre Kraft. Sie muss sowohl für Kunden als auch für Mitarbeiter leicht verständlich sein, sonst fehlt den Strategien, Strukturen und Entwicklungen die gemeinsame Basis. Es besteht die Gefahr, dass die strategischen Entscheidungen im Unternehmen zu einer Zersplitterung der Unternehmenskräfte führen. Ohne die Basis der Unternehmensidentität degeneriert jeder Transformationsprozess zu einer Anhäufung von nicht miteinander verbundenen Einzelprojekten und stiftet im Unternehmen mehr Verwirrung als er echte Veränderung beziehungsweise Entwicklung mit sich bringt. Die Unternehmensidentität ist die Orientierung der »spontanen Ordnung«.

> **Sachkenntnis, soziale Kompetenz sowie Erfahrungen und Wissen über Transformationsprozesse in komplexen sozialen Systemen sind heute die Anforderungen an das Management.**

So unterlag die strategische Unternehmensführung in den letzten Jahrzehnten einer dramatischen Veränderung und setzt heute höchste Ansprüche an das Management. Die Komplexität der Unternehmensführung ist sprunghaft gestiegen. Neben fundierter Sachkenntnis, sozialer Kompetenz, emotionaler Kraft und Risikobereitschaft ist kontinuierliches Lernen für erfolgreiche Unternehmensführung eine unabdingbare Voraussetzung. Darüber hinaus werden Wissen und Erfahrung im Bereich des Transformationsmanagements – also in der Gestaltung und Steuerung von Veränderungs- und Entwicklungsprozessen im Unternehmen – zu nicht mehr verzichtbaren Fähigkeiten der Unternehmensführung.

Um diesen hohen Anforderungen der Unternehmensführung gerecht werden zu können, wäre ein stärkeres Näherrücken zwischen Theorie und Praxis von großer Bedeutung und würde eine synergetische gegenseitige Befruchtung mit sich bringen.

3 Unternehmensidentität

Die Unternehmensidentität ist der unverwechselbare Charakter eines Unternehmens. Sie begründet sich durch die stimmige Vernetzung von Vision, Kernkompetenzen und Marktdifferenzierung, verbunden mit dem zentralen, meist geschichtlich entstandenen Selbstverständnis sowie Grundwerten des Unternehmens. Sie bietet damit Orientierung und Stabilität und ist gleichzeitig Entwicklungs- und Veränderungskraft. Die Unternehmensidentität bildet daher eine Brückenfunktion zwischen den beiden Welten: einerseits Positionierung, also Stabilität, andererseits Bewegung und damit Veränderung im Unternehmen. Die Unternehmensidentität ist nur dann wirksam, wenn sie durch Interaktion entstanden und durch kontinuierliches Verhalten und Kommunikation im Unternehmen verankert wurde. Die Gestaltung der Unternehmensidentität ist der Versuch, den Charakter eines Unternehmens aktiv und bewusst zu formen.[58]

Diese Elemente der Unternehmensführung sind jeweils miteinander verbunden und nur als Ganzheit zu verstehen. Abbildung 5 der Unternehmensidentität zeigt die Zusammenhänge.

Die Vision beschreibt den Spannungszustand zwischen der bestehenden und der erwünschten Situation des Unternehmens. Die Kernkompetenzen sind die vernetzten und damit unverwechselbaren zentralen Stärken – Wissen, Fähigkeiten, Ressourcen – des Unternehmens. Die Politik der Marktdifferenzierung beschreibt die grundsätzliche Marktpositionierung zwischen Leistungs- und Preisdifferenzierung und davon abgeleitet das zu betreuende Marktsegment sowohl qualitativ – mit der Beschreibung der Kundenstrukturen und deren Bedürfnissen und Erwartungen – als auch quantitativ in Form von Marktgröße, Marktanteil, Regionalität et cetera. Alle Elemente

Die Unternehmensidentität ist der unverwechselbare Charakter eines Unternehmens[59] und besteht aus den Faktoren Vision, Kernkompetenzen und Marktdifferenzierung.

Erst die Übereinstimmung zwischen den einzelnen Faktoren der Unternehmensidentität lässt Orientierung für das Unternehmen entstehen.

Unternehmensidentität

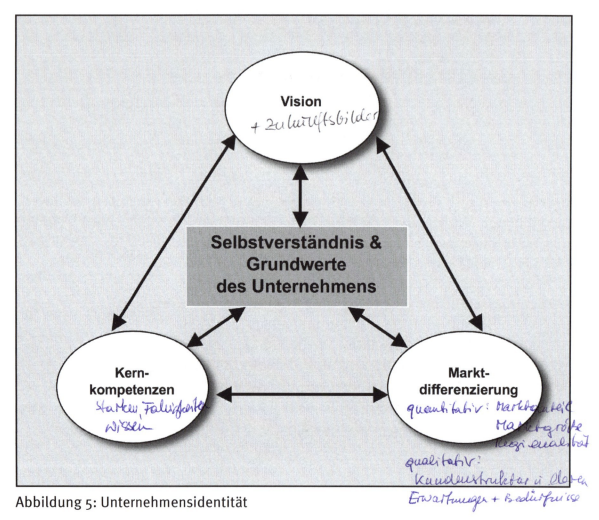

Abbildung 5: Unternehmensidentität

der Unternehmensidentität bedingen einander und sind aufs Engste miteinander verbunden; daher ist auch nur eine gemeinsame Betrachtung sinnvoll. Was nützen die ausgeprägtesten Kernkompetenzen, wenn sie im gewählten Marktsegment nicht auf korrespondierende Kundenbedürfnisse treffen? Aber auch die Vision muss an die bestehenden Kernkompetenzen des Unternehmens »anschlussfähig« sein, um nicht zur Utopie zu degenerieren und damit jegliche Kraft im Unternehmen zu verlieren, ja sogar kontraproduktiv zu wirken. Erst wenn all diese Faktoren mit den grundsätzlichen Unternehmenswerten und dem Selbstverständnis im Einklang sind, kann Identität und damit Unternehmenserfolg entstehen.

Erst durch die Übereinstimmung zwischen den strategischen Kernkompetenzen auf der einen Seite und den zentralen Markterfordernissen auf der anderen Seite entsteht ein strategisches Erfolgspotenzial im Unternehmen. Das heißt die Voraussetzung für nachhaltige Unternehmenserfolge, die allerdings durch das operative Management tatsächlich Gewinn bringen müssen. Der Grad der Übereinstimmung ist ein Maßstab für das Ausmaß des Erfolgspotenzials, wobei es sich dabei um keine lineare Beziehung handelt. Erst ab einer relativ großen Deckung zwischen den Faktoren strategische Kernkompetenzen und zentrale Markerfordernisse kommt es zur Bildung von strategischen Erfolgspotenzialen. In der Praxis bedeutet dies, dass erst bei einer hohen Deckung zwischen den zentralen vernetzten Stärken des Unternehmens und den relevanten Kundenbedürfnissen nachhaltige Gewinne zu erzielen sind. Dieser Zusammenhang wird im Kapitel Strategiemanagement näher behandelt.

Die Stimmigkeit der einzelnen Faktoren der Unternehmensidentität führt zu einer weitgehenden Übereinstimmung zwischen den spezifischen Kundenbedürfnissen und strategischen Kernkompetenzen.

> **Fallvignette 3: Ungleichgewicht zwischen Kernkompetenzen und kritischen Markterfordernissen**
>
> In einem großen internationalen Unternehmen im Bereich Anlagenbau, das in einem hoch spezialisierten Marktsegment tätig ist, kam im Rahmen einer Strategiediskussion das Ungleichgewicht zwischen Kernkompetenzen und kritischen Markterfordernissen klar zur Sprache.
> Im Zuge der Strategiediskussionen entstand die Idee, auch in einem nicht so hoch spezialisierten Marktsegment Leistungen anzubieten und damit ein neues strategisches Geschäftsfeld zu etablieren. Die Argumentation war: »Wenn wir in einem hoch komplexen Marktsegment weltweit tätig sein können, muss es uns doch leicht möglich sein, in einem relativ einfachen Marktsegment lokal tätig zu sein.« Trotz vieler Gegenargumente beschloss die Unternehmensführung, dieses Experiment zu wagen. Im Rahmen einer strategischen Evaluierung stellte sich zwei Jahre später heraus, dass sich dieses Geschäftsfeld nie wirklich entwickelt hatte, und es wurde entschieden, sich wieder zurückzuziehen. Das Evaluierungsteam kam zu folgendem Schluss: Die Kernkompetenz, hoch spezialisierte Engineeringleistungen zu erbringen, stimmte mit den kritischen Kundenbedürfnissen dieses neuen Marktsegmentes nicht überein. Nicht hoch spezialisierte, sondern möglichst kostengünstige Leistungen waren gefordert. Darauf war das Unternehmen aber nicht eingestellt. Auch war die Konkurrenz am lokalen Markt um Vieles größer als auf dem hoch spezialisierten internationalen »Heimmarkt«. Darüber hinaus war das Un-

> ternehmen nicht in das lokale Netzwerk eingebunden, das die Auftragsvergabe unterstützte. Es entstand schnell der Ruf, zu teuer und zu kompliziert zu sein. Die Versuche, die Kernkompetenzen in Richtung »einfacher und billiger« auszuweiten, schlugen fehl, da diese Forderung nicht mit den Grundwerten des Unternehmens – wir lösen hoch komplexe technische Aufgabenstellungen – übereinstimmte. Die Mitarbeiter konnten sich mit dieser »Billigstvariante« in der Angebotspalette nicht identifizieren und lehnten sie intuitiv und emotional ab. Die Vision der Diversifikation konnte nicht aufgehen, da die einzelnen Faktoren der Unternehmensidentität nicht miteinander im Einklang standen. Viel Geld, Mühe und Kraft waren in dieses Experiment ohne sichtbaren materiellen Erfolg geflossen. Das Positive an diesem »Ausflug« war allerdings ein Rückbesinnen auf die eigentlichen Kernkompetenzen des Unternehmens und damit die nachhaltige Konzentration auf den internationalen Markt. Nicht Diversifikation, sondern Marktentwicklung war der nächste Schritt des Unternehmens.

3.1 Selbstverständnis und Grundwerte des Unternehmens

Die Identität des Unternehmens basiert auf seinem Selbstverständnis und seinen Grundwerten.[61] Es werden soziokulturelle und sach-rationale Elemente angesprochen.

Die Identität eines Unternehmens basiert auf dem eigenen Selbstverständnis und seinen Grundwerten – der »Mission« des Unternehmens –, die sich einerseits geschichtlich entwickelt haben, andererseits aber auch bewusst gestaltet sind.[60] Auf diesen Grundwerten fußt die Vision. Sie sind die Basis der bestehenden Kernkompetenzen und haben einen großen Einfluss auf die Politik der Marktdifferenzierung im Unternehmen. Diese Grundwerte können sowohl sach-rationale als auch soziokulturelle Faktoren ansprechen beziehungsweise eine Kombination aus beiden sein. Selbstverständnis und Grundwerte des Unternehmens beantworten die Frage: »Wer sind wir?«

Die Kommunikation der Unternehmenswerte hat nur Unterstützungscharakter. Aktives Vorleben durch die oberste Führungsebene etabliert sie im Unternehmen.

Entscheidend ist nicht die Dokumentation dieser Unternehmenswerte, sondern deren aktives und sichtbares Vorleben durch das oberste Management. Nichts stört die Glaubwürdigkeit eines Unternehmens mehr als ein dokumentiertes und kommuniziertes Wertesystem, das mit der Realität nicht übereinstimmt. Wer »Wasser predigt, aber Wein trinkt«, verliert rasch an Glaubwürdigkeit und Akzeptanz, und es werden damit indirekt ganz andere Werte ins Unternehmen getragen als die formulierten. Die Kommunikation der Grundwerte des Unternehmens ist zwar unbedingt notwendig, kann aber letztlich nur unterstützenden Charakter haben. Grundwerte können nur durch tägliches konformes Handeln in das Unternehmen getragen und dort verankert werden.

Grundsätzliche Unternehmenswerte und -prinzipien im Rahmen der Unternehmensidentität betreffen Aussagen zu Themen wie Kunden-, Mitarbeiter- und Qualitätsorientierung, Innovationsbereitschaft, Ergebnis- und Handlungsorientierung, Kommunikation, Teamarbeit, Konfliktmanagement und vieles mehr.[62] Es ist wohl leicht nachzuvollziehen, dass diese grundsätzlichen Werte, verbunden mit dem Selbstverständnis eines Unternehmens, auch maßgeblich die anderen Faktoren der Unternehmensidentität und damit alle Faktoren der strategischen Unternehmensführung beeinflussen. Beispielsweise wird ein Unternehmen mit den Aussagen »Unsere Produkte sind immer auf dem neuesten Stand der Technologie …« und »Wir wollen nicht die Billigsten, sondern die Besten sein …« als Kernkompetenzen Forschung und Entwicklung sowie Qualitätsmanagement etabliert haben, was wiederum eine strategische Marktpositionierung in Richtung qualitätsbewusst und weniger preiselastisch mit sich bringt. Auch die Vision wird vermutlich mit Qualität, Neuheit, aber auch mit Image und Prestige zu tun haben. Ganz anders in einem Unternehmen mit der Grundwerthaltung »Wir kontrollieren unsere Kosten besser als die Konkurrenz, denn dies ist unser entscheidender Wettbewerbsvorteil …« In diesem Fall werden die Kernkompetenzen eher etwas mit rationellem Produktionsverfahren, hohen Stückzahlen, ausgeprägten Vertriebsstrukturen und generell mit einem straffen Kostenmanagement zu tun haben. Das Marktsegment wird eher eines mit einer sehr preisbewussten Kundenschicht sein, wo Neuheit und Qualität nicht die obersten Kaufprämissen sind und auch die Vision eher quantitativ als qualitativ orientiert sein wird. Dass diese unterschiedlichen Unternehmensidentitäten Auswirkungen auf Strategie, Kultur und Struktur,

Grundsätzliche Unternehmenswerte: Aussagen zu Kunden- und Marktbearbeitung, Qualitätsorientierung, Innovationsbereitschaft, Ergebnisorientierung, Kommunikations- und Führungsverhalten.

aber auch auf die Form der Transformationsprozesse haben werden, ist offensichtlich.

Zur Illustration soll an dieser Stelle noch ein konkretes Beispiel eines Unternehmensleitbilds dargestellt werden, das Selbstverständnis und die grundsätzliche Werthaltung des Unternehmens beleuchtet das:

> **Fallvignette 4: Unternehmensphilosophie von IKEA**
> »Wir kommen aus Småland
> Wenn du jemanden wirklich kennen willst, schau dir sein Zuhause an! Stöbere im Bücherregal, betrachte die Bilder an der Wand und durchforste die Hausapotheke, wenn du frech bist.
> Das hier auf dem Bild ist unser Zuhause. Eine Region in Südschweden, die bekannt ist für karge Böden und sparsame, hart arbeitende Menschen. Richtige Überlebenskünstler. Denn sie mussten schon immer ein bisschen mehr arbeiten und bessere Ideen haben als andere, um die steinigen Böden in fruchtbares Land zu verwandeln.
> So ähnlich ist es auch, wenn man Leuten, die maßgearbeitete, teure Einrichtung gewohnt sind, flach verpackte Möbel zum Selbstzusammenbauen anbietet.
> Wir sind seit unserem ersten Einrichtungshaus einen weiten Weg gegangen, aber gleichzeitig ist doch alles beim Alten geblieben.
> Es geht noch immer darum, aus wenig viel zu machen, Gewohnheiten über Bord zu werfen und sorgsam mit Geld umzugehen.
> Wir haben nie unseren Traum aus den Augen verloren: Den, vielen Menschen einen schöneren Alltag in einem schönen Zuhause zu schaffen. Genau deshalb packen wir Möbel in flache Pakete und geben dir die Möglichkeit, sie selbst nach Hause zu bringen und zusammenzubauen.
> Wir haben auf der ganzen Welt Menschen gefunden, die insgeheim Smålander sind, so wie wir. Menschen, die nicht gerne Geld zum Fenster rauswerfen und bereit sind, sich für das, was sie wollen, etwas mehr anzustrengen. Gemeinsam sind wir IKEA.«[63]

In diesem Beispiel wird die Beantwortung der Frage »Wer sind wir?« sowohl auf sach-rationaler als auch auf soziokultureller Ebene eindrucksvoll miteinander verbunden.

3.2 Unternehmensvision *Wo wollen wir hin?*

Die Vision ist ein möglichst konkretes Zukunftsbild und damit die zentrale Kraft eines Unternehmens, die sowohl auf einer sach-rationalen als auch auf einer soziokulturellen Ebene für Entwicklung und Veränderung sorgt. Sie wird von der obersten Führungsebene in einem Interaktionsprozess mit dem Management entwickelt und durch zahlreiche Kommunikationsprozesse im Unternehmen verankert. Die Entwicklung und Formulierung ist trotz der anzustrebenden und unverzichtbaren Interaktion kein demokratischer Prozess, sondern Ausdruck des Willens der Unternehmensspitze beziehungsweise der Eigentümer. Die Einbindung des Managements in diesen Prozess dient einerseits dazu, das gesamte Wissen und Kreativitätspotenzial im Unternehmen einzubinden, und andererseits auf einer soziokulturellen Ebene emotional die Etablierung abzusichern. So entwickelt die oberste Führungsebene die Vision, und die mittlere Führungsebene überprüft deren Realisierbarkeit.

Die Unternehmensvision ist ein top-down-orientierter Prozess. Sie wird von der obersten Führungsebene erarbeitet, die mittlere Führungsebene überprüft deren Machbarkeit, die Mitarbeiter werden informiert.

Die Vision beantwortet die Frage »Wo wollen wir hin?« und beschreibt so die übergeordneten Ziele.[64] Die hoch gesteckten Ambitionen zwingen zu neuen Denk- und Verhaltensweisen und leiten dadurch den oft schmerzlichen Prozess der Veränderung ein. Doch der Wunsch, den angestrebten Zustand zu erreichen, hilft, alle Schwierigkeiten zu überwinden.[65] Ohne Vision scheitert das Unternehmen in der Regel bereits bei den ersten Anzeichen von Veränderungswiderständen beziehungsweise schließt vorschnell letztlich destruktive Kompromisse. Wenn ein großer Traum fehlt, überwiegt das Kleinliche.

Wenn ein großer Traum fehlt, überwiegt das Kleinliche.

Visionen enthalten sowohl kunden- und marktrelevante als auch unternehmensrelevante Aussagen, die der grundsätzlichen Orientierung dienen. Sie sind Motivations- und Impulsfaktoren im Unternehmen und üben in der Regel eine erfolgsfördernde Funktion aus.[66] Dazu müssen sie herausfordernd und sinnvermittelnd, aber auch leicht zu verstehen und klar nachvollziehbar sein. Nur so können sie ihre identitätsstiftende Funktion im Unternehmen ausüben.[67] Unternehmensvisionen sind die Antwort auf den dialektischen Gegensatz zwischen der

Unternehmensidentität

Visionen sind ein möglichst konkretes Zukunftsbild des Unternehmens und bieten rationale und emotionale Orientierung.

notwendigen Stabilität und der erforderlichen Veränderung im Unternehmen.

Natürlich sind auch Visionen durch den Wandel der unternehmensrelevanten Umwelt betroffen und müssen laufend angepasst werden.[68] Sie sind also eine dynamische Größe. Trotzdem erreichen sie in der Regel erst dann ihre Kraft und Entfaltung, wenn sie als ein bestimmender Fixpunkt im Unternehmen angesehen werden, der zwar angepasst, aber nicht permanent verändert wird. Sie sind sozusagen die »Verfassungsgesetze« des Unternehmens, die dem Management die notwendige Orientierung in ihrer täglichen Entscheidung geben. Ohne eine klare Vision müssen die Einzelaktivitäten gesteuert werden, und dies führt in komplexen Systemen zu einer nachhaltigen Reduktion notwendiger Flexibilität.

In Fällen, in denen das Top-Management auf die Frage nach der Unternehmensvision zu einem einstündigen Vortrag ansetzt, geht davon keine Orientierungskraft aus. Das notwendige Spannungsverhältnis zwischen dem Heute und dem wünschenswerten Morgen ist so nicht klar erkennbar, und jede Transformation degeneriert zur Einzelaktion, deren Sinn im Ganzen nicht erkennbar ist.

Visionsentwicklung ist sowohl ein sach-rationaler als auch ein emotional-intuitiver und damit auch erfahrungsorientierter Prozess.

Visionsentwicklung ist sowohl ein sach-rationaler als auch ein emotional-erfahrungsorientierter Prozess. Der Weg von der Realität zur Vision wird sowohl durch Gefühle und Bilder als auch durch Logik und Sprache bestimmt. Es ist daher notwendig, bei der Visionsformulierung auf beiden Ebenen zu arbeiten.[69]

Visionen müssen also auch die Gefühle der Mitarbeiter ansprechen. Antoine de Saint-Exupéry hat diesen Aspekt einmal treffend eingefangen: »Wenn du ein Schiff bauen willst, fange nicht an, Holz zusammenzutragen, Bretter zu schneiden und die Arbeit zu verteilen, sondern wecke in den Menschen die Sehnsucht nach dem großen, weiten Meer.« Ähnlich die Geschichte aus dem Steinbruch, in dem alle Arbeiter die gleiche schwere Arbeit verrichten müssen, doch haben alle einen völlig unterschiedlichen Gesichtsausdruck. Ein Beobachter fragt sie deshalb nach ihrer Arbeit. Ein traurig-resignierter Arbeiter antwortet: »Ich haue Steine.« Ein Zufriedener antwortet: »Ich verdiene meinen Lebensunterhalt.« Der fröhliche Arbeiter antwortet: »Ich baue eine Kathedrale.« Visionen sind Kathedralen.[70]

Visionen sind die Basis der operativen Ziele

Viele Unternehmen haben keine Visionen, sondern formulieren oft nur operative Ziele und materielle Wünsche. Gewinn- und Umsatzdimensionen, Themen wie die schnelle Produktentwicklung, der größere Marktanteil oder das erhöhte Synergiepotenzial stehen im Vordergrund der Betrachtung. All das sind aber keine Visionen, meist nicht mal Ziele, sondern nur Wünsche.

Materielle Wünsche und Ziele haben in der Regel quantitativen, Visionen dagegen qualitativen Charakter. Es handelt sich um die Ebene hinter den Wünschen und Zielen. Warum wollen wir höhere Gewinne? Für die meisten Unternehmen ist auch der Gewinn letztlich nur Mittel zum Zweck. Warum wollen wir den Marktanteil erhöhen et cetera? Erst die Beantwortung dieser Frage gibt den Blick auf die Vision frei. Antworten wie »weil wir ein eigenständiges Unternehmen bleiben wollen« oder »weil wir der Marktführer in unserem Segment sein wollen, um Trends zu setzen« oder »weil wir das beste Hotel am Platz sein wollen«,[71] legen die Vision frei. Es geht also nicht um das, was wir »haben wollen«, sondern darum, »wie wir sein wollen«.[72] Auch soziokulturelle Aspekte können Teil der Unternehmensvision sein, wie beispielsweise »... durch unser hohes Ausbildungsniveau und den Freiraum, den wir unseren Mitarbeitern einräumen, wollen wir Technologieführer in unserer Branche sein ...«

In der strategischen Unternehmensführung hat das »Management by Vision« das »Management by Objectives« abgelöst.[73]

Vision ist ein spezifischer Ankunftsort, ein Bild von einer gewünschten Zukunft, das klar und einfach zu beschreiben ist. Je einfacher und klarer die Vision formulierbar ist, umso stärker ist ihre Kraft, wobei es nicht um die Erreichung dieses Ankunftsortes geht, sondern vielmehr um die Gestaltung des Weges dorthin.

Visionen beschreiben nicht, was wir »haben wollen«, sondern »wie wir sein wollen«. Sie beleuchten die Ebene hinter den materiellen Wünschen und Zielen.

Visionen als kreative Spannung

Die kreative Spannung im Unternehmen entsteht zwischen der momentanen Realität und der Vision und ist der Motor für zielgerichtete Veränderung und Entwicklung.

Die Vision baut eine kreative Spannung zwischen der Realität und einem zu erreichenden, zukünftigen Bild auf. Erst damit wird die Lücke zwischen der Ausgangssituation und einem gewünschten Zustand deutlich. Diese Lücke löst eine Spannung im Unternehmen aus, die den Motor des Transformationsprozesses vom Ist zum Soll antreibt. Ohne Vision ist jede Entwicklung und Veränderung ein reagierender Akt auf die Veränderungen der relevanten Umwelt des Unternehmens. Der agierende Charakter der Transformation tritt in den Hintergrund. Das Unternehmen befindet sich in der Position des »Getriebenen«, und Veränderung wird zur Bedrohung.

Die kreative Spannung ist wie ein Gummiband zwischen der gegenwärtigen Realität und der Vision. Ist der Abstand zwischen den beiden Enden des Gummibandes zu gering, entsteht keine Spannung; ist er zu groß, reißt das Gummiband. Die Vision muss wünschenswert und herausfordernd, aber auch erreichbar sein, sonst löst sie keine kreative Kraft im Unternehmen aus.

Die Vision muss wünschenswert und herausfordernd, aber auch erreichbar sein.

Diese kreative Kraft stellt die Beziehung zwischen den bewahrenden und den verändernden Kräften im Unternehmen dar: Stabilität versus Entwicklung und Veränderung. Beide Positionen sind notwendig, denn die isolierte Betrachtung nur einer Kraft führt unweigerlich zum Chaos oder zum Stillstand. Soziale Systeme, die sich nicht anpassen, sterben aus, und jene, die einem permanenten Wandel unterworfen sind, führen zu Chaos und Anarchie.

Es gilt also, diese kreative Spannung durch eine Vision im Unternehmen aufzubauen und zu beherrschen. Diese Betrachtung führt zur Einsicht, dass die gegenwärtige Situation mit all ihren Schwächen und Unzulänglichkeiten nicht länger als Feind angesehen wird. Damit ist Entwicklung und Veränderung nicht etwas, das man überwinden muss, sondern für den langfristigen Erhalt des Unternehmens unentbehrlich. Um diese kreative Spannung beherrschen zu können, ist ein umfassendes, möglichst vorurteilsfreies Bild der gegenwärtigen Realität genauso wichtig wie eine klare Vorstellung von der Vision.[74] Die bestehende Situation ist aber nicht zufällig entstanden, sondern findet ihre Begründung in der geschichtlichen Entwicklung des Unternehmens. Für ein ganzheitliches Verstehen der Ausgangssituation des Unternehmens ist es daher erforderlich, auch die historische Entwicklung bis zur aktuellen Situation zu begreifen. Hier spannt sich fast ein philosophischer Bogen: Woher kommen wir? Wo stehen wir? Und wo gehen wir hin?

Visionsthemen und -inhalte

Die Vision als Zukunftsbild und Motor der Unternehmenstransformation umfasst alle Elemente der strategischen Unternehmensführung in sich und schafft so die Synthese zwischen »Positionierung« und »Bewegung«.

Als identitätsorientierte Größe muss die Vision die Verbindung zwischen Zukunftsbild und Ausgangssituation schaffen. Vision, Kernkompetenzen und Politik der Marktdifferenzierung sind als Einheit zu gestalten. Ein zentrales Thema der Unternehmensvision ist daher die Frage nach einer zukünftigen Unternehmensidentität und deren Anknüpfung an die bestehende Ausgangssituation. Konkret stellt sich daher die Frage nach der Entwicklung der bestehenden Unternehmensidentität.

Neben den identitätsorientierten Fragen sind aber auch alle anderen Themenkreise der strategischen Unternehmensführung Inhalt der Vision. Im Rahmen des Strategiemanagements ist die Gestaltung der strategischen Geschäftsfelder zentraler Inhalt der Diskussion. Damit in Verbindung stehen beispielsweise grundsätzliche Aussagen zu den Themen Kooperationen und Partnerschaften oder einer zukünftigen Unternehmens- beziehungsweise Konzernstruktur, ohne die Notwendigkeit, alle Einzelheiten jetzt schon diskutieren zu müssen. Aber auch die Fragen nach einer zukünftigen Unternehmenskultur und nach der Art und Weise des anzustrebenden Transformationsprozesses sind Inhalt der Unternehmensvision.

Vom Charakter her ist die Visionsentwicklung ein eher intuitiver, deduktiv organisierter Prozess. Erfahrungswissen und Wunschbilder sind die prägenden Komponenten.

Visionsentwicklung ist ein intuitiv-kreativer Prozess und beschreibt grundsätzlich alle Element der strategischen Unternehmensführung.

Im Rahmen der konkreten Strategieentwicklung wird dieser visionäre Ansatz auf den Prüfstand der Daten und Fakten gestellt. Die folgende Darstellung zeigt die Zusammenhänge.

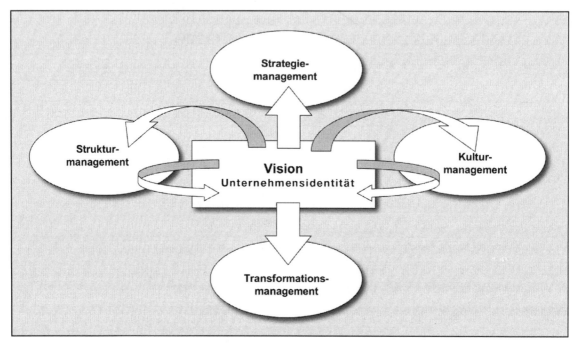

Abbildung 6: Themen und Inhalte der Unternehmensvision

Visionsentwicklung durch Interaktion und Kommunikation

Vision entsteht topdown, konkretisiert sich in den Unternehmenszielen und setzt einen umfangreichen Kommunikationsprozess voraus. Nur so kann Commitment und Engagement im Unternehmen entstehen.

Damit eine Vision im Unternehmen ihre Kraft entwickeln kann, ist eine umfangreiche Interaktion und Kommunikation notwendig. Die Unternehmensspitze hat eine Vorstellung von der Zukunft des Unternehmens, eine persönliche Vision. Erst in der Interaktion mit Kollegen im Management entsteht daraus eine Unternehmensvision, die sich in den Unternehmenszielen konkretisiert und durch geeignete Kommunikationsprozesse im Unternehmen verbreitet und verankert werden kann. Aus der persönlichen Vision wird so eine gemeinsame. Visionsorientierte Kommunikationsprozesse sind keine einmaligen Anstrengungen im Unternehmen, sondern implizieren einen permanenten Prozess der Überzeugungsarbeit. In den seltensten Fällen steht eine derart charismatische Führungspersönlichkeit an der Unternehmensspitze, die durch bloße »Verkündung« ihrer persönlichen Vision diese einfach zu einer gemeinsamen werden lässt. Doch selbst wenn dies der Fall ist, so sind solche Visionen meist nicht unproblematisch, da ihnen das Regulativ der Diskussion fehlt.

Wirklich gemeinsame Visionen brauchen Zeit zum Wachsen. Die Erfahrung zeigt, dass dazu im Unternehmen auf breiter Ebene laufende Gespräche erforderlich sind, in denen der Einzelne über seine Visionen spricht, aber auch die Fähigkeit entwickelt, anderen bei ihren Visionen aktiv zuzuhören. Da nicht jeder im Unternehmen in dieser intensiven Form eingebunden werden kann, ist darüber hinaus für einen intensiven Kommunikationsprozess zum Thema Visionen zu sorgen. Dieser Transport der Vision setzt echtes »Commitment« und damit Engagement der Unternehmensführung voraus.

> **Fallvignette 5: Visionen entstehen durch Commitment**
> In einem Dienstleistungsunternehmen sollte die strategische Ausrichtung hinterfragt werden. Die Unternehmensführung berichtete von der Entwicklung einer visionären Strategie, die vor mehr als einem Jahr erarbeitet und mit dem Aufsichtsrat abgestimmt worden war, die aber bis dato keine Ergebnisse im Unternehmen gezeigt hatte.
> Bereits in den ersten Gesprächen mit dem Management kam auf die Frage, wie sie denn die neue strategische Ausrichtung im Unternehmen beurteilt habe, immer die Gegenfrage »Welche neue Strategie meinen Sie?« Es stellte sich heraus, dass mit dieser visionären Strategie ein jährlicher, ritualisierter Prozess gemeint war, bei dem die Unternehmensführung mit dem Aufsichtsrat – es handelte sich um ein Konzernunternehmen – neue strategische Visionen »ausbrütete«, deren Relevanz aber von niemandem wirklich eingesehen wurde. Selbst die Geschäftsführung ließ das notwendige Commitment nicht erkennen.
> Die Grundproblematik war also, dass die »neue Unternehmensvision« im Unternehmen nicht verankert worden war. Weder durch ausreichende Kommunikation und schon gar nicht durch operatives Handeln in Form konkret abgeleiteter Unternehmensziele. In mehreren Klausuren wurde dieser

> Prozess nachgeholt; neben Vertretern des Aufsichtsrates wurde auch das Management auf breiter Ebene einbezogen. In diesem Prozess wurde nicht nur die neue strategische Ausrichtung diskutiert, sondern auch noch ein operatives Umsetzungskonzept erstellt. Erst jetzt konnten Commitment und Teilnehmerschaft entstehen.

In Abhängigkeit von Interaktion und Kommunikation zum Thema Unternehmensvision sind folgende grundsätzliche Haltungen und Reaktionen möglich und in der Regel im Unternehmen auch vorhanden (siehe Tabelle 1).

Natürlich ist es nicht möglich, auch bei noch so viel Interaktion und Kommunikation, alle Mitarbeiter im Unternehmen in die obersten beiden Ebenen der beschriebenen grundsätzlichen Haltungen gegenüber einer Vision (Commitment und Teilnehmerschaft) zu bringen. Es wird zwar Einwilligung und Akzeptanz, aber auch Gleichgültigkeit und Ablehnung geben. ==Die wichtigsten Führungskräfte und Mitarbeiter müssen in den oberen Ebenen anzutreffen sein, sonst wird die Vision nicht die notwendige Kraft im Unternehmen erzeugen.== Ablehnung sollte in Akzeptanz überzuführen sein, ansonsten ist mit permanenten Störungen und Widerständen zu rechnen. Im Falle einer Ablehnung im Management führt das in der Regel zur Trennung. Es wird auch – vor allem in großen Unternehmen – immer Mitläufer geben. Solange die Anzahl der Gleichgültigen gering ist und ihr Aufgabenbereich nicht zu den wichtigsten im Unternehmen zählt, ist das wohl nie ganz zu vermeiden, wenngleich es sich fast immer lohnt, die Gleichgültigkeit des Einzelnen zu hinterfragen. Oft ist diese erst durch Frustrationsprozesse im Unternehmen entstanden und kann aufgearbeitet werden.

Ehrlichkeit und Commitment der Unternehmensführung: Auch die Risiken der Vision müssen kommuniziert werden, um Visionen auf breiter Ebene im Unternehmen etablieren zu können.

Um möglichst viele Führungskräfte und Mitarbeiter für die Vision zu begeistern, sind Aufrichtigkeit und Commitment der obersten Führungsebene unverzichtbar. Wer nicht selber dahinter steht, kann keine »Mitglieder« gewinnen. Es ist aber auch notwendig – trotz allem Engagement für die Vision –, nicht nur die Chancen und Vorteile zu kommunizieren, sondern auch die Risiken und potenziellen Nachteile aufzuzeigen. Nur so kann echte Mitgliedschaft mit Engagement gegenüber der Vision entstehen.

Grundsätzliche Haltungen zu einer Vision	
Commitment	Vater der Vision. Wird leidenschaftlich alles tun, um sie zu verwirklichen. Schafft dafür die notwendigen Strukturen und »Gesetze«. In der Regel einer oder wenige an der Unternehmensspitze.
Teilnehmerschaft	Will die Vision. Wird alles zur Visionsverwirklichung tun, was im Rahmen der »Gesetze« möglich ist. Im Minimum muss das Top-Management geschlossen diese Haltung repräsentieren.
Einwilligung	Sieht die Vorteile der Vision. Tut, was erwartet wird, aber nicht mehr. Das gesamte Management und die wichtigsten Spezialisten sollten auf dieser Ebene sein.
Akzeptanz	Sieht nicht nur Vorteile der Vision, sondern auch Nachteile, oft auch Nachteile für sich selber. Will aber seinen Job nicht verlieren. Macht mit, ohne dahinterzustehen. Kaum Engagement zu erwarten.
Gleichgültigkeit	Ist weder dafür noch dagegen. Hat kein Interesse an dieser und an anderen Visionen. Macht seinen Job mehr schlecht als recht. Freut sich auf den Feierabend und hofft auf die Rente.
Ablehnung	Sieht die Vorteile der Vision nicht. Tut nicht, was erwartet wird, sondern opponiert dagegen. Will deutlich machen, dass das so nicht funktionieren kann.

Tabelle 1: Mögliche Haltungen zu einer Vision[75]

Funktionen der Vision

Vision ist die Veränderungs- und Entwicklungskraft im Rahmen der strategischen Identität eines Unternehmens. Sie zeigt, »woher wir kommen und wohin wir gehen«, bietet Orientierung, motiviert zu Höchstleistungen und hat durch Konzentration auf das Wesentliche eine erfolgsfördernde Kraft in sich.

Visionsgeführte Unternehmen verbinden Flexibilität durch das Zulassen »spontaner Ordnung« mit der notwendigen Orientierung aller Systemkräfte auf ein gemeinsames Zukunftsbild. So können Stabilität und Veränderung gleichzeitig entstehen.

Tabelle 2 zeigt die wichtigsten Funktionen einer Vision im Unternehmen.

Diese Effekte der Unternehmensvision treten allerdings nur dann auf, wenn es gelungen ist, das Zukunftsbild zu einer gemeinsamen Zielsetzung zu machen, dem sich eine große Mehrheit im Unternehmen verpflichtet und verantwortlich fühlt, wo also »Commitment« beziehungsweise Teilnehmerschaft auf breiter Ebene entstanden ist.

Grundsätzliche Funktionen der Unternehmensvision	
Impulsgebende Funktion	Schon durch die Erarbeitung der Unternehmensvision entsteht eine impulsgebende Kraft. Alle relevanten Kräfte im Unternehmen beschäftigen sich intensiv mit der Unternehmenszukunft und ringen um Aussagen und Formulierungen. Die Vision ist Motor für Entwicklungs- und Veränderungsprozesse im Unternehmen.
Orientierungs- und Ordnungsfunktion	Die Beschreibung eines gemeinsamen Zukunftsbildes gibt Orientierung für Führungskräfte und Mitarbeiter. Operatives Handeln wird in einen größeren Zusammenhang gestellt. Dadurch wird es möglich, den täglichen Entscheidungen des Managements einen gemeinsamen Nenner zu geben. Vision reduziert die Komplexität des operativen Handelns. Von ihr geht eine Ordnungskraft aus, durch die Regeln, Normen und Vorschriften im Unternehmen niemals im gleichen Ausmaß erzielt werden können.
Erfolgsfördernde Funktion	Durch die Konzentration auf das Wesentliche – nämlich die Realisierung der Vision – wird ein unnötiger Ressourcenverschleiß auf allen Ebenen vermieden und dadurch eine höhere Effektivität gewährleistet. Oft entsteht dadurch in der Praxis ein Besinnen auf die eigentlichen Wurzeln des Unternehmens, und das Kerngeschäft rückt in den Mittelpunkt.[76]
Motivations- und Integrationsfunktion	Eine Vision, die durch Interaktion entstanden ist und durch Kommunikation im Unternehmen verankert wird, wirkt herausfordernd und verschafft dem Unternehmen Transparenz und Konturen. Damit kann Identifikation und Motivation entstehen. Alle fühlen sich einem gemeinsamen Ziel verpflichtet und verantwortlich. Alle ziehen an einem Strang. Die Vision übt eine Integrationskraft im Unternehmen aus.

Tabelle 2: Funktionen der Unternehmensvision[77]

3.3 Kernkompetenzen

Die Kernkompetenzen sind die Vernetzung der zentralen Stärken in einem Unternehmen, die schwer imitier- und substituierbar sind, die in der Regel auf implizitem Erfahrungswissen basieren und den Charakter des Unternehmens entscheidend bestimmen.[78] Sie können sowohl sach-rationale Elemente – beispielsweise technologische Fähigkeiten – als auch soziokulturelle Elemente – beispielsweise besondere Kundenbeziehungen oder hohes Markenimage – enthalten. Sie finden in der Regel ihren Ursprung in der Geschichte des Unternehmens und stehen in enger Verbindung mit der Differenzierungspolitik sowie der Unternehmensvision. Kernkompetenzen sind einer der Faktoren, die Unternehmensidentität begründen.

Kernkompetenzen sind die vernetzten zentralen Stärken des Unternehmens sowohl auf sach-rationaler als auch auf soziokultureller Ebene. Sie sind wissens-, fähigkeits-, und ressourcenzentriert.

Kernkompetenzen können spezifisches Wissen, spezifische Fähigkeiten beziehungsweise eine spezifische Ressourcenkombination sein. Sie bilden die Basis aller Produkte und Dienstleistungen, die das Unternehmen erzeugt oder erbringt. Die Produktentwicklung muss auf Basis der Kernkompetenzen erfolgen, sonst sind die Leistungen des Unternehmens nicht konkurrenzfähig. Ausreichende Kernkompetenzen ermöglichen es, dass man die eigenen Leistungen entweder besser oder billiger als die Konkurrenz auf den Markt bringen kann. Produkte beziehungsweise Dienstleistungen, die ein Unternehmen auf den Markt bringt, weil gerade eine Nachfrage in dieser Richtung vorhanden ist, ohne dass diese Produkte im Einklang mit den Kernkompetenzen stehen, können nur kurzfristige und für das Unternehmen einmalige Gewinnpotenziale erbringen, aber keine nachhaltigen Erfolgspotenziale schaffen. Es wird sich rasch ein Konkurrent finden, bei dem diese Leistungen im Einklang mit seinen Kernkompetenzen stehen, und so kommt es zu einer Marktverdrängung. Ein Unternehmen, das über keine Kernkompetenzen verfügt, ist nicht lebensfähig und wird vom Markt verschwinden.

Unternehmen ohne Kernkompetenzen sind nicht lebensfähig.

Bestehende Kernkompetenzen können auch durch eine falsche strategische Einschätzung abgebaut werden, etwa weil das Unternehmen darin keine Zukunft mehr sieht. So hielt beispielsweise in den 80er Jahren eine Reihe von europäischen und amerikanischen Konzernen das

Unternehmensidentität

Kernkompetenzen müssen die Basis für Produkte und Leistungen im Unternehmen sein, da nur dadurch nachhaltige Erfolgspotenziale generiert werden können.

Geschäft mit den Farbfernsehern für ausgereizt, und die Forschungsmittel in diesem Bereich wurden gekürzt. Damit ging allerdings auch die technologische Kernkompetenz für hoch auflösende Bildschirme an Japan verloren. Ein typisches Beispiel dafür, dass in Produktlebenszyklen und nicht in der Entwicklung von Kernkompetenzen gedacht wurde. Während Produktlebenszyklen einen S-förmigen Kurvenverlauf gegenüber Umsatz- beziehungsweise Gewinnentwicklung aufweisen, zeigt die Entwicklung der Kernkompetenzen einen exponentiellen Kurvenverlauf.[79] Die folgende Abbildung zeigt die Zusammenhänge zwischen dem Produktlebenszyklus[80] und der Entwicklungskurve der Kernkompetenzen.

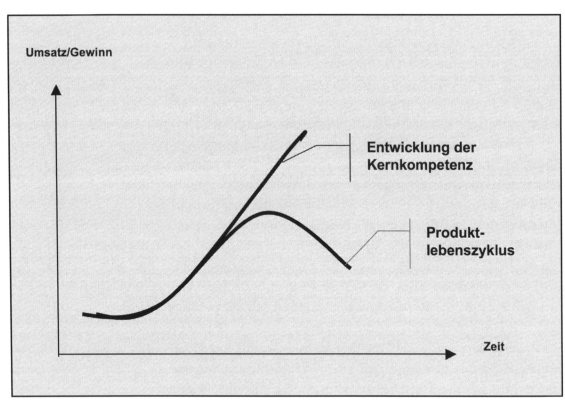

Abbildung 7: Schematischer Vergleich zwischen dem Produktlebenszyklus und der Entwicklung von Kernkompetenzen

Kernkompetenzen und Vision müssen im Einklang stehen und sich gegenseitig bedingen. Erst die Kombination aus Wollen und Können – also die Übereinstimmung zwischen Vision und Kernkompetenzen – kann zu erfolgreichem Handeln führen. Die Vision muss mit den Kernkompetenzen im Einklang sein, damit daraus eine konkrete, zukunftsorientierte Marktleistung entstehen kann.[81] Dadurch ist allerdings noch nicht gewährleistet, dass diese konkrete Marktleistung, die mit der Vision und den Kernkompetenzen übereinstimmt, auch den kritischen Kundenbedürfnissen der Zielgruppe entspricht. Letztlich müssen Vision, Kernkompetenzen und Markterfordernisse übereinstimmen, um nachhaltige Unternehmenserfolge zu erzielen.

Vision und Kernkompetenzen müssen übereinstimmen, um eine zielgerichtete Marktleistung zu produzieren. Die Übereinstimmung mit den Markterfordernissen generiert den nachhaltigen Unternehmenserfolg.

In diesem Zusammenhang ist ein in der Praxis häufig beobachtbarer Fehler, dass sich Unternehmen auf neue Geschäftsbereiche einlassen, in denen die bestehenden Kernkompetenzen aber nicht wirklich ausreichend sind. Die strategische Gefahr ist in solchen Fällen eine doppelte: Nicht nur, dass diese Geschäftsfelder nicht den erwarteten Erfolg bringen und damit Ressourcen vergeudet werden; diese Problematik hat meist auch negative Auswirkungen auf das eigentliche Stammgeschäft, da das Image und die Reputation des gesamten Unternehmens durch diesen Misserfolg im neuen Geschäftsfeld in Mitleidenschaft gezogen werden. Aus diesem Grund werden oft auch solche Experimente in eigenständige Tochtergesellschaften ausgelagert, die mit dem Mutterkonzern nicht assoziiert werden.

Eigenschaften von Kernkompetenzen

Ein weiterer wichtiger Faktor der Kernkompetenzen ist ihre schwere Imitierbarkeit und ihre Nichthandelbarkeit, die im Charakter der vernetzten zentralen Stärken begründet ist. Sie ist nicht käuflich am Markt zu erwerben, und sie ist nur sehr beschränkt nachzuahmen. Damit entsteht die Einzigartigkeit, die den Charakter der Kernkompetenzen für das Unternehmen ausmacht. Die folgende Darstellung zeigt die Zusammenhänge.[82]

	Physische Ressourcen	Immaterielle Ressourcen
Handelbare Ressourcen	Maschinelle Ausstattung und Produktionsmittel, Standard-Software, Personalausstattung, …	Lizenzen, Individuelles Expertenwissen, Kundenstock, Individuelle Führungspersönlichkeiten, …
Nicht-handelbare Ressourcen (Nährboden für Kernkompetenzen)	Selbsterstellte Anlagen, Selbstprogrammierte Software, …	Implizites Erfahrungswissen, Spezifische Unternehmenskultur, Unternehmensspezifisches Produktions-Know-how, Einzigartige Stammkundenbeziehungen, Vertrauen, Seriosität, …

Tabelle 3: Ressourcenkategorisierung

Kernkompetenzen sind nicht-handelbare und schwer imitierbare Ressourcen und als vernetzte zentrale Stärke des Unternehmens ausgeprägt.

Nicht-handelbare Ressourcen stellen, wenn es sich um eine vernetzte zentrale Stärke des Unternehmens handelt, eine Kernkompetenz dar, wenngleich der Bereich der immateriellen Ressourcen in diesem Zusammenhang auch noch die Unimitierbarkeit gewährleistet und somit eine eigene Qualität der Kernkompetenzen im Unternehmen darstellt. Gerade der Bereich des impliziten Erfahrungswissens, das nicht bei Einzelnen im Unternehmen angesiedelt, sondern durch die gesamte Organisation gewährleistet ist und sich historisch durch eine Vielzahl von Lernprozessen angesammelt hat, stellt ein zentrales Element der Kernkompetenzen dar.[83]

Kernkompetenzen entstehen in der Regel nicht durch Marketing-, Produktions- oder Forschungs- und Entwicklungskompetenz – also nicht durch einzelne Elemente des Unternehmens –, sondern begründen sich aus ihrer Vernetzung. Damit sind diese Kernkompetenzen weder am Markt käuflich erwerbbar noch zu imitieren. Sie sind einzigartig und nur in diesem Unternehmen vorhanden.

Kernkompetenzen sind zusammenfassend durch folgende Eigenschaften beschreibbar:

Eigenschaften von Kernkompetenzen	
Basieren auf impliziertem Erfahrungswissen	Kernkompetenzen sind wissens- und/oder fähigkeitsbasiert und/oder beruhen auf einer ganz unternehmensspezifischen Ressourcenallokation. Sie basieren auf implizitem Erfahrungswissen.
Schwer imitierbar	Kernkompetenzen sind nur beschränkt handelbar, schwer zu imitieren und damit einzigartig für dieses Unternehmen.
Schwer substituierbar	Die Einzigartigkeit der Kernkompetenzen entsteht auch aus ihrer schweren Substituierbarkeit.
Irreversible Investitionen	Kernkompetenzen sind unternehmensspezifisch, und ihr Aufbau erfordert irreversible Investitionen.
Im Einklang mit den Unternehmenswerten	Kernkompetenzen basieren auf den grundsätzlichen Unternehmenswerten, ohne dabei die Zukunftsorientierung zu vernachlässigen.
Basis der Produkte und Leistungen	Kernkompetenzen sind auf mehrere strategische Geschäftsfelder beziehungsweise auf das gesamte Unternehmen anwendbar und bilden damit die Basis für Produkte und Leistungen im Unternehmen.

Tabelle 4: Eigenschaften von Kernkompetenzen

Entwicklung von Kernkompetenzen

In der heutigen schnelllebigen Zeit kommt der Zukunftsorientierung im Rahmen der Entwicklung von Kernkompetenzen in der strategischen Unternehmensführung eine zentrale Aufgabe zu. Die Einbettung der Kernkompetenzen in die Unternehmensidentität und damit die enge Verknüpfung mit der Vision, aber auch mit der strategischen Marktpositionierung sollen dieser Forderung Rechnung tragen. Einseitiges Ressourcenmanagement kann das Unternehmen rasch in die Krise führen, da die ausgleichende Kraft der Markt- und damit Zukunftsorientierung gegenüber der Tendenz, die bestehenden Kernkompetenzen unverändert beizubehalten, fehlt.

Kernkompetenzen müssen im Widerstreit mit den zukünftigen Markterfordernissen gestaltet werden.

Im Rahmen der strategischen Unternehmensführung ist es entscheidend, nicht ein einseitiges Ressourcenmanagement zu betreiben, das ausschließlich auf die Entwicklung der bestehenden Kernkompetenzen ausgerichtet ist. Dies würde zu einer starken Innen- und Vergangenheitsorientierung führen. Es ist daher bei der Entwicklung der Kernkompetenzen wichtig, das Spannungsfeld zwischen Vergangenheits- und damit Stabilitätsorientierung sowie der Zukunfts- und damit Veränderungsorientierung bewusst und konstruktiv zu gestalten. Einerseits muss die Entwicklung der Kernkompetenzen an den Gegebenheiten und Möglichkeiten des Unternehmens ausgerichtet sein, andererseits aber müssen auch die Erfordernisse und Erwartungen des Marktes – durch die strategische Marktpositionierung determiniert – berücksichtigt werden.

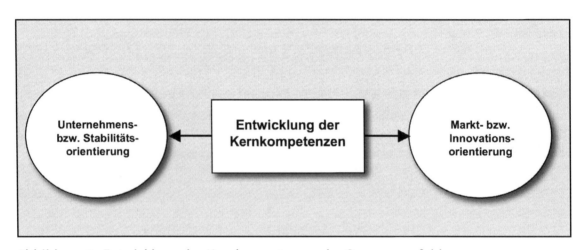

Abbildung 8: Entwicklung der Kernkompetenzen im Spannungsfeld

Die Entwicklung der Kernkompetenzen muss neben ihrer Marktorientierung auch innovationsorientiert gestaltet werden, um zukünftigen Markterfordernissen Rechnung zu tragen.

Die Anpassung der Kernkompetenzen an den Markt kann nicht nur den bestehenden Markterfordernissen Rechnung tragen, vielmehr sind bereits heute die Trends von morgen zu erkennen, um früher auf die Entwicklung der Kernkompetenzen reagieren zu können. Kernkompetenzen müssen daher nicht nur markt-, sondern auch innovationsorientiert gestaltet und entwickelt werden. In diesem Zusammenhang wird oft auch die Fähigkeit, Kernkompetenzen zu entwickeln, als eigene Kernkompetenz – quasi als Meta-Kernkompetenz – genannt. Kritik und damit Lernfähigkeit sind in diesem Zusammenhang die notwendigen Fähigkeiten, die das Unternehmen auf der soziokulturellen Ebene beherrschen muss.[84]

Selbstverständlich eignen sich Kernkompetenzen nicht dazu, sie in einem Outsourcing-Verfahren auszulagern, da sonst ein zentraler strategischer Vorteil aufgegeben wird und die aufnehmende Organisationseinheit über kurz oder lang leicht von einem Partner zu einem ernst zu nehmenden Konkurrenten wird. Da Kernkompetenzen in der Regel keine einzelnen Elemente im Unternehmen sind, sondern primär aus ihrer Vernetzung entstehen, ist diese Forderung in der Praxis nicht immer so leicht einzuhalten. Oft genügt es, ein Element auszulagern, das aber ein »Knotenpunkt« im Netzwerk einer Kernkompetenz ist, um damit die gesamte Kernkompetenz infrage zu stellen.

Fallvignette 6: »Verkauf« der Kernkompetenzen

In einem Unternehmen der öffentlichen Hand wurde eine umfassende Unternehmensdiagnose durchgeführt, um die Gründe für die nachhaltigen Verluste bei sinkenden Umsätzen zu eruieren und Lösungsvorschläge zu erarbeiten.
Dieses Unternehmen war »Fast-Monopolist« in einem attraktiven Marktsegment und produzierte ein hochwertiges und individuelles Investitionsgut. Weitere zentrale Unternehmensaufgaben waren der Vertrieb und der technische Service dieser Anlagen. Parallel dazu konnte ein Handelsgeschäft mit Produkten rund um die produzierten Anlagen aufgebaut werden. In dieser Phase wurde relativ viel investiert, und das Produktionsvolumen stieg. Das Unternehmen machte kleine Gewinne bei hohen Umsätzen, die Investitionen mussten erst verdient werden. Aufgrund der wachsenden Nachfrage kam es in der Produktion aber zu Schwierigkeiten. Die Lieferzeiten wurden länger, Liefertermine konnten nicht mehr eingehalten werden, die Reklamationen stiegen et cetera. Die interne Erfolgsrechnung zeigte einen hohen Verlust in der Produktion, leichte Gewinne im Service sowie im Handel. Anstatt die Probleme zu lösen, entschloss sich die Unternehmensleitung, die Produktion an ein bekanntes großes Industrieunternehmen auszulagern. Man wollte sich auf den Vertrieb, den Service und das Handelsgeschäft konzentrieren. Damit hatte man allerdings die historisch entwickelte, zentrale Kernkompetenz des Unternehmens – nämlich die Fähigkeit, diese hoch spezifischen Anlagen zu entwickeln, aufgegeben.

> Die Folgen stellten sich bald ein. Die Abhängigkeit vom Partner, zu dem noch dazu ein Know-how-Transfer stattgefunden hatte, war groß. Das führte mittelfristig dazu, dass das »Partnerunternehmen« die Gewinnanteile immer mehr auf seine Seite zog und auch der Vertrieb in die Verlustzone rutschte. Des Weiteren stieg die Abhängigkeit im Servicebereich, da die Monteure nicht mehr auf dem neuesten Stand der technischen Entwicklung waren und immer mehr vom Know-how des Partnerunternehmens abhängig wurden. Die Folge war, dass auch der Servicebereich in die Verlustzone rutschte. Das Handelsgeschäft blieb übrig, war aber beliebig austauschbar geworden. Die Lösung konnte nur sein, auch die restlichen Unternehmensteile möglichst rasch, solange sie noch etwas wert waren, an das »Partnerunternehmen« zu verkaufen.

Kernkompetenzen sind die Basis für die Produkte und Dienstleistungen im Unternehmen und bilden somit eine gemeinsame Klammer.[85] Nicht die isolierte Betrachtung der einzelnen Produktbereiche ist der zielführende strategische Ansatz, sondern deren Einbettung in die Kernkompetenzen des Unternehmens gewährleistet nachhaltige Wettbewerbsvorteile.

3.4 Strategische Marktdifferenzierung

Bei der Fixierung der Marktpositionierung steht die Politik der Marktdifferenzierung im Vordergrund der Betrachtung. Hier geht es noch nicht um eine detaillierte Branchen- und Konkurrenzanalyse, sondern um eine erste, sehr stark von den grundsätzlichen Werthaltungen des Unternehmens geprägte und mit der Vision und den Kernkompetenzen im Einklang befindliche marktseitige Positionierung des Unternehmens.

Produktdifferenzierung versus Preisdifferenzierung

Grundsätzlich gilt es, zwischen Leistungs- und Preisdifferenzierung – in der Literatur auch oft als Produktdifferenzierung versus Kostenführerschaft bezeichnet – zu unterscheiden. Die Entscheidung Leistungs- versus Preisdifferenzierung bildet auch die Basis für die Fixierung der jeweiligen Marktsegmente.

Die Frage der Marktdifferenzierung ist nicht nur rational entscheidbar, sondern weist auch emotionale Elemente auf und ist mit den Grundwerten und dem Selbstverständnis des Unternehmens in Einklang zu bringen.

Leistungsdifferenzierung versus Preisdifferenzierung

Fokussiert die Betrachtung der Kernkompetenzen den Blick in das Unternehmen hinein, so richtet die Frage der strategischen Marktdifferenzierung den Blick nach außen.[86]

Leistungsdifferenzierung bedeutet, dass das eigene Produkt gegenüber der Konkurrenz zwar keinen Preisvorteil aufweist, aber einen spezifischen Kundennutzen stiftet, der über das Angebot der Konkurrenz hinausgeht. Dieser spezifische Kundennutzen kann sowohl sachlich, zum Beispiel durch eine höhere Produktqualität oder bessere Serviceleistungen, aber auch durch Zusatzleistungen wie Finanzierung und Garantieleistungen, als auch emotional begründet sein, wie zum Beispiel durch ein höheres Prestige, immateriellen Markennutzen et cetera. Leistungsdifferenzierung kann des Weiteren durch qualifizierte Beratungs- beziehungsweise hohe Problemlösungskompetenz definiert sein. Preisdifferenzierung bedeutet dagegen, ein Produkt zu einem günstigeren Preis als die Konkurrenz am Markt zu positionieren.[87] Zusammengefasst heißt das: höherer Preis bei höherer Leistung oder niedriger Preis bei niedriger Leistung. Diese Grundsatzentscheidung muss das Unternehmen treffen.[88] Entweder sind alle strategischen Anstrengungen darauf gerichtet, die Preise zu erhöhen oder aber die Preise zu senken,[89] und beides kann ja wohl nicht gleichzeitig getan werden.

Wenngleich in der Praxis, abhängig vom jeweiligen Markt- beziehungsweise von der jeweiligen Unternehmenssituation, auch Überlappungen von beiden Strategietypen vorkommen – so wird auch ein Unternehmen im gehobenen Marktsegment temporär eine Preisführerschaft anstreben, um beispielsweise den Marktanteil zu erhöhen. So ist in den allermeisten Fällen eine klare Grund-

Leistungsdifferenzierung bedeutet, einen spezifischen Kundennutzen gegenüber der Konkurrenz anbieten zu können; Preisdifferenzierung, ein gleiches Produkt zu einem günstigeren Preis als die Konkurrenz am Markt zu positionieren.[90]

Die Form der Marktdifferenzierung ist ein wesentliches Element der Unternehmensidentität und somit nicht täglich änderbar.

position zwischen den beiden Alternativen innerhalb eines Unternehmens zu beobachten. Dies ist auch beim Kunden leicht zu erkennen, wenn er die Werbebotschaften der einzelnen Anbieter vergleicht. So werden BMW oder Mercedes nie mit dem Preis, sondern immer mit der Qualität, dem Prestige, der Verlässlichkeit und ähnlichen Botschaften werben, während etwa Skoda primär mit dem Preis wirbt. Die Art der Differenzierung hängt also unmittelbar mit den grundsätzlichen Unternehmenswerten und damit auch mit den Kernkompetenzen und der Vision zusammen und ist nicht täglich austauschbar. Auch die einzelnen Geschäftsfelder ordnen sich in der Regel diesem Grundsatzpostulat des Unternehmens unter.

Diese Entscheidung hat Auswirkungen auf alle Unternehmensfunktionen: von der Forschungs- und Entwicklungspolitik über die Marketingstrategie bis hin zur Personalpolitik. Schon daran ist leicht erkennbar, dass eine gewisse Stabilität vonnöten ist.

Leistungs- versus Preisdifferenzierung ist aber mehr als eine Grundstrategie. Es ist eine Unternehmensphilosophie, die das gesamte Unternehmen durchdringt, in all seinen Handlungen bestimmt, auf den zentralen Unternehmenswerten basiert und damit ein Element der Unternehmensidentität repräsentiert. So fordert die Preisdifferenzierung den aggressiven Aufbau von Produktionsanlagen, ein energisches Ausnutzen von erfahrungsbedingtem Kostensenkungspotenzial, strenge Kontrolle von variablen Kosten und Gemeinkosten bis hin zu Kostenminimierungen in Bereichen wie Forschung und Entwicklung, Service, Vertrieb, Werbung et cetera. Aufgrund der »economies of scale« haben große Unternehmen hier gegenüber kleineren Vorteile.[91] Leistungsdifferenzierung hingegen ist eine ganz andere Unternehmensphilosophie. Hier wird in den Aufbau von Know-how investiert: Nur die besten und fähigsten Mitarbeiter sollen in diesem Unternehmen arbeiten. Individualität bei den Kundenwünschen sowie Servicequalität und -bereitschaft werden großgeschrieben, und man ist stolz darauf, für seine Produkte einen relativ hohen Preis zu erzielen. Wesentlich ist in diesem Zusammenhang noch, dass es in der Regel nicht ausreicht, mittels Marktforschung Kundenbedürfnisse zu erheben und darauf zu reagieren. Vielmehr ist es notwendig, kreativ in die Zukunft zu blicken und die Bedürfnisse von morgen zu erkennen beziehungsweise zu generieren. Damit wird die Ertragsspanne auf einem Niveau gefestigt, das ein Kostenmanagement nicht zur alleinigen Zielsetzung macht. Natürlich müssen auch leistungsdifferenzierte Unternehmen über ein aktives Kostenmanagement verfügen; trotzdem hat dies nicht allererste Priorität.[92]

Leistungsdifferenzierung setzt aber auch eine Konzentration auf jene Marktsegmente voraus, die den Leistungsvorteil honorieren und auf Qualitätsstandards in Produktion und Service Wert legen. In der Regel sind das einkommenshöhere Kundenschichten. Die Personalqualifikation und -entwicklung werden ebenfalls einen höheren Stellenwert aufweisen als bei der Strategie der Preisdifferenzierung. Diese setzt eher einen Breitenvertrieb voraus, ist daher primär volumenorientiert und setzt tendenziell auf Massenfertigung, um den Kostenvorteil der Stückkostensenkung nutzen zu können. Das Leistungsprogramm ist modularisiert und standardisiert. Auch die Personalpolitik steht unter dem Primat der hohen Kostenorientierung.

Im Bereich der Unternehmensorganisation sind ebenfalls klare Unterschiede zwischen den beiden Grundtypen der Marktpositionierung zu erkennen. Während preisdifferenzierte Unternehmen in der Regel über eine klar gegliederte Organisations- und Verantwortungsstruktur mit einer quantitativ hohen Kontrollorientierung sowie einem darauf aufbauenden, ebenfalls quantitativ orientierten Anreizsystem verfügen, sind leistungsdifferenzierte Unternehmen eher auf eine hohe Eigenverantwortung hin organisiert, um kreativem, hoch qualifiziertem Personal den notwendigen Freiraum zu gewähren. Die Kontrolle ist ebenso wie die Anreizsysteme qualitativ orientiert.[93]

Die Unterschiede zwischen diesen beiden Ansätzen lassen sich allerdings nicht nur auf der sach-rationalen Ebene festmachen, sondern zeigen sich auch ganz deutlich auf der soziokulturellen Ebene. Preisdifferenzierung setzt einen eher straffen Führungsstil voraus, da die Kostenorientierung im Mittelpunkt der Betrachtung steht. Auch ist eine hohe Anlagen- gegenüber einer Mitarbeiterorientierung feststellbar. Das Delegationsniveau ist aufgrund der straffen zentralen Organisationsstruktur weniger ausgeprägt. Ebenso gibt es im Unternehmen wenig Zeit für Kommunikation und Informationsprozesse. Dies korrespondiert mit einem durchschnittlich niedrigeren Ausbildungsniveau der Mitarbeiter. In Unternehmen mit ausgeprägter Leistungsdifferenzierung im Marktauftritt ist das genau umgekehrt. Die dezentralen Strukturen und das hohe Delegationsniveau brauchen einen eher partnerschaftlich orientierten Führungsstil. Information und Kommunikation sind in der Regel wichtige Kulturmerkmale; einerseits fordern diese die durchschnittlich besser ausgebildeten Mitarbeiter, und andererseits setzen Kreativität und Know-how-Zentrierung Synergie durch Kommunikation und Information voraus. Tabelle 5 fasst die wichtigsten Unterschiede zusammen.

Auch auf der Risiko-Ebene gibt es bei den beiden grundsätzlichen Differenzierungsstrategien erhebliche Unterschiede. Die Preisdifferenzierung setzt in der Regel umfassende technologische Investitionen voraus, um möglichst kostengünstig produzieren zu können. Umfassende technologische Veränderungen können vergangene Investitionen, aber auch Lernprozesse zunichtemachen und einen erheblichen Druck auf die Kostenstruktur ausüben. Es müssen beispielsweise Anlagen erneuert werden, noch bevor sie zur Gänze abgeschrieben sind. Andererseits wird aufgrund der Kostenfokussierung, aber auch aufgrund der hohen Investitionen eine notwendige Produktänderung zu spät oder gar nicht erkannt. Ford war in den 20er Jahren so ein Beispiel. Das Unternehmen hatte aufgrund seiner beschränkten Modellvielfalt einen unangefochtenen Kostenvorsprung. Durch ein steigendes Einkommensniveau waren die Konsumenten aber zusehends bereit, für Modellvielfalt, Komfort und Styling mehr Geld auszugeben. Ford konnte sich nicht rechtzeitig umstellen, und General Motors profitierte davon erheblich. Die Leistungsdifferenzierung hat dagegen das Risiko, dass der Unterschied zu den Billigstanbietern so groß wird, dass der Kunde bereit ist, auf gewisse Produktdifferenzierungen zu verzichten, um den besseren Preis zu nutzen.

Strategische Marktdifferenzierung

	Differenzierung	**Preisführerschaft**
Vertrieb	Marktsegmentorientiert, Fachvertrieb	Marktabdeckung, Breitenvertrieb
Produktion und Service	Qualitätsorientiert, zukünftige Bedürfnisse erkennen	Standardisiert, modularisiert
Kundenstruktur	Höhere Einkommensschichten	Mittlere bis untere Einkommensschichten
Preiselastizität	Relativ geringe Preiselastizität	Hohe Preiselastizität
Organisation	Tendenziell dezentral organisiert, mit qualitativ-orientierten Kontroll- und Anreizsystemen	Straff, eher zentral organisiert, mit quantitativ-orientierten Kontroll- und Anreizsystemen
Primärressource	Know-how-orientiert	Hohe Investitionsfähigkeit, kapitalintensiv
Risiko	Oft geringeres Risiko aufgrund der primären Know-how-Orientierung	Meist hohes Risiko aufgrund der hohen Investitionserfordernisse
Unternehmenskultur	Partnerschaftlicher Führungsstil, dichte Kommunikations- und Informationsprozesse	Zentralistischer Führungsstil, wenig Kommunikation und Information
Personal	Hohe Qualifikation	Mittlere bis niedrigere Qualifikation

Tabelle 5: Wesentliche Unterschiede zwischen Preisführerschaft und Produktdifferenzierung

Ein weiteres nicht zu unterschätzendes Risiko liegt in der Nachahmung der Differenzierung. Gerade bei Markenartikeln ist das stark zu bemerken: gleiche Optik und damit fast gleiches Prestige bei geringerer Qualität.[95]

Aus all den genannten Gründen scheint es für ein Unternehmen wichtig, eine grundsätzliche Entscheidung zwischen Preis- und Leistungsdifferenzierung zu treffen. Dies stellt einen bestimmenden Faktor der Unternehmensidentität dar und hat Auswirkungen auf alle Bereiche des Unternehmens. Eine »Doppelstrategie« kann

Preis- und Leistungsdifferenzierung sind zwei unterschiedliche Unternehmensphilosophien der Marktpositionierung und schließen einander weitgehend aus.

leicht zur Orientierungslosigkeit und zu einem »Sitzen zwischen zwei Stühlen« führen.[96] Abbildung 9 zeigt die Zusammenhänge zwischen Leistungs- und Preisdifferenzierung.

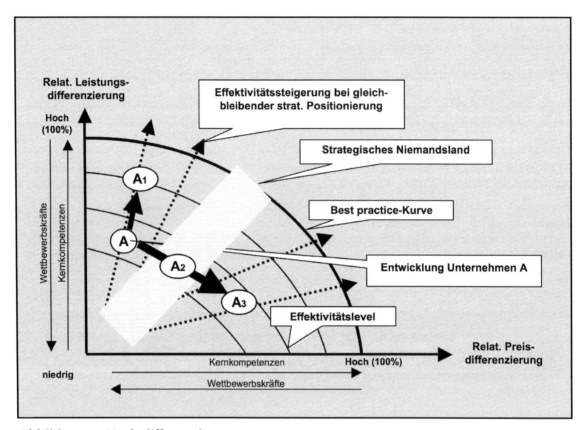

Abbildung 9: Marktdifferenzierung

Zwischen Leistungs- und Preisdifferenzierung ist die Gefahr der Konturlosigkeit sehr groß – strategisches Niemandsland.

Die Beziehung zwischen relativer Leistungsdifferenzierung und relativer Preisdifferenzierung lässt sich durch einen Kreisbogen beschreiben. Das bedeutet, dass eine 100-Prozent-Leistungsdifferenzierung keine 100-Prozent-Preisdifferenzierung zulässt und umgekehrt. Darüber hinaus postuliert die These des »strategischen Niemandslandes«, dass eine Mittelposition zwischen Leistungs- und Preisdifferenzierung – also keine klare Entscheidung zwischen diesen beiden Welten – die hohe Gefahr der strategischen Konturlosigkeit sowohl nach innen als auch nach außen mit sich bringt. Das »Sterben« der Mitte ist in vielen Branchen erkennbar – Discount oder High-Level scheint die Devise zu sein.

Die konzentrischen Kreisbogen beschreiben den Level der Effektivität innerhalb einer bestimmten strategischen Positionierung. So entwickelt sich beispielhaft das Unternehmen A in der Grafik nach A1, ohne seine strategische Positionierung aufzugeben; das Verhältnis zwischen Leistungs- und Preisdifferenzierung ist in beiden Punkten gleich – steigert aber seine Effektivität. Eine Effektivitätssteigerung im leistungsdifferenzierten Segment kann beispielsweise die Einführung einer neuen Technologie oder die Verbesserung der Servicequalität sein. Eine Unternehmensentwicklung vom Punkt A nach A3 stellt dagegen eine dramatische strategische Veränderung dar. Hier wechselt man aus der Leistungsdifferenzierung in die Preisdifferenzierung – einer der schwierigsten Transformationsprozesse überhaupt. In diesem Fall sind radikale Änderungen auf allen Ebenen des Unternehmens – von der Vision über die Kernkompetenzen bis hin zu kulturellen Elementen – notwendig. »Es bleibt kein Stein auf dem anderen.« Damit ist auch die Gefahr groß, dass solche Transformationsprozesse nicht bis zum Punkt A3 kommen, sondern in A2 im strategischen Niemandsland stecken bleiben. Meist hat dies ruinöse Folgen. Oft ist eine ganze Branche gezwungen, aus der Leistungsdifferenzierung in die Preisdifferenzierung zu gehen. Immer dann, wenn neue Technologien auf den Markt kommen und sich die jeweiligen Wettbewerber noch nicht ausreichend über die Technologie am Markt unterscheiden, also die Kernkompetenzen noch unterschiedlich ausgeprägt sind, ist eine Positionierung im leistungsdifferenzierten Segment möglich. Haben aber alle Mitbewerber den gleichen technologischen Standard erreicht, ist eine Differenzierung über die Leistung nicht mehr möglich. Und dann entwickelt sich eine Branche fast immer zwingend in die Welt der Preisdifferenzierung. Die Handy-Netzbetreiber sind ein Beispiel für so eine Branchenentwicklung.

Letztlich sind zwei Kräfte für die Bewegung auf den jeweiligen Effektivitätsleveln verantwortlich: Die Ausprägung der Kernkompetenzen führt zu einer Verbesserung, die Wettbewerbskräfte wirken dagegen.

Kernkompetenzen und Wettbewerbskräfte sind gegenläufig und bestimmen über das aktuelle Effektivitätsniveau.

Bestimmung der strategischen Marktsegmente

Die strategische Marktsegmentierung entscheidet über die Zielgruppe, den Vertriebsweg und den geografischen Marktauftritt.

Die Bestimmung der strategischen Marktsegmente definiert prinzipiell die Zielgruppe des Unternehmens, den vorherrschenden Vertriebskanal und die geografische Ausdehnung des Marktauftritts. All diese Themenstellungen werden im Rahmen der Unternehmensidentität noch grundsätzlich betrachtet, dabei aber nicht auf die Ebene der einzelnen Geschäftsfelder heruntergebrochen. Dieser Schritt ist erst Aufgabe der konkreten Unternehmensstrategie. Auf der Ebene der Unternehmensidentität sind beispielsweise Fragen wie Privat- versus Firmenkunden, einkommensstarke versus einkommensschwache Kundengruppen oder Eigenvertrieb versus Handelsvertrieb zu beantworten. All diese Fragen sind natürlich nicht nur aus Unternehmenssicht zu klären, sondern sind auch durch die jeweiligen branchenorientierten Rahmenbedingungen bestimmt.

Die geografische Marktpositionierung hat nachhaltig prägenden Charakter auf die Unternehmensidentität..

Die geografische Marktpositionierung – regional, national oder international – des Unternehmens ist ebenfalls eine Entscheidung, welche die Identität des Unternehmens maßgeblich bestimmt. Hier gilt es nicht nur, eine Entscheidung über Vertriebsstrukturen zu treffen, sondern auch Entscheidungen, die stark von den Kernkompetenzen, der Vision, aber auch dem Selbstverständnis des Unternehmens abhängen. Diese Fixierung hat Auswirkungen auf das gesamte Netzwerk der strategischen Unternehmensführung. So werden nachhaltig strategische und strukturelle Auswirkungen, aber auch Auswirkungen auf der Ebene der Kultur des Unternehmens getroffen.

Gerade Unternehmen, die durch einen Fusionsprozess eine Entwicklung von einem nationalen zu einem internationalen Unternehmen gemacht haben, werden die Auswirkungen, die in der Regel weit über die sach-rationale Ebene hinausgehen, nachvollziehen können. Oft sind die gravierendsten Änderungen im Bereich der Unternehmenskultur zu verzeichnen.[98] Mittelfristig ändert sich in dieser Situation oft aber auch der Mitarbeitertypus.

Die geografische Marktpositionierung steht in engem Zusammenhang mit dem bereits dargestellten Entscheidungskriterium der strategischen Marktpositionierung zwischen Preis- und Leistungsdifferenzierung. Wie bereits erwähnt, tendiert die Marktpositionierung nach dem Preisdifferenzierungsprinzip zu einem Breitenvertrieb und ist daher stark quantitativ orientiert. Preisdifferenzierung und lokale Marktpositionierung werden sich im Zeitalter der Globalisierung wohl weitgehend ausschließen. Andererseits ist gerade der professionelle Unternehmenstypus – also Architekturbüros, Werbeagenturen, Unternehmensberatungsgesellschaften et cetera – eher leistungsdifferenziert. Daher sind bei diesen Unternehmenstypen auch lokale Marktpositionierungen durchaus denkbar und in der Praxis gegeben.

> **Fallvignette 7: Es musste zusammenkommen, was nicht zusammenpasste.**
> In einem Dienstleistungskonzern sollten zwei Tochtergesellschaften der gleichen Branche fusionieren. Die eine war im leistungsdifferenzierten, die andere im preisdifferenzierten Marktsegment positioniert. Trotzdem hatte der Konzernvorstand die Fusion beschlossen. Meine Aufgabe als Berater bestand darin, die ersten Gespräche auf Geschäftsführerebene der beiden Gesellschaften zu moderieren. Aus diesen ersten Gesprächen möchte ich ein paar Sequenzen wiedergeben.
> *Sequenz 1:* Ein Mitglied der Geschäftsführung des Unternehmens A begann einleitend: »Wir haben uns zwar diese Fusion nicht ausgesucht, aber wenn es schon sein muss, sollten wir das Beste daraus machen. Ich schlage daher vor, in einem ersten Schritt auf breiter Ebene mit unseren Führungskräften eine Wertediskussion zu führen, um zu klären, wer wir nach der Fusion eigentlich sind.« Dieses Statement schien auf der anderen Seite auf weitgehendes Unverständnis zu stoßen, war doch die Antwort »Eine Wertediskussion wollen Sie führen? Ich weiß nicht, was das ist. Ich denke, wir sind da, um Geld zu verdienen!«
> *Sequenz 2:* Im Rahmen der Diskussion über die Kostenstruktur wollte ein Geschäftsführer wissen: »Wie hoch ist eigentlich Ihr Personalkostenanteil bei den Stabstellen an den gesamten Personalkosten?« Die Antwort war: »Ich schätze so 18 oder 19 Prozent.« Auch hier löste die Antwort eher Kopfschütteln aus »Was? 18 Prozent! In unserem Unternehmen läuft gerade ein Programm, die Stabstellenkosten von sieben auf unter fünf Prozent zu drücken!«

> *Sequenz 3:* Gegen Ende der Diskussion waren die Gemüter schon etwas erhitzt. Es ging um die unterschiedlichen Entlohnungssysteme des Verkaufs in den beiden Gesellschaften. Die leistungsdifferenzierte Gesellschaft zahlte ihren Verkäufern ein 100-prozentiges Fixgehalt, die preisdifferenzierte Gesellschaft hatte eine umsatzabhängige Lohntangente von 50 Prozent. Ein Geschäftsführer stellte fest: »Also eines möchte ich schon festhalten, Keiler wollen wir in unserem Unternehmen keine!« Die Antwort blieb nicht aus: »Besser Keiler als Verkäufer, die sich nicht trauen, das Telefon abzuheben, denn es könnte ja ein Kunde dran sein.« Es herrschte ein nahezu babylonisches Sprachengewirr. Es ist wohl müßig zu erläutern, welches Statement von welcher Gesellschaft kam. Ungefähr ein Jahr nach der Fusion war aus dem einen Unternehmen keine Führungskraft der ersten oder zweiten Führungsebene mehr im fusionierten Unternehmen. Die Aussage eines Mitbewerbers lautete: »So leicht wie jetzt haben wir unsere Marktanteile schon lange nicht mehr erhöhen können.«

3.5 Systemische Zusammenhänge aus dem Blickwinkel der Unternehmensidentität

Aus systemischer Betrachtung sind nicht die einzelnen Elemente der Unternehmensidentität wie Vision, Kernkompetenzen oder Marktdifferenzierung das Entscheidende, sondern deren Zusammenspiel.

Für jedes Unternehmen gibt es mehrere strategische Optionen, aber jede dieser Optionen kann nur dann erfolgreich sein, wenn die Elemente der Unternehmensidentität sich gegenseitig ergänzen und in sich ein rundes Bild ergeben. Die digitale Abarbeitung der einzelnen Elemente ergibt mit an Sicherheit grenzender Wahrscheinlichkeit keine in sich geschlossene Unternehmensidentität. Daher stellt sich auch nicht die Frage nach der Reihenfolge der Bearbeitung. Wenngleich man irgendwo beginnen muss, nach kurzer Zeit läuft die Diskussion zwischen den Elementen und damit auf der richtigen Ebene. Ebenso ist die Frage, ob diese oder jene Aussage nun dem Unternehmensselbstverständnis oder doch schon der Vision zuzuordnen ist, aus systemischer Betrachtung keine wirklich relevante.

In der Praxis hat sich als Erfolg versprechend herausgestellt, immer mit dem Element zu beginnen, bei dem der größte Veränderungsbedarf zu vermuten ist. Steht also die Adaptierung der Unternehmensstruktur im Vordergrund der Betrachtung und scheint eine Anpassung der strategischen Ausrichtung des Unternehmens ausreichend zu sein, so sollte mit der Strukturfrage begonnen werden. Die Begründung dieser Vorgehensweise liegt in der primären Erwartungshaltung des Unternehmens, sich doch zuerst mit dem dringendsten Thema auseinanderzusetzen.

Das Modell der Unternehmensidentität hilft, einen Überblick über die relevanten Themenkreise zu bekommen, und ist Diskussionsleitfaden.

Im Rahmen der Unternehmensidentität gilt es, die Frage »was können wir besonders gut?« mit der Frage »wo wollen wir hin?« und der Frage »wer kann das brauchen?« in Übereinstimmung zu bringen. Dabei ist das Selbstverständnis des Unternehmens entscheidend. Diese Übereinstimmung wird sowohl auf einer sach-rationalen als auch auf einer soziokulturellen Ebene zu finden sein.

4 Strategiemanagement

Geht es bei der Unternehmensidentität um Visionen, Kernkompetenzen und grundsätzliche Fragen der Marktpositionierung – basierend auf dem Selbstverständnis und den Grundwerten des Unternehmens –, so ist die Entwicklung der Unternehmensstrategie bereits um eine Ebene konkreter. Aus den Kernkompetenzen resultieren spezifische Produkte und Dienstleistungen, und aus der strategischen Marktpositionierung ergibt sich eine Definition der konkreten Marktsegmente mit den spezifischen Kundengruppen und Vertriebswegen, eingebettet in eine bestimmte Branche. Die Verbindung aus Produkten und Marktsegmenten ergibt die sogenannten Produkt-Markt-Kombinationen, wobei diese in einem nächsten Schritt zu strategischen Geschäftsfeldern zusammengefasst werden. Aus den Visionen werden konkrete Unternehmensziele abgeleitet, die bestimmen, welche strategischen Geschäftsfelder forciert, welche zurückgenommen oder auch aufgelöst beziehungsweise welche neuen gegründet werden sollen.[99]

Eine alleinige Übereinstimmung von aktuellem Produktnutzen und bestehenden Kundenbedürfnissen greift hier zu kurz. Damit kommt das Management nicht über das Niveau der operativen Unternehmensführung hinaus, und diese ist heute nicht mehr in der Lage, nachhaltigen Unternehmenserfolg zu sichern. Die Übereinstimmung von Produktnutzen, der nicht auf strategischen Kernkompetenzen beruht, mit Kundenbedürfnissen, die nicht auf den kritischen Markterfordernissen basieren, und wo auch zukünftige Bedürfnisstrukturen erkannt werden und Berücksichtigung finden, wird dem Unternehmen keinen nachhaltigen Erfolg bescheren.[100]

Daraus lassen sich einige strategische Postulate ableiten. Eine zentrale strategische Forderung ist die Übereinstimmung zwischen Kernkompetenzen sowie Produkten und Leistungen. Kein Produkt- beziehungsweise Leis-

Strategiemanagement entwickelt sich aus der Unternehmensidentität. Aus Kernkompetenzen werden Produkte, aus der Marktpositionierung konkrete Kundenbedürfnisse und aus der Vision operative Unternehmensziele.

tungsangebot, das nicht mit Kernkompetenzen unterlegt ist. Nur so können langfristige Erfolgspotenziale – die zentrale Forderung der strategischen Unternehmensführung – generiert werden. Ein Unternehmen ohne ausreichende Kernkompetenzen kann am Markt langfristig nicht überleben, da sich in der Regel immer ein Mitbewerber findet, der das gleiche Leistungsangebot auf den Markt bringt, das aber ausreichend mit Kernkompetenzen unterlegt ist; daher ist dieses Angebot besser oder billiger.

So wichtig dieser Zusammenhang zwischen Kernkompetenzen und Produkten auch ist, so brauchen sie als Gegenkraft zu den Stabilitätskräften den Zusammenhang zwischen Differenzierungspolitik und Marktsegmenten als Bewegungskraft. So ist die Konkretisierung der Differenzierungspolitik die Definition der Marktsegmente mit ihren Elementen Zielgruppen, Vertriebswege und Region. Im Spannungsfeld zwischen Leistungs- und Preisdifferenzierung definiert sich das Marktsegment. Auch hier gilt es, einen möglichst eindeutigen Zusammenhang zu gestalten, um eine klare Übereinstimmung zwischen Identität und Strategie herstellen zu können.

Letztlich ist die Konkretisierung der Unternehmensvision die Festlegung der operativen Unternehmensziele. Oft ist Kritik an der geringen Wirksamkeit von Unternehmensvisionen zu hören – Aussagen wie »die stehen nur auf dem Papier« gestalten aber nicht die Realität und sind nicht zu überhören. Als Begründung wird oft die zu geringe Kommunikation auf breiter Ebene über Inhalte der Unternehmensvision und deren nicht ausreichende Begründung genannt.

So wichtig auch eine umfassende Kommunikationsanstrengung ist – man kann sich nicht an etwas orientieren, das man nicht kennt – so ist sie allein doch nicht ausreichend. Der entscheidende Faktor ist deren Umsetzung. Dazu ist es notwendig, die Vision mit ihrem strategischen Charakter auf klare operative Unternehmensziele herunterzubrechen und für deren Umsetzung zu sorgen. Erst dadurch wird im gesamten System klar, dass den »Worten auch Taten« folgen. Unter dem Motto: »Wir sagen nicht nur, wo wir hinwollen, sondern wir sagen auch, was wir davon morgen erledigen wollen.« Erst die Kommunikation der Unternehmensvision in Verbindung mit den operativen Unternehmenszielen und deren periodische Evaluierung lässt diese im Unternehmen zu einer strategischen Orientierungskraft werden. Die Entwicklung einer noch so ausgefeilten Unternehmensvision bedarf daher der Konkretisierung durch die operativen Unternehmensziele: Wo wollen wir hin und was machen wir morgen?

Das Prinzip der Systemtheorie – nicht ausschließlich die einzelnen Elemente zu gestalten, sondern deren Zusammenhänge – zeigt sich auch in diesen strategischen Postulaten.

Die folgende Grafik zeigt die Zusammenhänge zwischen Unternehmensidentität und Unternehmensstrategie:

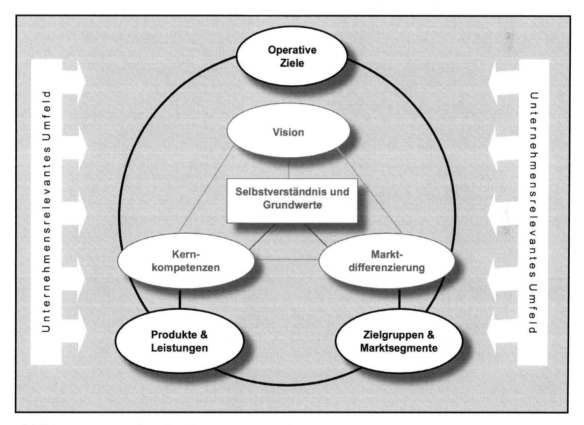

Abbildung 10: Von der Identität zur Strategie

Die Unternehmensstrategie entsteht in der Praxis nicht nur durch geplante und gesteuerte Strategieprozesse, sondern auch aus der momentanen Situation heraus. Strategien werden also nicht nur bewusst geplant, sondern entstehen auch aus den situativen Möglichkeiten. Von den geplanten Strategien wird in der Regel aber nur ein Teil wirklich umgesetzt, sodass ein bestimmtes Maß an »Planungsenergie« immer wieder verloren geht. Trotzdem sind aber beide Formen der Strategieentwicklung wichtig und müssen integriert werden, da nur so entschieden werden kann, welche operativ sich bietenden Möglichkeiten aufgegriffen werden sollen, welche zur gesamten strategischen Konzeption passen und welche eher nicht. Ohne diese grundlegende Orientierung entsteht die große Gefahr, dass mittelfristig die Konturen des Unternehmens verloren gehen und damit ein nachhaltiger Identitätsverlust nach außen und nach innen eintritt. Anpassung ohne strategische Orientierung führt aber – so zeigt uns die Systemtheorie – ins Chaos.

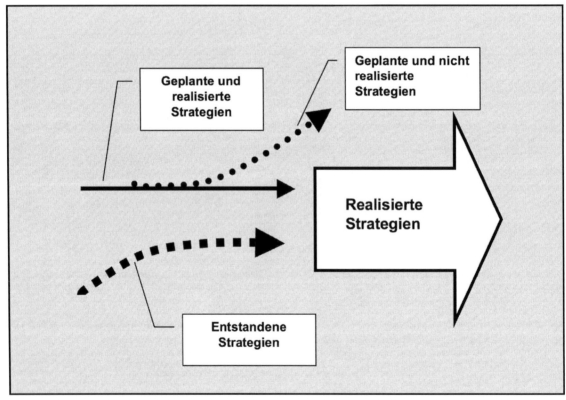

Abbildung 11: Strategiefindung[101]

4.1 Markt- versus ressourcenorientierte Strategieansätze

Zum Thema strategisches Management stehen sich in der Literatur – wie bereits erwähnt – zwei scheinbar widersprechende Strategieansätze gegenüber: Der marktorientierte Ansatz, der schwerpunktmäßig in den 80er Jahren vertreten wurde und von den bestehenden und zukünftigen Marktbedürfnissen ausgeht, und der ressourcenorientierte Ansatz, der die Kernkompetenzen des Unternehmens als Ausgangspunkt nimmt.[102] Während die Vertreter der marktorientierten Richtung so tun, als ob Ressourcen im Unternehmen in beliebiger Form auf- und abgebaut werden können, sehen die Vertreter des ressourcenorientierten Ansatzes den Schwerpunkt der Strategieentwicklung in der Konzentration und Förderung jener Stärken des Unternehmens, die als Kernkompetenzen identifiziert wurden, ohne sich dabei nachhaltig um die Markterfordernisse zu kümmern. Die akademische Diskussion läuft in Richtung »entweder – oder«, während die unternehmerische Praxis längst erkannt hat, dass beide Betrachtungsweisen notwendig sind und je nach gegebener Situation einmal das eine und ein andermal das andere zu forcieren ist.[103]

Markt- versus ressourcenorientierte Strategieansätze werden in der Literatur als Gegensätze betrachtet, während die Praxis längst auf Integration der beiden Ansätze setzt.

Ein ausschließlich ressourcenorientiertes strategisches Management läuft leicht Gefahr, die »Zeichen der Zeit« zu übersehen und stur die eigenen Stärken ohne Rücksicht auf Markterfordernisse auszubauen. So geschehen in der Computerindustrie, als IBM noch immer auf den Großrechner setzte und längst abzusehen war, dass der Personal Computer den Markt erobern wird. Eine tiefe Krise des Unternehmens war die Folge. Andererseits kann eine ausschließliche Marktorientierung im strategischen Ansatz die Anschlussfähigkeit des Unternehmens überstrapazieren und es in eine Phase der Orientierungslosigkeit treiben. Jedes Unternehmen verfügt über eine ganz spezifische Ressourcenausstattung, die manche Strategien zulässt und manche eben nicht. Ein Unternehmen, das über keine Kernkompetenz im Kostenmanagement verfügt, sondern eher im qualitativen Hochpreissegment tätig ist, wird sich schwertun, eine Diversifikation zu

Marktorientierte Strategieansätze fokussieren die Unternehmensumwelt und sind damit extern orientiert. Kompetenzorientierte Strategieansätze fokussieren das eigene Unternehmen und sind damit intern orientiert.

verwirklichen, die auf Kostenführerschaft aufbaut, weil es dazu keine Lernprozesse aus der Vergangenheit gibt. Während der marktorientierte Strategieansatz seinen Ausgangspunkt in der Branchen- und Marktanalyse sieht, also die Chancen und Risiken der unternehmensrelevanten Umwelt betrachtet und daraus die Ressourcen des Unternehmens gestaltet, geht der ressourcenorientierte Strategieansatz von der Analyse der zentralen Stärken und Schwächen des Unternehmens aus und passt danach die Marktpositionierung – also die Wahl der Marktsegmente – an.

Im Kern fokussiert der eine Ansatz die Unternehmensumwelt und ist damit extern orientiert, während der andere Ansatz das Unternehmen im Auge hat und daher intern orientiert ist. Nachhaltiger Unternehmenserfolg setzt die Integration der beiden Ansätze voraus, denn es geht immer um das Produkt sowie um den Markt und die richtige Kombination aus beiden.[104]

Auch hier zeigen uns die Erkenntnisse aus der Systemtheorie, dass Stabilität – also die Ressourcenorientierung – mit der Veränderung – also der marktorientierten Strategie – in Einklang zu bringen ist. Dies ist eine zentrale Aufgabe der strategischen Unternehmensführung.

4.2 Produkt-Markt-Kombinationen und strategische Geschäftsfelder

Das Herzstück jeder Unternehmensstrategie ist die Entscheidung, welche Produkte beziehungsweise Leistungen in welchen Marktsegmenten angeboten werden sollten. Die Produkte beziehungsweise Leistungen müssen also den jeweiligen Marktsegmenten zugeordnet werden, und es entstehen sogenannte Produkt-Markt-Kombinationen.[105]

Die Zusammenfassung gleichartiger Produkt-Markt-Kombinationen zu sogenannten strategischen Geschäftsfeldern ist die nächste zentrale Aufgabe der strategischen Unternehmensführung.[106] Die Gleichartigkeit der zusammengefassten Produkt-Markt-Kombinationen bezieht sich auf die Faktoren Produkt, Kundengruppe, geografische Marktdimension beziehungsweise den Vertriebsweg. Gleichartige Produkt-Markt-Kombinationen, die in einem oder mehreren Faktoren gleich sind, bilden eine strategische Einheit, ein sogenanntes strategisches Geschäftsfeld im Unternehmen. Die Basis beziehungsweise die gemeinsame Klammer über alle strategischen Geschäftsfelder hinweg ist die Unternehmensidentität. Strategische Geschäftsfelder ohne diese Bindung werden mit hoher Wahrscheinlichkeit, wenn überhaupt, nur kurzfristige Erfolge zeitigen. Strategische Geschäftsfelder, die nicht ihre Deckung in der Unternehmensidentität finden sollten, werden eher abgestoßen beziehungsweise in eigene Tochtergesellschaften ausgelagert, wo eine für dieses Geschäftsfeld stimmige Identität generiert werden kann.[107]

Die Positionierung der Produkte in den jeweiligen Marktsegmenten ist die zentrale Aufgabe der Unternehmensstrategie. Gleichartige Produkt-Markt-Kombinationen werden zu sogenannten strategischen Geschäftsfeldern zusammengefasst.

Die Marktsegmentierung im Rahmen der einzelnen strategischen Geschäftsfelder findet ihren Ursprung in der strategischen Marktdifferenzierung im Rahmen der Unternehmensidentität. Es müssen die Marktsegmente sowohl quantitativ – lokal, regional, international – als auch qualitativ – Definition der Zielgruppe und des Vertriebsweges – bestimmt werden, und zwar für jedes strategische Geschäftsfeld.[108] Daraus lassen sich dann die jeweiligen kritischen Markterfordernisse ableiten. Diese sind jene Faktoren, die unbedingt erfüllt werden müssen, um gegenwärtig und zukünftig auf diesem Markt bestehen zu können und nachhaltige Erfolge zu erzielen. Sie lassen sich aus den relevanten Kundenbedürfnissen und den Anforderungen an die Distribution ableiten. Daher müssen allerdings auch zukünftige Markterfordernisse antizipiert werden. Produktqualität, Distributionsdichte, Serviceanforderungen und Markenimage stellen nur beispielhaft einige dieser kritischen Markterfordernisse dar.

Die Kernkompetenzen sind andererseits die Basis für die Produktentwicklung beziehungsweise die Leistungserstellung. Sie bilden damit das Verbindungsglied zwischen dem Unternehmen mit seinen strategischen Kernkompetenzen und dem Markt mit seinen kritischen Markterfordernissen.[109] Die Übereinstimmung von strategischen Kernkompetenzen und kritischen Markterfordernissen ist eine unbedingte Notwendigkeit, die nicht nur für das

Die kritischen Markterfordernisse lassen sich aus den zentralen Kundenbedürfnissen und Distributionsanforderungen eines Marktsegmentes ableiten, wobei eine zukünftige Entwicklung antizipiert werden muss.

gesamte Unternehmen gilt, sondern für jedes strategische Geschäftsfeld gewährleistet sein muss. Nur unter dieser Prämisse sind ein nachhaltiger Wettbewerbsvorteil und damit nachhaltige Erfolgspotenziale für das jeweilige strategische Geschäftsfeld gegeben.

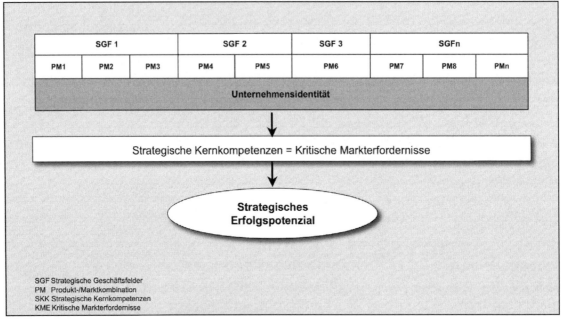

Abbildung 12: Strategische Geschäftsfelder

Produkt-Markt-Kombinationen

Eine Produkt-Markt-Kombination ist ein Produkt beziehungsweise eine Produktgruppe, die in einem bestimmten Marktsegment beziehungsweise einer Kundengruppe in Verbindung mit einem konkreten Vertriebskanal eine konkrete Marktleistung bildet. Damit ist die Produkt-Markt-Kombination eine marktrelevante Größe, da deren Zusammensetzung unmittelbar kundenwirksam ist und damit das Herzstück der strategischen Positionierung jedes Unternehmens bildet. Beispielsweise können in einer Bank die steuerschonenden Anlageprodukte für die vermögende Privatkundengruppe eine Produkt-Markt-Kombination und damit eine konkrete Marktleistung bilden. Diese Einheit ist daher unmittelbar kundenwirksam. Eine falsch zusammengesetzte Produkt-Markt-Kombination, beispielsweise der Versandvertrieb von teuren Autos bei der vermögenden Privatkundschaft – um ein Extrembeispiel zu verwenden –, wird wohl keine Markterfolge erzielen. Aber auch die Etablierung einer eigenen Aktienabteilung in einer kleinen, ländlichen Bankfiliale bei einem eher unterdurchschnittlichen Einkommensniveau der Bevölkerung wird als Produkt-Markt-Kombination wohl kaum reüssieren.

In der betrieblichen Praxis sind die bestehenden Produkt-Markt-Kombinationen auf den ersten Blick oft gar nicht leicht erkennbar und werden im Unternehmen oft auch nicht explizit als Einheit betrachtet.

Eine Produkt-Markt-Kombination bildet sich aus einem Produkt, das in einem bestimmten Marktsegment mit einem konkreten Vertriebskanal angeboten wird. Sie ist daher eine marktrelevante Größe.

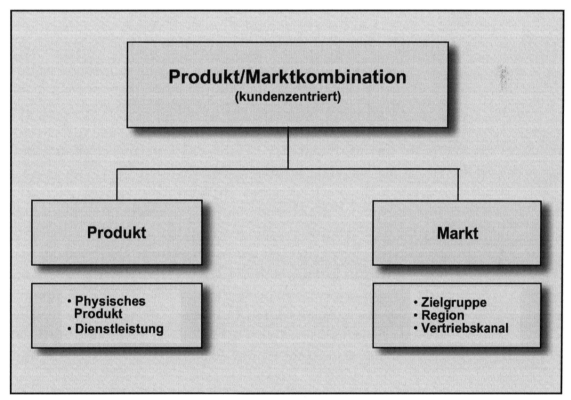

Abbildung 13: Produkt-Markt-Kombination[110]

Die Produktseite definiert sich neben der eigentlichen Produktleistung durch die Sortimentspolitik, die Produktsysteme, also den Produktverbund, aber auch durch die zugehörigen Dienstleistungen und, wenn erforderlich, durch eine Beratungs- und Projektierungsfunktion.[111] Der Markt erklärt sich einerseits in einer bestimmten Zielgruppe in einer bestimmten Region und andererseits über den konkreten Vertriebskanal. Das Entscheidende dabei ist, dass die einzelnen Produkt-Markt-Kombinationen in sich eine abgestimmte und zueinander passende Einheit darstellen müssen. Das Produkt muss in Qualität und Preis der definierten Zielgruppe, der regionalen Einordnung und dem gewählten Vertriebskanal entsprechen.

Strategische Geschäftsfelder

Eine oder mehrere gleichartige Produkt-Markt-Kombinationen bilden ein strategisches Geschäftsfeld, wenn diese Einheit sich durch ein hohes Maß an Autonomie gegenüber den anderen Produkt-Markt-Kombinationen auszeichnet und damit klar von den anderen Unternehmensaktivitäten abgrenzbar ist.[112] In der Regel haben die Produkt-Markt-Kombinationen eines strategischen Geschäftsfeldes eine oder mehrere Gemeinsamkeiten bei den Bestimmungsfaktoren der einzelnen Produkt-Markt-Kombinationen, also etwa gleiche Produkte, gleiche Kundengruppe, gleiche Regionen beziehungsweise gleiche Vertriebswege. Welche Gemeinsamkeiten die entscheidenden sind, ist nur unternehmensindividuell zu beantworten; einmal sind es die gemeinsamen Produkte, ein andermal die gemeinsamen Zielgruppen, und ein drittes Mal ist es der gemeinsame Vertriebsweg. Eine oder mehrere ähnliche Produkt-Markt-Kombinationen, die auch organisatorisch in einer Einheit geführt werden können und eine hohe strategische Relevanz aufweisen, nennt man somit strategische Geschäftsfelder. Während eine Produkt-Markt-Kombination Marktrelevanz aufweist, handelt es sich bei strategischen Geschäftsfeldern um eine unternehmensorientierte Dimension. Der Kunde weiß in der Regel nicht, welche Produkt-Markt-Kombinationen zu einem strategischen Geschäftsfeld zusammengeschlossen sind; dies hat für ihn auch keine essenzielle Bedeutung. Das strategische Geschäftsfeld fasst alle gleichartigen Produkt-Markt-Kombinationen zusammen, für die eine einheitliche Strategie entwickelbar ist. Für jedes strategische Geschäftsfeld muss eine eigene Strategie erarbeitet werden. Sind daher die Produkt-Markt-Kombinationen nicht richtig zusammengesetzt, wird die entwickelte Strategie für einige Produkt-Markt-Kombinationen dieses strategischen Geschäftsfeldes passend sein; auf andere wird sie eher kontraproduktiv wirken, und die Geschäftsfeldstrategie kann nicht widerspruchsfrei formuliert werden. Daher ist die Bildung von strategischen Geschäftsfeldern für ein Unternehmen ein entscheidender Schritt, der nur in Verbindung mit der definierten Unternehmensidentität gestaltet werden kann.

Ein strategisches Geschäftsfeld ist die Zusammenfassung von einer oder mehreren gleichartigen Produkt-Markt-Kombinationen, für die eine einheitliche Strategie entwickelt wird.

Die Zusammenführung von Produkt-Markt-Kombinationen zu einzelnen strategischen Geschäftsfeldern muss im Einklang mit der bestehenden Unternehmensidentität gestaltet werden und könnte beispielsweise folgendes Bild ergeben.

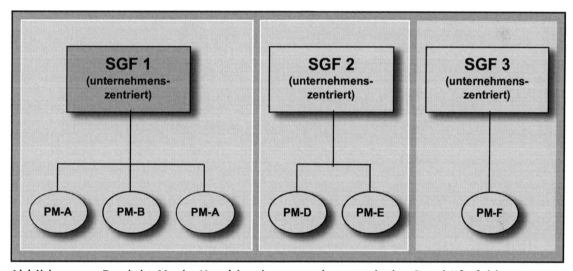

Abbildung 14: Produkt-Markt-Kombinationen und strategische Geschäftsfelder

In der Regel verfügen Unternehmen – ausgenommen Kleinbetriebe – über mehrere strategische Geschäftsfelder. Dies gilt insbesondere für Unternehmen, deren Produkt- und Dienstleistungsangebot sehr differenziert ist und die somit auch eine unterschiedliche Kundenstruktur aufweisen. Nicht nur in großen, sondern auch in mittelständischen Unternehmen muss daher zwischen zwei Arten von Strategien unterschieden werden: Strategien für das gesamte Unternehmen, also eine Unternehmensstrategie, und Strategien für die einzelnen Geschäftsfelder, also sogenannte Geschäftsfelderstrategien. Beide strategischen Ansätze müssen kompatibel sein und in sich ein geschlossenes Ganzes bilden.

Grundsätzlich muss zwischen der Unternehmens- und der Geschäftsfeldstrategie unterschieden werden. Beide müssen aufeinander abgestimmt und kompatibel sein.

Die Abgrenzung der einzelnen strategischen Geschäftsfelder hat so zu erfolgen, dass möglichst autonome und voneinander unabhängig beeinflussbare und gestaltbare Teilsysteme gebildet werden können. Beispielsweise könnten die Produkt-Markt-Kombinationen in einem technischen Serviceunternehmen, wie Wartung der Liftanlagen und Service der Telefonanlagen unter dem strategischen Geschäftsfeld »Haus — Technik – Elektro« zusammengefasst werden. Im Extremfall entstehen sogar eigene Tochtergesellschaften.

Im Rahmen der strategischen Diagnose ist die Beurteilung der einzelnen strategischen Geschäftsfelder eine entscheidende Größe. Fragen nach der Umsatz- und DB-Entwicklung, nach Marktaktivitäten, Kunden- und Vertriebsstrukturen, Qualitäts- und Preispolitik und vieles mehr stehen dabei konkret im Mittelpunkt der Betrachtung.

In der Praxis werden die strategischen Geschäftsfelder in der Form gebildet, dass alle Produkte und Marktsegmente in einer Matrix dargestellt und darin die strategischen Geschäftsfelder definiert werden. Die einzelnen Marktsegmente werden durch die Faktoren Kundengruppe, Regionalität und Vertriebsweg beschrieben. Abbildung 15 zeigt das Schema einer Produkt-Marktsegment-Matrix.

Während in horizontal gestalteten strategischen Geschäftsfeldern der Markt die dominierende strategische Dimension darstellt und somit diese also eher in preisdifferenzierten Unternehmen vorkommen, sind vertikale strategische Geschäftsfelder produktdominiert und eher für leistungsdifferenzierte Unternehmen charakteristisch.

Das folgende Beispiel in Abbildung 16 zeigt die Darstellung der einzelnen Produkt-Markt-Kombinationen und die daraus abgeleiteten strategischen Geschäftsfelder für ein großes Engineering-Unternehmen.

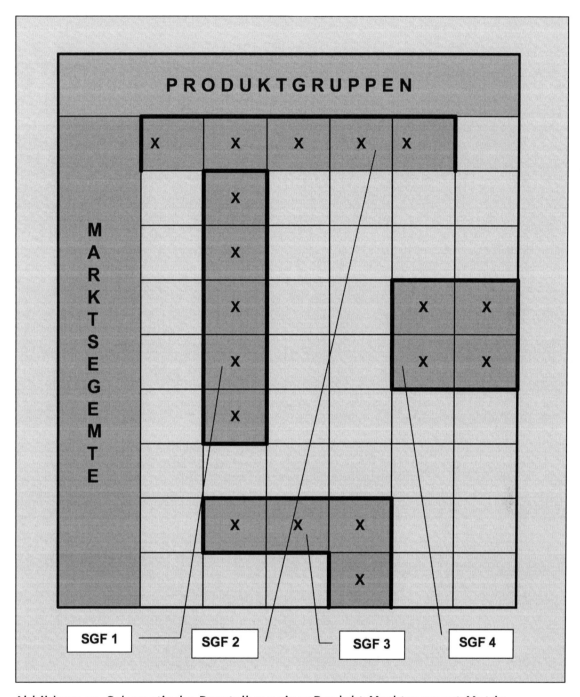

Abbildung 15: Schematische Darstellung einer Produkt-Marktsegment-Matrix

Strategiemanagement

MARKT/PRODUKTE		Consulting					Engineering					Projektmanagement				
		Produkt 1	Produkt 2	Produkt 3	Produkt 4	Produkt 5	Produkt 6	Produkt 7	Produkt 8	Produkt 9	Produkt 10	Produkt 11	Produkt 12	Produkt 13	Produkt 14	Produkt 15
Österreich	Wien Öffentl. Kunden	1	2		4	5	6	7	8	9	10				14	15
	Wien Private Kunden	1	2	3	4	5	6	7	SGF1						14	
	Sonst Öffentl. Kunden	1	2	3	4	5	6	7	SGF2				12		14	15
	Sonst Private Kunden	1	2	3	4	5	6	7					12		14	15
	Sonst Kunden	1	2	SGF3	4	5	6	7					12		14	15
Asien	Öffentl. Kunden			3	4	5	6	7				11	12	13		
	Private				4	5	6	7				11	SGF5	13		
Arabische Länder/Afrika	Öffentl. Kunden			3	4	5		7				11	SGF6	13		
	Private Kunden				4	5	SGF4					11	12	13		
Osteuropa Nachbarländer	Öffentl. Kunden			3	4	5	6	7				11	12	13		
	Private Kunden				4	5	6	7					12			
Osteuropa GUS	Öffentl. Kunden											11	SGF7	13		
	Private Kunden											11	12	13		
EG		Marktstudie														

Abbildung 16: Produkt-Markt-Kombinationen und strategische Geschäftsfelder in einem Engineering-Unternehmen

Die Bildung und Abgrenzung der einzelnen strategischen Geschäftsfelder ist – wie bereits erwähnt – eine wesentliche und nicht immer ganz einfache Aufgabe im Rahmen der strategischen Positionierung eines Unternehmens. Die folgenden Fragen können helfen zu entscheiden, ob es sich im gegebenen Fall um ein eigenständiges strategisches Geschäftsfeld handelt oder nicht.

Je mehr diese Fragen mit »Ja« zu beantworten sind, umso wahrscheinlicher handelt es sich um ein eigenes strategisches Geschäftsfeld im Unternehmen.

Kriterien zur Bestimmung eines strategischen Geschäftsfeldes	
Eigenständiges Bedürfnis einer Zielgruppe	Wird ein eigenständiges und andauerndes Bedürfnis einer klar abgrenzbaren Zielgruppe befriedigt?
Selbstständiges Erscheinen am Markt	Ist ein eigenes, von anderen Geschäftsfeldern abgrenzbares, selbstständiges Erscheinen am Markt gegeben?
Eigenständige Marktleistung	Ist eine eigenständige Marktleistung (Produkte und/oder Dienstleistungen) möglich?
Organisatorische Einheit	Kann die Verantwortung für das Geschäftsfeld einer sinnvollen organisatorischen Einheit zugeteilt werden?
Klare Zuordnung von Erträgen/Kosten	Können die durch das Geschäftsfeld erzielten Erträge und die verursachten Kosten diesem zugeordnet werden?
Abgrenzbare Absatzkanäle	Kann das Geschäftsfeld mit bestimmten, von anderen strategischen Geschäftsfeldern abgrenzbaren Absatzkanälen bearbeitet werden?
Keine Zersplitterung der Tätigkeiten	Ergibt die vorgesehene Gliederung der Geschäftsfelder keine Zersplitterung der Tätigkeiten im Unternehmen?
Synergieeffekte unbedeutend	Sind Synergieeffekte mit anderen Geschäftsfeldern unbedeutend?
Klare Zuordnung zu Konkurrenten	Können bestimmte Konkurrenten den einzelnen strategischen Geschäftsfeldern klar zugeordnet werden?
Allein lebensfähig	Wäre das Geschäftsfeld grundsätzlich allein lebensfähig und daher prinzipiell auch als eigenes Geschäftsfeld zu führen?

Tabelle 6: Beispiele für Kriterien zur Bestimmung eines strategischen Geschäftsfeldes

Produkt-Markt-Matrix

Im Rahmen der Strategieentwicklung muss auch die Frage nach neuen strategischen Geschäftsfeldern gestellt werden. Die Produkt-Markt-Matrix zeigt hier die grundsätzlichen Varianten der Entwicklung von strategischen Geschäftsfeldern auf. Auf Basis der prinzipiellen Produkt-Markt-Kombinationen kann überlegt werden, inwieweit es sinnvoll und möglich ist, etwa das gleiche Produkt auch auf anderen Märkten beziehungsweise welche ergänzenden oder weiterführenden Produkte am bestehenden Markt noch anzubieten sind. Diese strategischen Grundvarianten reichen daher von der Marktdurchdringung über die Markt- und Produktentwicklung bis hin zu Diversifikationsstrategien.[113]

Die folgende Darstellung zeigt die grundsätzlichen strategischen Varianten bei der Entwicklung von strategischen Geschäftsfeldern auf.

	Alte Märkte	Neue Märkte
Alte Produkte	**Marktdurchdringung**	**Marktentwicklung**
Neue Produkte	**Produktentwicklung**	**Diversifikation**

Abbildung 17: Produkt-Markt-Matrix[114]

Marktdurchdringung

Das Unternehmen bleibt auf seinem Markt und kümmert sich intensiver um bestehende Kundengruppen, wobei auch das Produktprogramm weitgehend unverändert bleibt. Die Bemühungen konzentrieren sich auf die Pflege von bestehenden Kundenbeziehungen und auf den Gewinn neuer, aber im Hinblick auf die marketingrelevanten Merkmale wie beispielsweise Familienstand, Kinderanzahl, Wohnverhältnis, Einkommen, ähnliche Kunden. Diese Marktdurchdringungsstrategie ist von einer hohen Erfolgswahrscheinlichkeit gekennzeichnet, und im Vergleich zu den übrigen Alternativen von geringem Aufwand.

Grundsätzlich sollte daher immer die Strategie der Marktdurchdringung eine erste wichtige Zielrichtung bei der Strategieentwicklung sein, da hier auch kurzfristig die höchste Erfolgswahrscheinlichkeit gegeben ist. Die Ausschöpfung der bestehenden strategischen Geschäftsfelder hat also den Charakter einer Primärstrategie.

Marktentwicklung

Das Produktprogramm bleibt im Wesentlichen unverändert, das Unternehmen erschließt jedoch neue Märkte, die bisher noch nicht bearbeitet wurden. Konkret können dies neue Käufergruppen, aber auch andere geografische Absatzgebiete sein. Kurz, man konzentriert sich auf den Aufbau neuer Märkte bei bestehendem Produktprogramm. Die Erfolgswahrscheinlichkeit dieser Strategie ist immer noch hoch, jedoch bedeutend niedriger als die der Marktdurchdringung. Auch ist der nötige Aufwand bedeutend höher als jener für die Marktdurchdringung. Preisdifferenzierte Unternehmen werden eher der Marktentwicklungsstrategie als der Produktentwicklungsstrategie Priorität einräumen, sind doch die Kernkompetenzen dieses Unternehmenstypus' eher im Bereich der Distribution und des Breitenvertriebs angesiedelt.

Produktentwicklung

Wachstum ist auch über den Weg neuer Produkte möglich. Im Rahmen der Produktentwicklung werden in erster Linie weiterhin bestehende Kunden beliefert, jedoch auch mit neuen Produkten. Diese können Weiterentwicklungen bestehender Produkte sein, aber auch Neuentwicklungen, die aufgrund der Kernkompetenzen des Unternehmens sinnvoll erscheinen. Das Risiko ist ähnlich wie bei der Marktentwicklung zu bewerten. Auch hier ist der für diese Strategie notwendige Aufwand naturgemäß höher als jener für die Marktdurchdringung. Diese Entwicklungsstrategie wird vorrangig von leistungsdifferenzierten Unternehmen bevorzugt, da die Entwicklungskapazitäten bei diesen Unternehmenstypen die vorherrschende Kernkompetenz sind.

Diversifikation

Im Unterschied zur Produktentwicklung verlässt das Unternehmen bei der Diversifikationsstrategie auch die bestehenden Kunden und wendet sich mit neuen Produkten an neue Käufer.[115] Diese Strategie ist erfahrungsgemäß sehr risikoreich und aufwendig. Sie wird daher meist nur von potenten Großkonzernen angewendet.

In der Praxis stellt die Produkt-Markt-Matrix ein wichtiges Instrument bei der Generierung und Gestaltung neuer Produkt-Markt-Kombinationen beziehungsweise neuer strategischer Geschäftsfelder dar.

4.3 Strategische Erfolgspotenziale

Die Übereinstimmung von strategischen Kernkompetenzen und kritischen Markterfordernissen ist die bestimmende Größe, die das Ausmaß des strategischen Erfolgspotenzials und damit die nachhaltige Erfolgswahrscheinlichkeit des Unternehmens determiniert. Es geht also nicht um Einzelerfolge, sondern um die Nachhaltigkeit des Unternehmenserfolgs.

Strategische Kernkompetenzen und kritische Markterfordernisse

Strategische Unternehmensführung ist die permanente Aufgabe, das Unternehmen so zu positionieren, dass die strategischen Kernkompetenzen (SKK) mit den kritischen Markterfordernissen (KME) in den einzelnen strategischen Geschäftsfeldern weitgehende Deckung finden. Der Grad der Überdeckung ist der Maßstab für das strategische Erfolgspotenzial des Unternehmens.

In diesem Zusammenhang stellt sich die Frage, ob diese Beziehung in der Praxis eine linear-proportionale Funktion ist – also geringe Überdeckung geringe Erfolgspotenziale und stärkere Überdeckung höhere Erfolgspotenziale – oder ob es sich um eine andere funktionale Beziehung handelt. Ohne den empirischen Beweis antreten zu können, scheint aus vielen Jahren Erfahrung in der strategischen Beratung von Unternehmen folgende Beziehung plausibel zu sein.

Die strategischen Erfolgspotenziale generieren sich aus der Übereinstimmung von strategischen Kernkompetenzen und kritischen Markterfordernissen.

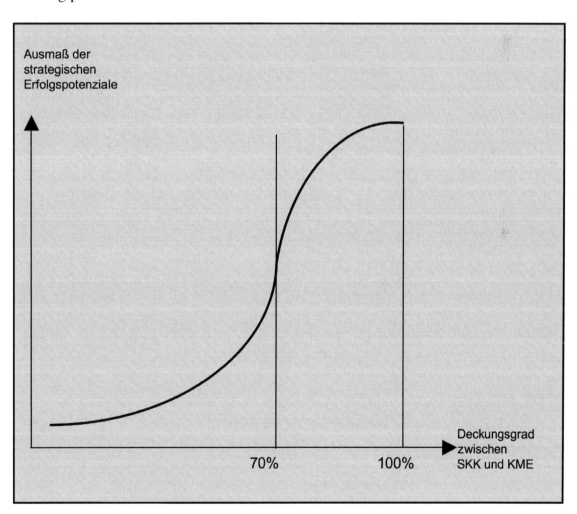

Abbildung 18: Funktion der strategischen Erfolgspotenziale

Erst ab einem relativ hohen Deckungsgrad zwischen strategischen Kernkompetenzen und kritischen Markterfordernissen kommt es zu einer nachhaltigen Entwicklung strategischer Erfolgspotenziale.

Diese Beziehung zeigt, dass es erst ab einem relativ hohen Grad der Übereinstimmung zwischen den strategischen Kernkompetenzen und den kritischen Markterfordernissen zur Entstehung von strategischen Erfolgspotenzialen für das Unternehmen beziehungsweise für das jeweilige strategische Geschäftsfeld kommt, dann allerdings – so die These – ist der Anstieg der strategischen Erfolgsfaktoren ein sehr rasanter.

Selbstverständlich stellt die Übereinstimmung der strategischen Kernkompetenzen und der kritischen Markterfordernisse für das Management keinen einmaligen Akt der Anstrengung dar, sondern ist eine permanente Aufgabe der strategischen Führung, die jedes Unternehmen, unabhängig von der Größenordnung, zu gewährleisten hat. In kleinen und mittleren Unternehmen wird diese oft intuitiv geleistet und gestaltet.

In der Regel reicht eine fehlende Kernkompetenz, um das Entstehen von Erfolgspotenzialen zu verhindern, so wie bei einer Kette auch nur das schwächste Glied den Ausschlag gibt. Der »Minimumfaktor« steuert den Erfolg des Unternehmens.[117]

Strategische Kernkompetenzen und kritische Markterfordernisse beeinflussen sich gegenseitig und sind als Einheit zu betrachten.

Strategische Kernkompetenzen und kritische Markterfordernisse beeinflussen sich gegenseitig, stehen in einer engen Wechselbeziehung und müssen daher auch immer als ein gemeinsames Ganzes, als eine gemeinsame Einheit betrachtet werden. Ganz deutlich zeigt sich das beispielsweise in der Computer- und Telekommunikationsbranche, wo neue strategische Kernkompetenzen – entstanden aus den neuen technologischen Möglichkeiten – neue kritische Markterfordernisse in Form von neuen Kundenbedürfnissen generieren.

Erfolgspotenzialanalyse

Die Erfolgspotenzialanalyse durchleuchtet im ersten Schritt die Kernkompetenzen. In einem zweiten Schritt werden die kritischen Markterfordernisse des entsprechenden Marktsegments erhoben, also jene Schlüsselfaktoren, die über den Erfolg in diesem Markt entscheiden. In einem dritten Schritt werden diese beiden

Betrachtungen in Beziehung zueinander gesetzt und bewertet. Der Idealfall ist, dass die kritischen Markterfordernisse durch die jeweiligen strategischen Kernkompetenzen abgedeckt sind, also ein hoher oder zumindest ein durchschnittlicher Übereinstimmungsgrad gegeben ist.

Es kann nun sein, dass es Kernkompetenzen gibt, die keinen kritischen Markterfordernissen gegenüberstehen. In diesem Fall muss das Unternehmen überlegen, ob es sich diesen Luxus der »Ressourcenverschleuderung« leisten kann. Wir sprechen in diesem Fall von einer strategischen Lücke der zweiten Ordnung. Manchmal werden strategische Lücken der zweiten Ordnung bewusst gestaltet, dann, wenn das Unternehmen davon ausgeht, dass zukünftige kritische Markterfordernisse entstehen werden, die diese Kernkompetenzen erforderlich machen. Problematisch sind aber jene Bereiche, in denen kritischen Markterfordernissen keine entsprechenden strategischen Kernkompetenzen gegenüberstehen – strategische Lücken der ersten Ordnung. Auf diese Bereiche ist höchstes Augenmerk zu legen. Entweder muss das Marktsegment so geändert werden, dass diese kritischen Markterfordernisse wegfallen, oder die notwendigen Kernkompetenzen müssen aufgebaut beziehungsweise durch Kooperation oder auch durch Fusionsprozesse im Unternehmen etabliert werden. Zentrale Schwächen, die der Entfaltung von Kernkompetenzen im Wege stehen, müssen aktiv bekämpft und beseitigt werden.

Die Erfolgspotenzialanalyse zeigt die Beziehungen zwischen den einzelnen kritischen Markterfordernissen und den strategischen Kernkompetenzen auf. Daraus lassen sich grundsätzliche strategische Konsequenzen ableiten.[118]

Die Erfolgspotenzialanalyse zeigt also die strategischen Schwerpunkte in den einzelnen Geschäftsfeldern auf. In Abbildung 19 wird das Schema der Erfolgspotenzialanalyse prinzipiell und anhand eines Beispiels dargestellt.

In dem oben angeführten schematischen Beispiel einer Erfolgspotenzialanalyse sind die beiden Felder, die mit Pfeil gekennzeichnet sind, die kritischen. So steht einerseits dem kritischen Markterfordernis E keine Kernkompetenz gegenüber, und andererseits ist die Kernkompetenz 6 nicht durch ein kritisches Markterfordernis begründet. Im ersten Fall ist dringend Abhilfe zu

Die Erfolgspotenziale, die durch die strategische Unternehmensführung nicht aufgebaut wurden, kann auch die operative Führung nicht realisieren.

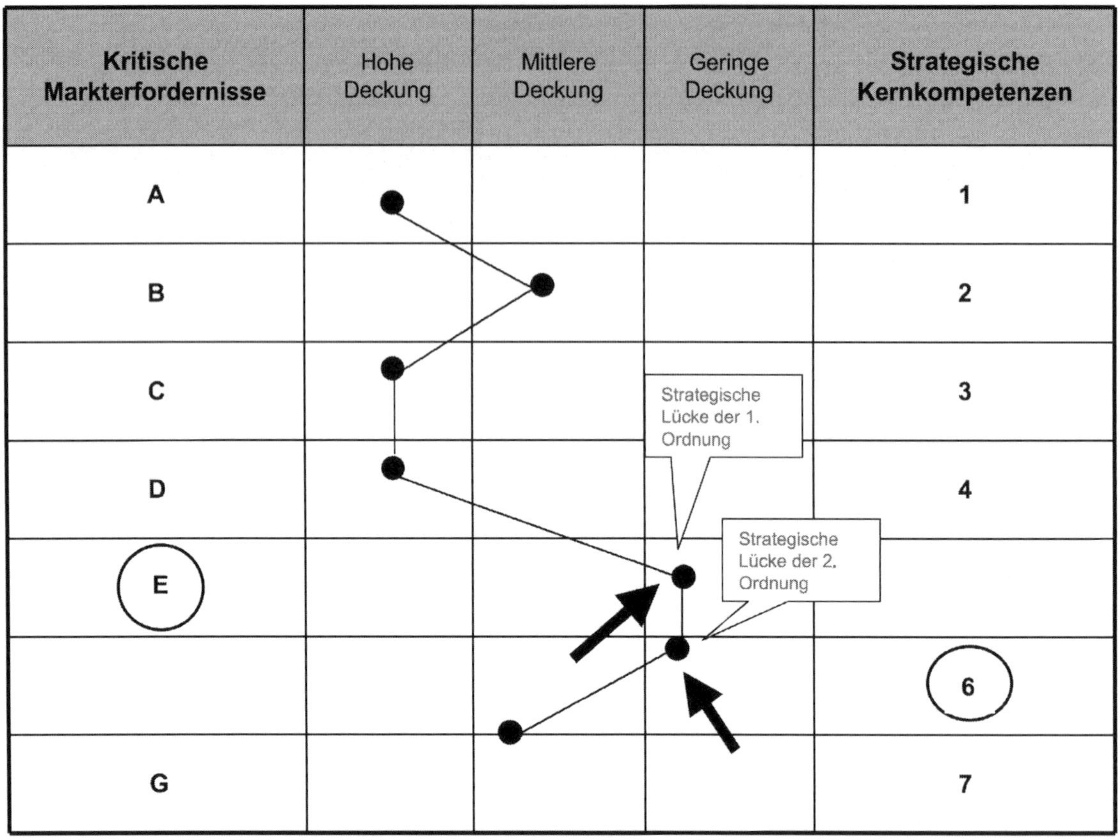

Kritische Markterfordernisse	Hohe Deckung	Mittlere Deckung	Geringe Deckung	Strategische Kernkompetenzen
A	●			1
B		●		2
C		●		3
D		●		4
E			●	
			●	6
		●		
G				7

Strategische Lücke der 1. Ordnung

Strategische Lücke der 2. Ordnung

Abbildung 19: Schematisches Beispiel einer Erfolgspotenzialanalyse

schaffen, indem entweder im Unternehmen eine korrespondierende Kernkompetenz zur kritischen Markterfordernis E aufgebaut wird oder durch eine Adaptierung des Marktsegmentes dieses kritische Markterfordernis an Bedeutung verliert. Im zweiten Fall ist dagegen zu überprüfen, ob die Kernkompetenz 6 eine Ressourcenvergeudung darstellt, oder ob damit eine zukünftig notwendige Stärke des Unternehmens aufgebaut werden soll, die am Markt noch gar nicht als Bedürfnis wahrgenommen wird, wie beispielsweise bei der Entwicklung einer neuen Technologie.

Eines ist aber sicher: Die Erfolgspotenziale, die im Rahmen der strategischen Unternehmensführung nicht aufgebaut werden, kann auch die operative Führung nicht realisieren. Das Management der Erfolgspotenziale ist daher eine nicht delegierbare Aufgabe der strategischen Unternehmensführung.

Fallvignette 8: Erfolgspotenzialanalyse

Die Erfolgspotenzialanalyse soll anhand eines konkreten Beispiels vertieft werden. Betrachten wir ein Appartementhotel in einem bekannten Ferienort an einem österreichischen See. Für dieses Hotel soll eine Erfolgspotenzialanalyse durchgeführt und eine erste strategische Maßnahme abgeleitet werden. Die Frage nach den kritischen Markterfordernissen heißt in diesem konkreten Fall: Welche Kriterien müssen erfüllt sein, damit ein Gast gerade dieses Appartementhotel für seinen Ferienaufenthalt wählt? Können diese Erwartungen durch die Kernkompetenzen des Hotels abgedeckt werden? Die Erfolgspotenzialanalyse zeigt folgendes Bild:

Erfolgspotenzialanalyse				
Kritische Markterfordernisse	Hohe Deckung	Mittlere Deckung	Geringe Deckung	Strategische Kernkompetenzen
Hohes Qualitätsniveau (Optischer Gesamteindruck, Qualität und Ausstattung der Appartements usw.)	●			Eines der ersten Häuser am Platz (ist mit viel Liebe zum Detail gestaltet)
Hohe Servicequalität (freundliches, zuvorkommendes Service)	●			Familienbetrieb (höchste Serviceorientierung und herzliche, zuvorkommende Atmosphäre, "Gast ist König")
Angemessenes Preis-/ Leistungsverhältnis	●			Eigentümergeführt (geringe Lohn- und Gehaltskosten, hohes Kostenbewusstsein, positive Einstellung zum Gast, hoher Stammkundenanteil usw.)
Lage des Hotels (eigener Strand, zentrale Lage und trotzdem ruhig, Parkplatzmöglichkeit usw.)		●		Standort (zentrale Lage aber an der Straße, kein Hotelstrand aber freier Eintritt in nahegelegenes, sehr gepflegtes Strandbad)
Bekanntheitsgrad und Infrastruktur des Ferienortes (Gastronomie, Strände, Shopping usw.)		●		Hoher Bekanntheitsgrad des Ortes und der Region, durchschnittliche Infrastruktur
Freizeitprogramme (Events, Schlechtwetterprogramme, Sport, Kinderprogramme usw.)			●	Neben dem See kaum Freizeitangebot

Die Erfolgspotenzialanalyse zeigt, dass die ersten drei kritischen Markterfordernisse durch entsprechende Kernkompetenzen gut abgedeckt sind. Auch die Lage des Hotels ist noch im mittleren Deckungsbereich – zwar zentral, aber keine Ruhelage, kein eigener Strand, dafür aber eine kostenlose, attraktive Bademöglichkeit –, während die nächsten beiden kritischen Markterfordernisse – Bekanntheitsgrad und Infrastruktur des Ortes sowie das Freizeitangebot – nicht mehr im eigenen Einflussbereich des Hotels liegen. Hier zeigt sich deutlich, dass das Unternehmen nur bestimmte kritische

> Markterfordernisse selber durch strategische Kernkompetenzen abdecken kann, während aber andere, für den Unternehmenserfolg nicht minder wichtige bestenfalls mittelbar durch das eigene Unternehmen beeinflussbar sind. Besonders kritisch ist die Situation im Freizeitangebot. Unter der Prämisse, dass das strategische Erfolgspotenzial erst dann gegeben ist, wenn möglichst alle kritischen Markterfordernisse durch strategische Kernkompetenzen einen hohen Deckungsgrad beziehungsweise im Minimum einen mittleren Deckungsgrad aufweisen müssen, ist im Falle des mangelnden Freizeitangebotes eine nachhaltige Bedrohung für das strategische Erfolgspotenzial des Appartementhotels gegeben. Strategisch gesehen können in diesem Fall nur Kooperationen, die den gesamten Ort – besser noch die gesamte Region – einbeziehen und aus dieser zentralen Schwäche sukzessive eine gemeinsame Kernkompetenz aufbauen, eingegangen werden. Alternativ dazu könnte aber auch das Marktsegment so verschoben werden, dass diese kritischen Markterfordernisse an Bedeutung verlieren – beispielsweise indem man aus dem Ferienhotel ein Seminarhotel macht.

Manche notwendigen strategischen Kernkompetenzen können nicht durch das Unternehmen selbst aufgebaut werden, sondern sind nur durch Kooperationen beziehungsweise Fusionen erzielbar.

Notwendige Kernkompetenzen, die durch das Unternehmen selber nicht aufbaubar sind, wie in unserem Beispiel des Appartementhotels dargestellt, müssen durch Kooperationen – in der Regel mit dem Mitbewerber – oder durch Fusionen erzeugt werden, da nur so nachhaltige Erfolge für das eigene Unternehmen gegeben sind.

4.4 Branchen- und Wettbewerbssituation

In der Regel wird es für das einzelne Unternehmen nicht möglich sein, sich außerhalb der Bandbreite der jeweiligen Branche strategisch zu positionieren. Die äußersten Ränder der Branchenentwicklung sind quasi die Begrenzungslinien, in denen eine vernünftige strategische Unternehmenspositionierung stattfinden kann. Gesetzmäßigkeiten und Entwicklungsdimensionen der jeweiligen Branche wirken auf das eigene Unternehmen ein und müssen daher einer eingehenden Analyse unterzogen werden. Das Ergebnis der Branchen- und Konkurrenzanalyse stellt im Rahmen der Strategieformulierung die Basis für Szenarioüberlegungen dar.[119]

Brancheneinflussfaktoren

Die nachstehende Grafik zeigt einige der wichtigsten Brancheneinflussgrößen, wobei diese Einflussgrößen von Branche zu Branche und oft von Marktsegment zu Marktsegment eine unterschiedliche Bedeutung haben können. So wird beispielsweise die Bedrohung durch Substitutionsgüter bei Textilherstellern einen anderen Stellenwert haben als bei Banken.

Im Zentrum der Branchenanalyse steht die Konkurrenz- und Wettbewerbssituation innerhalb der Branche. Hier zeigt sich auch, wie das eigene Unternehmen im Vergleich zu den Mitbewerbern positioniert ist.

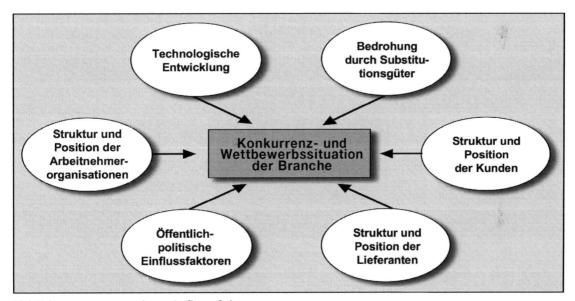

Abbildung 20: Brancheneinflussfaktoren

Struktur und Position der Kunden

Eine ganz entscheidende Rolle ist der Position der Kunden zuzuschreiben. Es macht einen gravierenden Unterschied, ob ein Unternehmen einer Vielzahl von Kunden gegenübersteht, beispielsweise eine Bank oder ein Einzelhandelsunternehmen, oder ob ein Unternehmen auf eine mehr oder minder geringe Anzahl an Kunden angewiesen ist. Die Machtposition dieser wenigen Kunden ist dazu angetan, die Gewinnsituation in der Regel maßgeblich zu beeinflussen, und natürlich ist auch der Risikofaktor bei Wegfall eines Kunden ganz anders zu sehen als bei Unternehmen mit einer breiten Kundenstreuung. Die zentrale Frage, die in der Praxis zur Einschätzung dieser Situation oft gestellt wird, ist: Wie viele Kunden machen 80 Prozent des Umsatzes aus?

In einer zweiten Dimension ist die Periodizität der Bedürfnisbefriedigung bei den Zielkunden eine entscheidende branchenspezifische Größe. Einmalige Bedürfnisse versus wiederkehrende Bedürfnisse haben nachhaltigen Einfluss auf die strategische Unternehmensführung. So ist beispielsweise der Einzelhandel in einer ganz anderen strategischen Position als beispielsweise ein Anlagenbauer für Elektrizitätswerke.

	Wenige Großkunden	**Viele Einzelkunden**
Einmalige Kundenbedürfnisse	**Projektgeschäft** (akquisitionszentriert)	**Individualgeschäft** (werbezentriert)
Wiederkehrende Kundenbedürfnisse	**Stammkundengeschäft** (beziehungszentriert)	**Mengengeschäft** (distributionszentriert)

Abbildung 21: Kundenstruktur-Matrix

Struktur und Position der Lieferanten

Ähnlich der Kundenstruktur, ist die Frage nach der Abhängigkeit das zentrale Thema im Rahmen der Lieferantenstruktur einer Branche. Wie hoch ist der Konzentrationsgrad der einzelnen Lieferanten? Wie hoch ist beispielsweise der Lieferanteil der drei größten Lieferanten? Und wie bedeutend ist die eigene Branche und letztlich das eigene Unternehmen für die Lieferanten? Natürlich ist auch die wirtschaftliche Situation der einzelnen Lieferanten von Wichtigkeit, ebenso wie die Möglichkeiten der Vorwärtsintegration, also ob die Lieferanten die Möglichkeit haben, die Aufgaben des eigenen Unternehmens mit zu übernehmen. Die zentrale Frage zum Thema Lieferantenstruktur ist: Wie groß ist die Abhängigkeit vom einzelnen Lieferanten?

Die Lieferantenmacht ist beispielsweise im Bankenbereich eine ganz andere – die Lieferanten sind da die Tausenden Sparer – als beispielsweise im Textileinzelhandel, wo der Lieferant entscheidet, in welchen Geschäften er seine Produkte platziert haben will und wo nicht.

Die Lieferantenposition steigt, wenn die Konzentration auf der Lieferantenseite größer ist als auf der Abnehmerseite, es eine geringe Substitutionsmöglichkeit für ihre Produkte gibt und der einzelne Kunde für den Lieferanten relativ unwichtig ist; wenn also die Lieferanten an mehrere Branchen verkaufen, ohne dass eine Branche einen signifikanten Anteil am Gesamtverkaufsvolumen des Lieferanten aufweist. Des Weiteren unterstützt eine glaubwürdige Bedrohung durch eine Vorwärtsintegration die Position des Lieferanten.[120]

Größere Konzentration auf der Lieferantenseite gegenüber der Abnehmerseite und geringe Substitutionsmöglichkeiten stärken die Position der Lieferanten.

Technologischer Entwicklungsstand

Stand und Schnelligkeit der technologischen Entwicklung einer Branche stellen einen wesentlichen Einflussfaktor für das Unternehmen dar. Damit sind in der Regel auch Kosten in den Bereichen Forschung und Entwicklung notwendig. Ein hoher Technologiestandard, gepaart mit raschen Entwicklungszeiten, setzt eine hohe Finanzkraft des Unternehmens voraus. Der technologische Entwicklungsstand ist nicht nur durch Lizenzen und Patente beschreibbar, sondern setzt auch ausreichendes Erfahrungswissen voraus und stellt daher auch eine wesentliche Eintrittsbarriere für branchenfremde Unternehmen dar. In der Regel tritt dies eher in leistungsdifferenzierten Branchenbereichen auf.

Struktur und Position der Arbeitnehmer

Ähnlich wie mit der Stellung der Lieferanten verhält es sich auch mit der Position der Arbeitnehmer. So können knappe und hoch qualifizierte Arbeitskräfte über eine beträchtliche Macht verfügen, und gut organisierte gewerkschaftliche Gruppen können einen erheblichen Einfluss auf die Branchen- und damit auf die Unternehmensentwicklung ausüben.

Bedrohung durch Substitutionsgüter

In vielen Branchen konkurrieren Unternehmen mit Substitutionsprodukten, womit sich quasi eine Preisobergrenze etabliert, die das Gewinnpotenzial beschränkt. Oft ist es einem einzelnen Unternehmen in der Branche nicht möglich, gegen diese Substitute anzukämpfen, und es kommt zu Branchenkooperationen, zum Beispiel im Bereich der Werbung, oder zu erhöhter Produktqualität, indem branchenweite Produktstandards definiert werden.

Substitutionsprodukte schränken das Gewinnpotenzial einer Branche durch eine De-facto-Preisobergrenze ein.

So ist beispielsweise der österreichische Sommertourismus durch billige Pauschalangebote mit »Sonnengarantie« in den südlichen europäischen Ländern konfrontiert, wo nur gemeinsame Anstrengungen eine Antwort sein können. Andererseits kommt es auch zu Entwicklungen, in denen artfremde Branchen die Funktion der eigenen Branche in Teilbereichen selber übernehmen. So zeigen sich beispielsweise Substitute für die Banken bei großen Industriegesellschaften; fast jeder große Autohersteller hat bereits seine eigene Leasingbank.

Öffentlich-politische Einflüsse

Der Staat hat auf viele Branchenfaktoren seinen Einfluss. Er kann durch gesetzliche Maßnahmen, Subventionen und ähnliche Eingriffe die Rahmenbedingungen der einzelnen Branche erheblich beeinflussen. Andererseits tritt er häufig auch als mächtiger Auftraggeber auf und beeinflusst damit die Branchenstrukturen ebenfalls erheblich.[121] Gerade die Bauwirtschaft ist ein Beispiel dafür. Dieser Bereich ist durch das Unternehmen nur schwer beeinflussbar – sieht man einmal von Lobbyismus ab – und manifestiert sich oft auch in rechtlichen Rahmenbedingungen. Des Weiteren werden Imagefragen durch die Öffentlichkeit in unserer Mediengesellschaft oft nachhaltig – vor allem in Branchen, wo große Unternehmenseinheiten vorherrschen – beeinflusst. Damit werden auch die Medien ein immer wichtigerer Einflussfaktor der einzelnen Branche.

Konkurrenz- und Wettbewerbssituation

Durch die zunehmende Internationalisierung und Liberalisierung der Märkte – Stichwort Globalisierung – ist in Europa und auch anderswo eine zunehmende Verstärkung des Wettbewerbsdenkens unverkennbar. Die enorme Geschwindigkeit des technologischen Fortschritts ist ein weiterer Katalysator für die Verschärfung der bestehenden Wettbewerbssituation. Die Marktorientierung ist daher ein zunehmend wichtiger Faktor im Rahmen der strategischen Unternehmensführung und gleichrangig mit dem Aufbau und der Entwicklung der einzelnen Kernkompetenzen zu betrachten. Auch anhand dieser Entwicklung zeigt sich deutlich, dass markt- und ressourcenorientiertes Management kein »Entweder-oder«, sondern ein »Sowohl-als-auch« sein muss.

Die Globalisierung verschärft den Wettbewerb. Die Analyse der Konkurrenz- und Wettbewerbssituation ist daher im Rahmen des Strategiemanagements von zentraler Bedeutung.

Im Bereich der Konkurrenz- und Wettbewerbssituation ist grundsätzlich zu unterscheiden, ob es um Konkurrenz innerhalb der Branche geht, oder ob eine Bedrohung durch neue, in die Branche eindringende Konkurrenten entsteht. Während sich im ersten Fall die Frage nach der Art und Weise der Konkurrenz innerhalb der Branche stellt, also: Wie groß ist die Anzahl der Wettbewerber? Wie ist die Verteilung der Marktanteile? oder Wie aggressiv ist der Preiskampf? et cetera, ist im zweiten Fall die Frage nach den Eintrittsbarrieren für neue Konkurrenten zu stellen.

Die Stellung des Unternehmens am Markt wird im Wesentlichen durch eine qualifizierte Konkurrenzanalyse dargestellt. Diese identifiziert die zentralen Konkurrenten und analysiert die relativen Wettbewerbsunterschiede, etwa im Bereich Qualität, Ressourcen, Mitarbeiterloyalität et cetera. Darüber hinaus muss eine Einschätzung des zukünftigen Marktverhaltens der stärksten Konkurrenten erfolgen. »Das Geheimnis einer treffsicheren Konkurrenzanalyse besteht darin, sich in den Wettbewerber hineinzuversetzen. Und das bedeutet durchaus auch, seine internen Beschränkungen, seine Arbeitsüberlastungen und seine Trägheit in Betracht zu ziehen.«[122] Es gilt in diesem Zusammenhang, drei Fragen zu beantworten: Wird der Konkurrent auf Ihre Aktion überhaupt reagieren? Welche Reaktionsmöglichkeiten werden Sie in Betracht ziehen? Und letztlich für

Die Beurteilung der Wettbewerbssituation bezieht sich auf die Konkurrenzsituation innerhalb der Branche sowie auf die Bedrohung durch neue Konkurrenten. Die Markteintrittsbarrieren spielen hier eine entscheidende Rolle.

welche Option wird sich der Mitbewerber entscheiden?

Beispielhaft wird nachstehend eine Zusammenfassung einzelner Leistungspotenziale des eigenen Unternehmens im Vergleich zu seiner stärksten Konkurrenz dargestellt. Daraus lassen sich ganzheitliche Aussagen und Thesen formulieren, die für die weitere Strategieentwicklung relevant sind.

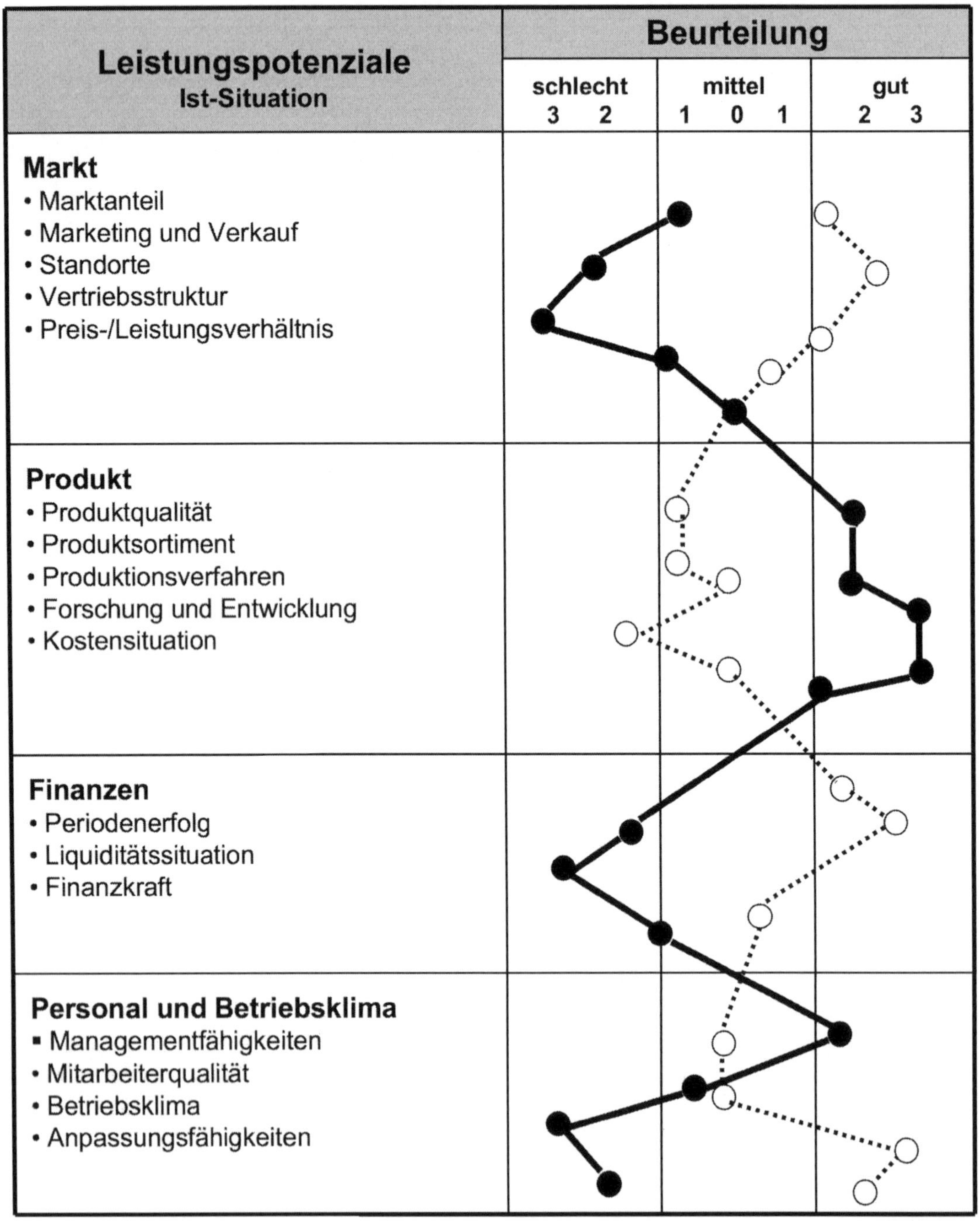

Leistungspotenziale Ist-Situation	Beurteilung
	schlecht 3 2 — mittel 1 0 1 — gut 2 3
Markt • Marktanteil • Marketing und Verkauf • Standorte • Vertriebsstruktur • Preis-/Leistungsverhältnis	
Produkt • Produktqualität • Produktsortiment • Produktionsverfahren • Forschung und Entwicklung • Kostensituation	
Finanzen • Periodenerfolg • Liquiditätssituation • Finanzkraft	
Personal und Betriebsklima • Managementfähigkeiten • Mitarbeiterqualität • Betriebsklima • Anpassungsfähigkeiten	

Abbildung 22: Konkurrenzanalyse[123]

Eigenes Unternehmen ———
Stärkste Konkurrenz ··········

In der Praxis besteht bei diesem Schritt die Schwierigkeit, zu aussagekräftigem Datenmaterial zu kommen. Zur Beantwortung all dieser Fragen über die Konkurrenz wird umfassendes Informationsmaterial benötigt, das strategisch geplant, gesammelt und aufbereitet werden muss. Dies ist keine einmalige oder periodische Kraftanstrengung, sondern setzt permanente, professionelle Marktbeobachtung, Datensammlung und Analysearbeit voraus. Informationen über Konkurrenten können aus öffentlichen Geschäftsberichten, Reden und Veröffentlichungen des Managements, aus Pressemeldungen, gemeinsamen Kunden und Lieferanten et cetera bezogen werden.[124]

Die Konkurrenzanalyse setzt professionelle und permanente Datensammlung über Mitbewerber voraus. Quellen sind Geschäftsberichte, Reden und Veröffentlichungen, Pressemeldungen, aber auch gemeinsame Kunden und Lieferanten.

Das aggressivste Konkurrenzverhalten ist der Preiswettbewerb. Er führt in der Regel zu einer nachhaltigen Verschlechterung der gesamten Gewinnsituation in einer Branche. Preiskämpfe sind deswegen so aggressiv, weil sie sehr leicht durch die Konkurrenz zu beantworten sind und oft zu einer Art Konfliktspirale führen, die stark emotional beeinflusst ist. So können Preise über Nacht gesenkt werden, wodurch der Angriff eines Mitbewerbers scheinbar rasch zu parieren ist. Selbst in alteingesessenen Branchen wie der Bankenbranche hat die Aufhebung des Habenzinssatzabkommens in den 80er Jahren in Österreich kurzfristig zu einem fast ruinösen Zinswettbewerb geführt. Sogar Stimmen nach Wiedereinführung der gesetzlichen Regelungen sind in dieser Phase aus dem Bankensektor laut geworden.

Der zweite Bereich der Konkurrenzanalyse beschäftigt sich mit der branchenfremden Konkurrenz, also mit der Frage, wie hoch die Wahrscheinlichkeit ist, dass branchenfremde Unternehmen in diese Branche eintreten. Die Gefahr des Markteintritts wird im Wesentlichen durch das Ausmaß der Eintrittsbarrieren bestimmt. Die Eintrittsbarrieren unterscheiden sich, je nach dem, ob es sich um eine Marktpositionierung nach der Strategie der Leistungsdifferenzierung oder um die der Preisdifferenzierung handelt. Tabelle 7 zeigt die Zusammenhänge.

Entwicklungsstand einer Branche

Das aggressivste Konkurrenzverhalten ist der Preiswettbewerb. Er ist mit scheinbar geringem Aufwand zu führen, verschlechtert aber in der Regel die Gewinnsituation der gesamten Branche.

Die jeweilige Branche ist nicht nur durch die einzelnen Brancheneinflussfaktoren beschreibbar, sondern unterliegt ähnlich einem Unternehmen einer historischen Entwicklung, in der einzelne Branchenentwicklungsstufen festzumachen sind. Als Branchenzyklus soll der Lebenszyklus einer Branche verstanden werden. Junge, reife und schrumpfende Branchen werden an dieser Stelle betrachtet, um die Gesetzmäßigkeiten der einzelnen Lebensphasen zu analysieren, wobei im Rahmen der reifen Branchen noch zwischen zersplitterten und konzentrierten Branchen unterschieden werden soll.

Markteintrittsbarrieren	Preisdifferenzierung	Leistungsdifferenzierung
Betriebsgrößenersparnisse	**Wesentliche Eintrittsbarriere;** bezieht sich nicht nur auf die Produktion, sondern auch auf Funktionen wie Verkauf, Einkauf, Servicenetz, F & E-Bereich.	Wird in der Regel nicht die entscheidende Eintrittsbarriere darstellen.
Qualifikationsniveau	Wird in der Regel nicht die entscheidende Eintrittsbarriere darstellen.	**Wesentliche Eintrittsbarriere;** Differenzierung bedeutet höhere Qualität in einer oder mehreren Unternehmensfunktionen; daher hohe Markenbindung beziehungsweise hohe Käuferloyalität.
Kapitalbedarf	**Wesentliche Eintrittsbarriere;** die Größenstruktur zwingt zu hohen Erstinvestitionen.	Muss nicht zwingend eine entscheidende Eintrittsbarriere darstellen.
Kundenloyalität	Wird in der Regel nicht die entscheidende Eintrittsbarriere darstellen, es entscheidet der Preis.	**Wesentliche Eintrittsbarriere;** hohe Kundenloyalität beziehungsweise hohe Markentreue reduziert die Kundenmobilität.
Zugang zu Vertriebskanälen	**Wesentliche Eintrittsbarriere; Preisdifferenzierung** zwingt zu Massenvertrieb.	Muss nicht zwingend eine entscheidende Eintrittsbarriere darstellen.
Know-how und technologischer Entwicklungsstand	Tendenziell nicht so entscheidend wie bei leistungsdifferenzierten Marktsegmenten.	**Wesentliche Eintrittsbarriere;** da Leistungsdifferenzierung hohes Know-how beziehungsweise technologischen Standard erfordert.

Tabelle 7: Markteintrittsbarrieren in Abhängigkeit von der Preis- beziehungsweise Leistungsdifferenzierung

Branchen- und Wettbewerbssituation

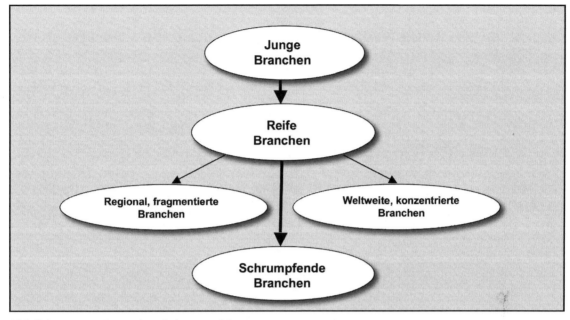

Abbildung 23: Branchenlebenszyklus

Junge Branchen

Junge Branchen werden laufend geschaffen. Gerade in Zeiten revolutionierender technologischer Entwicklungen – Computerentwicklung, Videospiele, der gesamte Telekommunikationsbereich, allem voran der Internetboom der letzten Jahre und vieles mehr – sorgen für das permanente Entstehen junger Branchen.

Die folgende Tabelle zeigt die wesentlichen Strukturmerkmale junger Branchen.

> **Fallvignette 9: Junge Branche**
> Vor einigen Jahren sollte ein neues Unternehmen am Markt positioniert werden, das in eine neue Branche vorgestoßen war. Unternehmenszweck war, Juristen und Steuerberatern einen EDV-mäßigen Online-Zugang zu juristischer Literatur zu verschaffen, und das in einer Zeit, in der vom Internet noch keine Rede war und der PC sich gerade durchzusetzen begannen. Die technologische Entwicklung war in Bewegung, und es war nicht abzuschätzen, wie die weiteren Entwicklungsschritte aussehen würden. Man sprach bereits von CD-ROMs, ohne dass sie noch wirklich am Markt vertreten waren. Das genaue Produktprogramm war noch nicht ausgereift, und die Vertriebskanäle waren noch unklar. Wir

Strukturmerkmale junger Branchen	
Technologische Unsicherheit	Welche Produktionstechnologie, Produktgestaltung wird sich letztlich durchsetzen? Welche Branchenstandards werden sich durchsetzen? Welche Funktionalitäten werden zukünftig wichtig?
Strategische Unsicherheit	Unsicherheiten über Produkt-Markt-Positionierungen, Marketingansätze, Servicepolitik, Preispolitik, Vertriebsstrukturen und vieles mehr.
Steiler Kostenrückgang bei hohen Anfangskosten	Kleine Produktionsmengen, hohe Entwicklungskosten, beginnende Lernkurven sorgen für anfänglich hohe Kosten. Steile Erfahrungskurven sorgen für rasanten Kostenrückgang, daher flacher Anstieg des Marktwachstums, da die Konsumenten auf Preisverfall warten.
Intransparente Branchenstruktur	Der hohe Anteil an Neugründungen, fehlende Spielregeln, unklare Bedürfnisstrukturen der potenziellen Kunden, fehlendes Datenmaterial über Marktstrukturen et cetera sorgen für eine intransparente Branchenstruktur. Hohes Risiko, in der Startphase nicht zu überleben.
Erstkäufer überzeugen	Die zentrale Marketingaufgabe besteht darin, Erstkäufer von der Sinnhaftigkeit des neuen Produktangebotes zu überzeugen. Potenzielle Kunden sind noch verunsichert und warten zukünftige Entwicklungen ab. Neue Technologien bedingen oft Verhaltensänderung bei potenziellen Kunden.
Skepsis in der Finanzwelt	Image und Glaubwürdigkeit der jungen Branche sind in der Finanz- und Bankenwelt noch nicht sehr ausgeprägt, daher oft Finanzierungsschwierigkeiten beziehungsweise hoher Risikoaufschlag.

Tabelle 8: Strukturmerkmale einer jungen Branche[125]

> diskutierten über die Varianten der Preispolitik et cetera. Der Markt war völlig intransparent, und es beschäftigten uns Fragen über Mitbewerber und Produktentwicklungen. Hohe Entwicklungskosten wie beispielsweise das Einscannen der juristischen Literatur, die Organisation der periodischen Updates et cetera führten zu relativ hohen Preisen, und die Skepsis der potenziellen Kunden war groß. Darüber hinaus mussten tradierte Verhaltensweisen – der Griff zum Buch ersetzt beziehungsweise ergänzt werden. Die Marktwachstumskurve begann sehr flach, und es war ein »langer Atem« notwendig, um am Markt reüssieren zu können. Ohne die Einbettung dieses jungen Unternehmens in eine potente Konzernstruktur wären die Anfangsverluste kaum verkraftbar gewesen.

Reife Branchen

In der Regel kommen junge Branchen, die sich am Markt etablieren konnten, nach einer Phase des schnellen überdurchschnittlichen Wachstums in die Phase der Reife.

Die folgende Tabelle zeigt die wichtigsten Strukturmerkmale von reifen Branchen:

Strukturmerkmale reifer Branchen	
Verstärkter Wettbewerb um Marktanteile	Langsameres Wachstum verstärkt den Wettbewerb innerhalb der Branche. Der Kampf um Marktanteile rückt in den Mittelpunkt.
Kritische Wiederholungskäufer	Der Anteil der kritischen, erfahrungsorientierten Wiederkäufer steigt, damit steigen die Ansprüche an Qualität, Service beziehungsweise an das Preis-Leitungs-Verhältnis.
Leistungsdifferenzierung versus Preisdifferenzierung bildet sich klarer aus	Der Kampf um Marktanteile führt zu einer Wettbewerbskonzentration: Preis- oder Leistungsdifferenzierung bilden sich klarer aus. Es kommt zu weitreichenden strategischen Veränderungen in der Branche und im einzelnen Unternehmen.
Häufig entstehen Überkapazitäten	Viele Unternehmen reagieren zu spät auf die sinkenden Wachstumsraten, weil sie die Entwicklung zu spät wahrnehmen oder sie nicht wahrhaben wollen. So entstehen häufig Überkapazitäten, die das Preisniveau drücken.
Branchengewinne stagnieren oder sinken, die Unternehmenskultur ändert sich	Nichts ist so motivierend wie der Erfolg. Die sinkenden Branchengewinne zwingen das Unternehmen zu einem Umdenkungsprozess. Die Führung wird akzentuierter, Kontrollmechanismen nehmen zu, Qualitäts- und Kostenkontrolle rücken in den Mittelpunkt, Strukturen werden zentraler, Gehaltserhöhungen werden seltener. Die Wettbewerbsintensität nimmt auch innerbetrieblich zu.

Tabelle 9: Strukturmerkmale einer reifen Branche[126]

Regionalorientierte, fragmentierte Branchen

Bei regionalorientierten, zersplitterten beziehungsweise fragmentierten Branchen stehen die persönliche Dienstleistung, die lokalen Kontakte, die Fähigkeit zu schneller Anpassung an die Marktbedürfnisse und lokalen Kontrollerfordernisse im Mittelpunkt der Betrachtung. Dies führt zu eher kleineren Unternehmenseinheiten, in denen

Unternehmen nicht über signifikante Marktanteile verfügen und so die Branchenentwicklung und -gegebenheiten nachhaltig beeinflussen können. Viele dieser kleineren und mittleren Unternehmen sind im Privatbesitz. Beispiele sind im Gewerbe, bei den freien Berufen und im Einzelhandel zu finden.

Die folgende Tabelle zeigt die wichtigsten Strukturmerkmale von regionalorientierten, fragmentierten Branchen:

Merkmale regionalorientierter, fragmentierter Branchen	
Lokales Image, örtliche Kontakte, örtliche Kontrolle	Der örtliche Bezug – also die persönliche Dienstleistung – ist im Einzelhandel und im Gewerbe, aber auch im freiberuflichen Bereich sehr ausgeprägt und notwendig. In der Regel ist eine intensive Kontrolle vor Ort ein wichtiger Erfolgsfaktor, der durch Eigentümer geführte Unternehmen bestens gewährleistet ist.
Niedriges Niveau der Eintrittsbarrieren	Niedrige Eintrittsbarrieren sind üblicherweise eine Voraussetzung für fragmentierte Branchen; dies fördert viele kleine Unternehmen.
Fehlende Betriebskostenersparnisse	Durch hohe Individualität der Leistungserbringung fehlen weitgehende Kostendegressionen in allen Unternehmensfunktionen.
Unberechenbare Umsatzschwankungen	Regionale Umsatzschwankungen sind in diesen Branchen keine Seltenheit. Kleinere Unternehmenseinheiten sind in der Regel gegenüber Umsatzschwankungen anpassungsfähiger.
Hoch differenzierte Marktbedürfnisse	Vielfältige, zersplitterte Kundenbedürfnisse, hohe Marktsegmentierung.

Tabelle 10: Strukturmerkmale regionalorientierter, fragmentierter Branchen[127]

In Branchen, in denen Größendegressionen von Kosten vorhanden sind, etwa im Einkaufs- oder Werbebereich und in der Markenetablierung, sind Kooperationen und Franchising-Systeme eine Alternative. Die örtliche Gebundenheit wird durch eine Eigentümerführung der Franchising-Betriebe in Kombination mit dem Gewinn von Kostendegressionen gewährleistet. McDonald's ist in diesem Zusammenhang wohl eines der bekanntesten Beispiele.

Weltweit konzentrierte Branchen

Die zunehmende Liberalisierung der Märkte, ein einheitliches Währungssystem in Europa sowie der Abbau der Handelsschranken führen zu einer Verstärkung der weltweit agierenden Branchen und damit zu einer Zunahme der Unternehmensgrößen. Der Konzentrationsprozess nimmt im Moment sehr rasant zu, und einzelne Konzerne streben nach signifikantem Brancheneinfluss.

Die folgende Tabelle zeigt die wichtigsten Strukturmerkmale von weltweit konzentrierten Branchen:

Strukturmerkmale weltweit konzentrierter Branchen	
Intensive Betriebsgrößenersparnisse	Betriebsgrößenersparnisse gehen über die nationalen Dimensionen hinaus. Diese liegen nicht nur in der Produktion, sondern auch in der Logistik und im Einkauf.
Nutzung länderspezifischer Vorteile	Wenn ein Land bei der Herstellung von Produkten über deutlich geringere Produktionskosten oder über spezifische Qualitätsressourcen verfügt, so werden diese Länder als Produktionsstandorte gewählt.
Internationalisierte Abnehmerstruktur	Eine geringe Zahl internationaler Abnehmer mit hoher Verhandlungsmacht führt zu internationalen Anbieterstrukturen.
Hohe Kapitalintensität	Aus all den genannten Faktoren ist eine hohe Kapitalintensität leicht ableitbar.

Tabelle 11: Strukturmerkmale weltweit konzentrierter Branchen[128]

Aus den Strukturmerkmalen von weltweit konzentrierten Branchen geht die Existenz von hohen Eintrittsbarrieren hervor. Dies führt zwangsläufig zu einer Konzentration der Unternehmen. Weltweite Fusionsprozesse der letzten Jahre unterstreichen diese These.

Diese Entwicklung macht auf betriebswirtschaftlicher Ebene durchaus Sinn. Die Auswirkungen auf volkswirtschaftlicher, gesellschaftspolitischer und sozialer Ebene sind aber einer kritischen Betrachtung zu unterziehen. Die weltweite Finanz- und Wirtschaftskrise der letzten Jahre zeigte diese Problematik deutlich auf. Verstärkte Reaktionen werden in Europa auf politischer Ebene unausweichlich sein. Gerade im Bankenbereich entsteht Machtkonzentration mit nachhaltigem Einfluss auf regionale, aber auch internationale Märkte, die sich bereits der politischen Kontrolle entziehen.

Schrumpfende Branchen

Als schrumpfende Branchen sollen diejenigen bezeichnet werden, die über einen längeren Zeitraum einen absoluten Rückgang der verkauften Einheiten verzeichnen. Kritische Phasen durch konjunkturelle Schwankungen oder temporäre Engpässe, beispielsweise durch Streiks, sollen dabei ungeachtet bleiben. Die Folgen von schrumpfenden Branchen sind in der Regel Abschöpfungs- beziehungsweise Liquidationsstrategien. Tabelle 12 zeigt die wichtigsten Strukturmerkmale von schrumpfenden Branchen.

Unternehmen in schrumpfenden Branchen sehen sich neben den wirtschaftlichen Problematiken mit einer schwierigen, oft nur schwer beherrschbaren soziokulturellen Situation im Unternehmen konfrontiert. Die Stimmung schwankt zwischen Hoffnung, Resignation und Verdrängung, verschleiert den Blick für die tatsächlichen Realitäten und behindert die aktive Auseinandersetzung mit der bestehenden Situation.

4.5 Systemische Zusammenhänge aus dem Blickwinkel des Strategiemanagements

Strategiemanagement ist nur in Verbindung mit der Unternehmensidentität nachhaltig gestaltbar.

Die zentralen Fragen des Strategiemanagements drehen sich, in Verbindung mit der Definition der relevanten Märkte, um das Produkt- beziehungsweise Leistungsangebot. Diese Fragen sind auf dieser Ebene aber nicht zu beantworten. Erst in Verbindung mit Elementen der Unternehmensidentität können Produkte und Märkte in konkrete strategische Geschäftsfelder gegossen werden.

Das Leistungs- und Produktportfolio kann ohne die Frage nach den dahinterliegenden Kernkompetenzen

Strukturmerkmale schrumpfender Branchen	
Überkapazitäten erhöhen den Wettbewerbsdruck dramatisch	Die Unternehmen reagieren zu spät oder gar nicht auf schrumpfende Märkte. Die entstehenden Überkapazitäten erhöhen den Wettbewerbsdruck und führen in der Regel zu einem oft ruinösen Preisverfall.
Technologische Entwicklungen führen zu Substitutionsgütern	Innovationen verdrängen die eigene Branche. Von der CD zum MP3-Player, vom DVD-Player über Blue-Ray-Player zu Video-on-demand, von der Zeitung zum Internet-Portal sind Beispiele dafür.
Änderung der Bedürfnisstrukturen	Soziologische, ökologische beziehungsweise gesellschaftspolitische Veränderungen führen zu einer Änderung der Bedürfnisstruktur. Reduzierter Zigarettenkonsum, Rückgang der Pelzmode, spontane Kurzurlaube sind einige Beispiele.
Abschöpfungs- und Liquidationsstrategien beherrschen das Geschehen	Liquidationsstrategien setzen ein rasches und frühzeitiges Reagieren auf die Situation voraus. Abschöpfungsstrategien heißt hingegen, Absatz ohne weitere Investition zu tätigen und so den Cashflow aus der Geschäftseinheit zu optimieren. Abschöpfungsstrategien sind allerdings unternehmenskulturell schwer realisierbar.
Emotionales Beharrungsvermögen	Emotionale Bindungen und Verpflichtungen der Eigentümer sowie des Managements stehen rationalen Entscheidungen im Wege und verhindern oft rechtzeitige Abschöpfungs- oder Liquidationsstrategien.

Tabelle 12: Strukturmerkmale schrumpfender Branchen[129]

nicht beantwortet werden. Die Kernkompetenzen sind vom Selbstverständnis und den Visionen des Unternehmens und damit von der Frage »Woher kommen wir und wo wollen wir hin?« nicht losgelöst. Ebenso wenig kann die Frage nach der geeigneten Kunden- oder Vertriebsstruktur isoliert behandelt werden, steht diese doch in enger Abhängigkeit zur generellen Differenzierungspolitik und diese wieder in enger Abhängigkeit zum Selbstverständnis, aber auch zur bestehenden Unternehmenskultur. Der Versuch, ein Unternehmen aus der Leistungsdifferenzierung in die Preisdifferenzierung zu führen, ist nicht nur auf der sach-rationalen Ebene lösbar, wie das Beispiel der Netzwerkanbieter in der Handybranche zeigt: Eine technologische Differenzierung ist nicht mehr möglich, da alle Mitbewerber das gleiche hohe technologische Niveau bereits erreicht haben; so wird eine ganze Branche gezwungen, in die Preisdifferenzierung zu wechseln. Hier gilt es, auf der soziokulturellen Ebene, aber auch auf der Ebene der Unternehmenskultur, nachhaltige Änderungen zu initiieren.

An dieser Stelle sei nochmals auf Abbildung 10 hingewiesen. Hier zeigt sich ganz deutlich, dass eine Unternehmensstrategie auf der äußeren Ebene der Produkte, Märkte und Unternehmensziele nur lösbar ist, wenn die inneren Zusammenhänge der Unternehmensidentität mitberücksichtigt beziehungsweise mitgestaltet werden.[130]

In der betrieblichen Praxis – aber auch in der Theorie – wird oft die Frage gestellt, wie man die einzelnen Elemente der strategischen Unternehmensführung in der richtigen Reihenfolge behandelt. Also beispielsweise so: Zuerst kommt die Vision, dann folgen die Kernkompetenzen und die Märkte und dann die Strukturen et cetera. Die Systemtheorie kennt keine Kausalitäten. Nicht die Reihenfolge ist entscheidend, sondern das Zusammenpassen der einzelnen Elemente, also die strategische Geschlossenheit. Wie schon wiederholt festgehalten, gilt es nicht, die Elemente, sondern die Beziehung zwischen den Elementen der strategischen Unternehmensführung zu managen. Damit ist die Reihenfolge der Bearbeitung weder theoretisch noch praktisch eine relevante Frage. Es gilt, an allen Ebenen gleichzeitig zu arbeiten. Dies ist allerdings etwas leichter gesagt als getan. So kann wohl folgende These formuliert werden: Beginnen Sie mit den Elementen der strategischen Unternehmensführung da, wo Sie den meisten Veränderungsbedarf orten, und überprüfen Sie von dort ausgehend den Adaptierungsbedarf der anderen Elemente. Wenn sich alle einig sind, dass die bestehende Unternehmensstruktur geändert werden muss, dann beginnen Sie dort und überprüfen Sie anschließend die strategischen oder kulturellen Auswirkungen. Wenn die Strategie geschärft werden muss, beginnen Sie, dieses Element als Erstes im Unternehmen zu thematisierten. Passen Sie dann die Unternehmensstruktur den neuen strategischen Gegebenheiten an. Diese Vorgehensweise entspricht auch den emotionalen Erwartungen des Systems. Etwas überspitzt formuliert: Löschen wir dort, wo es brennt.

5 Struktur- und Prozessmanagement

Die Fixierung von Organisationsstrukturen und die Regelung von Geschäftsprozessen verschaffen den Unternehmen Ordnung und damit Stabilität. Allerdings muss in der bestehenden Ordnung genug Freiraum vorhanden sein, sonst führen Strukturen und Regelungen zur Erstarrung – und das ist gerade in einer Zeit von teilweise revolutionären Umweltveränderungen eine immense Gefahr. Organisation muss daher vieles auch offen und bewusst ungeregelt lassen, damit Flexibilität und somit Entwicklung stattfinden können.[131] Ein Zuviel an Normen und Regeln führt zur Erstarrung des Systems und damit zu seinem Absterben. Die bekannte Drohung »Dienst nach Vorschrift« ist ein eindrucksvolles Beispiel für ein System, das sich bereits in einem Zustand des Organisationsoverkills befindet. Es bringt klar zum Ausdruck, dass ein Handeln ausschließlich nach Normen und Regeln einen unhaltbaren Zustand nach sich ziehen würde. Auch hier gilt es, Stabilität und Veränderung strukturell zu ermöglichen.

Im Rahmen des Strukturmanagements muss grundsätzlich zwischen der formellen und informellen Organisationsstruktur unterschieden werden. Die formellen Strukturen sind in Organigrammen, Stellen- beziehungsweise Funktionsbeschreibungen, Kompetenzregelungen und Arbeitsanweisungen definiert und in der Regel auch dokumentiert. Informelle Strukturen werden durch keine offiziellen Regelmechanismen, sondern auf der soziokulturellen Ebene durch tatsächliches Verhalten sichtbar, das auf den bestehenden Macht- und Einflussbereichen basiert. Für die Diagnose der strategischen Ausgangssituation müssen gerade die Unterschiede und Zusammenhänge zwischen der formellen und informellen Organisationsstruktur hinterfragt werden, da sie für den weiteren

Struktur- und Prozessmanagement beschäftigen sich mit der Organisation von Aufgaben, Kompetenzen und Abläufen.

> **Jedes Unternehmen muss in diesem Spannungsfeld sein individuelles dynamisches Gleichgewicht zwischen zentral-funktionsorientiert und dezentral-objektorientiert finden.**

Prozess der Strategie- und Strukturfindung von eminenter Bedeutung sind.

Die Literatur zum Thema Organisation im Unternehmen beschäftigt sich im Wesentlichen mit drei Fragekomplexen: Erstens mit dem Oppositionspaar zentral versus dezentral, zweitens mit funktions- versus objektorientiert. Wie noch zu zeigen ist, besteht zwischen beiden Fragestellungen ein enger Zusammenhang. Drittens beschäftigt sie sich mit dem Oppositionspaar Struktur- versus Prozessorientierung. Die Diskussion wird eher gegensätzlich geführt, was aber mehr autorenzentriert als realitätsbezogen zu beurteilen ist. Auch in diesen Fragen handelt es sich nicht um Gegensätze, zwischen denen man sich zu entscheiden hat, oder die als richtig oder falsch anzusehen sind, sondern es geht darum, ein dynamisches Gleichgewicht zwischen diesen Elementen zu finden, das der jeweiligen Situation des Unternehmens entspricht.

In den letzten Jahren schlug das Pendel – zumindest in der einschlägigen Literatur – stark in Richtung dezentral und objektorientiert auf der einen Seite und prozess- vor strukturorientiert auf der anderen Seite aus. Dies scheint aber eher auf eine vergangenheitsbezogene Gegenbewegung als auf eine richtungsweisende Erkenntnis hinzudeuten. Zweifellos war lange Zeit ein Übermaß an Zentralisation, Funktions- und Strukturorientierung zu bemerken, sodass jetzt in der Diskussion eine logische Gegenbewegung eingesetzt hat. Die Komplexität der strategischen Unternehmensführung ist aber nicht durch simple »Richtig-falsch-Aussagen« aufzulösen; vielmehr ist ganzheitlich-systemisches Denken gefragt, das auch die bestehende Unternehmens- und Umweltsituation berücksichtigt. Es muss eine individuelle, der Unternehmenssituation angepasste Organisations- und Prozessstruktur gefunden werden, und diese ist kontinuierlich weiterzuentwickeln.

> **Organisationsstrukturen und -prozesse müssen in die strategisch-personellen Rahmenbedingungen des Unternehmens eingebettet werden.**

Wenngleich die Reihenfolge von Prozess und Struktur aus unserer Sicht praktisch nicht relevant ist, so sind doch beide Faktoren aufeinander abzustimmen. Sie bedingen und beeinflussen sich nämlich gegenseitig. Daher sind sowohl die Organisationsstrukturen als auch -prozesse gemeinsam zu gestalten und in die strategisch-personellen

Rahmenbedingungen einzubetten. Die Ergänzung um das Element »personell« erscheint in diesem Zusammenhang sehr wichtig. In der betrieblichen Realität geht es nicht nur darum, eine Verbindung zwischen Organisation und Strategie zu finden, sondern es muss auch auf die bestehenden personellen Ressourcen Rücksicht genommen werden, da diese nicht beliebig austauschbar sind. Das bedeutet nicht, dass es nicht auch personelle Anpassungen an strategischen und strukturellen Notwendigkeiten geben soll, sondern dass diese Elemente aktiv in die Überlegungen mit einzubeziehen sind.

Die bestehende Tendenz zu dezentralen und objektorientierten Strukturen und Prozessen wird in der Regel mit der höheren Autonomie und damit mit der größeren Entfaltungsmöglichkeit des operativen Managements begründet. Aus systemischer Sicht wird das auch durch die These unterstrichen, dass komplexe soziale Systeme nicht ausschließlich über ein Zentrum zu steuern sind. Wie dezentral eine Organisationsstruktur gestaltet werden soll, lässt sich aber nicht isoliert entscheiden. Auch hier gilt es, diese mit den anderen Elementen der strategischen Unternehmensführung in Einklang zu bringen. So werden leistungsdifferenzierte Unternehmen eher dezentraler und preisdifferenzierte Unternehmen eher zentraler gesteuert und organisiert werden müssen. Die Innovationsorientierung der Leistungsdifferenzierung braucht auf allen Ebenen der Organisation mehr Freiräume. Die Effizienzorientierung der Preisdifferenzierung erfordert mehr zentralistische Strukturen. So sind funktionale Strukturen in der Regel auch kostengünstiger als objektorientierte Organisationen. Auf diese Zusammenhänge wird im Folgenden noch näher eingegangen.

Die Gestaltung der Organisationsstruktur kann nur im Gesamtkontext aller Elemente der strategischen Unternehmensführung umgesetzt werden.

Struktur- und Prozessmanagement sind als eine Einheit zu betrachten. Es werden damit die etwas veralteten Begriffe von Aufbau- und Ablauforganisation ersetzt, und es soll damit die Überlappung der beiden Themen angedeutet werden. Neue Strukturen ändern die Prozesse im Unternehmen, und neue Prozesse ändern die Strukturen. Die vor einigen Jahren entstandene Modeerscheinung des Prozess-Reengineerings hat sogar die Notwendigkeit der strukturellen Gestaltung im Unternehmen weit-

Strukturen und Geschäftsprozesse sind überlappende Elemente, die sich gegenseitig beeinflussen. Die Reihenfolge der Betrachtung ist nebensächlich.

gehend ausgeblendet. Dieser Gedanke mag zwar in der Biologie denkbar sein, in der betrieblichen Realität, wo Menschen mit Bedürfnissen und Ängsten, aber auch mit Unabhängigkeitsstreben Wirklichkeit sind, ist diese Vorstellung nicht aufrechtzuerhalten. Heute spricht niemand mehr über Prozess-Reengineering.

Die folgende Abbildung zeigt die Elemente und Zusammenhänge des Struktur- und Prozessmanagements.

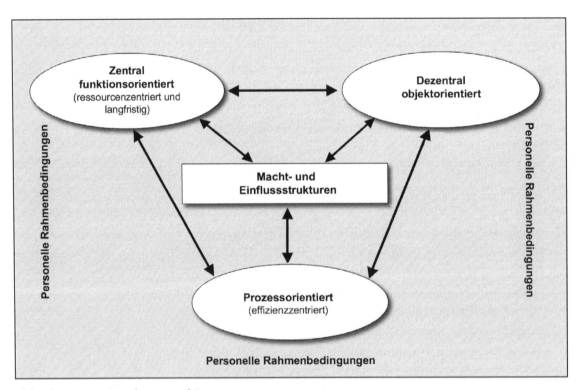

Abbildung 24: Struktur- und Prozessmanagement

Macht- und Einflussstrukturen sind ein zentrales Element im Bereich des Struktur- und Prozessmanagements.

Wenn nur die sach-rationale Ebene betrachtet wird, lässt sich die Organisation eines Unternehmens nicht begreifen. Das Streben nach Macht und Einfluss aus den verschiedensten Motiven ist der zentrale Motor, der Strukturen und Prozesse im Unternehmen bestimmt und entwickelt. Gerade im Bereich Transformationsmanagement sind diese Kräfte im Unternehmen überdeutlich spürbar und erfordern ein sensibles Vorgehen. Hier geht es um Karrieren, Einkommen und Selbstbestimmung, um Achtung und Beachtung und letztlich um Macht und Einfluss.

In welcher Art und Weise mit dem Phänomen des Macht- und Einflussstrebens umgegangen wird, ist aufs Engste mit der Unternehmenskultur verbunden.

5.1 Strukturmanagement

Organisationsstruktur – ein dynamischer Faktor

Organisationsstrukturen scheinen bestimmten Zyklen unterworfen zu sein.[132] Jede Organisationsstruktur fördert bestimmte Eigenschaften des Unternehmens und behindert andere. Beispielsweise fördert die funktionale Organisation funktionsorientiertes Spezialwissen und behindert andererseits intensive Kundenorientierung. Folglich werden bestimmte Organisationseigenschaften so lange gefördert, bis sie zu einem Überflussfaktor und andere zu Engpässen werden. Damit ist die Organisation in eine Phase des Ungleichgewichtes getreten. Eine Umorganisation muss Abhilfe schaffen, und zwar in der Form, dass die bestehenden Engpassfaktoren zu fördernden Eigenschaften und im Gegenzug die Überflussfaktoren wieder vernachlässigt und damit abgeschwächt werden.

Diese Gegenbewegung bringt die Organisation wieder ins Gleichgewicht, wenn auch nur vorübergehend, bis nämlich die jetzigen Engpassfaktoren wieder zu Überflussfaktoren werden und die Überflussfaktoren zu Engpassfaktoren. Damit erreicht das Unternehmen wieder ein organisatorisches Ungleichgewicht, und die nächste Umorganisation ist notwendig. Um also ein dynamisches Gleichgewicht zwischen Stabilität und Flexibilität zu erreichen, sind strukturelle Entwicklungsprozesse notwendig. Analog einer Pendelbewegung wechselt die Organisationsstruktur zwischen Phasen des Gleichgewichtes und des Ungleichgewichtes.

Struktur- und Prozessmanagement

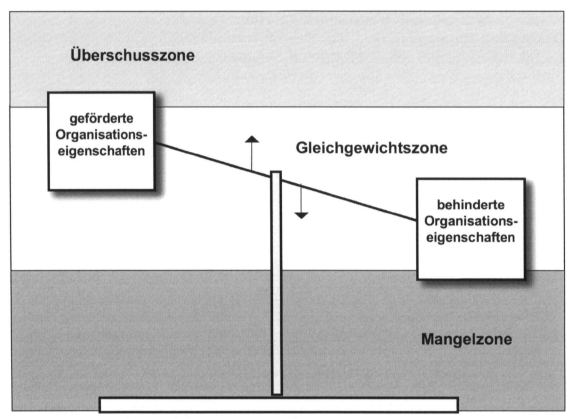

Abbildung 25: Organisationsstruktur als dynamischer Faktor

Damit ist die Organisationsstruktur kein statischer, sondern ein dynamischer Faktor, der im Zuge der strategischen Unternehmensführung periodisch neu zu gestalten ist. Diese Zusammenhänge müssen in der betrieblichen Realität ausreichend kommuniziert werden, um das System für den nächsten Veränderungsprozess frei zu machen. Geschieht das nicht, ist das Management immer in einem Erklärungsnotstand, warum die Strukturen wieder geändert werden, und das strukturelle Transformationsmanagement ist stark behindert.

Zentral-funktionale versus dezentral-objektorientierte Strukturen

Für die Diagnose der Ausgangssituation ist die Betrachtung der Organisationsstruktur in Bezug auf Klarheit und Übereinstimmung mit der strategischen Ausrichtung des

Unternehmens von zentraler Bedeutung. Die Organisationsstruktur kann die bestehende Unternehmensstrategie verstärken, aber auch erheblich behindern. So kann eine gewünschte Verstärkung der Verkaufsleistung an einer produktorientierten Organisationsstruktur oder eine wünschenswerte Verstärkung der Spezialisierung an einer zu strikten kundenorientierten Aufbaustruktur scheitern beziehungsweise zumindest stark behindert werden.

Grundsätzlich ist zwischen der funktionalen und der objektorientierten Aufbaustruktur zu unterscheiden, wobei das Gliederungsprinzip der Organisationsstruktur auf der ersten und zweiten Führungsebene des Unternehmens erkennbar ist.[133] Eine funktionale Gliederung bedeutet auf den ersten beiden Hierarchieebenen eine Aufgabenverteilung nach den Grundfunktionen eines Unternehmens, beispielsweise Einkauf, Verkauf, Produktion, Finanzen et cetera. Eine Objektgliederung beschreibt eine Organisationsstruktur nach Kunden- oder Produktgruppen oder nach Regionen.[134] In projektorientierten Unternehmen liegt über den bestehenden Organisationsstrukturen oft noch eine Projektorganisation, womit die Gesamtorganisation zu einer Matrixorganisation tendiert.

Das Gliederungsprinzip der Organisationsstruktur ist durch die Aufgaben- und Kompetenzverteilung der ersten und zweiten Führungsebene bestimmt.

Betrachtet man die wichtigsten Faktoren, die für die funktionsorientierte beziehungsweise objektorientierte Organisationsstruktur charakteristisch sind, so zeigt sich folgendes Bild:

Funktionsorientierung	Objektorientierung
Zentralistische Entscheidungsstrukturen	Dezentrale Entscheidungsstrukturen
Hoher operativer Abstimmungs- und Koordinierungsaufwand durch die Geschäftsführung	Geringer operativer Abstimmungs- und Koordinierungsaufwand durch die Geschäftsführung
Höhere Arbeitsteilung	Geringere Arbeitsteilung
Förderung der Spezialisten	Förderung der Generalisten
Tendenz zu geringerem Personaleinsatz	Tendenz zu höherem Personaleinsatz
Hohe Organisationsorientierung	Hohe Marktorientierung
Geringeres Identifikationspotenzial	Höheres Identifikationspotenzial

Tabelle 13: Faktoren der Funktions- beziehungsweise Objektorientierung[135]

Funktionale Organisationsstrukturen sind eher koordinationsintensiv und tendieren damit zur Zentralisierung, da in der Regel mehrere Funktionsbereiche für die Erstellung der einzelnen Marktleistungen angesprochen werden müssen. Objektorientierte Strukturen sind tendenziell mehr dem Markt angepasst und damit dezentraler und fördern den Generalisten im Unternehmen. Funktionsorientierte Einheiten sind dagegen eher spezialistenfreundlich.

Selbstverständlich kann diese Darstellung keinen Anspruch auf Allgemeingültigkeit erheben. Sie stellt nur häufig vorkommende Tendenzen dieser Organisationsformen dar. So kann die Identifikation in einer Forschungsabteilung, obwohl es sich um eine funktionale Organisationseinheit handelt, sehr hoch sein. Auch erhebt diese Aufzählung keinen Anspruch auf Vollständigkeit; dazu ist die Unternehmensrealität zu komplex. Die tatsächlichen Vor- und Nachteile unterschiedlicher Organisationsstrukturen können nur im konkreten Einzelfall dargestellt werden.

Dezentral-objektorientierte Strukturen erhöhen den operativen Entscheidungsfreiraum, sind damit flexibel und fördern den Überblick auf der operativen Ebene.

Der bestehende Trend zu dezentralen objektorientierten Strukturen fokussiert zwei wesentliche Elemente: Einerseits mehr Entscheidungsfreiraum auf der operativen Ebene und damit flexibleres Reagieren auf Umweltbedingungen, und andererseits durch die Objektorientierung einen Überblick über das gesamte Leistungsspektrum, das für die Produktion einer Marktleistung notwendig ist. Erst damit ist der Überblick auch für das operative Management gegeben, und gut ausgebildete, mündige Mitarbeiter können ihr gesamtes Kreativitätspotenzial entfalten. Dezentral-objektorientierte Einheiten lassen auch eine direkte Ergebniszuordnung zu. Diese wird immer als einer der Vorteile von dezentral-objektorientierten Strukturen ins Treffen geführt.

Manchmal wird das Top-Management nur noch als Katalysator zwischen den dezentralen Einheiten definiert. Hier wird wohl »das Kind mit dem Bade ausgeschüttet«. Es müssen daher auch die Nachteile von dezentralen Strukturen beleuchtet werden, um letztlich zu einer unternehmensindividuellen Synthese zu kommen.

Im Wesentlichen weisen dezentral-objektorientierte Strukturen fünf Nachteile auf:

- Die einzelnen Unternehmensteile versuchen weitgehend autark zu werden, wodurch die Vernetzung innerhalb des Unternehmens abnimmt. Lernprozesse werden nicht mehr unternehmensweit kommuniziert; dadurch besteht die Gefahr, dass langfristige Kernkompetenzen verloren gehen und gegen kurzfristige Erfolgsfaktoren auf Produktebene ausgetauscht werden. Letztlich ist so die gesamte Unternehmensidentität in Gefahr.
- Es tritt eine strategische Selbstständigkeit ein, die die einzelne Organisationseinheit auf Kosten der Gesamtheit stärkt. Die andere Unternehmenseinheit wird oft als Konkurrent betrachtet, selbst auf die Gefahr hin, dadurch dem gesamten Unternehmen Schaden zuzuführen. Es gibt Praxisbeispiele, in denen die Organisationseinheit A dem Kunden X ein besseres Angebot gemacht hat als die Organisationseinheit B. Dezentralobjektorientierte Einheiten kooperieren in der Regel lieber mit externen Partnern am Markt als mit Funktionen im eigenen Unternehmen, um die Unabhängigkeit nicht zu gefährden.
- In der Regel wird das gesamte Streben auf das Ergebnis der nächsten Periode fokussiert. Sehr oft sind in diesen Organisationsstrukturen die materiellen Erfolge des Managements an den Periodenerfolg geknüpft, wodurch die Kurzfristigkeit der Handlungen noch verstärkt wird. Jede dezentrale Einheit braucht den Erfolg sofort und nicht erst in drei Jahren, auch wenn dadurch nachhaltige Wettbewerbsvorteile erzielbar wären.
- Investitionen werden oft ausschließlich nach dem Gesichtspunkt getätigt, wie selbstständig die eigene dezentrale Einheit ist. So kommt es allein aus dem Streben nach möglichst großer Autarkie zu irrationalen Investitionen, wenn teure Investitionsgüter trotzdem mehrfach angeschafft werden, obwohl die einzelnen Einheiten nicht ausgelastet werden können.
- Die »Problematik der Gemeingüter« ist gerade in dezentral-organisierten Unternehmen stark ausgeprägt.

Die Nachteile der dezentral-objektorientierten Strukturen sind in ihrem Streben nach Autarkie und kurzfristigem Erfolg zu suchen.

Dezentrale Einheiten benötigen ein Maximum an operativer Autonomie, die oberste Führungsebene ein Maximum an strategischer Autonomie. Beide Ebenen benötigen ein konstruktives Konfliktmanagement.

Die zentralen Einheiten, wie etwa Forschungseinrichtungen, Distributionskanäle, Finanz- und Rechnungswesen et cetera, sind den dezentralen Einheiten in der Regel immer zu teuer und leisten für die eigene Einheit zu wenig. Es werden daher die eigenen Bedürfnisse besonders vehement artikuliert. Dies erzeugt natürlich auch bei allen anderen Organisationseinheiten ein ähnliches Verhalten. So fühlen sich alle dezentralen Einheiten benachteiligt, sind sich aber in der Beurteilung einig, dass die gemeinsamen zentralen Leistungen nicht ausreichend, nicht marktkonform und zu teuer sind.[136]

Hinter all diesen Verhaltensmustern steckt die Angst, durch die Zentraleinheit gesteuert, bevormundet und dominiert zu werden. Menschen lernen am schnellsten, wenn sie sich für ihre Handlungen selbst verantwortlich fühlen. Hilflosigkeit und der Glaube, fremdbestimmt zu werden, reduzieren die Lernbereitschaft. Es gilt also, flankierende Maßnahmen in der Form zu ergreifen, dass zentrale und dezentrale Kräfte zu gegenseitigem Nutzen kooperieren können und so ein dynamisches Gleichgewicht zwischen dezentralen und zentralen Strukturelementen entsteht. Die dezentralen Einheiten sind dem zentralen Management im operativen Bereich um Vieles überlegen und müssen daher dort auch ein Maximum an Autonomie bekommen, während das strategische Management ein Maximum an strategischer Autonomie haben soll, da strategische Aufgaben auch die Distanz zum operativen Geschehen brauchen. In diesen Spannungsfeldern muss ein konstruktives Konfliktmanagement zum Einsatz kommen, das Vertrauen, Offenheit und gegenseitige Achtung aufbaut.

Die Aufgaben der strategischen Unternehmensführung sind folgende: Sie müssen erstens für das gesamte Unternehmen ein Ressourcenmanagement betreiben, das die Basis für die einzelnen Produktbereiche darstellt. Sie müssen zweitens eine Marktpositionierung wählen, die mit den Kernkompetenzen im Einklang ist. Und sie müssen drittens eine Vision generieren, die die Basis für die strategischen Entwicklungen der dezentralen Einheiten ist.[137]

Letztlich hat die strategische Unternehmensführung dafür zu sorgen, dass ausreichende Werte und das Selbstverständnis im Unternehmen aufgebaut und kommuniziert werden, sodass letztlich eine Unternehmensidentität entstehen kann. Eine weitere Aufgabe ist die Generierung und Verwaltung von gemeinsamen Gütern und Leistungen, die zentralseitig und in der Regel auch funktionell im Unternehmen organisiert sind und den dezentralen Einheiten zur Verfügung gestellt werden. Aber auch der gesamte Bereich des Transformationsmanagements, also die Initiierung und Gestaltung von Entwicklungs- und Veränderungsprozessen, ist eine Aufgabenstellung, die nur zentralseitig wahrgenommen werden kann. Die operative Unternehmensführung sollte dagegen durch die dezentralen Einheiten weitgehend selbstständig gestaltbar sein.

Damit dieses Spannungsfeld im Unternehmen aufrechterhalten werden kann, ist es notwendig, auf der Ebene des Kulturmanagements ein offenes und vertrauensvolles, auf Respekt und Achtung basierendes Verhältnis zwischen den strategischen und operativen Kräften zu schaffen. Nur so kann die Angst der Fremdbestimmung abgebaut und damit das Streben der dezentralen Einheiten nach Autarkie verhindert werden. Dem operativen Management muss einerseits klar sein – nicht nur kognitiv, sondern auch emotional –, dass das Ganze mehr ist als die Summe seiner Teile; andererseits bedeutet Dezentralisierung nicht, dass die Unternehmensführung an Bedeutung verliert. Strategisches und operatives Management bedingen einander und müssen eine synergetische Synthese eingehen, sodass die strategische Unternehmensführung zentralisiert und die operative Unternehmensführung dezentralisiert werden kann. Strategische und operative Unternehmensführung sind zwei sich ergänzende Kräfte im Unternehmen, und das eine kann durch das andere nicht ersetzt werden.

Die folgenden Abbildungen zeigen die verschiedenen Organisationsstrukturen in Unternehmen in typisierter Form.

Das strategische Management ist für das Ressourcenmanagement sowie für die Generierung von Visionen und deren Verwirklichung im Rahmen des Transformationsmanagements verantwortlich. Das operative Management leitet davon die Geschäftsfeldstrategien ab und sorgt für deren Umsetzung.

Struktur- und Prozessmanagement

Abbildung 26: Zentral-funktionsorientierte Aufbaustruktur[138]

Abbildung 27: Dezentral-objektorientierte Aufbaustruktur (Beispiel Kundenorientierung)[139]

In der Praxis gibt es selten eindeutige Gliederungsprinzipien, die sich lückenlos im gesamten Unternehmen abbilden lassen. Dies wäre meist auch nicht sinnvoll. So wird es in der Regel zielführend sein, einzelne Kernkompetenzen – vorausgesetzt, sie lassen sich funktionsorientiert abbilden – auch funktionsorientiert zu organisieren. Damit kann das für den Unternehmenserfolg notwendige Spezialwissen gefördert und weiterentwickelt werden.

Wenn beispielsweise die Servicefunktion eine zentrale Kernkompetenz darstellt und das Service-Know-how sich über alle strategischen Geschäftsfelder erstreckt und etwa gleiches Know-how und gleiche Fähigkeiten erfordert, wird eine Zentralisierung dieser Funktion im Unternehmen sinnvoll sein. Aber auch Supportfunktionen, wie beispielsweise das Rechnungswesen oder andere Verwaltungseinheiten, können effizienter und kostengünstiger funktionsorientiert gestaltet werden, insbesondere dann, wenn diese Funktionen kein objektspezifisches Know-how oder Verfahren notwendig machen.

Kernkompetenzen werden also in der Regel funktionsorientiert organisiert, um die hohe Spezialisierung zu gewährleisten. Für die Bestimmung des Spartenergebnisses werden diese Leistungen über innerbetriebliche Verrechnungssysteme den operativen Markteinheiten zugerechnet.[140] Das Gleiche gilt für Supportfunktionen, die kein objektspezifisches Know-how notwendig machen.

Die Matrixorganisation hingegen stellt zwei Gliederungsprinzipien gleichrangig nebeneinander und macht je eine Managementgruppe für die eine beziehungsweise andere Betrachtungsebene verantwortlich. Die Mitarbeiter werden beiden Ebenen ebenfalls gleichrangig unterstellt. Darin liegt auch die wesentliche Kritik der Matrixorganisation, da diese Form oft Entscheidungen erschwert, klare Verantwortungsstrukturen behindert und intensive Abstimmungsprozesse zwischen den beiden Managementgruppen notwendig macht. Die Gleichrangigkeit beider Gliederungsprinzipien setzt ein hohes Kooperationsverständnis des Managements voraus, der Konflikt ist in dieser Struktur quasi institutionalisiert.[141] Vor allem auf der soziokulturellen Ebene ist die Matrixorganisation schwer steuerbar. Es besteht die Gefahr eines »Knödelmanagements«, bei dem alle für alles zuständig sind, jeder sich mit jedem in einem permanenten Abstimmungsprozess befindet, letztlich doch wieder niemand für das Ganze verantwortlich ist und so das Konfliktpotenzial steigt.

Die beiden Gliederungsprinzipien der Matrixorganisation können eine Kombination aus Funktionsorientierung und Objektorientierung sein, aber auch zwei Objektorientierungen beinhalten, wie die folgende Darstellung zeigt.

Die Matrixorganisation stellt zwei Gliederungsprinzipien gleichrangig nebeneinander; Entscheidungsprozesse werden dadurch oft nachhaltig erschwert.[142]

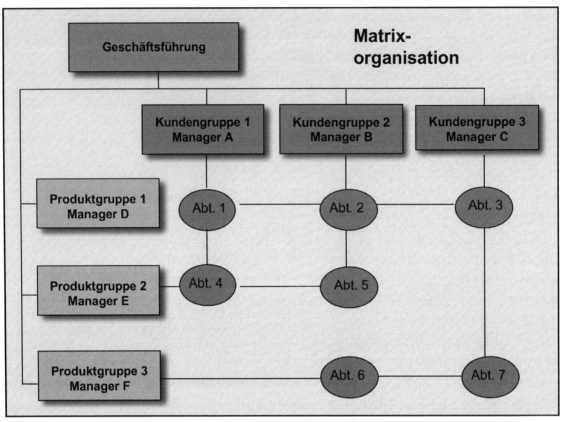

Abbildung 28: Matrixorganisation

Vor- und Nachteile der Matrixstruktur	
Erweiterung der Perspektive: Gleichrangige Betrachtung zweier organisatorisch institutionalisierter Betrachtungsebenen (z. B.: Funktion versus Produkt).	**Reduktion der Verantwortung:** Das Motto der Matrixstruktur ist oft, dass jeder mitredet und keiner sich wirklich verantwortlich fühlt.
Kreativität durch Konfliktlösung: Latente Konfliktbereiche werden durch die duale Betrachtung sichtbar und damit lösbar gemacht.	**Verzögerung der Entscheidungen:** Der Zwang zum Konsens verursacht einen erheblichen Mehraufwand und ist zeitaufwendig.
Förderung von Innovation: Der Zwang zur Problemdiskussion, verbunden mit Mehrperspektivität, führt zu einem innovationsfreundlichen Klima.	**Belastung durch Konflikt:** Die persönliche Belastung durch die permanente Aufarbeitung der institutionalisierten Konflikte wird sehr oft als Belastung erlebt.
	Bürokratisierung: Bedingt durch die vielen Abstimmungsmeetings entsteht ein hoher formaler Aufwand, der nicht zu unterschätzen ist.

Tabelle 14: Vor- und Nachteile der Matrixstruktur

Zusammenfassend lassen sich die Vor- und Nachteile wie in Tabelle 14 darstellen.[143]

Insgesamt setzt die Matrixorganisation Folgendes voraus: einen hohen Reifegrad des Unternehmens sowie eine Kultur, in der Offenheit, Selbstreflexion, konstruktive Konfliktaustragung und eine hohe Kooperationsbereitschaft selbstverständlich sind. In allen anderen Fällen werden wahrscheinlich die negativen Elemente der Matrixorganisation gegenüber den positiven bei Weitem überwiegen. Eine Matrixorganisation eignet sich eher für leistungsdifferenzierte Unternehmen.

Ähnlich wie Strategien einfach und klar sein müssen, damit sie sowohl nach innen als auch nach außen leicht zu kommunizieren sind, müssen auch Strukturen einfach und klar darstellbar sein. Organigramme, die nicht auf einen Blick verständlich sind, bergen meist eine Reihe von strukturellen Kompromissen in sich.

In diesem Zusammenhang ist das Prinzip der fraktalen Strukturen zu nennen.[144] Der Begriff der Fraktale stammt aus der Chaosforschung – wo das Verhalten von komplexen, offenen Systemen betrachtet wird – und wurde von dem Nobelpreisträger Mandelbrot in den 70er Jahren geprägt. Die auffallendste Eigenschaft dieser fraktalen Formen besteht in ihrem wiederholenden Muster bei verkleinertem Ausschnitt. Das Ganze gleicht in der Form den einzelnen Teilen und umgekehrt. Mandelbrot veranschaulichte diese Formen anhand eines Blumenkohls. Ein Stück, das man herausbricht, hat die gleiche Form wie das Ganze. Mandelbrot nannte diese Eigenschaft »Selbstähnlichkeit«. Die Natur ist voll von fraktalen Strukturen wie beispielsweise die Verzweigungen in einem Flussdelta, das Geäst eines Baumes, die Verästelung der Blutgefäße et cetera.[145] Die Übertragung in die Betriebswirtschaftslehre geht von der These aus, dass selbstähnliche Strukturen aufgrund ihrer Selbstähnlichkeit in einem Unternehmen lernfähiger und damit anpassungsfähiger sind. Das würde bedeuten, dass selbstähnliche Strukturen, die jeweils über sämtliche Funktionen des Ganzen verfügen, im Unternehmen etabliert werden. Diese Organisationsform führt uns in die Richtung der Geschäftsfelder-Organisation, wo

Struktur- und Prozessmanagement

Fraktale Strukturen besitzen selbstähnliche Formen und haben die Fähigkeit, sich selbstständig zu erneuern.[147]

jedes strategische Geschäftsfeld ein in sich lebensfähiges Ganzes repräsentiert und mit seiner Funktionalität wieder dem Ganzen entspricht.[146]

Fraktale Strukturen können sich durch Zellteilung beziehungsweise Zellverschmelzung an die Umweltbedürfnisse flexibel anpassen, ohne dabei die Gesamtstruktur zu verändern. Kennt man den Veränderungswiderstand bei strukturellen Anpassungen im Unternehmen, der oft gesamte Transformationsprozesse zum Scheitern bringt, so ist eine Organisationsform, die relativ einfach veränderbar ist, nicht hoch genug einzuschätzen.

> **Fallvignette 10: Fraktale Strukturen**
>
> In einem großen Unternehmen im Baunebengewerbe war das Hauptgeschäft die Betreuung und Bearbeitung der einzelnen Baustellen. Dazu waren Techniker und Monteure vor Ort notwendig. Das Unternehmen gliederte sich in mehrere Organisationseinheiten, die jeweils aus einem Leiter, mehreren Technikern und Montageleitern sowie einer Vielzahl von Monteuren bestanden. Jede dieser Organisationseinheiten war in etwa gleich groß und hatte exakt die gleichen Aufgaben und Kompetenzen. Diese Organisationsform war, was die unterschiedlichen Wachstumsphasen des Unternehmens betraf, höchst anpassungsfähig. So konnte bei Wachstum einfach eine neue »Zelle« geschaffen werden. Selbst das Organigramm war leicht zu ändern, es kam einfach eine neue Organisationseinheit dazu. Umgekehrt wurden zwei Zellen quasi fusioniert. Dieser Prozess war etwas schwieriger, da von zwei Leitern nur einer bleiben durfte, doch selbst Redimensionierungen betrafen nur zwei Organisationseinheiten und nicht das gesamte Unternehmen. Darüber hinaus konnte gegenseitiger Erfahrungsaustausch die Lernprozesse im Unternehmen erheblich fördern.

Durch Selbstähnlichkeit werden komplexe Strukturen überschaubarer und dadurch leichter steuerbar.

Fraktale Strukturen sind durch ihre Selbstähnlichkeit überschaubar. Diese Überschaubarkeit ist ein wesentliches Prinzip komplexer Strukturen und erleichtert die Führungsarbeit erheblich. Dadurch kann ein kompliziertes Regelwerk meist entfallen oder doch wesentlich reduziert werden.

Arbeits- und Projektteams sind temporäre, flexible Sekundärstrukturen in fraktaler Form, die bei Bedarf ad hoc einsetzbar und überschaubar sind und netzwerkartig die notwendigen Funktionen der Primärorganisation einfangen. Gerade bei Veränderungs- und Entwicklungsprozessen kommen diese Strukturelemente immer wieder vor. Im Teil Transformationsmanagement wird darauf noch detailliert eingegangen.

Die Organisationsstruktur nach »strategischen Geschäftsfeldern« (SGF) kommt also der fraktalen Strukturierung sehr nahe. In dieser Organisationseinheit sind sowohl der Markt als auch alle für die Produkte notwendigen Kapazitäten beinhaltet. Der Leiter eines strategischen Geschäftsfeldes hat weitgehende Verfügungsgewalt über die Erbringung und Beeinflussung der Marktleistung, das heißt, er ist sowohl für das Produkt als auch für den Markt verantwortlich. Damit fallen die wichtigsten Problematiken der Matrixorganisation weg, und deren Vorteile können weitgehend erhalten bleiben. Sämtliche funktionalen Einheiten werden für das jeweilige strategische Geschäftsfeld dieser Organisationseinheit zugeordnet.

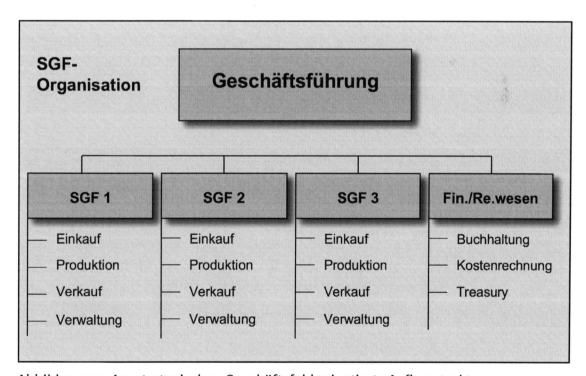

Abbildung 29: Am strategischen Geschäftsfeld orientierte Aufbaustruktur

Die Organisationsform nach strategischen Geschäftsfeldern stellt eine Sonderform der Objektorientierung dar und führt gedanklich in einem nächsten Schritt letztlich zur Gründung von eigenen Tochtergesellschaften. Darin zeigt sich auch die grundsätzliche Gefahr von Strukturen, die sich am strategischen Geschäftsfeld orientieren: Die Zentrifugalkräfte sind relativ hoch ausgeprägt, und die einzelnen Einheiten tendieren zu einer weitgehenden Verselbstständigung.

Die Organisation nach strategischen Geschäftsfeldern spiegelt in idealtypischer Weise die Strukturen der Unternehmensstrategie, da das strategische Geschäftsfeld sowohl die strategische als auch die strukturelle Betrachtungsebene darstellt.

Um alle Vorteile der Struktur eines strategischen Geschäftsfeldes gewinnbringend nutzen zu können, ist allerdings ein straffes strategisches Management notwendig, damit die ressourcenorientierten Synergien nicht verloren gehen. Die Unternehmensführung muss stark und integrierend sein, um die Gefahr der Zersplitterung auf Unternehmensebene zu verhindern.

Im Folgenden soll ein konkretes Beispiel dargestellt werden. Für eine Leasinggesellschaft wurde eine neue Organisationsstruktur erarbeitet, einmal nach dem Prinzip der Funktionsorientierung und einmal nach dem Prinzip der Produktorientierung.

In beiden Organisationsformen ist der gleiche Geschäftsfall abgebildet: Ein Kunde in Linz möchte ein Bürogebäude mit einer anschließenden Lagerhalle bauen. Der zuständige »Immobilien-Verkäufer« in Linz hat dem Kunden neben dem Leasing-Geschäft auch das gesamte Baumanagement verkauft. Die durchgehenden Linien stellen die Abwicklung des Geschäftsfalles dar, die unterbrochenen Linien zeigen den hierarchischen Abstimmungsprozess. Allein die Optik der Darstellung zeigt deutlich die Unterschiede zwischen den beiden Organisationsformen.

Strukturmanagement

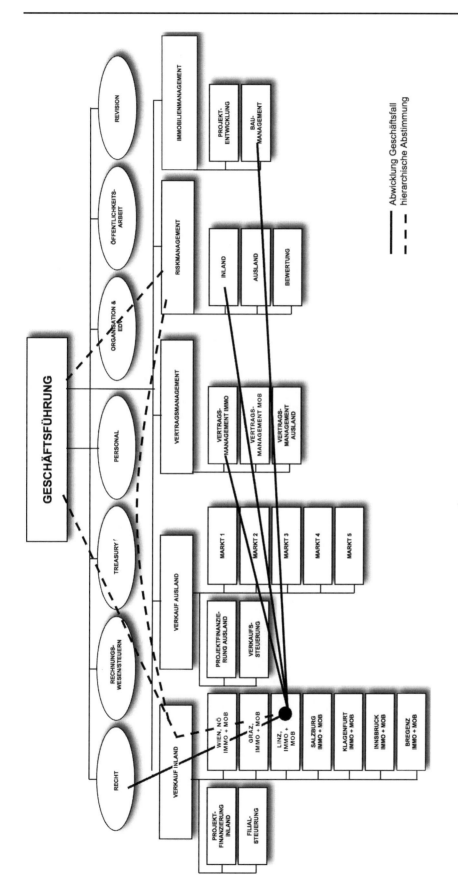

Abbildung 30: Abbildung einer funktionalen Organisationsstruktur

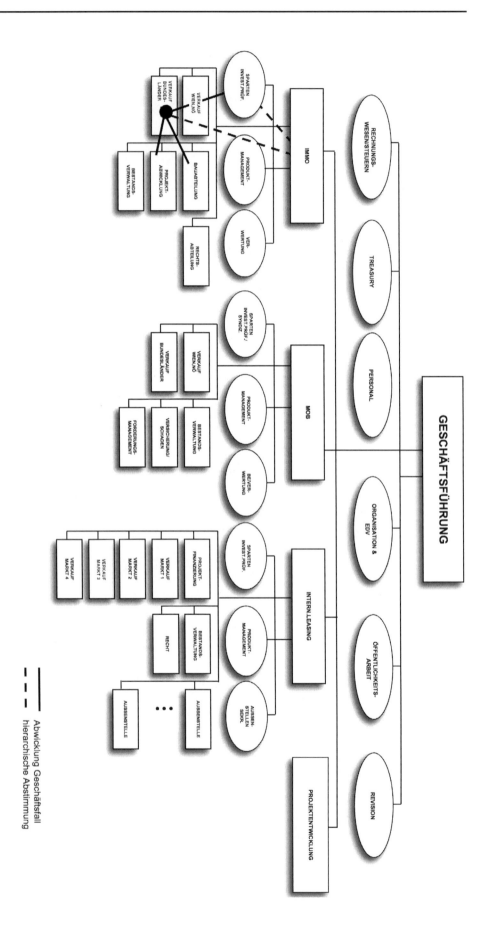

Abbildung 31: Abbildung einer produktorientierten Organisationsstruktur

Anzahl und Kompetenzen der Führungsebenen

Im Rahmen des Strukturmanagements ist die Anzahl der Führungsebenen eine der wichtigsten Fragen. Eine tief gehende Gliederung bei geringer Leitungsspanne beziehungsweise eine flache Gliederung bei einer relativ großen Leitungsspanne, also entweder eine steile oder eine flache Pyramide stehen im Widerstreit.

Steile Pyramide bei relativ geringer Leitungsspanne versus flache Pyramide bei relativ großer Leitungsspanne stehen im Widerstreit.

Die Diskussionen der letzten Jahre gehen eher in die Richtung, mit möglichst flachen Strukturen und damit mit einer geringen Anzahl von Führungsebenen auszukommen.[148] Den größeren Leitungsspannen wird durch verstärkte Dezentralisierung von Verantwortung und Kompetenzen begegnet. Damit entsteht die Basis für eine schlagkräftige, rasch reagierende Unternehmensstruktur. Selbstverständlich ist die Frage der Führungsebenen und damit der Leitungsspanne der jeweiligen Unternehmenssituation anzupassen.[149]

In der Regel müssten zwei bis drei Unternehmensebenen ausreichen: Die oberste Führungsebene, die sich primär mit der strategischen Unternehmensführung auseinandersetzt, und die zweite Führungsebene, die sich um das operative Management kümmert und sich damit auf die Strategieentwicklung auf der Ebene der Geschäftsfelder und deren operative Umsetzung konzentriert.[150]

In der Regel sollten zwei bis maximal drei Führungsebenen ausreichen: strategische, operative Ebene und (in großen Unternehmen dazwischen) eine Koordinierungsebene.

In größeren Unternehmen kann zwischen der strategischen und der operativen Ebene auch eine dritte Führungsebene notwendig sein, die primär eine Koordinierungsfunktion der einzelnen operativen Einheiten wahrnimmt und damit die Lücke zwischen strategischer und operativer Führung schließt.

In der Regel ist die strategische Entscheidungskompetenz zwischen der Geschäftsführung und den Eigentümern geteilt, wobei in der Praxis die strategische Machtverteilung oft sehr unterschiedlich positioniert ist. In einem Fall werden die einzelnen Konzernunternehmen mit relativ konkreten strategischen Vorgaben versehen, im anderen Fall sind die Grenzen nur fließend gesteckt, und die Entscheidungsspielräume der Tochtergesellschaften werden hochgehalten.

Die strategische Führung ist in der Regel zwischen Eigentümer und Geschäftsführung aufgeteilt.

Die operative Führung ist in der Regel auf die Geschäftsführung und das mittlere Management verteilt.

Die operative Entscheidungsgewalt ist in den meisten Unternehmen auf die Geschäftsführung und das mittlere Management verteilt. Um die Ausgangssituation diagnostizieren zu können, ist es notwendig, die tatsächlichen operativen Machtzentren festzustellen, da diese bei Veränderungsprozessen zu berücksichtigen sind. Veränderungen, die den tatsächlichen operativen Einflussstrukturen zuwiderlaufen, sind in der Praxis kaum umsetzbar beziehungsweise erfordern weitgreifende flankierende Maßnahmen, aber auch personelle Anpassungen.

Besonders problematisch sind die Unternehmen, in denen einerseits die strategische Führung weitgehend durch die Eigentümerstruktur bestimmt wird und andererseits die operative Führung primär durch das mittlere Management erfolgt. In diesen Fällen degeneriert die Geschäftsführung zu einer Postbotenfunktion zwischen den Machtzentren. Veränderungsprozesse sind besonderes schwierig, da die Eigentümerstrukturen letztlich doch zu »weit weg« sind und das mittlere Management aufgrund seiner eingeschränkten Betrachtungszentrierung nicht in der Lage ist, gesamtheitliche Veränderungen zu gestalten. Es besteht bei Strategieentwicklungsprozessen die große Gefahr, dass die Konzepte nie umgesetzt werden, da die Geschäftsführung nicht als Katalysator zwischen Eigentümern und mittlerem Management, sondern nur als ein nicht akzeptierter Filter fungieren kann. Diese Situation ist manchmal in Konzernunternehmen zu beobachten, wo die Eigentümerstruktur – also der Konzernvorstand – die Strategien der Tochtergesellschaften weitgehend bestimmt.

Ausgehend von der bestehenden Organisationsstruktur sind Aufgaben, Kompetenzen und damit Verantwortung den einzelnen Organisationseinheiten zuzuordnen. Wesentlich erscheint es, diese drei Elemente auch als Einheiten zu organisieren, sodass Aufgaben, Kompetenzen und Verantwortlichkeiten aufeinander abgestimmt sind. Des Weiteren gibt die Aufgabenverteilung Auskunft über die Arbeitsteilung im Unternehmen. Während einerseits hohe Arbeitsteilung die Gefahr der sinnentleerten Arbeitsplätze mit geringer Identifikation mit sich bringt, fördert sie andererseits eine Spezialisierung und oft auch

– vor allem bei repetitiven Routineaufgaben – Rationalisierung im Unternehmen.

Neben Aufgaben- und Kompetenzverteilung ist der Standardisierungs- und Formalisierungsgrad ein weiteres organisatorisches Gestaltungselement. Versteht man unter der Standardisierung einer Organisation den Anteil der repetitiven, routinemäßigen Arbeitsabläufe, zeigt der Formalisierungsgrad die schriftlichen Verbindlichkeiten von Vorschriften und Regeln. Auch diese Faktoren sind stark von der Branche, dem Entwicklungsstand, der Größe des Unternehmens, der strategischen Ausrichtung, aber ebenso von den konkreten Aufgabeninhalten der einzelnen Organisationseinheiten abhängig. Während beispielsweise in einer Bank die Spareinzahlung oder die Eröffnung eines Dauerauftrages hoch standardisierte Arbeitsabläufe sein müssen und daher auch der Formalisierungsgrad in Form von Arbeitsanweisungen sehr hoch ist, stellt die Erarbeitung einer neuen Werbestrategie das genaue Gegenteil dar.

Aufgaben- und Kompetenzverteilung sowie die Bestimmung von Formalisierung und Standardisierung sind weitere zentrale Gestaltungselemente der Organisationsstruktur.

In der Praxis korrelieren hohe Arbeitsteilung und geringe Kompetenzverteilung oft mit einem hohen Standardisierungs- und Formalisierungsgrad und sind daher eher in preisdifferenzierten Unternehmen anzutreffen. Diese Situation findet in der Regel auch in der Unternehmenskultur ihren Niederschlag beziehungsweise wird von dieser beeinflusst.[151] In leistungsdifferenzierten Unternehmen hingegen behindert ein zu hohes Maß an Standardisierung die strategischen Ausrichtungen des Unternehmens. In diesem Zusammenhang ist auf die umfassende Etablierung von Qualitätsmanagementprozessen mit ihren meist einhergehenden Standardisierungen hinzuweisen. Auch dieses Instrument muss im Kontext der einzelnen Elemente der strategischen Unternehmensführung beurteilt und situativ eingesetzt werden.[152]

Organisationssoziogramm

Die formelle Organisationsstruktur beschreibt und bestimmt die definierten Aufgabenverteilungen, Verantwortungen und Kompetenzen im System und damit die sach-rationale Dimension der Organisationsstruktur. Die informelle Organisationsstruktur beschreibt und bestimmt die tatsächliche Verteilung der Macht- und Einflussstrukturen sowie der interpersonellen Beziehungen im Unternehmen und thematisiert damit die soziokulturelle Dimension. Diese sind nirgends dokumentiert, stellen aber die reale Umwelt dar und können im Einzelfall erheblich von der formellen Organisationsstruktur abweichen.

Im Rahmen der Diagnosearbeit ist es entscheidend, die informelle Organisationsstruktur zu erkennen. Wird diese vernachlässigt, können erhebliche Schwierigkeiten in der Strategie- und Strukturentwicklung sowie -implementierung auftreten und oft zum Scheitern von Veränderungsprozessen führen. Die Erfahrung zeigt, dass die tatsächliche Problematik von umfassenden Strategieprozessen auf der soziokulturellen Ebene und nicht in der Gestaltung der sach-rationalen Elemente liegt. Die veränderungshemmenden Kräfte auf der soziokulturellen Ebene werden meist unterschätzt und nicht ausreichend beachtet.

Das Organisationssoziogramm zeigt die tatsächlichen Macht- und Einflussstrukturen im Unternehmen.

Deshalb beschäftigt sich die Diagnose der informellen Organisationsstruktur vorrangig mit den tatsächlichen Macht- und Einflussstrukturen im Unternehmen. Diese Zusammenhänge werden in Form eines Organisationssoziogrammes dargestellt und damit transparent gemacht.

Daneben sind auch die interpersonellen Beziehungen auf der Managementebene entscheidend. Einige relevante Fragestellungen zu diesem Thema sind:

- Welche Allianzen gibt es zwischen einzelnen Managern beziehungsweise Organisationseinheiten und zu welchem Zweck wurden sie gebildet?
- Sind diese Allianzen im Interesse des Unternehmens oder haben sie eher kontraproduktive Wirkung?
- Gibt es Konflikte zwischen einzelnen Managern beziehungsweise Organisationseinheiten? Wodurch sind diese begründet und wie weit sind diese bereits eskaliert?
- Wie stellen sich die Beziehungen auf der ersten Managementebene dar?

Kulturprägend sind primär die interpersonellen Beziehungen auf der ersten Führungsebene, und zwar sowohl in positiver als auch in negativer Hinsicht. Ausgeprägte Konflikte auf der Top-Managementebene führen fast immer zu Lagerbildungen im Unternehmen; man gehört entweder der einen oder anderen Seite an, und es entsteht ein kommunikatives »Niemandsland« zwischen den Parteien. In diesem Fall sind Strategieprozesse kaum realisierbar, da sie stets als Waffe gegen die andere Seite missbraucht werden. In einem ersten Schritt muss daher der Konflikt behandelt und einer Lösung zugeführt werden.

> **Fallvignette 11: Organisationssoziogramm nach einer Fusion**
> Zwei Unternehmen der Finanzdienstleistungsbranche – 150 und 260 Mitarbeiter – fusionierten. Beide Unternehmen standen bis dahin in einem direkten Konkurrenzverhältnis. Die Spannungen in der neu geschaffenen Einheit waren unverkennbar und setzten sich, beginnend an der Unternehmensspitze, durch das gesamte Unternehmen fort. Zur Aufarbeitung dieser Konfliktpotenziale wurde ein Unternehmenssoziogramm durchgeführt.
> Das Soziogramm hatte folgende Gestalt, wobei die Kreise einzelne Manager beziehungsweise Organisationseinheiten und deren Größe die Einfluss- und Machtdimension widerspiegeln. Die Entfernung der einzelnen Kreise stellt soziale Nähe oder Distanz dar. Vorstand 1 war Mitglied der Geschäftsführung des einen fusionierten Unternehmens, während die Vorstände 2 und 3 aus dem anderen fusionierten Unternehmen kamen.
>
>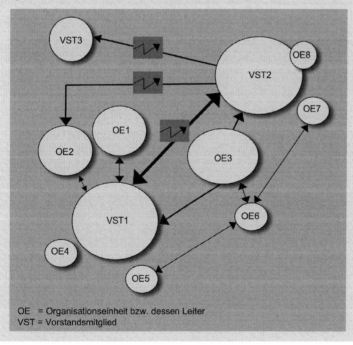
>
> OE = Organisationseinheit bzw. dessen Leiter
> VST = Vorstandsmitglied

Das Ergebnis der Untersuchung auf der soziokulturellen Ebene zeigte folgende informelle Organisation:
- Vorstandsmitglied 1 ist das Zentrum des Unternehmens, fachlich und persönlich kompetent, ausgestattet mit einem leicht autoritär-patriarchalischen Führungsverhalten; viele Führungskräfte gruppieren sich um ihn herum.
- Es besteht ein essenzieller Konflikt zwischen Vorstand 1 und 2, der auf das ganze Unternehmen ausstrahlt.
- Vorstand 2 ist für das Unternehmen zwar ähnlich wichtig, besitzt aber keine wirkliche Hausmacht (nur Organisationseinheit 7 und 8, die sind aber nicht besonders wichtig).
- Vorstand 3 spielt de facto keine Rolle; der Konflikt, der von Vorstand 2 ausgeht, könnte der Vorwurf sein, dass Vorstand 3 keine gemeinsame Achse zu Vorstand 1 bildet.
- Die Organisationseinheit 2 wird aktiv von Vorstand 2 auf einer scheinbar sach-rationalen Ebene angegriffen, tatsächlich aber, um dadurch die Rolle von Vorstand 1 zu schwächen. Dies muss dazu führen, dass Vorstand 1 gerade diese Organisationseinheit besonders schützt.
- Die Organisationseinheit 3 spielt eine Vermittlerrolle zwischen den beiden Vorstandsbereichen; dies kann sie sich aus ihrer Wichtigkeit im System erlauben. Eine unwichtige Organisationseinheit würde wahrscheinlich dadurch zerrieben werden. Diese Organisationseinheit kann auch der Dreh- und Angelpunkt für eine mögliche Konfliktlösung sein.
- Die Organisationseinheit 6 steht in enger Beziehung zu Organisationseinheit 3 und kann daher in deren Schatten als einzige Organisationseinheit weitgehend ungestraft zu beiden Vorstandsbereichen, nämlich Organisationseinheit 5 und 7, intensive Kontakte aufrechterhalten.

Das Organisationssoziogramm zeigt Zusammenhänge, die auf der Ebene der formalen Organisation in keiner Weise erkennbar sind.

5.2 Gestaltung der Geschäftsprozesse

Neben der strukturellen Gestaltung des Organisationsmodells muss auch die Gestaltung der einzelnen Geschäftsprozesse geplant und durchgeführt werden. Die Betrachtung der betrieblichen Leistungsprozesse steht hier also im Mittelpunkt.

Der Geschäftsprozess beschreibt einen Ablauf, das heißt einen Fluss von Informationen, Operationen, Materialien und Entscheidungen. Geschäftsprozesse sind durch die Bündelung und die strukturierte Reihenfolge von funktionsübergreifenden Aktivitäten mit einem Anfang und einem Ende sowie klar definierten Inputs und Outputs gekennzeichnet.[153] Ein Geschäftsprozess ist also eine Folge von Aktivitäten zwischen zwei oder mehreren Objekten, die in sich logisch verknüpft und abgeschlossen sind, und beschreiben die ablaufbezogene Dimension des Unternehmens, wobei der Ausgangspunkt der Betrachtung in der Regel der Kunde ist.

Ein Geschäftsprozess ist eine in sich logisch verknüpfte und abgeschlossene Folge von Aktivitäten. Er stellt die ablaufbezogene Dimension im Unternehmen dar. Der Kunde ist der Ausgangspunkt der Betrachtung.

In den letzten Jahrzehnten wurde sowohl in der Theorie als auch in der Praxis den Strukturen der Unternehmen wesentlich mehr Bedeutung beigemessen als den Abläufen. Strukturen sind leichter zu beschreiben, und die Gestaltung der Macht- und Einflussstrukturen ist in der Regel attraktiver als die Gestaltung der Abläufe. Die Geschäftsprozesse sind mehr den operativen Gegebenheiten des jeweiligen Unternehmens anzupassen und generelle Aussagen daher auch in der Theorie wesentlich schwieriger zu treffen. Doch auch in der Praxis beschäftigt man sich lieber mit den Strukturen und damit mit den Macht- und Einflussstrukturen, als sich in die »Niederungen« des operativen Geschehens zu begeben. Diese Aufgabe hat man gerne dem »first line management« oder den Mitarbeitern selber überlassen. Es ist daher dringend notwendig, neben den Strukturen auch die Beachtung der Geschäftsprozesse und damit der Abläufe gleichrangig in den Mittelpunkt der organisatorischen Betrachtung zu stellen. Auch hier gilt ein »Sowohl-als-auch« und nicht ein »Entweder-Oder«. Strukturen und Prozesse sind eine Einheit und bedingen sich gegenseitig.[154]

Strukturen und Geschäftsprozesse sind als Einheit zu betrachten. Beide Elemente sind aufeinander abzustimmen.

5.3 Systemische Zusammenhänge aus dem Blickwinkel des Strukturmanagements

So klar wie beim Thema Strukturmanagement zeigt sich selten die Problematik, einzelne Elemente der strategischen Unternehmensführung ohne deren Verknüpfung auf das gesamte System Unternehmen zu betrachten. Strukturänderungen greifen in der Regel tief in das Funktionieren von sozialen Systemen ein. Aufgaben verändern sich, Verantwortungen verändern sich, und vor allem Macht- und Einflussstrukturen verändern sich. Diese Eingriffe bleiben daher nie auf die strukturellen Eingriffe beschränkt, sondern haben meist nachhaltige Auswirkungen auf Kultur, Strategie und manchmal auch auf die Identität eines Unternehmens, wie die folgende Fallvignette zeigt. Darüber hinaus haben Strukturänderungen in der Regel nicht nur Auswirkungen auf die handelnden Personen im Unternehmen, sondern beeinflussen auch die systemisch determinierten Spielregeln. Im zweiten Teil dieses Buches wird dieser Zusammenhang noch ausführlich behandelt.

> **Fallvignette 12: Systemische Zusammenhänge des Strukturmanagements**
>
> Eine Großbank mit knapp 3000 Mitarbeitern ist landesweit schwerpunktmäßig im Privatkundenbereich tätig. Die Bank verfügt über knapp 200 Zweigstellen, die in den letzten Jahren neben dem dominierenden klassischen Privatkundengeschäft auch erste Schritte in Richtung Beratung, Akquisition und Betreuung des Firmenkundengeschäftes, schwerpunktmäßig im Bereich der kleinen und mittelständischen Unternehmen, gemacht haben. Wenn auch regional sehr unterschiedlich, kann der Einstieg in das Segment der kleinen und mittelständischen Unternehmen – gesamthaft gesehen – als erfolgreich beurteilt werden.
>
> Die Filialleiter berichten direkt an den Vorstand, der aus vier Mitgliedern besteht und die knapp 200 Filialen gleichmäßig unter sich aufgeteilt hat. Diese hohe Leistungsspanne führt zu einer weitgehenden Verselbstständigung der einzelnen Filialen, die als Unternehmen im Unternehmen agieren.
>
> Die Stimmung und das Betriebsklima sind sehr gut, die Bank ist erfolgreich, und ein zentrales identitätsstiftendes Kulturmerkmal lautet »Unsere Filialleiter agieren mit hoher

Eigenverantwortung, fast als eigenständige Unternehmer«. Kundenseitig werden die raschen, unmittelbaren Entscheidungsstrukturen geschätzt. Trotzdem besteht die Gefahr der Zersplitterung und der Entstehung von »regionalen Herzogtümern«.

Strategisch plant die Bank neben dem Privatkundengeschäft das Geschäft mit den kleinen und mittelständischen Unternehmen zu forcieren. Darüber hinaus will sie auch kraftvoll in das Geschäft mit Firmengroßkunden einsteigen.

Ein internationales Beratungsunternehmen wird beauftragt, die strategisch-strukturelle Ausgangssituation des Unternehmens zu analysieren und konkrete Entwicklungsschritte zu erarbeiten. Das Beratungsunternehmen schlägt im Wesentlichen zwei Maßnahmen vor:

- Einbeziehung einer regionalen Bereichsebene zwischen den einzelnen Filialleitern und dem Vorstand
- Etablierung eines Großkundenbereichs in der Zentrale, der sich auch verstärkt um das größere Geschäft mit den kleinen und mittelständischen Unternehmen kümmern soll. Damit werden die größeren der kleinen und mittelständischen Unternehmen aus dem Filialbereich abgezogen und direkt der zentralen Betreuung des Großkundenbereichs zugeordnet.

Beide Lösungsvorschläge wurden rasch und kraftvoll umgesetzt. Circa ein halbes Jahr nach Umsetzung dieser Maßnahmen lässt sich die Situation wie folgt beschreiben:

- Hohe Frustration auf der Ebene der Filialen (speziell der Filialleiter), hohes Konfliktpotenzial zwischen Filialen und Landesdirektionen sowie Filialen und Zentrale – speziell des Großkundenbereichs.
- Rückgang des Privatkundengeschäftes um knapp zehn Prozent und Rückgang des Geschäftes mit kleinen und mittelständischen Unternehmen um circa 25 Prozent.
- Keine Entlastung des Vorstands. Aussagen wie »seit der Umstrukturierung müssen wir uns mehr mit dem Filialbereich beschäftigen, als vorher ... das Klima ist so schlecht wie noch nie« unterstreichen die Situation.

Ein klassisches Beispiel, das zeigt, dass hier primär das Element »Unternehmensstruktur« und nur am Rande das Element »Unternehmensstrategie« betrachtet wurden. Die kulturellen und vor allem identitätsstiftenden Zusammenhänge wurden weitgehend vernachlässigt. So hatte sich im Laufe der Jahre aufgrund der hohen Leitungsspanne und der extrem flachen Hierarchie eine hohe Eigenverantwortung der Filialleiter herauskristallisiert. Ein zentrales Identitätsmerkmal dieses Unternehmens war: »Unsere Filialleiter agieren wie Unternehmer im Unternehmen«. Diese Ebene war hoch qualifiziert, hoch engagiert und konnte das Potenzial einer Großbank mit der Flexibilität einer Regionalbank am Markt verbinden. Die Beziehungen zu den Kunden, vor allem zu den regionalen Unternehmen, waren hervorragend und von Vertrauen und Offenheit getragen. All diese zentralen Stärken und Kernkompetenzen wurden durch die Neugestaltung der Organisationsstrukturen infrage gestellt. Die isolierte Intervention in nur einem beziehungsweise ansatzweise in zwei Elementen der strategischen Unternehmensführung ohne Berücksichtigung der umfassenden systemischen Zusammenhänge und deren Auswirkungen führte zu dem beschriebenen Ergebnis.

6 Kulturmanagement

6.1 Begriff und Inhalte der Unternehmenskultur

Während sich das Strategie- und Strukturmanagement primär mit der sach-rationalen Dimension befasst, beschreibt das Kulturmanagement die soziokulturelle Dimension des Unternehmens. Emotionen – Ausdruck individueller und kollektiver Interessen und Bedürfnisse – sind es, die die Unternehmen motivieren. Macht, Geld, Anerkennung, Selbstverwirklichung sind die eigentlichen Drahtzieher, die die beharrenden und verändernden Kräfte im Unternehmen bewegen.[155]

Der Begriff »soziokulturell« beinhaltet einerseits die Unternehmenskultur als eine systemimmanente Größe – die Spielregeln des Systems – und andererseits das soziale Verhalten des Einzelnen im Rahmen dieses Systems. Wesentlich erscheint es festzuhalten, dass die Unternehmenskultur die prägende Größe für soziales Verhalten im Unternehmen darstellt.[156] Zweifellos gibt es auch die umgekehrte Wirkung, wenngleich diese um Vieles schwächer ist und sich im Wesentlichen auf das soziale Verhalten des Top-Managements reduzieren lässt. Das System entwickelt eine eigene Individualität, die sich im Laufe der Zeit manifestiert und sich damit auch gegenüber dem individuellen Verhaltensmuster des Einzelnen im System emanzipiert.

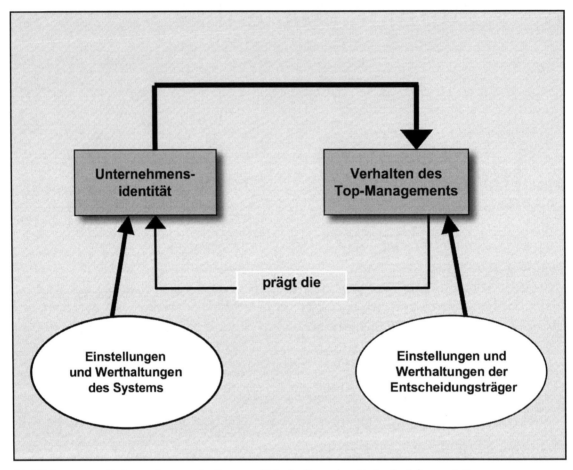

Abbildung 32: Unternehmenskultur und Verhalten der Entscheidungsträger

Während die Unternehmensidentität primär von den Einstellungen und Werthaltungen des Systems geprägt wird, basiert das Verhalten des Top-Managements auf dessen individuellen, persönlichen Einstellungen und Werthaltungen. In ihrer gegenseitigen Beeinflussung entsteht die unverwechselbare Kultur des Unternehmens.

Kulturbegriff

Der Begriff der Unternehmenskultur wurde 1979 von dem Anthropologen Pettigrew geprägt und fand rasch Eingang in die betriebswirtschaftliche Diskussion.[157] Heute ist der Begriff der Unternehmenskultur sowohl in der Theorie als auch mittlerweile in der Praxis nicht mehr wegzudenken und hat das Niveau einer Modeerscheinung längst weit überschritten. Es sind die ungeschriebenen Gesetze oder die »heimlichen Spielregeln«, die das Unternehmen als Ganzes prägen und gerade im Bereich der Transformationsprozesse den Rahmen der Möglichkeiten abstecken. Der Erfolg oder Misserfolg eines Unternehmens ist untrennbar mit der herrschenden Unternehmenskultur verbunden.[158]

Allgemein gesprochen ist die Kultur die Summe der Überzeugungen, Werte- und Denkmuster, die eine Gruppe, ein Volk oder eine Gemeinschaft im Laufe ihrer Geschichte entwickelt hat, um mit den Problemen der internen Integration – also dem Zusammenleben – sowie der externen Anpassung – also dem Überleben in einer bestehenden Umwelt – fertig zu werden.[159] Sie ist die Summe der Regeln, der spezifischen Standardisierungen des Denkens, Empfindens und Handelns, die so gut funktionieren, dass sie zu ungeschriebenen Gesetzen wurden und jeder nachfolgenden Generation als die »richtige« Art des Verhaltens weitergegeben werden.[160] Damit leistet die Unternehmenskultur Orientierungshilfe bei den täglichen Handlungen und Entscheidungen, fördert die Stabilität und Kontinuität des Systems, hat eine sinnstiftende Wirkung und hilft, die Komplexität der Realität zu reduzieren und damit handlungsfähig zu bleiben.

Jedes soziale System entwickelt durch die Interaktionen der einzelnen Teilsysteme quasi automatisch eine individuelle Kultur.[161] Es gibt daher kein Unternehmen, das keine Unternehmenskultur hat. Unternehmenskultur ist in jedem Unternehmen allgegenwärtig – gleichsam der »Geist des Hauses«–, aber nicht unmittelbar begreifbar. Die Dimension der Kultur beschränkt sich nicht nur auf Unternehmen. Auch jede Gruppe und Familie, also jede soziale Einheit sowie Bevölkerungsteile und Staatsgebilde, entwickeln eine individuelle Kultur. Oft spricht man in diesem Zusammenhang von der Mentalität, die die Bürger eines Staates oder Völkerbundes haben. Letztlich ist die Kultur einer sozialen Einheit nur in ihrem geschichtlichen Kontext zu verstehen.

Ohne aktives Kulturmanagement ist die Unternehmenskultur ausschließlich ein Produkt aus historischen Regeln und Verhaltensnormen, die in der Vergangenheit

Die Kultur ist die Summe der Überzeugungen und Regeln einer Gruppe, die sich historisch entwickelt haben und das Zusammenleben sowohl nach innen als auch außen festlegen. Bewährtes Denken und Handeln wird so zu ungeschriebenen Gesetzen.

erfolgreich waren. In Zeiten mit dramatischen Umweltveränderungen ist das ein gefährlicher Weg, denn sehr oft sind heute die Erfolge von gestern die Feinde von morgen. Es gilt also, die Mittel und Wege ihrer Beeinflussbarkeit zu finden.[162]

Die Unternehmenskultur drückt sich nicht in harten Fakten und Zahlen aus, sondern besteht aus emotionalen Qualitäten wie Offenheit, Vertrauen, Achtung, Konfliktfähigkeit und vielem mehr. Es stellt sich damit die Frage, wie man die Kultur in einem Unternehmen erkennen kann.[163] Im Folgenden werden einige Faktoren dargestellt, an denen die Unternehmenskultur festgemacht werden kann.

Kultur ist erkennbar ...	
an konkreten Handlungen in bestimmten Situationen	Welches Verhalten wird im Unternehmen gefördert und welches sanktioniert? Wie werden Konflikte behandelt, wie wird mit Macht und Einfluss umgegangen? Wie werden Feste und Feiern gehandhabt? und vieles mehr.
an der Sprache untereinander, mit Kunden und Lieferanten	Wie geht man miteinander, wie mit Kunden um? Offenheit, Vertrauen, gegenseitige Akzeptanz, selbst Engagement werden durch die Sprache ausgedrückt. Welche Anekdoten und Geschichten werden gern erzählt? Über welche Themen – sogenannte Tabuthemen – wird nicht gesprochen?
am äußeren Erscheinungsbild	Dazu zählen Ausstattung der Gebäude und Büros, das Firmenlogo, Briefpapier, Werbung, Statussymbole, Bürogebäude und -lage, reservierter Parkplatz, Dienstauto et cetera.

Tabelle 15: Sichtbare Kulturmerkmale

Bestimmte Merkmale der Unternehmenskultur bleiben oft während der gesamten Lebensdauer des Unternehmens erhalten, während andere stark von den Lebensphasen abhängig sind. Ein Unternehmen durchläuft mehrere Entwicklungs- oder Lebensphasen, von der Pionier- über die Wachstums- und Organisations- bis hin zur Integrationsphase.[164] Jeder dieser Entwicklungsabschnitte ist in der Regel von typischen kulturellen Prägungen begleitet. So ist die Pionierphase von hoher Identifikation geprägt, während die Organisationsphase beispielsweise durch ein hohes Maß an Ordnung gekennzeichnet ist. Ein Vergleich mit den Lebensabschnitten eines Menschen drängt sich manchmal auf, wo auch jedes Alter durch bestimmte Charakteristiken geprägt und trotzdem jeder Mensch einzigartig ist. So gibt es auch Unternehmen, die unverkennbar in einer Pubertätskrise stecken.

Meist ist auch die Unternehmenskultur nicht für das ganze Unternehmen in allen Facetten gleich. In unterschiedlichen Bereichen beziehungsweise Abteilungen entstehen oft Subkulturen, die auch kulturelle Spannungen zwischen diesen Unternehmensteilen auslösen können. Beispielsweise ist die Kultur der Werbeabteilung durch ihre Tätigkeit eine andere als die der Buchhaltung. Ebenso hat das gerne zitierte Beispiel der Meinungsverschiedenheiten zwischen Produktion und Verkauf nicht selten kulturellen Ursprung.

Kernelemente der Unternehmenskultur

Im Wesentlichen lassen sich sechs Kernelemente identifizieren, die mit dem Begriff der Unternehmenskultur verbunden sind:[165]

Unternehmenskulturen sind implizit:

Unternehmenskulturen sind implizit vorhandene Überzeugungen, Annahmen und Handlungsmuster, die einerseits die Wirklichkeit in einem bestimmten Blickwinkel betrachten lassen und andererseits eingeübte, in der Vergangenheit bewährte Handlungsabläufe fixieren. Sie definieren das Selbstverständnis des Unternehmens. Dadurch reduzieren sie die Komplexität der internen und externen Umweltfaktoren und generieren quasi selbstverständliche Annahmen, die dem täglichen Handeln zugrunde liegen. Sie sind vertraute Alltagspraxis, werden in der Regel nicht reflektiert, sondern gelebt.

Unternehmenskulturen sind kollektiv:

Unternehmenskulturen begründen gemeinsame Orientierung, Werte und Handlungsmuster. Es handelt sich also um ein kollektives Phänomen, das die Einstellungen und Verhaltensweisen der einzelnen Systemmitglieder prägt und damit auch bis zu einem gewissen Grad einheitlich und vorhersehbar macht.

Unternehmenskulturen sind interpretierend:

Unternehmenskulturen bieten Orientierungs- und Interpretationsmuster an und wirken dadurch sinnvermittelnd. Interne und externe Ereignisse werden selektiert und interpretiert. Sie geben, bedingt durch ein gemeinsames Bild der betrieblich relevanten Welt, Halt und Sicherheit.

Unternehmenskulturen sind emotional:

Unternehmenskulturen prägen nicht nur die Kognition, sondern vor allem auch die Emotionen. Kulturen normieren, was geliebt und gehasst, was mit Geduld ertragen und was aggressiv zurückgewiesen wird. Sie regeln den Umgang miteinander und fördern das Zusammengehörigkeitsgefühl.

Unternehmenskulturen sind historisch:

Unternehmenskulturen sind im Wesentlichen das Ergebnis historischer Lernprozesse. So stellen sich Handlungsweisen heraus, die zu akzeptierten Problemlösungsstrategien werden; es kristallisieren sich bestimmte Denkmuster heraus, die Erfolg bringen, und im Laufe der Zeit wird deutlich, was »gut« und »schlecht« ist. Diese Handlungs- und Einstellungsmuster werden immer mehr durch das System internalisiert und tragen so zu selbstverständlichem Handeln bei. Unternehmenskultur ist also gewissermaßen ein kollektiver Wissensspeicher, der die Entwicklungsgeschichte des Unternehmens spiegelt. Positive Erlebnisse wirken verstärkend, negative werden gemieden oder verdrängt; traumatische Erlebnisse führen zu nachhaltigen Störungen im Verhaltensmuster.

Unternehmenskulturen sind interaktiv:

Unternehmenskulturen werden durch Interaktion weitergegeben und in der Regel nicht bewusst gelernt. Nicht die dokumentierten Führungsprinzipien sind kulturprägend, sondern ausschließlich das tatsächliche Verhalten der Führungskräfte. Unternehmenskultur wird in einem Sozialisierungsprozess an neue Organisationsmitglieder weitergegeben, wobei neben den Kommunikationsprozessen auch Symbole eine wesentliche Transportfunktion übernehmen.

Die folgende Tabelle fasst das Gesagte zusammen:

Kulturelemente	
implizit	Gemeinsame Einstellungen und Verhaltensmuster sind implizit gegeben, werden nicht erdacht und reflektiert, sondern gelebt.
kollektiv	Unternehmenskulturen bestimmen gemeinsame Orientierungen und vereinheitlichen damit bis zu einem gewissen Grad das Handlungsmuster aller Organisationsmitglieder.
interpretierend	Unternehmenskulturen schaffen eine gemeinsame Interpretation in einer komplexen Welt und bieten Sicherheit und Orientierung.
emotional	Unternehmenskulturen prägen das emotionale Leben des Systems, indem sie normieren, was geliebt und was gehasst wird.
historisch	Unternehmenskulturen sind das Ergebnis historischer Lernprozesse.
interaktiv	Unternehmenskulturen werden in einem Sozialisierungsprozess weitergegeben.

Tabelle 16: Kulturelemente

6.2 Gestaltungselemente der Unternehmenskultur

Führungsstil, Kommunikations- und Informationsverhalten sowie Delegationsverhalten sind die wesentlichen Gestaltungselemente der Unternehmenskultur.

Neben dem Erkennen der bestehenden Unternehmenskultur ist deren Gestaltung nicht minder wichtig. Die zentralen Gestaltungselemente der Unternehmenskultur sind, basierend auf den Einstellungen und Werthaltungen der Entscheidungsträger, der praktizierte Führungsstil, das Kommunikations- und Informationsverhalten sowie das Delegationsverhalten im Unternehmen. Es geht also darum, Unternehmenskultur nicht nur als ein unveränderbares, aus der Vergangenheit determiniertes Phänomen zu begreifen, sondern die Gestaltungskräfte zu definieren und gezielt einzusetzen.[166] Die Unternehmenskultur wird so im Rahmen der strategischen Unternehmensführung zum Kulturmanagement.

Die Einstellungen und Werthaltungen der Entscheidungsträger – oberste Führungsebene, Eigentümer – sind neben der Unternehmensidentität das Kernstück und die Quelle der Unternehmenskultur. Die Aussagen des Managements, vor allem aber konkrete Handlungen, wirken als Richtschnur für erwünschtes beziehungsweise unerwünschtes Verhalten im Unternehmen. Diese Einstellungen und Werthaltungen der Entscheidungsträger haben einen engen Konnex zu den zentralen Werten des Unternehmens im Rahmen der Unternehmensidentität. Diese durch die Historie entstandenen Werte der Gesamtorganisation sowie die Werthaltungen und Einstellungen der Entscheidungsträger stehen – wie bereits dargestellt – in einem dynamischen Verhältnis zueinander und beeinflussen sich gegenseitig.

Zweifellos haben auch die Werthaltungen und Einstellungen des mittleren Managements Einfluss auf das Verhalten der einzelnen Systemmitglieder. Wenngleich ihre Gestaltungskraft in der Regel nicht die Ausprägung der ersten Führungsebene hat, so ist sie gerade in großen Unternehmen nicht zu unterschätzen, und es entstehen die bereits zitierten Subkulturen im Unternehmen.

Die folgende Abbildung zeigt die wichtigsten Gestaltungselemente der Unternehmenskultur und deren Ergebnisse.

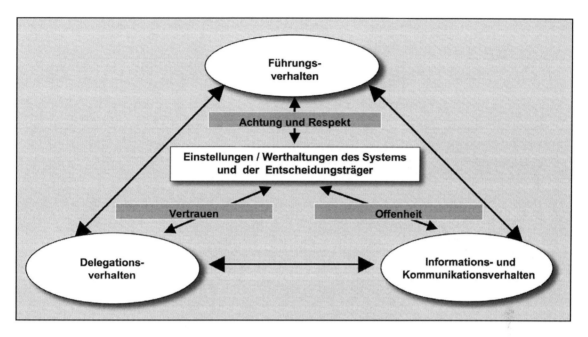

Abbildung 33: Gestaltungselemente der Unternehmenskultur

Als Resultate der Unternehmenskultur werden das Motivations- und das Synergiepotenzial im Unternehmen determiniert. Eine Unternehmenskultur, die auf gegenseitigem Respekt, auf Offenheit und Vertrauen aufbaut, wird ein Garant für ein hohes Motivationsniveau sowie eine hohe Qualität der Zusammenarbeit im Sinne synergetischer Prozesse sein.

Die Unternehmenskultur bestimmt das Motivations- und Synergieniveau im Unternehmen.

Hohe Motivation und eine hohe Qualität der Zusammenarbeit erhöhen ganz wesentlich die nachhaltigen Erfolgswahrscheinlichkeiten im Unternehmen, und bekanntlich ist »nichts so motivierend wie Erfolg«. Damit schließt sich der Kreis.

Kommunikations- und Delegationsverhalten

Ein wesentlicher Einflussfaktor auf die Unternehmenskultur ist das Kommunikations- und Informationsverhalten im Unternehmen. Damit drücken sich Offenheit und Transparenz aus. Es versetzt die Mitarbeiter in die Lage, selbstständig Handlungen zu setzen, die im Sinne der Gesamtorganisation liegen. Ohne Information steigen die Abhängigkeit und damit der Regelungsbedarf im Unter-

Kommunikations- und Informationspolitik ist ein Gradmesser für Offenheit im Unternehmen. Das Delegationsniveau bestimmt wesentlich den kulturellen Aspekt des Vertrauens.

nehmen. Eine offene Kommunikation ist auch der Boden, auf dem Kritik und damit Lernprozesse im Unternehmen entstehen können. Offene Kommunikation ist daher eine Voraussetzung, damit potenzielle Motivations- und Synergiepotenziale gewinnbringend genutzt werden können.

Auch das Delegationsniveau ist ein wesentlicher Einflussfaktor auf der kulturellen Ebene, wird dadurch doch implizit Vertrauen ausgedrückt. Nur wer seinen Mitarbeitern gegenüber das Vertrauen hat, dass sie im Sinne des gesamten Unternehmens agieren, wird ein hohes Delegationsniveau im Unternehmen etablieren. In diesem Zusammenhang zeigt sich auch die Forderung, den operativen Ebenen ein hohes Maß an Entscheidungsfreiraum zuzugestehen, um die notwendige Marktflexibilität zu gewährleisten. Das bedeutet nicht, dass damit auch die Delegation von strategischen Aufgaben verbunden ist; diese ist der Unternehmensführung vorbehalten. Die Problematik in der Praxis ist, dass die Unternehmensführung oft unmittelbar in den operativen Bereich eingreift und ihre strategischen Aufgaben vernachlässigt.

Die Delegation von Verantwortung auf allen Ebenen des Unternehmens ist zwingend notwendig, da das Komplexitätsniveau heute so hoch und die Informationsflut so umfangreich ist, dass der Steuerungs- und Kontrollaufwand, der notwendig wäre, um ziel- und regelkonformes Verhalten in komplexen Organisationen sicherzustellen, nicht zu gestalten ist. Erfolgreiche Unternehmensführung ohne Vertrauen ist daher heute kaum mehr möglich. Besonders deutlich zeigt sich das in leistungsdifferenzierten Unternehmen.

Der Versuch, eine bestehende Unternehmenskultur zu verändern, ist eine sehr sensible und schwierige Aufgabe, die in der Praxis nicht häufig gelingt. Am nachhaltigsten ändert sich die Kultur eines Unternehmens, wenn wirksame Kräfte von außen nachhaltige und grundsätzliche Interventionen setzen und damit die Spielregeln im Unternehmen verändert werden. So ist beispielsweise ein Fusionsprozess eine Situation, in der bestehende Unternehmenskulturen in der Regel in kurzer Zeit in einem revolutionären Akt zerstört werden. Aus dieser Zerstörung heraus kann in relativ kurzer Zeit eine neue Kultur entstehen. Auch Eigentümerwechsel oder krisenhafte Situationen können solche tief greifenden kulturellen Transformationsprozesse auslösen.

Aus der Erfahrung scheitern Transformationsprozesse in der Regel nicht auf der sach-rationalen, sondern auf der soziokulturellen Ebene. Die bestehende Unternehmenskultur konnte den Änderungen auf der sach-rationalen Ebene nicht im notwendigen Ausmaß folgen und blockiert damit die Entwicklung beziehungsweise Veränderung im Unternehmen.[167] Die Systemkräfte haben sich also erfolgreich gegen die Veränderungsattacke gewehrt.

Führungsstil und Führungsverhalten

Führungsstil und Führungsverhalten stellen wesentliche abgeleitete Einflussfaktoren auf die Unternehmenskultur dar, sind doch damit der Umgang und die Beziehung zwischen den Menschen im Unternehmen definiert. Immer deutlicher treten Führungselemente in den Vordergrund, die jenseits formaler Legitimation gegenseitige Achtung und gegenseitigen Respekt im Umgang zwischen Vorgesetzen und Mitarbeitern in den Vordergrund rücken. Es geht nicht um Über- und Unterordnung, sondern um unterschiedliche Rollen im Unternehmen.

Moderne Führung beruht auf Gleichwertigkeit und legitimiert sich nicht primär durch formale Kompetenz.

Vor nicht allzu langer Zeit genügte es, als Führungskraft ein guter Fachmann zu sein, die Amtsautorität des Vorgängers übernommen zu haben und dafür zu sorgen, dass das operative Geschäft ordentlich abgewickelt wurde. Später kam die Forderung nach sozialer Kompetenz dazu, also die bestehende Dynamik im Zusammenleben zu verstehen und gestalten zu können. Heute reicht auch das nicht mehr aus; gefragt ist visionäres Management, also die Initiierung und Gestaltung von Transformationsprozessen im Unternehmen.[168] In diesem Zusammenhang muss allerdings nochmals deutlich auf die Illusion der umfassenden Steuerungs- und Gestaltungsmöglichkeit von komplexen sozialen Systemen hingewiesen werden. Es geht vielmehr darum, durch Kommunikation und vor allem durch sichtbares Gestalten der systemimmanenten

Traditionelle Führungsmodelle sehen die Führungskraft im Spannungsfeld zwischen Aufgaben- und Mitarbeiterorientierung.

Spielregeln des Unternehmens Entwicklungsprozesse zu initiieren und Impulse zu setzen.[169]

Die Führungskraft von gestern musste den Übergang von der reinen Fachorientierung zu einer sozialen Orientierung bewältigen. Der Manager von heute muss den Übergang von der stabilitätsorientierten Führung hin zu einem dynamischen Change-Agent schaffen.[170] Stabilität und Veränderung sind im Gleichklang zu gestalten. Soziale Kompetenz allein reicht da nicht mehr aus. Systemisches Erkennen der Zusammenhänge im Unternehmen sowie deren Weiterentwicklung und Veränderung ist gefragt. Transformatorische Kompetenz ist erforderlich. Es genügt nicht mehr, die »Dinge richtig zu tun«, es müssen »vielmehr die richtigen Dinge getan werden«. So entwickelt sich Management zu Leadership.[171]

Traditionelle Führungsmodelle sehen die Führungskraft im Spannungsfeld zwischen Aufgaben- und Mitarbeiterorientierung angesiedelt.[172] Diese Darstellungsform hat ihren Ursprung in der Sozialpsychologie, wo im Bereich der interpersonellen Beziehungen zwischen Sach- und Beziehungsebene unterschieden wird. Natürlich ist tatsächliches Führungsverhalten zu komplex, um es anhand einer zweidimensionalen Skalierung darstellen zu können; als Modell aber hat sich diese Betrachtung weitgehend durchgesetzt.[173]

Die klassische Führungstypologie unterscheidet im Wesentlichen zwischen autoritären und kooperativen Führungsstilen. Während der autoritäre Führungsstil seine Legitimation primär auf der sach-rationalen Ebene – also der fachlichen Kompetenz, gepaart mit einer hohen Beachtung der formalen Kompetenz – sucht, sieht der kooperative Führungsstil primär auf der soziokulturellen Kompetenzebene seine Legitimation.[174] Beide Führungstypologien sehen aber das statische Element von Führung im Vordergrund. Die Entwicklung und Veränderung des Unternehmens wird noch nicht als eine zentrale Kompetenz von Führung angesehen.

Die folgende Abbildung zeigt die Zusammenhänge auf, wobei die Führungsdimensionen Fach- und Sozialkompetenz um die Dimensionen charismatisch-transformatorische und hierarchisch-machtorientierte Kompetenz erweitert wurden.[175]

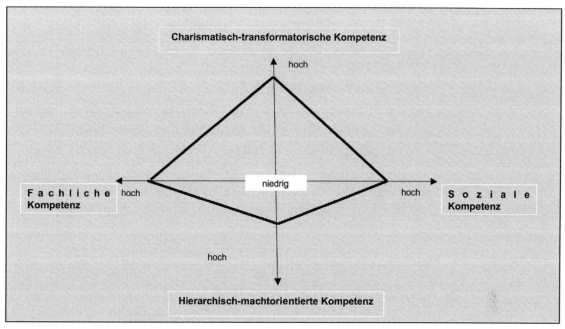

Abbildung 34: Vier Dimensionen der Führung[176]

Weitgehend durchgesetzt haben sich in der Führungsdiskussion – wie bereits erwähnt – die beiden unabhängigen Dimensionen Aufgaben- und Mitarbeiterorientierung. In dieser Dualität ist auch der Ansatz der verhaltensorientierten Führung nachvollziehbar, sodass sich eine individuelle Führungskraft in der Regel situativ in diesen zweidimensionalen Spannungsfeldern bewegen kann. Als dritte Dimension soll die charismatisch-transformatorische Führung in das Modell aufgenommen werden. Gerade in Zeiten rasanter Veränderungen bei den wirtschaftlichen Rahmenbedingungen und den dadurch notwendigen Anpassungsleistungen in Unternehmen ist die Veränderungskraft eine zunehmend gefragte Führungsdimension. Revolutionäre Veränderungsprozesse erfordern eher ein charismatisch-transformatorisches Führungsverhalten und entsprechend orientierte Führungskräfte. Diese Dimension von Führung wird als transformatorische Kompetenz bezeichnet. Der Begriff der Kompetenz spiegelt in diesem Zusammenhang den eigenschaftsorientierten Zugang zu dieser Führungsdimension. Die These ist, dass Charisma im Wesentlichen keine erlernbare Führungsdimension darstellt, sondern individuelle tiefenpsychologische Muster voraussetzt. Der Glaube an die Über-

Vier Dimensionen von Führung: fachliche Kompetenz, soziale Kompetenz, charismatisch-transformatorische Kompetenz und hierarchisch-machtorientierte Kompetenz.

windbarkeit jedweder Schwierigkeiten und Hindernisse in einer Art und Weise, dass auch die Umgebung diese Annahme teilt, korrespondiert mit den individuellen narzisstischen Grundtendenzen von Führung.[177]

Transformationale Führung ist ein visionsorientierter Führungsansatz, der spezielle Eigenschaften eines Führers fokussiert. Er sollte in der Lage sein, Gefühle anzusprechen und bestehende Werte zu verändern. Transformationale Führung stellt eine echte Weiterentwicklung der bestehenden Führungstypologien dar, da zu den statischen Betrachtungselementen ein dynamischer Faktor hinzugekommen ist.

Transformationale Führung beschäftigt sich wieder stärker mit den Eigenschaften der Führungspersönlichkeit, nachdem viele Jahre die Führungspersönlichkeit selbst nicht in den Mittelpunkt der Betrachtung gerückt wurde. Gerade in Europa, und vor allem im deutschsprachigen Raum, dürfte das auch historische Gründe haben. Die Praxis zeigt jedoch klar ein anderes Bild. Eigenschaften, Einstellungen und damit produziertes Verhalten der einzelnen Führungspersönlichkeiten stellen einen wesentlichen Einfluss auf den praktizierten Führungsstil und damit – neben den systemimmanenten Kräften – auch auf die gesamte Kultur des Unternehmens dar.[178]

Transformationale Führung verändert Grundwerte, schafft neue Bedürfnisse und Identifikationen, arbeitet mit Symbolen und Metaphern und ordnet alles einer Vision unter.

Der transformationale Führer verändert Grundwerte, schafft neue Bedürfnisse, arbeitet mit Symbolen und Metaphern und ordnet alles seiner Vision unter. Er verändert damit die Spielregeln im Unternehmen. Damit steht die Sinnstiftung im Mittelpunkt.[179] Er sprengt bestehende Rahmen und bricht zu neuen Ufern auf. Transformationale Führung ist daher gerade bei revolutionären Veränderungsprozessen von besonderer Bedeutung.

In ihrer – oft auch nicht ungefährlichen – extremen Ausprägung geht transformationale Führung in charismatische Führung über, die eine hohe Gefolgschaft der Mitarbeiter generiert. Charismatische Führung ist Führung im Grenzbereich und stark von der jeweiligen Führungskraft sowie deren Einstellungen und Werthaltungen geprägt. Tiefenpsychologische Erklärungsansätze von Charisma führen diese Führungsform auf narzisstische Grundtendenzen der Führungspersönlichkeit zurück.[180]

Charisma ist also Grenzverhalten und zeichnet sich durch eine Überzeichnung der prototypischen Führungsmerkmale aus. So wird »engagiert« zu »leidenschaftlich« oder »sicher« zu »selbstbewusst« und »potent«. Diese Übersteigerung des Verhaltens wird als »soziale Dramatisierung« bezeichnet, die allerdings leicht in ein stigmatisiertes, also sozial unerwünschtes Verhalten umkippen kann. So wird aus »leidenschaftlich« »fanatisch« und aus »selbstbewusst« »überheblich«. Charismatisches Verhalten läuft daher immer Gefahr, in unerwünschtes Verhalten überzugehen und damit alle Wirkungen umzukehren. Charisma tritt aber nicht nur im Form von sozialer Dramatisierung, sondern auch in umgekehrter Richtung als soziale Reversion auf. Soziale Reversion ist die übertreibende, gegensätzliche prototypische Ausprägung von Führungsmerkmalen. So wird aus »engagiert«, »tolerant und gelassen« im Stigmatisierungsbereich »teilnahmslos und gleichgültig«.[181]

Charisma ist Grenzverhalten prototypischer Führungseigenschaften, das vom Stigmatisierungsverhalten eng begrenzt wird und daher permanent zu kippen droht.

Charisma ist ein Akt der Selbstdarstellung mit dem Ziel zu beeindrucken und damit den Eindruck des Inbegriffs von Führung zu repräsentieren. Zusätzliche Steigerungen rufen soziale Ablehnungen hervor. Charisma ist daher stets ein Balanceakt zwischen Durchschnittlichkeit und Exzentrik.

Die vierte Führungsdimension wird als hierarchisch-machtorientierte Kompetenz betitelt. Damit wird die Machtdimension von Führung beschrieben, die durch Über- und Unterordnung in der Lage ist, »Belohnungen« und »Bestrafungen« durchzusetzen. Diese formal-hierarchische Kompetenz wird einzelnen Personen in unterschiedlicher Ausprägung durch die Organisation selber zugebilligt und strukturell verankert.

Zusammenfassend kann man feststellen, dass sich die Führungsansätze von der Aufgabenorientierung und damit der fachlichen Kompetenz über die Mitarbeiterorientierung, also die soziale Kompetenz, hin zur visionsorientierten systemischen Kompetenz entwickelt haben.

Diese vier Dimensionen von Führung stellen weitgehend unabhängige Variablen dar.

Die Führungsdiskussion der letzten Jahrzehnte führte von der Aufgabenorientierung über die Mitarbeiterorientierung hin zur Visions- und Systemorientierung.

Transformationsorientierte Unternehmenskultur

Unternehmen mit einer starken und ausgeprägten Unternehmenskultur bringen nicht nur Vorteile durch gemeinsame Orientierung und Verhaltensmuster mit sich. Im Lichte der Unternehmenstransformation kann sich diese Tatsache auch als Hemmschuh erweisen. Eine starke Unternehmenskultur mit einem internalisierten Wertesystem ist in der Regel Veränderungs- oder Entwicklungsprozessen gegenüber resistent. Neue Orientierungen werden abgelehnt, Barrieren gegenüber Veränderungen aufgebaut, und eine Fixierung auf das traditionelle Erfolgsmuster steht im Mittelpunkt der Betrachtung. Im Rahmen des Kulturmanagements geht es heute immer mehr darum, eine transformationsorientierte Kultur zu fördern und zu etablieren.[183]

Es gibt Unternehmen, die über Transformation vereinfachende Kulturelemente verfügen. Einerseits ist dazu eine innere Unruhe nötig, die mit Visionen die Entwicklung und Veränderung des Unternehmens vorantreibt. Andererseits sind die Elemente Konfliktfähigkeit und Zusammengehörigkeit weitere wesentliche Bestandteile einer Veränderungskultur.[184]

Zusammengehörigkeitsgefühl und Konfliktfähigkeit gepaart mit einer kreativen Unruhe beschreiben eine veränderungsfreundliche Unternehmenskultur.

Transformationsprozesse sind durch das Aufeinanderprallen von stabilisierenden und veränderungswilligen Kräften im Unternehmen gekennzeichnet. Konflikte sind dabei unvermeidlich. Werden Konflikte im Unternehmen als störend und vermeidbar angesehen, so können sie nicht wirklich stattfinden und bleiben oft im Ansatz stecken. Erst eine offene und konstruktive Auseinandersetzung ermöglicht eine zielgerichtete Entwicklung und Veränderung. Je höher aber das Zusammengehörigkeitsgefühl im Unternehmen ausgeprägt ist, umso unmittelbarer können Konflikte ausgetragen werden, weil die Gewissheit gegeben ist, dass es dabei um eine sachliche Auseinandersetzung, also um das Ringen um die »richtige« Lösung geht und nicht um verdeckte Angriffe auf der persönlichen Ebene.

Letztlich ist für Entwicklungs- und Veränderungsprozesse auch eine kreative Unruhe im Unternehmen notwendig. Dazu gehören: ein permanentes Streben nach der zu erreichenden Vision, ein permanenter Drang, die Dinge besser zu machen sowie ein hoher Anspruch auf Professionalität – also eine Kultur, die Neuem aufgeschlossen gegenübersteht und bereit ist, experimentell auch Risiken einzugehen. In solchen Unternehmen entsteht eine transformationsorientierte Kultur, und bestehende Stabilitätsbarrieren können überwunden werden.

Die folgende Tabelle zeigt die wichtigsten Faktoren transformationsorientierter Unternehmenskultur:

Transformationsorientierte Unternehmenskultur	
aktiv	Suche nach Verbesserungen, Bewegungsdrang, unzufrieden mit der vorhandenen Situation; Freude daran, sich eigene Ansprüchen zu erfüllen
konfliktfähig	kritikfähig, Freude an neuen Lösungen
ergebnisorientiert	hohe Zielorientierung, laufende Überprüfung der gesetzten Maßnahmen
lernwillig	aufgeschlossen für Neuerungen; Bereitschaft, aus Fehlern zu lernen
professionell	hohes Know-how als Selbstverständlichkeit auffassen; Streben nach Spitzenleistungen

Tabelle 17: Elemente der Veränderungskultur

Letztlich muss aber auch die transformationsorientierte Unternehmenskultur einen Ausgleich zwischen Veränderung und Stabilität finden.

6.3 Systemische Zusammenhänge aus dem Blickwinkel des Kulturmanagements

In diesem Kapitel soll im Speziellen der systemische Zusammenhang zwischen der Differenzierungspolitik – Leistungs- versus Preisdifferenzierung – und den jeweiligen Führungsmustern beleuchtet werden. Im Rahmen der Differenzierungspolitik kann zwischen vier Ausprägungen unterschieden werden: klare Leistungsdifferenzierung, Leistungs- vor Preisdifferenzierung, Preis- vor Leistungsdifferenzierung und klare Preisdifferenzierung. Analog zu Abbildung 9 in Kapitel 3.4 »Strategische Marktdifferenzierung« zeigt die folgende Abbildung die Kategorisierung.

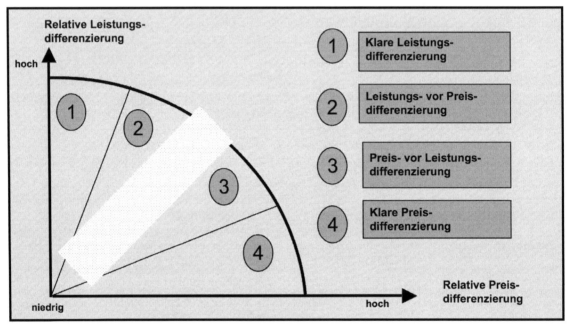

Abbildung 35: Kategorisierung der Marktdifferenzierung

Als weitere neue Situationsvariable soll eine Unterscheidung zwischen einer eher »kontinuierlichen Umfeldsituation« und einer eher »diskontinuierlichen Umfeldsituation« von Führung Berücksichtigung finden. Diese Unterscheidung beschreibt einerseits den Veränderungsbedarf in einem Unternehmen, der notwendig ist, um sich neuen Gegebenheiten anzupassen, und andererseits den Veränderungszeitraum, der dafür zur Verfügung steht. Es kann zwischen evolutionären Entwicklungs- und revolutionären Veränderungsprozessen unterschieden werden. Einerseits lässt sich diese Unternehmenssituation an einzelnen Branchen festmachen: So sind Banken eher auf eine kontinuierliche Unternehmensentwicklung ausgerichtet, während IT-Unternehmen eher mit diskontinuierlichen Unternehmenssituationen konfrontiert sind. Andererseits sind auch die einzelnen Entwicklungsphasen eines Unternehmens – Gründungs- und Pionierphase, Wachstumskrise, Organisationsphase et cetera – in dieser Hinsicht unterschiedlich geprägt. So sind beispielsweise Pionierphasen und Wachstumskrisen eher durch eine diskontinuierliche Unternehmensentwicklung gekennzeichnet, während die Organisationsphase eher auf Kontinuität ausgerichtet ist.

Die folgende Abbildung formuliert als Thesen die idealtypischen Ausprägungen der vier Führungsdimensionen in den acht typischen Kontexten von Führung. Im folgenden Modell repräsentiert die Fläche, die zwischen den einzelnen Führungslinien entsteht, die Intensität von Führung in den jeweiligen Dimensionen. Die Thesen sind analog zum Reifegrad-Modell nach Hersey/Blanchard formuliert.[185]

3 = geringe Ausprägung
2 = mittlere Ausprägung
1 = hohe Ausprägung

	Klare Leistungsdifferenzierung	Leistungs- vor Preisdifferenzierung	Preis- vor Leistungsdifferenzierung	Klare Preisdifferenzierung
Diskontinuierliche Umfeldsituation	Transformatorische Führung	Transformatorisch-beziehungsorientierte Führung	Transformatorisch-integrative Führung	Charismatisch-autoritäre Führung
Kontinuierliche Umfeldsituation	Delegationsmanagement	Beziehungsmanagement	Integrationsmanagement	Autoritäres Fachmanagement

Abbildung 36: Thesen im Zusammenspiel zwischen Differenzierungspolitik und Führungsmuster

Führungsmuster in der Leistungsdifferenzierung

Im Segment der »klaren Leistungsdifferenzierung« – Beispiel: Forschungsinstitut – sind die Mitarbeiter gut ausgebildet. Hier sind Spezialisten am Werk, die wenig fachliche Führung brauchen und in der Regel über eine hohe Eigenmotivation verfügen. Daher steht auch die soziale Kompetenz von Führung nicht im Vordergrund. Hierarchisch-machtorientierte Führung ist bei diesen Unternehmenstypen kulturell eher hinderlich als förderlich. Führung kann sich in diesem Kontext bei kontinuierlicher Umfeldsituation – etwas überspitzt formuliert – auf die Gestaltung optimaler Rahmenbedingungen reduzieren. Wir wollen in diesem Zusammenhang von einem »Delegationsmanagement« sprechen. Bei diskontinuierlicher Unternehmenssituation scheint die Verstärkung der Dimension einer »transformatorischen Führung« angebracht zu sein.

Im Segment der »Leistungs- vor Preisdifferenzierung« – Beispiel: Anlagen-Projektgeschäft – sprechen wir in einem kontinuierlichen Umfeld von »Beziehungsmanagement« und von einem »transformatorisch-beziehungsorientierten Führungsstil« bei diskontinuierlichem Umfeld. Auch hier haben die Mitarbeiter Spezialistencharakter und brauchen eher wenig fachliche Führung. Die zunehmende Forderung nach Effizienzorientierung in diesem Segment postuliert eine hohe soziale Kompetenz von Führung.

Führungsmuster in der Preisdifferenzierung

In preisdifferenzierten Segmenten steht die Effizienzorientierung vor der Innovationsorientierung. Je stärker die Preisdifferenzierung ausgeprägt ist, umso geringer ist in der Regel der Ausbildungsgrad beziehungsweise der »Reifegrad« der Mitarbeiter. Umso deutlicher müssen deshalb die Aufgabenorientierung in der Führung und damit die fachliche Kompetenz in der Führung ausgeprägt sein. Auch ist in diesen Segmenten ein hohes Maß an hierarchisch-machtorientierter Führung notwendig. Wir sprechen daher in diesem Zusammenhang je nach Unternehmenssituation von »autokratischem Fachmanagement« beziehungsweise in diskontinuierlichem Umfeld von »charismatisch-autokratischer Führung«. Im Segment »Preis- vor Leistungsdifferenzierung« sind alle Führungsdimensionen stark ausgeprägt. Im kontinuierlichen Umfeld kann die transformatorische Dimension von Führung zurückgenommen werden. Hier gilt es, die dominierende Effizienzorientierung mit der notwendigen Innovationsorientierung optimal zu verbinden. Wir sprechen von »transformatorisch-integrativer Führung« beziehungsweise von »Integrationsmanagement«.

An dieser Stelle sei nochmals darauf hingewiesen, dass diese Ausführungen den Charakter von Thesen haben, die aus einzelnen Praxisfällen abgeleitet wurden, allerdings einer wissenschaftlichen Überprüfung noch standhalten müssen.

Negative Führungsmuster

Abschließend sollen etwaige negative Ausprägungen von Führung, die in der Praxis häufig beobachtbar sind, dargestellt werden. Die folgende Abbildung zeigt die negativen Tendenzen von Führung bei diskontinuierlicher und kontinuierlicher Umweltsituation. Diskontinuierliche Unternehmensentwicklung heißt: Charisma kann als Grenzverhalten definiert werden, das sich durch eine Überzeichnung der prototypischen Führungsmerkmale auszeichnet. Dieses übersteigerte Verhalten hat aber immer die latente Gefahr in sich zu kippen; so wird aus »leidenschaftlich« »fanatisch« und aus »selbstbewusst« »überheblich«. Diese narzisstischen Grundtendenzen von Führung in Verbindung mit hoher formaler Machtausübung lassen auf der sachlichen Ebene potenzielle Risiken der Unternehmensentwicklung unbeachtet beziehungsweise drängen diese kraftvoll in den Untergrund. Sie sind aufgrund der fehlenden sozialen Kompetenz gegenüber den Mitarbeitern in der Umsetzung der eigenen Ziele rücksichtslos. Die latente Gefahr von charismatisch-transformatorischer Führung liegt also in der Dominanz dieser Führungsdimension, die durch hierarchische Machteingriffe unterstützt wird. Weder aufgaben- noch mitarbeiterorientierte Dimensionen werden betrachtet, sondern nur die eigene Vision wird als »Religion« verkauft. Zuwiderhandeln und abweichendes Verhalten werden unmittelbar und drakonisch bestraft. Dieses Führungsmuster soll als »Heilsbringer« bezeichnet werden, was die gefährlichste Form von Führung darstellt, wie die Geschichte deutlich zeigt.

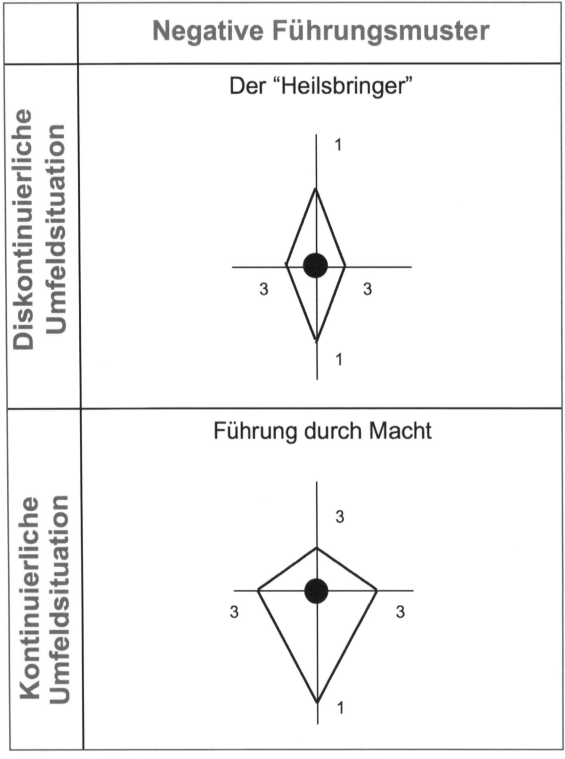

Abbildung 37: Situationsbezogene prototypische negative Führungsmuster

Die negative Entwicklungstendenz bei kontinuierlicher Unternehmensentwicklung, in der transformatorische Kompetenz nicht notwendig beziehungsweise nicht erwünscht ist, liegt darin, dass die Führung auch die notwendige fachliche beziehungsweise soziale Kompetenz vermissen lässt. Dies kann aus Unfähigkeit oder Bequemlichkeit geschehen und dann, wenn Führung nur noch auf hierarchisch-machtorientierter Kompetenz beruht. Dieses Führungsmuster soll als »Führung durch Macht« bezeichnet werden. Es ist die ineffizienteste Form von Führung und läuft latent Gefahr, in die Inkompetenz zu versinken, wenn sich eine der drei nur schwach ausgeprägten Führungsdimensionen zu sehr dem »Nullpunkt« nähert.

7 Prozess der Strategieentwicklung

Der Prozess der Strategieentwicklung verläuft nicht von oben nach unten, sondern bewegt sich in Schleifen. Die einzelnen Schritte müssen so oft durchlaufen werden, bis eine in sich geschlossene, logisch-konsistente Gesamtstrategie entsteht. Die innere Widerspruchsfreiheit der strategischen Positionierung eines Unternehmens ist in der Regel der entscheidende Punkt des gesamten Gestaltungsprozesses. Damit bekommt das Unternehmen eine klar erkennbare Kontur, die sowohl nach außen als auch nach innen kommunizierbar ist. Ist die Unternehmensstrategie für einen Außenstehenden nicht leicht begreiflich, so ist die These zulässig, dass die Strategie in sich nicht ausreichend geschlossen und konsistent ist. Damit kann die notwendige Ordnungs- und Entwicklungsfunktion im Unternehmen nicht erfüllt werden.

Der Strategieentwicklungsprozess durchläuft im Wesentlichen drei Phasen. In der ersten Phase geht es um eine strategische Diagnose der Ausgangssituation, in der einerseits eine Unternehmensanalyse und andererseits eine Umweltanalyse durchgeführt werden müssen. Beide Analysebereiche können sowohl auf einer sach-rationalen als auch auf einer soziokulturellen Ebene erreicht werden. Nur so sind die Zusammenhänge erkennbar, und dies ist die Voraussetzung, um zu einer gesamthaft-systemischen Diagnose der Ausgangssituation zu kommen. In der zweiten Phase werden die Strategien sowohl auf der Ebene des Gesamtunternehmens als auch auf der Ebene der einzelnen strategischen Geschäftsfelder formuliert. Letztlich muss die erarbeitete Strategie implementiert und umgesetzt werden.

Die folgenden Abbildungen zeigen den idealtypischen Verlauf eines geplanten Strategieentwicklungsprozesses.

Die drei Phasen der Strategieentwicklung: Erstens die systemische Diagnose der strategischen Ausgangssituation, zweitens die strategische Positionierung und Strategieformulierung und drittens die Strategieimplementierung und deren Umsetzung.

Prozess der Strategieentwicklung

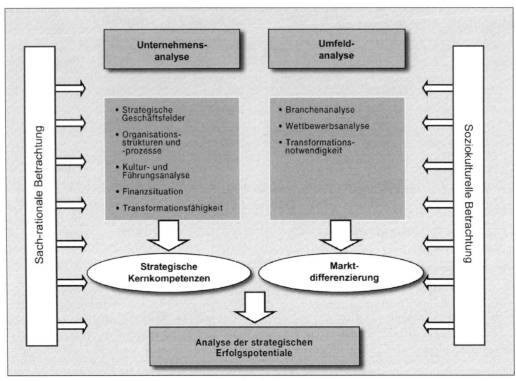

Abbildung 38: Systemische Diagnose der Ausgangssituation

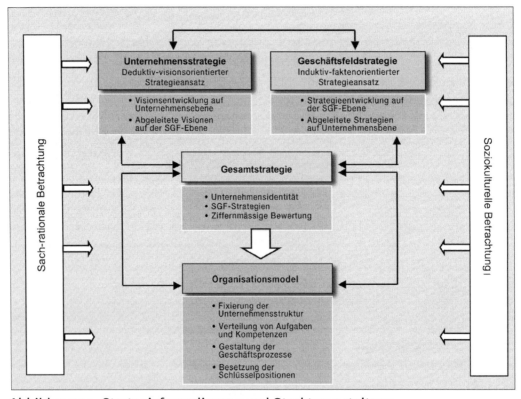

Abbildung 39: Strategieformulierung und Strukturgestaltung

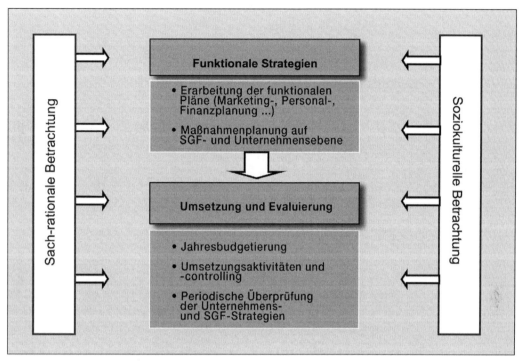

Abbildung 40: Implementierung

7.1 Systemische Diagnose der strategischen Ausgangssituation

In der ersten Phase der systemischen Diagnose bei einer strategischen Ausgangssituation werden einerseits eine Unternehmensanalyse und andererseits eine Umfeldanalyse durchgeführt. In der Unternehmensanalyse geht es um die Beurteilung der Unternehmensidentität sowie der bestehenden strategischen Geschäftsfelder, der bestehenden Organisationsstruktur sowie der wesentlichen Geschäftsprozesse. Es geht aber auch um die Führungs- und Unternehmenskultur. Des Weiteren muss die Fähigkeit im Unternehmen, Veränderungen und Entwicklungen zu initiieren und zu gestalten, analysiert werden; das heißt, die Transformationsfähigkeit muss bestimmt werden. Naturgemäß ist auch eine umfassende Analyse der Finanzsituation unumgänglich, und zwar sowohl der Ergebnisbeitrag der jeweiligen strategischen Geschäftsfelder als auch die bestehende Liquiditätssituation auf Gesamtebene. Die Umfeldanalyse beschäftigt sich dagegen mit der Branchen- und Wettbewerbssituation des Unternehmens und beleuchtet darüber hinaus die Transformationsnotwendigkeiten.

Ein wesentliches Ergebnis aus der Unternehmensanalyse ist die Bestimmung und Beurteilung der strategischen Kernkompetenzen sowie die Überprüfung, inwieweit die angebotenen Produkte und Leistungen auf diesen Kernkompetenzen aufbauen. Denn nur unter dieser Voraussetzung ist die Basis für strategische Erfolgspotenziale, die auch nachhaltig im Unternehmen wirken, gegeben.[186] Ein zentrales Ergebnis aus der Umfeldanalyse ist dagegen die Beurteilung der Marktdifferenzierung und die Ableitung der kritischen Markterfordernisse, also welche Markt- und Kundenbedürfnisbündel sind vom Unternehmen zu erfüllen, um nachhaltig in diesem Marktsegment reüssieren zu können. Letztlich müssen beide Elemente, also die strategischen Kernkompetenzen und die kritischen Markterfordernisse, auf ihr Deckungsniveau überprüft werden, um damit die strategischen Erfolgspotenziale beurteilen zu können.

Wie bereits einleitend festgestellt, ist ein Unternehmen ein komplexes soziales System, dessen Elemente auf das Engste miteinander verknüpft sind und die sich gegenseitig beeinflussen. Eine Intervention in einem spezifischen Bereich löst daher in der Regel mehr oder minder starke Reaktionen im Gesamtsystem aus.[187] Demzufolge müssen sich die einzelnen Elemente der strategischen Unternehmensführung miteinander in einem dynamischen Gleichgewicht befinden, um eine zielgerichtete Kraft zu erzeugen. Alle Elemente müssen so konzipiert sein, dass sie sich ergänzen, gegenseitig fördern und nicht behindern oder gar lahmlegen. Es nutzt also keine noch so gute Strategie, wenn die Unternehmensstruktur so verknöchert ist, dass Entscheidungen und Lernprozesse nicht möglich sind oder auf der soziokulturellen Ebene eine tiefe Demotivation das kennzeichnende Element der Unternehmenskultur ist.

Alle Elemente der strategischen Unternehmensführung müssen in einem dynamischen Gleichgewicht sein, damit eine zielgerichtete Entwicklungskraft im Unternehmen entsteht.

Es gilt daher, die gegenseitigen Beeinflussungen bei den einzelnen Elementen der strategischen Unternehmensführung herauszuarbeiten, darzustellen und gegebenenfalls gleichzurichten. Am besten macht man das in der Diagnosephase und in einer Art Netzwerkdiagramm.

7.2 Strategieformulierung

Gerade der Prozess der Strategieformulierung ist nicht nur ein logisch-analytischer Vorgang, sondern vor allem auch ein intuitiv-kreativer Akt. Es gilt, beide Betrachtungsebenen miteinander zu verbinden, um zu einer effektiven und systemisch-stimmigen Unternehmensstrategie zu kommen. Auch das menschliche Gehirn denkt in zwei Sphären, in einer linken, digitalen Hemisphäre, in der Sprache, Schreiben, Rechnen und Lesen beheimatet sind, und in einer rechten, analogen Hemisphäre, in der die Wahrnehmungen sowie das Erfassen von Ganzheit und Bildern beheimatet sind.[188] In unserer betrieblichen Praxis wird die rechte Gehirnhälfte eher vernachlässigt, was zu logisch-analytischen Unternehmensprozessen und -entscheidungen führt, die aber nicht ausreichend ganzheitlich und systemisch abgesichert sind. Gerade im Bereich der Strategieentwicklung ist es notwendig, beide Elemente gleichrangig einzusetzen. Speziell die Entwicklung von Visionen ist ein Vorgang, der nicht primär analytisch und logisch zu bewältigen ist, sondern fast ausschließlich der rechten Hemisphäre zuzuordnen ist. Hier spielen Wünsche, Hoffnungen und Erwartungen eine große Rolle. Visionen werden daher auch oft in der Form von »Zukunftsbildern« des Unternehmens entwickelt.[189]

In diesem Schritt des Strategieentwicklungsprozesses erfolgt die Synthese aus der Unternehmensvision[190] – also dem deduktiv-visionsorientierten Ansatz, der primär das Gesamtunternehmen betrachtet – und der Strategieentwicklung auf der Ebene der einzelnen Geschäftsfelder – dem induktiv-faktenorientierten Ansatz. Erst damit wird es möglich, eine Gesamtstrategie auf der Unternehmensebene und innerhalb dieser die einzelnen strategischen Geschäftsfelder zu formulieren.[191]

Die Entwicklung der Unternehmensstrategie darf nicht nur auf einer sach-rationalen Ebene erfolgen, son-

Strategieentwicklung setzt eine gleichrangige Betrachtung der deduktiv-visionsorientierten als auch der induktiv-faktenorientierten Elemente voraus.

dern muss auch unter soziokulturellen Gegebenheiten betrachtet werden. Dies zeigt sich in der Praxis ganz deutlich, da auch die Strategieformulierung meist ein stark emotionaler Akt ist und mit Einstellungen und Werthaltungen zu tun hat.

Unternehmensstrategie – Deduktiv-visionsorientierter Strategieprozess

Die Erarbeitung der Unternehmensstrategie ist der deduktiv-visionsorientierte Ansatz zur Strategieentwicklung, bei dem die Kreativität des Managements gefordert ist. Durch diesen analogen Zugang der Strategieentwicklung wird auch die »Anschlussfähigkeit« zu der bestehenden strategischen Orientierung des Unternehmens gesichert und an das Erfahrungswissen des Unternehmens angeschlossen.

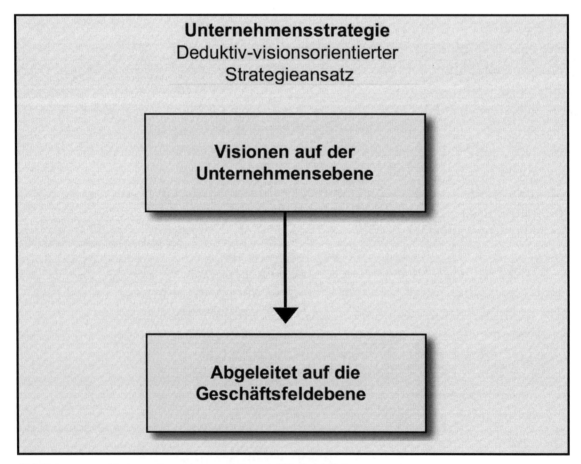

Abbildung 41: Unternehmens- und Geschäftsfeldvisionen

Konkret wird in einem ersten Schritt eine Unternehmensvision erarbeitet. Davon werden erste Visionen auf die Geschäftsfeldebene abgeleitet, wobei folgende grundsätzliche Fragestellungen im Mittelpunkt der Betrachtung stehen:
- Welche strategischen Geschäftsfelder sollen forciert werden und in welcher Form?
- Welche strategischen Geschäftsfelder müssen zurückgenommen werden?
- Gibt es Ideen für neue strategische Geschäftsfelder?
- Wie sollen die Dimensionen zwischen den einzelnen strategischen Geschäftsfeldern sein?

Geschäftsfeldstrategie – Induktiv-faktenorientierter Strategieprozess

Dieser Abschnitt über die geplante Strategieentwicklung geht von Fakten aus, hat damit einen engen Zusammenhang zu den Analysedaten und stellt sozusagen den »Gegenpol« zur Visionsdiskussion dar. Jetzt werden die einzelnen Geschäftsfelder des Unternehmens betrachtet und auf dieser Ebene Strategien entwickelt. Aus der Summe der einzelnen Geschäftsfeldstrategien wird eine Strategie auf der Unternehmensebene abgeleitet. Während der visionäre Ansatz analogorientiert ist, hat diese Vorgehensweise einen digitalen Charakter. Sie ist stark zahlenorientiert und geht primär von analytischen Überlegungen aus.

Prozesshaft gesehen ist es zwingend notwendig, zuerst den kreativ-intuitiven Teil zu erarbeiten und im nächsten Schritt den faktenorientierten, da sonst die notwendige Kreativität für den ersten Ansatz verloren geht. In der Praxis werden oft getrennte Arbeitsgruppen eingesetzt, die parallel arbeiten.

Gesamtstrategie

Die Gesamtstrategie ist mehr als die Summe der einzelnen strategischen Geschäftsfelder und verbindet die

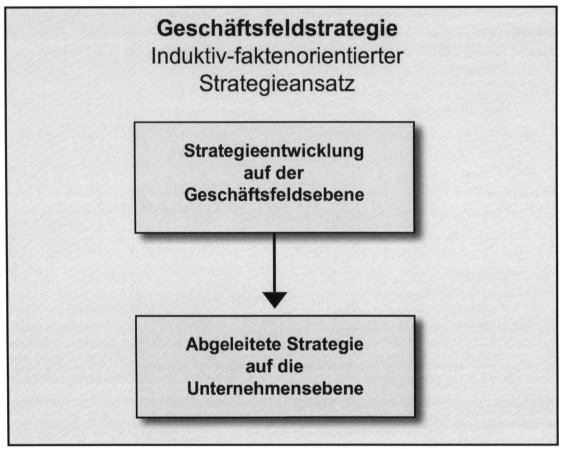

Abbildung 42: Geschäftsfeldstrategien und abgeleitete Unternehmensstrategie

Deduktiv-visionsorientierte und induktiv-faktenorientierte Strategieansätze sind zur Deckung zu bringen, um eine abgestimmte Gesamtstrategie zu generieren.

Unternehmensidentität mit den konkreten strategischen Geschäftsfeldern. Daher müssen die deduktiv-visionsorientierten und die induktiv-faktenorientierten Strategieansätze zur Deckung gebracht werden; in der Praxis sind dafür intensive Abstimmungsprozesse notwendig. Die strategischen Geschäftsfelder und die Unternehmensstrategie beeinflussen sich gegenseitig und sind daher nur als gemeinsames vernetztes Produkt zu verstehen.[192]

Darüber hinaus ist es unumgänglich, die erarbeiteten Strategieansätze einer zahlenmäßigen Überprüfung zu unterziehen. Unternehmensstrategie, strategische Geschäftsfelder und der Schritt der zahlenmäßigen Überprüfung sind so lange zu durchlaufen, bis daraus eine »sinnvolle Gesamtstrategie« entsteht. Die formulierte Gesamtstrategie wird damit auf ihre Realisierbarkeit überprüft.[193] Dazu ist es notwendig, auf der Ebene der einzelnen strategischen Geschäftsfelder Umsatz-,

Erlös- und Kostenstrukturen abzubilden, die auf der Unternehmensebene verdichtet werden. Dabei ist nicht bilanzmäßige Genauigkeit, sondern planerische Größenordnung gefordert. In der Regel ist es erforderlich, das Rechenmodell so zu gestalten, dass die einzelnen Variablen wie Mengen- und Preiseinheiten veränderbar sind, um damit einzelne Alternativen darstellen zu können. Damit lassen sich auch die sensiblen, systemkritischen Faktoren besser erkennen.

In der Regel zwingt dieser Abstimmungsprozess zu notwendigen Anpassungen sowohl auf der Unternehmensebene als auch auf der Ebene der strategischen Geschäftsfelder. Dieser Abschnitt der Gesamtstrategieentwicklung ist nicht nur eine Summierung der bisherigen Erkenntnisse, sondern stellt in sich wieder einen kreativen Akt der Gestaltung dar. Oft werden in der Praxis jetzt noch neue strategische Geschäftsfelder »geboren« und andere wieder verworfen.

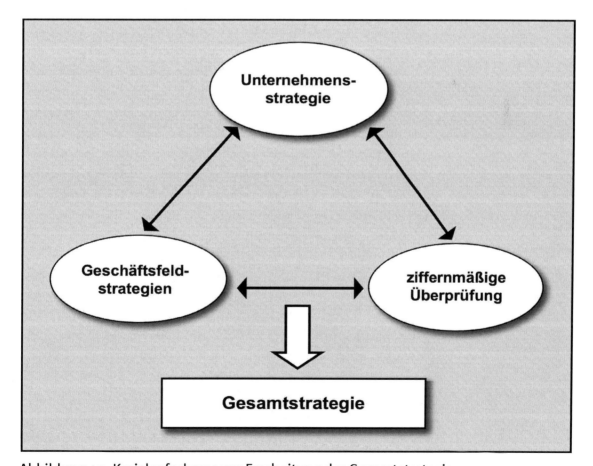

Abbildung 43: Kreislaufschema zur Erarbeitung der Gesamtstrategie

7.3 Gestaltung der Organisationsstrukturen

Die Gestaltung der Organisation im Rahmen des strategischen Transformationsprozesses ist eine kritische Phase, denn in dieser Phase werden die bestehenden Macht- und Einflussstrukturen verändert.

Die kritische Phase der Strategieentwicklung ist die Anpassung der Organisationsstrukturen an die definierten Strategien des Unternehmens. Hat der bisher beschriebene Prozess in der Diagnosephase und der strategischen Positionierung vorwiegend einen intellektuellen Charakter, geht es jetzt um konkrete und für jedermann spürbare Veränderungen im Unternehmen, da sich Aufgaben- und Verantwortungsbereiche der Führungskräfte und Mitarbeiter im Unternehmen verschieben. Dies bedeutet auch eine Neustrukturierung der Macht- und Einflussverhältnisse. Damit wird den handelnden Personen unmittelbar bewusst, dass der Prozess der Strategieentwicklung auch eine konkrete Veränderung für die einzelnen Mitarbeiter im Unternehmen bedeutet. Es kann dabei nicht nur Gewinner geben, und in extremen Fällen ist es manchmal notwendig, personelle Veränderungen vorzunehmen, indem der eine oder andere Manager das Unternehmen verlassen muss. In welcher Art und Weise dies passiert, ist eine Frage der bestehenden Unternehmenskultur.

Die Unternehmensstruktur muss die gewählte Strategie unterstützen und mit ihr in Einklang stehen. Folgende strukturelle Optionen müssen entschieden werden: Gliederungsprinzip der Organisation, Wichtigkeit der einzelnen Aufgaben und deren hierarchische Positionierung, Anzahl der Führungsebenen, Delegationsgrad von Verantwortung und Entscheidung, Standardisierungs- und Formalisierungsgrad sowie die personelle Besetzung der Schlüsselpositionen.

Die Entscheidung über das Gliederungsprinzip der Organisationsstruktur muss einerseits durch das Stärken- und Schwächenprofil der bestehenden Struktur beeinflusst werden und andererseits die strategischen Schwerpunkte bestmöglich unterstützen. Ein Unternehmen mit einer funktionalen Organisationsstruktur wird beispielsweise eine objektorientierte Neustrukturierung nach Kundengruppen vornehmen müssen, wenn als zentrale Schwächen zu langsame Entscheidungsprozesse und eine mangelnde Kundenorientierung erkannt wurden.

Die Wichtigkeit der einzelnen Aufgabenbereiche muss sich in ihrer hierarchischen Positionierung niederschlagen. Gerade in Unternehmen, die an strategischen Geschäftsfeldern orientiert sind, spiegelt sich die strategische Wichtigkeit der einzelnen Geschäftsfelder in ihrer hierarchischen Fixierung. So können mehrere strategische Geschäftsfelder in einem Bereich zusammengefasst sein, während ein anderes strategisches Geschäftsfeld für sich einen eigenen Bereich bildet. Dass in diesem Zusammenhang nicht nur sach-rationale Argumente eine Rolle spielen, liegt auf der Hand.

Auch die Anzahl der Führungsebenen ist eine sehr heikle Frage, da damit ganz massiv in die bestehenden Macht- und Einflussstrukturen eingegriffen wird. Diese Prozesse sind ohne Hilfe eines externen Beraters kaum lösbar und erfordern eine hohe soziale Kompetenz.

Erst das Ausmaß an Delegation von Verantwortung und Entscheidung regelt und verteilt die tatsächlichen Machtverhältnisse in einem Unternehmen und hat konkrete Auswirkungen auf die Unternehmenskultur. Eine Position, beispielsweise auf der zweiten Führungsebene eines großen Unternehmens, bringt zwar Prestige und ein hohes Gehalt mit sich, sagt aber a priori noch nichts über deren Machtposition aus. Die durchaus gängige Praxis, »unbeliebte« Manager »hinaufzubefördern« und sie mit zusätzlichem Prestige auszustatten, ihnen aber kaum Kompetenzen zu übertragen, illustriert diese Zusammenhänge.

Der Standardisierungs- und Formalisierungsgrad einzelner Arbeitsprozesse muss ebenfalls in dieser Projektphase diskutiert, entschieden und gestaltet werden. Im Zusammenhang damit steht auch das Ausmaß der Arbeitsteilung im Unternehmen.

Von ganz entscheidender Bedeutung ist im Rahmen der Strukturdiskussion die Besetzung der sogenannten Schlüsselpositionen. Alle in diesem Zusammenhang getroffenen Kompromisse schwächen das Unternehmen und damit die Realisierung der Unternehmensstrategie ganz wesentlich. Die Form sowie Art und Weise, wie diese Entscheidungen getroffen werden, ist ein Maßstab für die herrschende Unternehmenskultur.

In all den genannten Punkten, die für die Gestaltung der Unternehmensstruktur relevant sind, zeigt sich deutlich, dass nicht nur die sach-rationale, sondern vor allem auch die soziokulturelle Ebene bei den zu treffenden Entscheidungen angesprochen ist. Nicht selten werden in dieser Phase individuelle berufliche Entwicklungen des Einzelnen ganz entscheidend beeinflusst. Die Gestaltung der Prozessebene muss darauf Rücksicht nehmen und eine Antwort auf potenzielle Konflikte und Widerstände wissen. Wer wird in welchem Ausmaß und in welcher Art und Weise in die Entscheidungen eingebunden? Wie werden potenzielle Problemfälle behandelt? Wie wird das Informationsmanagement gestaltet? Dies und vieles mehr gilt es, im Rahmen des Transformationsprozesses zu entscheiden und zu gestalten.

7.4 Strategie- und Strukturimplementierung

Wenngleich der intellektuelle Teil der Strategieentwicklung zu Beginn der Strategieimplementierung bereits abgeschlossen ist, beginnt mit der Implementierung eine ganz einschneidende Phase. Jetzt zeigt sich, ob der Transformationsprozess bisher ausreichend initiiert, gestaltet und gesteuert wurde. Die meisten strategischen Entwicklungsprozesse scheitern erst in dieser Phase. Die besten Konzepte werden manchmal nicht umgesetzt, da der Veränderungswiderstand zu groß und es sehr schwierig ist, zu diesem Zeitpunkt bereits begangene Fehler in der Prozessgestaltung wieder gutzumachen. Aber ohne Implementierung war der gesamte Strategieentwicklungsprozess nicht nur vergeudete Energie, sondern lässt auch ein hohes Maß an Frustration entstehen.

Ist der Transformationsprozess aber ausreichend gestaltet und gesteuert worden, so zeigt sich im Unternehmen ein Klima, bei dem letztlich die veränderungswilligen Kräfte die Oberhand behalten und auch die strukturelle Neupositionierung des Unternehmens umgesetzt werden kann.

Die Strategieimplementierung besteht im Wesentlichen aus drei Schritten.

Gestaltungselemente der Organisationsstruktur sind: Gliederungsprinzipien, Anzahl der Führungsebenen, Delegations-, Standardisierungs- und Formalisierungsgrad sowie die personelle Besetzung der Schlüsselpositionen.

- Erarbeitung funktionaler Pläne
- Konkrete Umsetzung dieser Pläne
- Laufende Evaluierung der strategischen Positionierung des Unternehmens

Die Erarbeitung der funktionalen Pläne dient der Konkretisierung der Strategien. In dieser Phase der Strategieentwicklung ist das operative Management aufgefordert, alle notwendigen Maßnahmen zu planen und zu konzipieren, die zur Umsetzung der Unternehmens- und Geschäftsfeldstrategien aus ihrer funktionalen Sicht notwendig sind. In der Regel reicht der Bogen von der Marketing-, Produktions- und Beschaffungsplanung bis hin zur Personal- und Finanzplanung und letztlich der Informatikplanung.

Nach Erstellung der einzelnen funktionalen Pläne wird ein konkreter Umsetzungsplan erarbeitet. Jetzt werden einzelne Detailmaßnahmen – in der Form »Wer hat was bis wann zu erledigen?« – erstellt. Neben der Formulierung der Maßnahmenpläne wird auch ein detailliertes Umsetzungscontrolling eingerichtet, das den Fortschritt der Umsetzung überprüft. Damit können rechtzeitig Abweichungen im Realisierungsfortschritt erkannt und notwendige Gegensteuerungen vorgenommen werden. Die Strategieentwicklung ist nun in die letzte Phase getreten.

Die periodische Evaluierung der Strategieumsetzung einerseits und die Überprüfung der »Richtigkeit« dieser Strategie andererseits sind jetzt wichtig. Gerade in der Gegenwart sind die Veränderungsprozesse im Unternehmensumfeld so rasant und umfassend, dass eine laufende Evaluierung der strategischen Positionierung zu den wichtigsten Aufgaben der strategischen Unternehmensführung zählt.

Die Strategieimplementierung besteht aus der Erarbeitung der funktionalen Pläne, deren Umsetzung und deren laufender Strategieevaluierung.

Teil 2

Transformationsmanagement

8 Spektrum und Positionierung der Transformation

8.1 Formen der Transformation

Zwei Motivationsfaktoren bestimmen den Grad der Veränderung oder Entwicklung in komplexen sozialen Systemen: Angst oder Vision.[194] Durch beide Faktoren entsteht eine Spannung zwischen dem momentanen und einem wünschenswerten Zustand. Je größer diese Diskrepanz ist, umso größer ist die entstehende Spannung und umso leichter können Transformationsprozesse im Unternehmen initiiert und gesteuert werden. Viele Autoren sprechen in diesem Zusammenhang vom Ausmaß des Leidensdrucks. Es ist daher kein Zufall, dass Transformationsprozesse in Krisensituationen meist effizienter sind als in Situationen, in denen es dem Unternehmen gutgeht und die Bilanzen Gewinne ausweisen.

Versuchen wir das Thema etwas näher zu beleuchten.[195] Transformieren heißt umwandeln, umgestalten, umformen. Es geht also darum, einen bestimmten Zustand, in dem sich das Unternehmen befindet, in einen anderen zukünftigen Zustand beziehungsweise in eine andere Entwicklungsrichtung überzuführen. Beispiele sind: Eine neue strategische Ausrichtung ist aufgrund der veränderten Marktsituation notwendig geworden, die bestehenden Unternehmensstrukturen unterstützen nur noch unzureichend die formulierte Strategie; die Geschäftsprozesse sind nicht effizient gestaltet, ein aussagekräftigeres Controllingsystem ist erforderlich; die Motivation und Identifikation der Mitarbeiter ist in den letzten Jahren drastisch gesunken; die Konfliktpotenz-

Transformation, also Veränderung und Entwicklung, entsteht durch Angst oder Vision.

iale in der ersten Führungsebene hemmen nachhaltig die Unternehmensentwicklung; zwei Konzerngesellschaften müssen fusioniert werden und vieles mehr.[196] Es gibt also ein ganzes Spektrum von möglichen Unternehmenstransformationen. Daraus müssen Formen und Kategorien von Transformationsprozessen abgeleitet werden, um darauf aufbauend den Methodeneinsatz und das Prozessdesign definieren zu können.[197]

Letztlich sind Transformationsprozesse Kurskorrekturen beziehungsweise Kursveränderungen und versuchen durch gezielte Interventionen die systemimanente Entwicklungsrichtung zu beeinflussen.

Revolutionäre und evolutionäre Transformationsprozesse

Die grundlegende Unterscheidungsebene ist im Grad der Veränderung in einer bestimmten Zeiteinheit zu sehen. Es gibt schrittweise Transformationsprozesse, in denen über einen längeren Zeitraum Entwicklungsschritte gesetzt werden. In der Regel stellen sich bei dieser Vorgehensweise rasche Verbesserungen ein; man kommt jedoch über einen gewissen Grad der Veränderung nicht hinaus. Wir sprechen in diesem Zusammenhang von evolutionären Entwicklungsprozessen.[198] Demgegenüber stehen revolutionäre Veränderungsprozesse, bei denen in einem relativ kurzen Zeitraum, meist innerhalb einiger Monate, tief greifende Veränderungen im Unternehmen stattfinden. Die Radikalität der Veränderung ist die zentrale Unterscheidung zu evolutionären Entwicklungsprozessen.[199] In der Regel haben diese Veränderungsprozesse eine nachhaltige Auswirkung auf die einzelnen Faktoren der Unternehmensidentität. Wir unterscheiden somit zwischen Veränderung, also revolutionären Prozessen, und Entwicklung, also evolutionären Prozessen;[200] beide Formen haben in der Unternehmensrealität ihre Berechtigung. So ist beispielsweise ein Fusionsprozess nicht evolutionär gestaltbar.

Transformation unterscheidet revolutionäre Veränderungsprozesse und evolutionäre Entwicklungsprozesse.

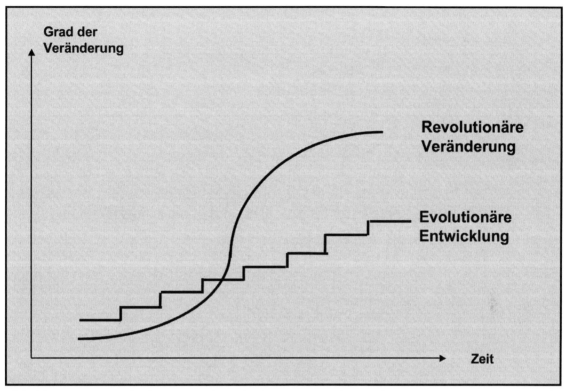

Abbildung 44: Revolutionäre und evolutionäre Transformationsprozesse[201]

Revolutionäre Veränderungsprozesse bieten die Chance, in relativ kurzer Zeit einen sehr tief gehenden Wandel zu erreichen; sie tragen aber auch ein relativ hohes Maß an Risiko in sich. Es müssen viele Aktivitäten gleichzeitig und rasch getan werden. In einem Fusionsprozess müssen neue Strukturen geschaffen werden – beispielsweise bei Entscheidungen über Führungspersonen –, da für eine Funktion oft zwei oder mehrere Führungskräfte vorhanden sind. Es müssen Strategien entwickelt, der Markt informiert, die Mitarbeiter beruhigt, die Rationalisierungspotenziale Gewinn bringend genutzt werden und vieles mehr. Das alles muss in relativ kurzer Zeit geschehen, um das »neue Unternehmen« wieder arbeitsfähig zu machen. Es muss also auf allen Ebenen gleichzeitig angesetzt werden, und teilweise sind widersprüchliche Zielsetzungen aufzulösen. In dieser Komplexität liegt – neben den meist nicht zu unterschätzenden Veränderungswiderständen – das Risiko von revolutionären Transformationsprozessen. Darüber hinaus müssen solche radikalen Veränderungen in der Regel gegen die herrschenden Systemkräfte im

Veränderungsprozesse: tief greifender Wandel bei hohem Risikopotenzial, Entwicklungsprozesse: geringerer Wandel bei niedrigerem Risikopotenzial.

Unternehmen – Menschen und Spielregeln – gestaltet werden.

Evolutionäre Entwicklungsprozesse[202] sind demgegenüber weit weniger risikobehaftet. Die Entwicklung geht schrittweise vor sich, und sie ist konsensorientierter; allerdings kann in der Regel kein so tief greifender Wandel erzielt werden. Oft ist dieser aber in der bestehenden Situation gar nicht notwendig, und manchmal eignet sich auch das Thema nicht dafür. So sind beispielsweise die Etablierung von neuen Führungsgrundsätzen oder die bereits erwähnten Personalentwicklungsmaßnahmen nur evolutionär zu gestalten. Einstellungen und Verhaltensweisen sind in der Regel nicht revolutionär zu verändern, sondern nur evolutionär zu entwickeln. Revolutionäre Ansätze würden das System nur verunsichern und die Entwicklung blockieren.

Im Folgenden sollen die wichtigsten Charakteristika von revolutionär orientierten Veränderungsprozessen und evolutionär orientierten Entwicklungsprozessen tabellarisch dargestellt werden.

	Evolutionäre Entwicklungsprozesse	**Revolutionäre Veränderungsprozesse**
Devise	Erhaltung und Verbesserung	Aufbruch und Neuerung
Erfolgskonzept	konventionelles Know-how, jeweiliger Stand der Technik	technologische Errungenschaften, neue Erfindungen und Theorien
Eignung	langsame Umweltveränderungen	rasche Umweltveränderungen
Effekt	langfristig und andauernd, aber undramatisch	kurzfristig, aber dramatisch
Tempo	kleine Schritte	große Schritte
zeitlicher Rahmen	kontinuierlich	diskontinuierlich
Erfolgschancen	hoch, da wenig Konfliktpotenzial	unbeständig, oft Abwehrhaltung der Betroffenen, hohes Konfliktpotenzial

Tabelle 18: Charakteristika von Entwicklungs- und Veränderungsprozessen[203]

In der Praxis zeigt sich also, dass es in der Unterscheidung zwischen veränderungs- und entwicklungsorientierten Transformationsprozessen nicht ein »Entweder-Oder« gibt, sondern ein situationsspezifisches »Sowohl-als-auch«.

In der Praxis ist situationsgerechter Einsatz von Veränderungs- und Entwicklungsprozessen notwendig.

> **Fallvignette 13: Fusionsprozess – Evolutionär statt revolutionär**
>
> In einer mittleren österreichischen Regionalbank, die vor mehr als drei Jahren aus der Fusion von zwei Lokalbanken entstand, konnten die bei der Fusion geplanten Kostensenkungspotenziale nicht einmal in Ansätzen umgesetzt werden. Im Gegenteil, es war eine Kostensteigerung zu verzeichnen.
>
> Nachdem die Lage eingehend untersucht wurde, stellte man fest, dass die Fusion zwar auf dem Papier vollzogen, aber sonst keine Integrationsschritte – zumindest keine wesentlichen – eingeleitet worden waren. So gab es nach wie vor zwei regional getrennte Buchhaltungsabteilungen, zwei Kreditverwaltungsabteilungen, zwei Kreditprüfungsstellen et cetera. Selbst der Vorstand war an zwei Orten lokalisiert, und der Name am Eingang der Bank war ebenfalls nicht verändert worden; angeblich, um die Kunden nicht zu verunsichern. Auf die Frage, warum es bis jetzt zu keinen Integrationsschritten gekommen war, war die Antwort des Vorstandes: »Wir wollten nicht zu viel Unruhe in die Mitarbeiterschaft bringen und hofften, dass die Organisation im Laufe der Zeit zusammenwachsen würde.«
>
> Ein klassischer Fall, bei dem anstelle eines revolutionär notwendigen Veränderungsprozesses ein evolutionärer Entwicklungsprozess gewählt worden war, der in dieser Situation naturgemäß zu keinen befriedigenden Ergebnissen führen konnte. Unternehmensfusionen sind vom Charakter her revolutionäre Prozesse – geht es doch um die Zerstörung alter und um das Finden neuer Identitäten. Sie können evolutionär nicht gestaltet, sondern nur behindert werden. Auch in diesem Fall blieb es nicht aus, drei Jahre nach der formalen Fusion durch eine revolutionäre Transformation auch eine De-facto-Fusion zu realisieren.

In der Vergangenheit, als die Unternehmen noch mit einer relativ geringen Umweltveränderung konfrontiert waren, wechselten Phasen der Stabilität mit Phasen der Veränderung und Entwicklung. Veränderung und Entwicklung wurden aber als Ausnahmesituation oder Fehler der Vergangenheit verstanden, und Ziel war es, die Stabilität weitgehend aufrechtzuerhalten.[201] Die folgende Grafik zeigt die Zusammenhänge.

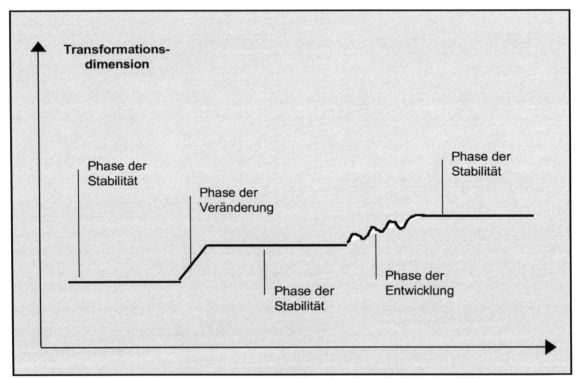

Abbildung 45: Transformationsprozesse bei geringer Umweltveränderung

Heute ist die Situation völlig anders. Die Umweltveränderungen sind so dramatisch, dass es im Unternehmen keine Stabilitätsphasen mehr gibt. Veränderungs- und Entwicklungsprozesse wechseln sich ab, und manchmal verlaufen beide parallel. Das, was in der Vergangenheit der Normalzustand war, die Stabilität, ist heute der Ausnahmezustand, und das gestrige »Krisenmanagement« ist heute tägliche Aufgabe des Managements. Entscheidend ist, dass die Unternehmen beginnen, diese Situation als den »Normalzustand« zu akzeptieren und nicht als krisenhaft anzusehen. In den heutigen Unternehmen ist Transformation somit eine Daueraufgabe der strategischen Unternehmensführung geworden, in der Veränderung und Stabilität gleichzeitig zu managen sind.

Transformation ist zu einer Daueraufgabe der strategischen Unternehmensführung geworden, in der Veränderung und Stabilität gleichzeitig zu managen sind.

In der folgenden Grafik sind Transformationsprozesse bei starker Umweltveränderung dargestellt.

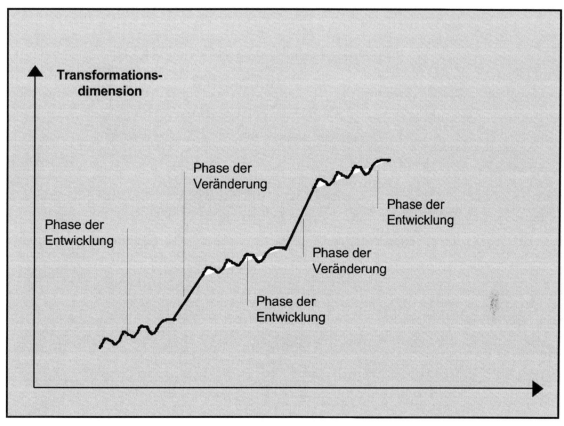

Abbildung 46: Transformationsprozesse bei starker Umweltveränderung[206]

Problem- und visionsorientierte Transformationsprozesse

Eine weitere Unterteilung von Transformationsprozessen ist motivationsorientiert. Es geht also um die Frage nach den Auslösern des Transformationsprozesses. Im Wesentlichen gibt es zwei Arten: problemorientierte oder visionsorientierte Transformationsprozesse, wobei die problemorientierten noch nach der zeitlichen Dimension in akute und zukünftige Problemsituationen unterteilt werden müssen. Diese grundsätzlichen Unterscheidungen haben eminente Auswirkungen auf die Gestaltung und Steuerung von Transformationsprozessen.

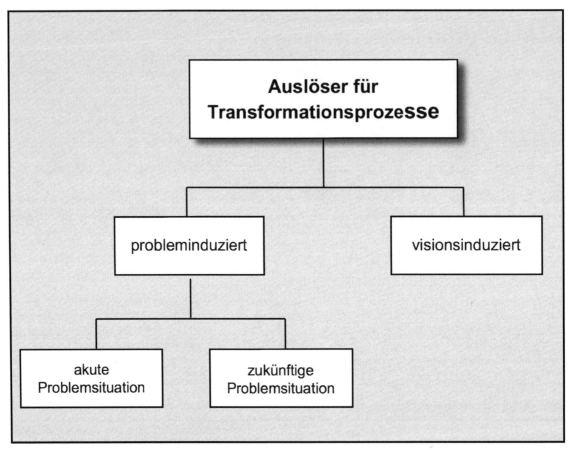

Abbildung 47: Transformationsmotive

Je akuter die Problemsituation, umso leichter ist die Initiierung und Umsetzung von Transformationsprozessen, und umso revolutionärer müssen sie ausfallen.

Wie bereits dargestellt, entsteht Transformation durch Angst oder Vision. In beiden Fällen entsteht eine Spannung zwischen der Ist- und der Soll-Situation. Je akuter und bedrohender die bestehende Problemsituation ist – je größer also der Leidensdruck –, umso leichter ist die Initiierung und Durchführung von Transformationsprozessen. Geht es dem Unternehmen heute noch gut, und stellt sich die Bedrohung erst in einer möglichen Zukunft dar, so ist zu Prozessbeginn für ein ausreichendes Problembewusstsein auf breiter Ebene zu sorgen. Optimistische Zukunftsprognosen sind an dieser Stelle fehl am Platz. Die Mehrzahl der Führungskräfte muss die zukünftige potenzielle Problemsituation erkennen und für ausreichend bedrohlich halten, sodass Transformation möglich wird.[208]

Die sicher schwierigste Form, Transformationsprozesse auszulösen, ist jene über Visionen. Die Unternehmenssituation ist in der Gegenwart in Ordnung; es sind keine zukünftigen essenziellen Bedrohungen sichtbar; die Spannung muss durch eine überzeugende und für die Mehrzahl anstrebenswerte Vision erreicht werden. Dies setzt einen hohen Einsatz an Kommunikation und Überzeugungskraft voraus. Jeder, der den Versuch unternommen hat, in Monopolbetrieben beziehungsweise Quasi-Monopolbetrieben einen Transformationsprozess zu initiieren und durchzuführen, kann über diese eminenten Schwierigkeiten berichten. Trotzdem ist die visionsgesteuerte Transformation das Ziel, da sie Veränderung und Entwicklung ohne Angst möglich macht.

Die Wahlmöglichkeit zwischen revolutionären und evolutionären Transformationsprozessen ist bei akuter Problemsituation oft nicht mehr möglich. Das bedeutet, dass das Unternehmen in dieser Situation, die bereits krisenhaft ist, auch den risikoreicheren Transformationsprozess wählen muss. Fehlschläge führen hier meist zum Untergang des Unternehmens.

Jeder Transformationsprozess ist gegen die herrschende Systemstabilität des Unternehmens gerichtet, oder, um es negativ zu formulieren, setzt Veränderungswiderstände der Systemkräfte frei. Je nach Art der Transformation variiert dieser Veränderungswiderstand. Abbildung 42 zeigt die Zusammenhänge.

Die schwierigsten Transformationsprozesse sind visionsorientierte, die in ihrer Radikalität einen revolutionären Veränderungsprozess notwendig machen. Obwohl es keine erkennbare Bedrohung für das Unternehmen gibt, wird ein tief greifender Wandel gefordert – beispielsweise zwei wirtschaftlich gesunde Unternehmen wollen fusionieren, um ihre Marktmacht zu steigern.

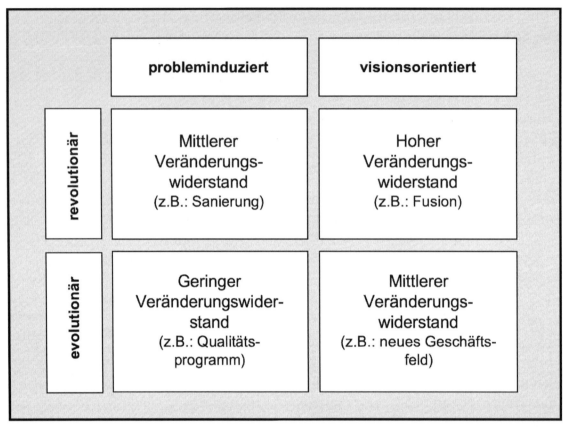

Abbildung 48: Zusammenhang zwischen Art der Transformation und Veränderungswiderstand

Sach-rational und soziokulturell orientierte Transformationsprozesse

Die sach-rationale und die soziokulturelle Unternehmensebene bilden eine weitere wichtige Unterscheidungsmöglichkeit von Transformationsprozessen. Während sich die sach-rationale Ebene im Unternehmen mit Zahlen und Fakten beschäftigt, fokussiert die soziokulturelle Ebene die Kommunikations- und Beziehungsmuster und stellt bestehende Macht- und Einflussstrukturen in den Mittelpunkt der Betrachtung. Selbstverständlich sind diese beiden Ebenen in der Realität nicht zu trennen, sondern fließen ineinander und bedingen sich gegenseitig; trotzdem gibt es Transformationsprozesse, die tendenziell primär die eine oder andere Ebene behandeln. Die Klärung von Konfliktsituationen versus die Etablierung eines aussagekräftigen Controllingsystems sei an dieser Stelle illustrierend genannt.

Auch diese Unterteilung hat Auswirkungen auf die Entscheidung über revolutionäre oder evolutionäre Transformationsprozesse.

Bei der Gestaltung von Transformationsprozessen in der Praxis ist es daher oft notwendig, sowohl revolutionäre als auch evolutionäre Prozesselemente aneinanderzureihen. Team- und Konflikttrainings vor dem Start eines umfassenden Veränderungsprozesses können diesen beispielsweise wirkungsvoll unterstützen und fördern. Ein anderes Beispiel wären umfassende Personalentwicklungsprogramme nach einem Fusionsprozess.

In der Praxis kommt es oft zu einer Aneinanderreihung von revolutionären und evolutionären Transformationsprozessen.

Top-down- und bottom-up-orientierte Transformationsprozesse

Eine immer wiederkehrende Frage ist, inwieweit Transformationsprozesse primär top-down – also von der Unternehmensspitze ausgehend – oder doch besser bottom-up – von der Mitarbeiterebene ausgehend – zu gestalten sind. Wenngleich in allen Formen der Transformation die aktive Unterstützung der obersten Führungsebene notwendig ist, also die Ziele der Transformation in der Regel vom Top-Management formuliert werden und die Umsetzung bottom-up gesteuert wird, so sind doch substanzielle Unterschiede erkennbar. In revolutionären Veränderungsprozessen reicht eine Zielvorgabe durch die oberste Führungsebene nicht aus; in diesen Fällen ist deren aktive Einbeziehung und Mitgestaltung eine unbedingte Voraussetzung für eine erfolgreiche Transformation, da die Radikalität der Veränderung in der Regel gegen die bestehenden Systemkräfte – Personen und Spielregeln – zu gestalten ist. So ist beispielsweise ein Fusionsprozess eine unmittelbare Aufgabenstellung der ersten Führungsebene und kann nicht delegiert werden. Andererseits können Personalentwicklungskonzepte sehr wohl auch bottom-up gesteuert werden.

Revolutionäre Transformationsprozesse müssen in der Regel gegen die herrschenden Systemkräfte gestaltet werden und setzen daher einen klaren top-down-orientierten Transformationsprozess voraus.

Naturgegeben sind in der Praxis keine scharfen Trennlinien zwischen top-down- und bottom-up-orientierten Transformationsprozessen zu ziehen; sehr wohl sind aber prinzipielle Unterscheidungen deutlich erkenn- und gestaltbar.

Positionierung der Transformation

Die entscheidende Frage ist, in welcher Situation welche Form des Transformationsprozesses optimal eingesetzt werden kann. Diese Frage ist allerdings nicht absolut zu beantworten. Allein die Beurteilung des jeweiligen Unternehmens in seiner ganz spezifischen Situation und seiner historischen Entwicklung kann hier Kategorisierungen vornehmen. So ist in der Praxis ein ähnlich gelagerter Transformationsprozess für das eine Unternehmen bereits ein revolutionärer Akt, wohingegen dies für ein anderes Unternehmen noch durchaus als evolutionärer Entwicklungsprozess gestaltbar ist. Je größer die Erfahrung mit Transformationsprozessen in einem Unternehmen ist, umso eher werden diese auch evolutionär erlebt und umgekehrt. Für Monopolbetriebe oder Unternehmen in geschützten Nischen ist hingegen fast jede Form der Veränderung ein revolutionärer Akt und daher auch als solcher zu gestalten.

Die folgende Darstellung zeigt die zwei Grundmuster von Transformationsprozessen – revolutionäre und evolutionäre Transformationsprozesse.

> **Die Frage, ob ein Transformationsprozess eher revolutionär oder evolutionär zu gestalten ist, kann nur unternehmensindividuell entschieden werden.**

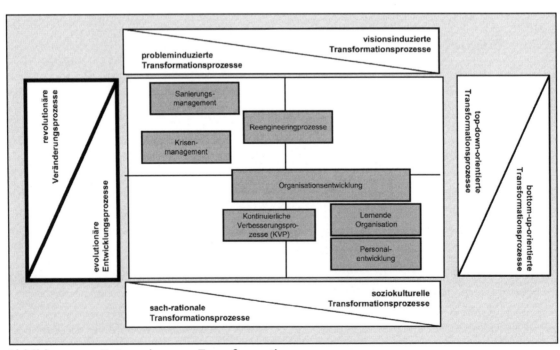

Abbildung 49: Kategorien von Transformationsprozessen

Analysiert man die oben dargestellten Kategorien von Transformationsprozessen, so zeigen sich zwei grundsätzliche Erscheinungsformen: Der revolutionäre Veränderungsprozess, der primär probleminduziert, sach-rational fokussiert und top-down-orientiert ist, sowie der evolutionäre Entwicklungsprozess, der primär visionsorientiert induziert, soziokulturell fokussiert und bottom-up-orientiert ist.

Abbildung 50 zeigt die zwei grundsätzlichen Muster von Transformationsprozessen.

Revolutionäre Veränderungsprozesse sind probleminduziert sach-rational und top-down-orientiert. Evolutionäre Entwicklungsprozesse sind visionsorientiert, soziokulturell und bottom-up-orientiert.

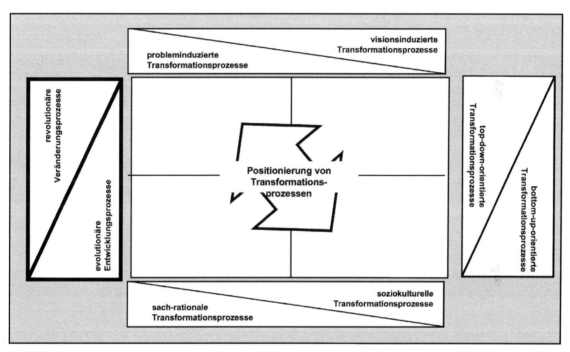

Abbildung 50: Zwei Grundmuster von Transformationsprozessen

Betrachtet man auf der einen Seite das Verhältnis zwischen problem- und visionsorientierten Transformationsprozessen und auf der anderen Seite das Kontinuum zwischen sach-rational orientierten Veränderungsprozessen sowie soziokulturell orientierten Entwicklungsprozessen, so zeigt sich ein fallender Zusammenhang. Das heißt, tendenziell erfordern problemorientierte Transformationsprozesse eher sach-rationale Veränderungsprozesse – also revolutionär orientierte Prozesse – und visionsorientierte Transformationsprozesse haben tendenziell eher den Charakter von soziokulturellen Entwicklungsprozessen.

Je akuter die Problemsituation ist, in der sich das Unternehmen befindet, umso eher werden sach-rationale Themen im Vordergrund stehen, und aufgrund des vorhandenen Zeitdrucks kommen revolutionär orientierte Transformationsprozesse zur Anwendung. Das brennende Haus muss gelöscht werden. Jetzt ist weder Zeit, verschiedene Vorgehensweisen auszutesten, noch können neue Techniken erlernt und auch eventuell vorhandene Spannungen im Team der Feuerwehrmannschaften behandelt werden. Einzig das sachliche Ziel, den Brand möglichst rasch zu löschen, ist wichtig. Diese Veränderungsprozesse sind daher tendenziell top-down-orientiert, während soziokulturelle Themenstellungen nach der Initiierungsphase starke Bottom-up-Komponenten aufweisen.

Dagegen braucht Wandel durch Visionen Zeit. Zuallererst müssen die Visionen entwickelt werden, um eine kritische Menge an Führungskräften und Mitarbeitern im Unternehmen damit begeistern zu können. Die Vision muss einerseits erstrebenswert und andererseits auch erreichbar sein. Schon die Initiierungsphase dieser Transformationsprozesse braucht erhebliche Zeit und darf nicht unterschätzt werden. Sie ist die Voraussetzung, dass tatsächlich Transformation beginnt. Bei probleminduzierten Transformationsprozessen fällt diese Prozessphase im Extremfall gänzlich weg. Die Notwendigkeit zu löschen muss nicht begreifbar gemacht werden. Auch während des Transformationsprozesses ist nicht der Zeitdruck die dominierende Kraft, sondern es steht das Qualitätsstreben im Mittelpunkt der Betrachtung. Darin liegt allerdings auch die Gefahr dieser eher evolutionär orientierten Transformationsprozesse, denn es müssen sichtbare Erfolge erzielt werden, da sonst die Motivation zur Entwicklung wieder verloren geht.

Weitgehend soziokulturelle Transformationsthemen sind daher in der Regel entwicklungs- und visionsorientiert. Niemand erwartet von einem Personalentwicklungsprozess innerhalb weniger Wochen nachhaltige Veränderung und die Lösung ganz konkreter Sachproblematiken.

Die Erfahrung zeigt, dass die nachhaltigsten Erfolge mit Transformationsprozessen zu erzielen sind, die in einer mittleren Position in diesem Spannungsfeld angesiedelt sind beziehungsweise verschieden positionierte Transformationsprozesse miteinander verbindet. So kann ein gelungener Sanierungsfall in ein Krisenmanagement und über einen Organisationsentwicklungsprozess bis hin zu Personalentwicklungsmaßnahmen führen. Entscheidend ist nur, die richtige Reihenfolge zu wählen. Den Erfolg macht also die passende Kombination der verschiedenen Transformationsprozesse und deren zeitliche Gestaltung aus.[209]

Die richtige Kombination der verschiedenen Transformationsprozesse macht den Erfolg aus.

Es ist daher keine Frage der Ideologie – wie oft in der Literatur dargestellt –, sondern eine Frage der Sinnhaftigkeit in der jeweiligen Unternehmenssituation, welche Form und Reihenfolge des Transformationsprozesses gewählt wird. Unternehmen, die ihre Anpassung nur über die Philosophie der lernenden Organisation erreichen wollen, werden aller Wahrscheinlichkeit nach nicht zu tief greifenden Veränderungsprozessen in der Lage sein, während Unternehmen, die ihre Anpassung nur mit autoritär verordneten Konzepten erreichen wollen, mit hoher Wahrscheinlichkeit über kurz oder lang über keinen ausreichend qualifizierten Mitarbeiterstand mehr verfügen werden. Der Erfolg der Transformation hängt also von der richtigen Mischung der verschiedenen Arten von Transformationsprozessen ab.

Die folgende Darstellung fasst die Unterschiede zwischen revolutionären Veränderungsprozessen und evolutionären Entwicklungsprozessen zusammen.

	Revolutionäre Veränderungsprozesse	**Evolutionäre Entwicklungsprozesse**
Charakter der Transformation	revolutionärer Charakter, streben maximale Veränderungen in kurzem Zeitraum an; oft gegen die Systemkräfte	evolutionärer Charakter, funktionieren stufenweise und sind langfristig orientiert; mit den Systemkräften
Projektinitiierung	erfolgt top-down, tendenziell probleminduziert	geht häufig von einzelnen Funktionseinheiten aus, tendenziell visionsinduziert
Rolle der ersten Führungsebene	Voraussetzung: hohes aktives Engagement der ersten Führungsebene	Voraussetzung: fördernder Einfluss der ersten Führungsebene
Einbeziehung der Mitarbeiter	Einbeziehung ist primär sach-rational motiviert und bezieht sich ausschließlich auf das »Wie« der Transformation	Einbeziehung soll Selbstgestaltungskräfte des Systems fördern und dient der Konsensorientierung
eigen- versus fremdgesteuert	stark fremdgesteuerter Charakter, Berater arbeitet auf allen drei Ebenen der Transformation	eigengesteuert, Berater ist primär für die Prozessgestaltung und Steuerung zuständig
konsens- versus konfliktorientiert	aufgrund der revolutionären Grundeinstellung: konfliktorientiert	aufgrund der evolutionären Grundeinstellung: konsensorientiert
Sach-rational versus soziokulturell	tendenziell sach-rationale Ebene im Vordergrund	tendenziell soziokulturelle Ebene im Vordergrund

Tabelle 19: Gestaltungselemente von revolutionären versus evolutionären Transformationsprozessen

Transformation im Spannungsfeld zwischen Unternehmens- und Umweltorientierung

Interventionen in das Unternehmenssystem sind grundsätzlich nur beschränkt vorhersehbar und haben den Charakter von Impulsen auf die Eigendynamik des Systems.

Transformationsmanagement basiert auf der Vorstellung, dass Unternehmen komplexe, vernetzte soziale Systeme repräsentieren, bei denen jede Intervention Auswirkungen auf das Gesamtsystem hat; die Vorhersehbarkeit ist dabei auf diese Interventionen beschränkt und niemals umfassend gegeben. Interventionen in das System sind daher nur als Impuls auf die prozesshafte Eigendynamik des Systems zu verstehen, wobei diese Eigendynamik stark von der Unternehmensgeschichte beeinflusst wird.[210] Dies gilt besonders für den Bereich der revolutionären Veränderungsprozesse, da bei dieser Form der Transformation der Eingriff in das System besonders radikal ist und damit die Systemkräfte im Besonderen zum Tragen kommen.

Trotz dieser Erkenntnis müssen Transformationsprozesse im Unternehmen positioniert werden. Transformation positioniert sich im Spannungsfeld zwischen Umwelt- und Unternehmensorientierung einerseits und Vergangenheits- und Zukunftsorientierung andererseits. Sie sind einerseits innovativ und zukunftsorientiert und sichern andererseits die »Anschlussfähigkeit« des Transformationsprozesses durch die Analyse und Berücksichtigung der geschichtlichen Entwicklung des Unternehmens.[211] Die Gefahr des Misserfolges wächst mit dem Ungleichgewicht, wie die beiden Elemente dieses Spannungsfeldes berücksichtigt werden.

Transformationen müssen im Spannungsfeld zwischen Umwelt- und Unternehmensorientierung sowie Vergangenheits- und Zukunftsorientierung positioniert werden.

Die folgende Grafik zeigt die Zusammenhänge.

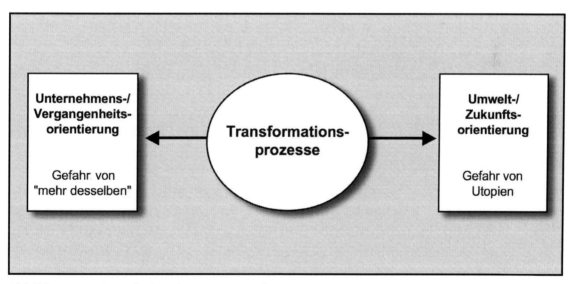

Abbildung 51: Grundorientierung Veränderungsprozesse[212]

Bei zu starker Unternehmens- beziehungsweise Vergangenheitsorientierung, also einer starken ressourcenorientierten Transformationsstrategie, werden oft notwendige

Bei zu stark auf das Unternehmen ausgerichteter beziehungsweise vergangenheitsorientierter Transformation werden notwendige Umweltanpassungen zu wenig oder auch zu spät erkannt.

Umweltveränderungen zu wenig oder zu spät erkannt. Es fehlt das korrigierende »Fremdbild« des Unternehmens. Da das »Eigenbild« häufig durch vorhandene Betriebsblindheit getrübt ist, tendieren solche Transformationen zu halbherzigen, relativ kleinen Transformationsschritten. Die bestehenden internen Stabilitätskräfte sind zu stark, um eine nachhaltige, tief greifende Veränderung beziehungsweise Entwicklung zuzulassen. Vergangenheitsorientierte Transformationsprozesse verharren in bestehenden Regeln, Traditionen und etablierten Strukturgefügen. Anpassungsprobleme sollen mit Mitteln und Philosophien der Vergangenheit vollzogen werden. Sind diese Maßnahmen nicht erfolgreich, werden die Anstrengungen in der gleichen Richtung verstärkt, wodurch eine weitere Verschlechterung der Situation das Resultat ist. So kann beispielsweise eine notwendige Auslagerung der Produktion in »Billiglohnländer« nicht durch den Versuch aufgefangen werden, die Ausschussquote nochmals zu halbieren. Das Beharrungsvermögen des Unternehmens lässt aber eine offene, kritische und kreative Lösungsdiskussion nicht zu. Zu viele Themen sind tabuisiert, und in der Realität wird nur von tief greifenden Veränderungsprozessen gesprochen, ohne dass diese jemals in Gang kommen. Im Extremfall beschäftigt sich das Unternehmen nur mit sich selbst, ohne zu tatsächlicher Transformation zu kommen. Dem Transformationsprozess fehlt die Vision, und dadurch entsteht kein Spannungsfeld. Alibimaßnahmen beherrschen das Geschehen, und halbherzige Konzepte werden nie realisiert.

Dominant umweltbeziehungsweise zukunftsorientierte Transformation nimmt auf bestehende Kernkompetenzen keine Rücksicht und wird so leicht zur Utopie.

Andererseits kann eine einseitig dominante Umweltbeziehungsweise Zukunftsorientierung zu unrealistischen Visionen führen. Sie nimmt keine Rücksicht auf die vorhandenen und oft über Jahre entstandenen Kernkompetenzen des Unternehmens und artet in blinden Aktionismus aus. Statt Visionen entstehen Utopien. Die so entwickelten Konzepte sind zwar in sich logisch und schlüssig, aber zu den vorhandenen Ressourcen im Unternehmen nicht ausreichend anschlussfähig. Auch dadurch entsteht kein motivierendes, konstruktives Spannungsfeld. Das Unternehmen glaubt nicht an die Durchführbarkeit beziehungsweise an den Erfolg dieser Konzepte. Maßnahmen werden halbherzig gesetzt, wieder adaptiert oder zurückgenommen, und im Unternehmen sowie am Markt herrscht Verwirrung. Bei autoritärer Umsetzung der so orientierten Transformation droht dem Unternehmen der Verlust der eigenen Kernkompetenzen, ohne dass andere sich in der kurzen Zeit entwickeln könnten.[213]

> **Fallvignette 14: Dominant umweltorientierte Transformation**
> In einem Handelsunternehmen der Grundstoffbranche sollte die bestehende Strategie überdacht werden, da das Unternehmen im vorhergehenden Jahr einen sehr hohen Verlust eingefahren hatte.
> Die Diagnose der Ausgangssituation zeigte folgendes Bild: Es wurde in den letzten Jahren immer schwieriger, die Zulieferseite in den einzelnen Handelslinien abzudecken. Viele Lieferanten gingen dazu über, direkt an den Kunden zu liefern und so das Handelsunternehmen zu umgehen. Man beschloss, selbst in die Produktion einzusteigen und kaufte sich mehrheitlich in ein Zulieferunternehmen ein. Aus reiner Marktsicht ein durchaus vernünftiger und nachvollziehbarer Schritt. Allerdings unterschätzte man die Problematik der fehlenden Kernkompetenzen in diesem Bereich. Als Handelshaus besaß man keinerlei Erfahrungen mit der Führung von Produktionsunternehmen. Man hatte sich aus dem Marktdruck heraus auf ein unternehmerisches Abenteuer eingelassen.
> Das Ergebnis bestätigte diese These, da der angesprochene Verlust des Handelshauses – in zweistelliger Millionenhöhe – fast ausschließlich aus dieser Mehrheitsbeteiligung stammte. Ein selten klares Beispiel, das zeigt, dass eine ausschließlich umweltorientierte Transformation das Unternehmen an den Rand der Existenz gebracht hatte. Nur die Einbettung in eine potente Konzernstruktur konnte den Unternehmensuntergang verhindern.
> Zur Sicherung der Lieferantenstruktur wäre eine strategische Minderheitsbeteiligung völlig ausreichend gewesen, wodurch dem Handelshaus die strategische Unternehmensführung der Produktionseinheit erspart geblieben wäre.

Eine zu starke ausschließliche Zukunfts- und damit Visionsorientierung wird oft von einzelnen Personen kreiert, die entweder an der Spitze des Unternehmens stehen oder sich in einer Eigentümerrolle befinden. In der Regel wird sich dafür im Unternehmen keine Gefolgschaft gewinnen lassen. Die Vision ist so weit weg, dass gar kein Spannungsfeld zur Ist-Situation entstehen kann, und niemand außer »Ja-Sagern« hält sie für sinnvoll und machbar. In diesem Fall droht bei machtorientierten Umsetzungsversuchen das Motivationsgefüge im Unternehmen nachhaltig gestört zu werden. Qualifizierte Mitarbeiter werden versuchen, das Unternehmen zu verlassen, und es besteht die Gefahr, die bestehenden Kernkompetenzen zu verlieren. Im günstigsten Fall tritt nur eine Irritation ein. Derartige Prozesse sind manchmal in charismatisch geführten Unternehmen zu beobachten. Die Unternehmensspitze entfernt sich immer mehr von der Mannschaft, aber ihre charismatische Kraft ist groß genug, dass die Gefolgschaft gegeben ist. In diesem Fall läuft das Unternehmen einer unrealistischen Vision nach und verspielt Ressourcen und Gewinnpotenziale.

Transformationsprozesse müssen daher einen Ausgleich und eine möglichst gleichrangige Betrachtung zwischen unternehmens- und umweltorientierten Elementen als Basis für Veränderung und Entwicklung finden. Nur so können Transformationserfolge verbucht werden.

8.2 Die drei Ebenen der Transformation

Die sach-rationale und soziokulturelle Ebene

Die sach-rationale Ebene ist sichtbar und messbar und wird durch die Betriebswirtschaftslehre repräsentiert.

Jedes soziale System – so auch ein Unternehmen – besitzt eine bestimmte Struktur, verfolgt gewisse Ziele, entwickelt eine Strategie, die zur Erreichung dieser Ziele führen soll. Es verfügt in der Regel über mehr oder minder effektive Kontrollmechanismen, die das Soll-Bild mit dem momentanen Ist-Bild vergleichen, um daraus Korrekturmaßnahmen ableiten zu können. So werden vorhandene Ressourcen eingesetzt, Verfahren und Systeme etabliert, Kosten kontrolliert und vieles mehr. Bei dieser Betrachtungsdimension handelt es sich um die sogenannte sach-rationale Ebene im Unternehmen. Sie ist sichtbar, messbar und steht auch heute noch im Zentrum der Betriebswirtschaftslehre. Manche Autoren sprechen daher in diesem Zusammenhang oft von der Oberflächenstruktur des Unternehmens.[214]

Andererseits wird das Funktionieren des Unternehmens auch stark durch die soziokulturelle Ebene im Unternehmen geprägt. All die impliziten Normen, Einstellungen und Werthaltungen, die Gruppen- und Individualinteressen und damit die bestehenden Macht- und Einflussstrukturen, aber auch das implizit vorhandene Unternehmens-Know-how repräsentiert diese Ebene im Unternehmen.[215] Sie ist nicht explizit sichtbar und messbar, entscheidet aber erheblich über Erfolg und Misserfolg im Unternehmen. Dazu zählen auch Intuition, Erfahrungen, die Fähigkeit, Konflikte im Unternehmen zu lösen, aber auch Visionen emotional zu positionieren. Begriffe wie soziales Verhalten, Unternehmenskultur, Führungsstil, Konfliktmanagement sind in diesem Zusammenhang zu nennen. Im Gegensatz zur Oberflächenstruktur kommt in der Literatur auch der Begriff Tiefenstruktur oder das »organisatorische Unterbewusste« vor.[216] Die soziokulturelle Ebene wird durch die Wissensdisziplin der Sozialpsychologie vertreten, die soziales Verhalten des Einzelnen oder ganzer Gruppen und deren Einfluss auf andere untersucht.[217]

Die soziokulturelle Ebene ist die nicht explizit sichtbare, nur schwer messbare Ebene im Unternehmen und wird im Rahmen der Sozialpsychologie erforscht.

Das Bewusstsein über die sach-rationale Ebene ist in den meisten Unternehmen wesentlich stärker ausgeprägt, obwohl gerade in den letzten Jahren die Wichtigkeit der soziokulturellen Ebene zunehmend erkannt und berücksichtigt wird. Die Zusammenhänge werden in Abbildung 52 dargestellt.

Die sach-rationale und die soziokulturelle Ebene werden zwar zu Erklärungs- und Analysezwecken oft getrennt behandelt, in der betrieblichen Realität sind diese beiden Ebenen aber auf das Engste miteinander verwoben; sie wirken überlappend aufeinander ein und sind oft nur schwer zu trennen. Dies entspricht der Komplexität und der Vernetzung umfassender sozialer Systeme. Transformationsprozesse setzen daher auch oft nur auf der sach-rationalen Ebene an, ohne ausreichend auf die Auswirkungen und Einflüsse der soziokulturellen Ebene

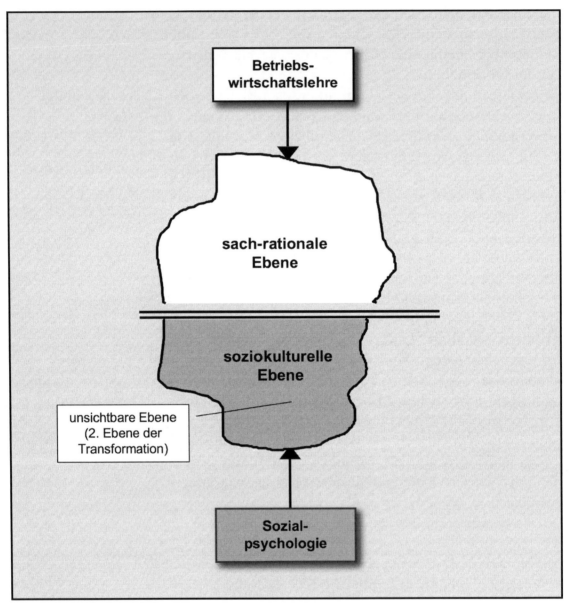

Abbildung 52: Sach-rationale und soziokulturelle Ebene[218]

Bedacht zu nehmen. Eines ist jedoch sicher: Jede tief greifende Intervention berührt beide Ebenen im Unternehmen. Die Frage ist: Sind die Auswirkungen mit den sachrationalen Zielen gleichgerichtet oder entgegengesetzt und damit dem Transformationsprozess förderlich oder behindernd?

Das beispielsweise Abflachen der Hierarchien zur Steigerung der Entscheidungsgeschwindigkeit und zur Reduktion der Kosten führt auf der soziokulturellen Ebene zu massiven Ängsten der Mitarbeiter, beginnend bei Macht- und Einflussverlust bis hin zu Arbeitsplatzverlust. Solche Interventionen sind daher nicht nur auf einer sach-rationalen Ebene realisierbar, sondern setzen Veränderungen zwingend auch auf der soziokulturellen Ebene voraus, um sie erfolgreich umsetzen zu können.

Die Schwierigkeit ist, in der Vernetzung der beiden Ebenen die tatsächlichen Zusammenhänge zu erkennen.[219] Oft ist nicht klar, ob ein Veränderungswiderstand aus der sach-rationalen Ecke kommt, weil beispielsweise die finanziellen Ressourcen für die geplante Transformation zu knapp oder das Risikoausmaß als zu hoch empfunden werden, oder ob ein Macht- und Einflussverlust befürchtet wird, was der soziokulturellen Ebene zuzurechnen wäre. In der betrieblichen Praxis werden in der Regel nur die sach-rationalen Argumente vorgebracht und die tiefer liegenden soziokulturellen Zusammenhänge bleiben weitgehend im Dunkeln. Die Sozialpsychologie spricht in diesem Zusammenhang von »Rationalisierungen«.[220] Wir kommunizieren auf einer scheinbar sach-rationalen Ebene, obwohl das tatsächliche Thema auf der soziokulturellen Ebene angesiedelt ist. Abbildung 53 zeigt die Überlappung der beiden Ebenen.

Bei der Gestaltung und Steuerung von Transformationsprozessen müssen daher explizit beide Ebenen im Unternehmen betrachtet und Interventionen in beide Richtungen gesetzt werden.

Jede tief greifende Intervention beeinflusst beide Ebenen im Unternehmen, die sich entweder gegenseitig fördern oder behindern.

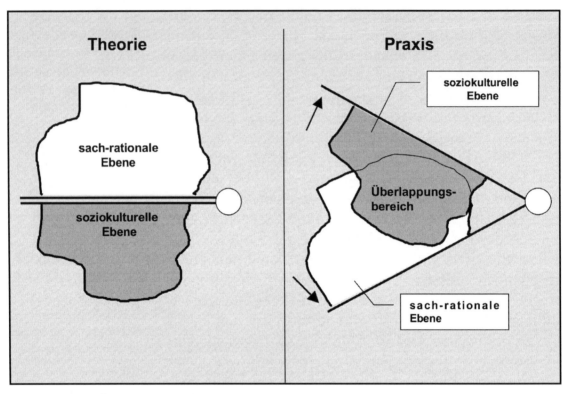

Abbildung 53: Überlappung der beiden Ebenen

Systemische Interventionen – die Prozessebene

Die dritte Ebene im Transformationsprozess ist die Gestaltung und Steuerung des Transformationsprozesses – kurz die Prozessebene. Es gilt, das Unternehmen aus einem bestimmten Zustand in einer definierten Zeitspanne in einen neu definierten Zustand zu führen. Die Prozessebene initiiert, gestaltet und steuert die Transformation und steht in engster Verknüpfung mit der sach-rationalen und soziokulturellen Ebene der Transformation. Die Prozessebene ist die Antwort auf die Herausforderungen auf der sach-rationalen und der soziokulturellen Ebene der Transformation.

Auf der Prozessebene wird die Gestaltung und Steuerung der Transformation vorgenommen.

Die Prozessebene beschreibt das Gesamtdesign der Transformation, seine Struktur und seinen prozessualen Ablauf. So müssen Vorgänge wie Termine und Zeitdauer einzelner Schritte sowie die einzelnen Themen, die zu behandeln sind, fixiert und die Teilnehmer sowohl aus dem Unternehmen als auch aus dem Beraterteam den jeweiligen Phasen und Projektschritten zugeordnet werden. Bei all diesen Planungsaufgaben ist für ausreichend Freiraum zu sorgen, um situativ auf einzelne Ereignisse reagieren zu können. Darüber hinaus muss auch die Projektstruktur, wie Lenkungs- und Projektteam sowie Projektleiter, Arbeitsgruppen et cetera fixiert werden.[221] Die folgende Grafik zeigt die dritte Ebene der Transformation:

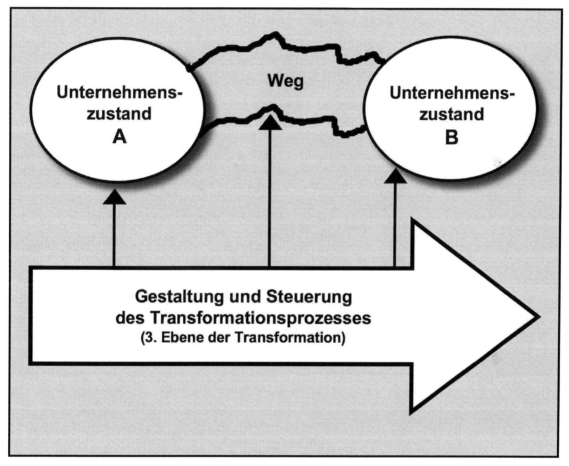

Abbildung 54: Gestaltung und Steuerung der Prozessebene

Eingriffe zur Gestaltung und Steuerung von Transformationsprozessen nennt man Intervention.[222] Damit sind Interventionen das zentrale Instrument jedes Transformationsprozesses. In Analogie zur Kommunikationstheorie – wo das Postulat, man kann nicht nicht kommunizieren, gilt[223] – gilt auch für Interventionen, man kann nicht nicht intervenieren.[224] Jede Frage, jede Präsentation, aber auch jede nicht gegebene Antwort auf eine Frage aus dem Klientensystem stellen eine Intervention dar.[225] So sind bei-

Eingriffe zur Gestaltung und Steuerung von Transformationsprozessen nennt man Interventionen.

Die fünf Schritte der Intervention: Analyse, Diagnose, Soll-Zustand, Umsetzung und Evaluierung.

spielsweise auch die Gesprächsrunden und Interviews im Rahmen der Analysephase bereits massive Interventionen in das System.

Interventionen bestehen aus fünf Schritten: Informationen über die Ausgangssituation sammeln – Analyse. Diese Analysedaten zu einer Hypothese verdichten – Diagnose. Im nächsten Schritt die Intervention planen – Soll-Zustand. Die Intervention setzen und im geeigneten Zeitraum evaluieren – Umsetzung und Evaluierung. All diese Schritte einer Intervention werden sowohl aus sach-rationaler als auch aus soziokultureller Perspektive betrachtet. Ziel jeder Intervention ist es, die bestehende Entwicklungsrichtung des Unternehmens – mehr oder weniger ausgeprägt – zu verändern.

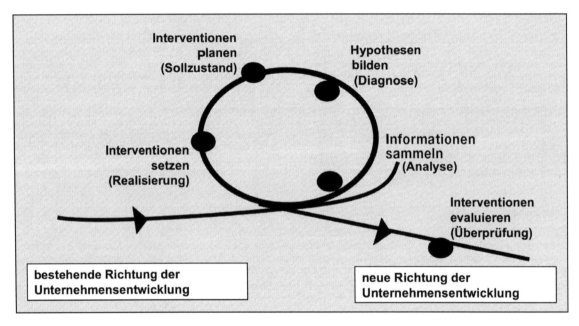

Abbildung 55: Fünf Schritte einer Intervention

All die beschriebenen Methoden, Verfahren und Prinzipien über die Gestaltung und Steuerung von Transformationsprozessen dürfen allerdings nicht darüber hinwegtäuschen, dass Interventionen in komplexen sozialen Systemen – wie Unternehmen – nur beschränkt steuerbar sind. Es gibt keine linearen Ursache-Wirkungs-Zusammenhänge, sondern Interventionen stellen lediglich Impulse für die Selbststeuerungskräfte im Unternehmen dar. Damit ist aber auch die Vorhersehbarkeit von solchen

Interventionen nur beschränkt gegeben, und es gibt alle nur denkbaren Formen von Reaktionen auf solche Steuerungsimpulse. Die Palette reicht von »es passiert genau das Gegenteil von dem, was beabsichtigt war« über »es passiert gar nichts« oder »es passiert etwas ganz anderes« bis hin zu »es passiert das Bezweckte«.[226] Jeder, der in der Praxis mit Transformationsprozessen, vor allem mit revolutionären Veränderungen konfrontiert war oder sie gar initiieren und gestalten wollte, kennt diese Erfahrungen. Das System selber entscheidet über die Reaktion.

> **Fallvignette 15: Der Trial-and-Error-Charakter von Interventionen**
>
> Ein Konzernunternehmen der Finanzdienstleistungsbranche erwirtschaftete in den letzten Jahren relativ kontinuierlich Verluste. Die Verluste waren nicht dramatisch, aber kontinuierlich.
> Der Vorstand beauftragte – gemeinsam mit den Eigentümern – ein Beratungsunternehmen. Die Aufgabenstellung war eine Analyse der bestehenden Situation und die Erarbeitung von strategischen Vorschlägen, um aufzuzeigen, wie das Unternehmen wieder in die Gewinnzonen zu führen sei. Das Projekt wurde allen Führungskräften vorgestellt, und das Beratungsteam machte sich an die Arbeit. Nach knapp zwei Monaten Analysearbeit – in denen sich herausstellte, dass dieses Projekt zur Gesundung des Unternehmens nicht das erste in den letzten Jahren war –, wurden die Ergebnisse präsentiert. Das Management nahm diese mehr oder minder ohne Diskussion zur Kenntnis. Die folgenden Workshops zur Erarbeitung eines strategischen Konzeptes verliefen lustlos und ohne besonderes Engagement, aber widerstandslos. Von einer Aufbruchsstimmung war weit und breit nichts zu merken. Die Intervention prallte am System ab, die tatsächlichen Reaktionen waren gleich Null; es wurden weitgehend Alibihandlungen durchgeführt.
> In dieser Situation initiierte das Beratungsunternehmen ein Meeting mit dem Aufsichtsratsvorsitzenden – einem Vorstandsmitglied der Muttergesellschaft, das auch als Auftraggeber fungierte – und machte ihn auf die bestehende Problematik aufmerksam. Es wurde beschlossen, die Ernsthaftigkeit des Projektes und damit den Druck auf das Unternehmen zu erhöhen. Der Aufsichtsratschef holte die erste und zweite Führungsebene zusammen und machte deutlich, dass dieser Versuch, das Unternehmen wieder in

> die Gewinnzone zu führen, der letzte sei. Unmissverständlich machte er klar, dass, wenn bis Ende des Jahres keine eindeutige Trendwende zu verzeichnen sei, das Unternehmen aufgelöst werde. Diese Form der Intervention war ein Schock für alle Beteiligten. Das Ergebnis war hektisches Treiben und teilweise unkoordinierter Aktionismus in den nächsten Wochen. Es waren keine konzeptuellen Gespräche mehr möglich, denn dafür gab es keine Zeit. Das Motto lautete: Jetzt muss gehandelt werden!
> Löste die erste Form der Intervention keine wirklichen Reaktionen aus – das System glaubte nicht an die Ernsthaftigkeit der Maßnahmen –, waren die letzten Versuche doch am Mangel des tatsächlichen Veränderungswillens des Vorstandes gescheitert – so löste die zweite Form der Intervention hektischen, aber völlig ungeplanten Aktionismus aus. War die erste Intervention zu schwach, so war im Gegenzug die zweite zu stark ausgefallen. In beiden Fällen konnte das gewünschte Ergebnis nicht erzielt werden.
> Erst ein neuerliches Treffen mit dem Aufsichtsratsvorsitzenden, in dem dieser zwar die Ernsthaftigkeit des Projektes nochmals unterstrich, aber den Zeitraum für erste sichtbare Ergebnisse deutlich verlängerte, führte zu einer Systemreaktion, sodass die bestehende Problematik ernsthaft, zügig, aber auch konzeptionell angegangen werden konnte.

Dieses Beispiel zeigt, dass Interventionen zwar zielgerichtete Kommunikation sind, das System aber immer selbst über deren Wirkung entscheidet. Interventionen haben also für das System nur anregenden Charakter; ob sie aufgegriffen werden, hängt vom Gesamtkontext ab, und dieser ist in der Regel stark geschichtsbezogen. Das Beispiel zeigt auch deutlich, dass offensichtliche Machtausübung und damit verbundene substanzielle Drohungen mit negativen Sanktionen die Wirksamkeit von Interventionen erhöht, allerdings oft auch zu Überreaktionen führt.

In autoritär geführten Unternehmen scheint die Gestaltbarkeit der Intervention deutlich höher zu sein als in kooperativ geführten Unternehmen. Dieser Zusammenhang ist auch in der Praxis immer wieder klar erkennbar. Allerdings wird die Planbarkeit der Auswirkungen von Interventionen dadurch erkauft, dass die einzelnen Führungskräfte und Mitarbeiter ihre Vielfältigkeit aufgeben, keine komplexen Betrachtungen mehr vornehmen und das System so trivialisiert wird, dass ausschließlich das artikulierte oder auch vermeintliche Ziel der Interventionen erreicht wird. Damit gehen dem Unternehmen wertvolle Ressourcen verloren; viele Anregungen, aber auch potenzielle Problematiken werden nicht artikuliert, um den »geplanten Prozess nicht zu stören«.[227] Gerade in einer Zeit der steigenden Komplexität kann das aber fatale Folgen nach sich ziehen. Interventionen sollen daher die Varietät des Systems fördern und diese so hoch wie möglich halten.[228]

Eine entscheidende Frage ist, welche Faktoren letztlich über die Wirksamkeit von Interventionen entscheiden. In diesem Zusammenhang sind zwei Faktoren zu nennen: Die sach-rationale Qualität und die soziokulturelle Akzeptanz der Intervention.[229] Ihre Wirksamkeit ist ein Produkt aus diesen Elementen, was bedeutet, dass das Fehlen eines dieser Elemente die gesamte Wirksamkeit der Intervention aufhebt oder, anders ausgedrückt: Das schwächste Glied entscheidet über die Wirksamkeit der Intervention.

Die Wirksamkeit von Interventionen ist ein Produkt aus inhaltlicher Qualität und Akzeptanz.

Eine Intervention, der die fachliche Qualität fehlt, was auch vom Klientensystem klar erkannt wird, kann keine Wirkung auf das System haben. Sie schwächt die Position des Beraters und lässt alle weiteren Interventionen als fragwürdig erscheinen. Andererseits kann die sachliche Qualität der Intervention sehr hoch sein, die Formulierung aber so weit entfernt von einer soziokulturellen Akzeptanz– beispielsweise durch einen aufdringlich belehrenden Ton –, dass die Gefolgschaft verweigert wird. Ebenso wird die Akzeptanz der Intervention verweigert, wenn sie Vorschläge zur prozesshaften Umsetzung enthält, die mit der Klientenkultur im krassen Widerspruch stehen. So kann beispielsweise der Versuch, die Ergebnisse der Diagnosephase auch allen Mitarbeitern zur Verfügung zu stellen und damit ein notwendiges Problemverständnis zu erzeugen, in einem Unternehmen, das über lange Jahre patriarchalisch geführt wurde und mit der Weitergabe von Informationen sehr vorsichtig und zurückhaltend umgeht, auf massiven Widerstand und Unverständnis stoßen.

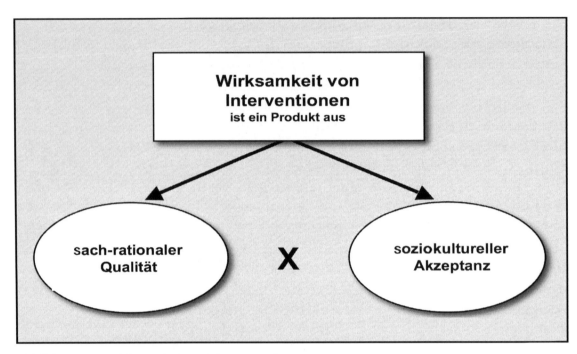

Abbildung 56: Wirksamkeit von Interventionen

Paradoxe Interventionen verstärken problematische Symptome des Systems und versuchen so, neue Denkmuster zu provozieren.

Jede Intervention beinhaltet sach-rationale und soziokulturelle Elemente, wenngleich in der Regel eine der beiden Betrachtungsebenen überwiegt. Ein klassisches Beispiel für eine dominant soziokulturelle Intervention stellt die Form der »paradoxen Intervention« dar.[230] Eine paradoxe Intervention fordert auf, negative Symptome beizubehalten beziehungsweise zu verstärken und versucht durch diese übertreibende Darstellung Erkenntnisprozesse im System auszulösen. Sie schafft bewusst Verwirrung durch Überraschung und vermeidet so einen Positionskampf mit dem Berater. Entweder gibt das Klientensystem dem Berater recht oder es muss mit alten Regeln, Normen und Tabus brechen; vielleicht findet es auch einen dritten kreativen Weg.[231]

Die Form der paradoxen Intervention kommt aus der Familientherapie, in der pathologische Verhaltensmuster durch ihre positive Bewertung aufgebrochen werden können. Die Erklärung dafür ist, dass das »trotzige« System nur Widerstand gegen diese Handlungsempfehlung leisten kann, indem es gerade dieses Symptom aufgibt. So wird also die destruktive Widerstandskraft konstruktiv gewendet; damit kommt das gesamte kognitive Betrachtungsmuster in Bewegung, und die systemische Erstarrung kann gelöst werden. Allerdings tritt diese Reaktion nur ein, wenn durch die paradoxe Intervention die neuralgische Stelle getroffen wird. Diese herauszufinden, setzt ein Höchstmaß an diagnostischen Fähigkeiten voraus, das die Tiefenstrukturen des Systems erkennt und mithilfe der paradoxen Intervention offenlegt. Darüber hinaus wird ein hohes Erfahrungsniveau vorausgesetzt. Der willkürliche Einsatz paradoxer Interventionen ist zu vermeiden.[232]

> **Fallvignette 16: Paradoxe Intervention**
> In einer großen österreichischen Aktiengesellschaft – ein Konzernunternehmen – kämpften seit einigen Jahren die beiden Vorstandsmitglieder um die Vorherrschaft. Mittlerweile war der Konflikt längst zu einem kalten Krieg degeneriert; beide Seiten versuchten, ihre Einflussbereiche abzusichern und reduzierten ihre direkte Kommunikation auf ein Minimum. Am meisten litt unter dieser Situation das mittlere Management. Eine Zusammenarbeit auf dieser Ebene wurde immer schwieriger, da jede Kommunikation mit dem anderen Vorstandsbereich vom zuständigen Vorstandsmitglied als Verrat interpretiert beziehungsweise äußerst misstrauisch beobachtet wurde.
> Die Konzernleitung beauftragte ein Beratungsunternehmen, Vorschläge zu einer Situationsverbesserung zu erarbeiten. Nach einer Analysephase, in der in den einzelnen Interviews mit dem Management der bestehende Konflikt und dessen Auswirkungen klar wurden, kam es – nach einer Reihe von Einzelgesprächen mit den beiden Vorstandsmitgliedern – zu ersten gemeinsamen Konfliktgesprächen. Diese verliefen weitgehend ergebnislos. Beide Konfliktparteien leugneten den Konflikt beziehungsweise versuchten ihn zu relativieren. In einem dieser fruchtlosen Gespräche griff der Berater zum Mittel der paradoxen Intervention und formulierte: »Wir haben über Ihre Situation nochmals nachgedacht, und eigentlich haben Sie recht. Schließlich werden Sie ja nicht bezahlt, um Zusammenzuarbeiten, sondern um Ihre individuellen Ideen zu verwirklichen. Ihre Führungskräfte sollen arbeiten und sich nicht um Ihre Beziehungen auf der Vorstandsebene kümmern!« Diese Aussage verblüffte beide Vorstandsmitglieder sehr und führte zu nachdenklichem Schweigen, bis einer der beiden Vorstände sagte: »Also, so kann man das auch nicht sagen, letztlich muss es schon

> unsere Aufgabe sein, das gesamte Wohl der Gesellschaft im Auge zu behalten.« Der andere ergänzte: »Schließlich sind wir dazu gesetzlich ja auch verpflichtet.«
> Bis zu einer friedlichen Koexistenz war es noch ein weiter Weg, doch konnte durch diese paradoxe Intervention endlich ein Anfang gemacht werden.

Insgesamt gesehen besteht ein Transformationsprozess aus einer Aneinanderreihung einzelner Interventionen mit dem Ziel, die Entwicklungsrichtung des Unternehmens damit nachhaltig zu verändern. Die folgende Abbildung zeigt schematisch einen Transformationsprozess.

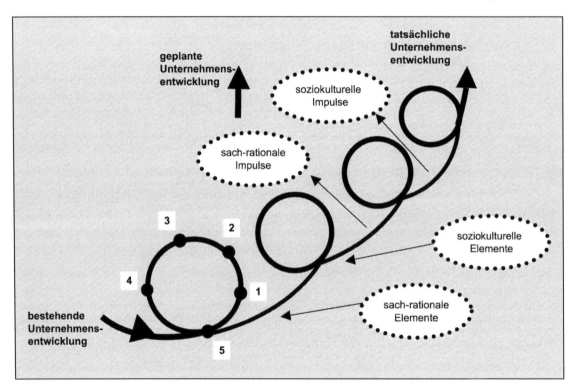

Abbildung 57: Schematische Darstellung eines Transformationsprozesses

Jede Intervention beinhaltet mehr oder minder ausgeprägte sach-rationale und soziokulturelle Aspekte in sich und löst durch das Setzen der einzelnen Interventionen wieder explizite, aber auch implizite sach-rationale und soziokulturelle Impulse aus. In der Regel wird durch die bestehenden Systemkräfte die ursprünglich geplante Entwicklungsrichtung des Transformationsprozesses noch adaptiert. Ob diese Abweichung als positiv oder negativ zu betrachten ist, kann nur im jeweiligen Einzelfall entschieden werden.

Die Effektivität von Transformationsprozessen

Die Effektivität von Transformationsprozessen ist abhängig von den »Investitionen« in die beschriebenen drei Ebenen der Transformation, wobei folgende These formuliert wird: Die Effektivität von Unternehmenstransformationen ist dann am größten, wenn allen drei Transformationsebenen etwa gleich viel Energie beziehungsweise gleich viel Beachtung zukommt. Ausgehend von der Betrachtung der sach-rationalen Ebene müssen die Auswirkungen auf der soziokulturellen Ebene berücksichtigt werden. Darauf abgestimmt kann dann der Transformationsprozess gestaltet und gesteuert werden. Die Vernachlässigung einer dieser drei Ebenen hat massive Auswirkungen auf die Effektivität der Unternehmenstransformation.

> **Die Effektivität von Unternehmenstransformationen ist dann am größten, wenn für alle drei Transformationsebenen etwa gleich viel Energie und Beachtung aufgewendet wird.**

Geschichtlich betrachtet wurde in der Zeit des »Taylorismus« fast ausschließlich in die sach-rationale Ebene investiert, galt es doch, das Unternehmen »einmal richtig« zu gestalten und dann zu stabilisieren. 1911 veröffentlichte Frederick Taylor sein Hauptwerk *Principles of Scientific Management*, welches das Verhalten vieler Generationen von Unternehmern und Managern geprägt hat.[233] Die sach-rationale Betrachtung und die klaren Ursachen-Wirkung-Beziehungen dominierten in der Unternehmensführung.

> **Tayloristische Transformation: Veränderungen werden primär über die sach-rationale Ebene gesteuert.**

Heute sind solche Transformationsprozesse dann notwendig, wenn das Unternehmen in einer existenziellen Krise steckt, in der aufgrund der Krisensituation die Bereitschaft zu Veränderung auf der soziokulturellen Ebene weitgehend gegeben ist. Transformation, die ausschließlich die sach-rationale Ebene im Unternehmen fokussiert,[234] soll Transformation durch die »tayloristische Brille« genannt werden.

Im Rahmen der Unternehmensberatung spricht man in diesem Zusammenhang von »Experten- oder Fachberatung«, die dadurch gekennzeichnet ist, dass das Klientensystem ein Problem an den Berater delegiert und von ihm einen konkreten Lösungsvorschlag erwartet.[235] Bis heute gibt es eine große Zahl, auch an internationalen Beratungsunternehmen, die brillante Analysen und zukunftsorientierte Konzepte ausarbeiten, die aber wenig Chance auf Verwirklichung haben, da die internen Systemkräfte im Unternehmen dies verhindern und die Transformation diese nicht oder nicht ausreichend berücksichtigt.

Im nächsten Schritt entstand – ausgehend von den Hawthorne-Experimenten – in der Betriebswirtschaftslehre die Human-Relations-Bewegung, bei der der Mensch in den Mittelpunkt der Betrachtung gestellt wurde.[236] Überspitzt formuliert war das Motto: Schaffe eine Kultur der Entfaltung und Selbstverwirklichung und die Mitarbeiter werden dafür sorgen, dass der Erfolg des Unternehmers quasi automatisch eintritt. Transformationen wurden daher primär über den soziokulturellen Aspekt gesteuert. Die Maslowsche Bedürfnispyramide sei in diesem Zusammenhang nur stellvertretend erwähnt.[237] Diese Form der Transformation soll als Veränderung durch die »Human-Relations-Brille« bezeichnet werden.

Human-Relations-orientierte Transformation: Veränderungen werden primär über die soziokulturelle Ebene gesteuert.

In der Beratungslandschaft gibt es eine Beratungsrolle, die quasi als »Organisationstherapeut« tätig wird.[238] Diese Form der Beratung konzentriert sich ausschließlich auf die soziokulturelle Ebene und wird auch häufig in Konfliktsituationen zum Einsatz gebracht.[239]

Die nächste Phase der Entwicklung stellt die Prozessgestaltung – also die dritte Ebene der Transformation – in den Mittelpunkt der Betrachtung und ist mit dem Begriff der Organisationsentwicklung eng verbunden. Transformation nach der Philosophie der Organisationsentwicklung ist vom Charakter her eine Entwicklung, die möglichst alle prozesshaften Voraussetzungen für optimale Transformation schafft. Die These ist: Können durch die Prozessgestaltung die Veränderungswiderstände im Unternehmen minimiert werden, findet das Unternehmen von selber seinen Weg. Das Prinzip, aus Betroffenen Beteiligte zu machen, steht dabei im Mittelpunkt. Diese Form der Transformation soll als »organisationsentwicklungsorientierte Transformation« bezeichnet werden.

Organisationsentwicklungsorientierte Transformation: Entwicklungen werden primär über die Prozessebene der Transformation gesteuert.

In der Unternehmensberatung spricht man in diesem Zusammenhang von sogenannten Prozessberatern.[240] Hier liefert der Berater keine inhaltlichen Vorschläge, sondern gestaltet und steuert einen Transformationsprozess und setzt auf die Lösungskompetenz des Klientensystems.

Prozessberater sind Moderatoren und Katalysatoren und halten sich aus inhaltlichen Fragen heraus.

Er ist primär in einer Moderations- und Katalysatorrolle und hält sich aus inhaltlichen Fragen sowohl auf der sach-rationalen als auch auf der soziokulturellen Ebene heraus.[241]

Heute werden Transformationsprozesse in Erkenntnis der systemischen Vernetzung so gestaltet, dass alle drei Ebenen möglichst gleichrangige Beachtung erfahren. Es müssen die sach-rationalen Ziele verwirklicht und soziokulturelle Bedingungen geschaffen werden, die Spitzenleistungen ermöglichen; und es muss der Transformationsprozess aktiv gestaltet und gesteuert werden. So positionierte Transformation soll systemorientierte Transformation genannt werden.

Systemorientierte Transformation heißt gleichrangige Berücksichtigung der sach-rationalen, der soziokulturellen und der Prozessebene.

Systemische Beratungsansätze betrachten alle drei Ebenen des Transformationsprozesses. Der Berater fühlt sich für all diese Ebenen gemeinsam mit dem Unternehmen verantwortlich. Die Rolle des Unternehmensberaters ist dadurch um vieles breiter geworden. Sie reicht vom »Experten« über den »Organisationstherapeuten« bis hin zum »Prozessgestalter«. Alle diese Rollen werden in einer intensiven Kooperation mit dem Klientensystem ausgeübt. Dies setzt einerseits ein hohes Maß an Integration in das Klientensystem voraus, andererseits muss auch ausreichend Abgrenzungsarbeit geleistet werden, um die Funktion einer möglichst objektiven und neutralen Plattform aufrechterhalten zu können. Es gilt, die Eigenverantwortung des Klientensystems so zu stärken, dass keine Abhängigkeitsbeziehungen entstehen.[242]

Systemische Transformation setzt »Energiezufuhr« in Form von Interventionen wie Konzepte, Kommunikation, Gestaltung, Überzeugung, Informationssammlung und vieles mehr voraus. Die Grundthese ist: Je gleichrangiger die Energiezufuhr auf allen drei Ebenen der Transformation gestaltet ist, umso effizienter ist der Transformationsprozess. Je einseitiger die Energiezufuhr der Transformation ist, umso geringer wird die Effizienz der Transformation ausfallen. Hat die Transformation nicht das gewünschte Ausmaß, kommt sie im Extremfall gar nicht in Gang, oder es fehlt ihr an Nachhaltigkeit. An dieser Stelle soll festgehalten werden, dass es durchaus sinnvoll sein kann – etwa im Krisenfall – zuerst die sach-rationale Ebene in den

Gleichrangige Beachtung auf allen drei Ebenen der Transformation verspricht die höchste Effizienz und wird als systemische Transformation bezeichnet.

Mittelpunkt der Betrachtung zu stellen. Darauf fokussiert kann man dann den Veränderungsprozess gestalten und anschließend beispielsweise einen Prozess zur Gestaltung der Unternehmenskultur folgen lassen. Bei diesem abgestimmt gestalteten und gesteuerten Entwicklungsprozess steht die soziokulturelle Ebene im Mittelpunkt. Entscheidend ist, dass gesamthaft gesehen, eine etwa gleichrangige Betrachtung und Berücksichtigung aller drei Ebenen der Transformation gegeben ist.

9 Phasen des Transformationsprozesses

9.1 Idealtypischer Verlauf

Grundsätzlich läuft der Transformationsprozess in vier Phasen ab: erstens die Initiierungsphase, zweitens die Analyse und darauf aufbauend die systemische Diagnose der Ausgangssituation, drittens die Konzeptionsphase und viertens die Umsetzungsphase mit abschließender Evaluierung.[243] Abhängig von diesen Phasen sind die Interventionen auf den beschriebenen drei Ebenen der Transformation unterschiedlich ausgeprägt. Damit hat der gesamte Transformationsprozess ein analoges Muster wie jede einzelne Intervention. Es entsteht damit eine Art fraktale Struktur.

Im Rahmen der Projektinitiierung geht es weniger um die sach-rationale Ebene, denn zuerst muss Aufklärungs- und Informationsarbeit geleistet werden. Der Prozess muss so gestaltet werden, dass es ausreichende Möglichkeiten gibt, das Management, aber auch die Mitarbeiter über die bevorstehende Transformation zu informieren und aufzuklären. So können aufkeimende Unsicherheiten abgefedert und Dimension sowie Ausmaß des geplanten Transformationsprozesses dargestellt werden. Darüber hinaus muss sich das Top-Management ausreichend verpflichten.

In der Phase der Projektinitiierung stehen die soziokulturelle Ebene und die Prozessebene im Vordergrund.

In der Analyse- und Diagnosephase geht es primär darum, die einzelnen relevanten Themenkreise zu analysieren, Zahlen und Datenmaterial zu sammeln und die Muster auf der soziokulturellen Ebene zu erkennen; darüber hinaus geht es darum, die Erkenntnisse zu einer systemischen Diagnose zu verdichten und dem Unternehmen in geeigneter Form widerzuspiegeln.[244] Es werden zwar auch

Die Analyse- und Diagnosephase hat noch kaum Auswirkungen auf der soziokulturellen Ebene.

In der Konzeptionsphase dominieren die soziokulturelle Ebene und die Prozessebene, wo Überzeugungsarbeit geleistet wird, aber auch Machteingriffe stattfinden.

Themen auf der soziokulturellen Ebene hinterfragt, aber es erfolgen auf dieser Ebene noch kaum Interventionen. In dieser Phase des Transformationsprozesses gibt es nur wenige Auswirkungen auf der soziokulturellen Ebene.

Ganz anders sieht die Konzeptionsphase aus. Langsam werden die tatsächlichen Dimensionen der Veränderung bewusst. Jeder Einzelne beginnt, die Auswirkungen, bezogen auf die eigene Situation, zu realisieren; Unsicherheiten, Ängste und daraus resultierende Widerstände entstehen. Je näher die Phase der Umsetzung rückt, desto mehr wird die sach-rationale Dimension in den Hintergrund gedrängt. Besonders ausgeprägt ist das bei revolutionären Veränderungsprozessen zu beobachten. Die Prozessgestaltung muss darauf Rücksicht nehmen. Einerseits muss durch Offenheit und Engagement Vertrauen in die zukünftige Entwicklung geschaffen werden, andererseits darf der Prozess durch einzelnen Widerstand nicht zum Erliegen kommen.[245] Überzeugungsarbeit, manchmal auch Machteingriffe, müssen geleistet beziehungsweise getätigt werden. Tief greifende Veränderungen können nicht in einem völligen Konsensklima erreicht werden. Manchmal ist es auch notwendig, dass sich das Unternehmen von dem einen oder anderen Mitarbeiter trennt. Die Form der Trennung ist allerdings wieder ein wesentliches kulturprägendes Signal.

Idealerweise ist die sach-rationale Ebene der dominante Faktor im Rahmen der Umsetzungsphase.

In der letzten Phase der Realisierung zeigt sich, wie der Transformationsprozess bis jetzt gestaltet und gesteuert wurde. Im Idealfall sollten alle Barrieren überwunden und Interventionen in die soziokulturelle Ebene kaum mehr notwendig sein. Auch die Prozessgestaltung sollte durch die entstandene Eigendynamik keine Schwierigkeiten mehr bereiten. Ziel ist es, die sach-rationale Zielsetzung der Transformation zu erreichen und durch vorangegangene Interventionen in die soziokulturelle Ebene ausreichend abgesichert zu haben.

Die anschließende Grafik zeigt die Zusammenhänge. Die jeweiligen Flächen stellen den Grad der Beachtung beziehungsweise der Energiezufuhr auf den drei Ebenen des Transformationsprozesses dar, abhängig von den jeweiligen Projektphasen. Es entsteht von der Form her eine sogenannte »Fischkurve«.

Idealtypischer Verlauf

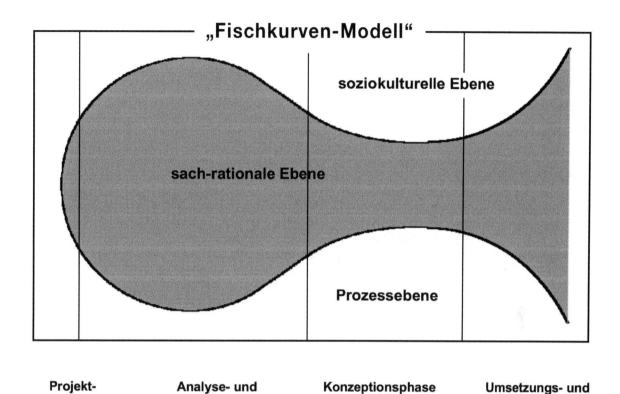

Abbildung 58: Idealtypischer Verlauf von Transformationsprozessen

In der Praxis sieht dieser Prozessverlauf oft anders aus: Der »Fisch« hat einen mächtigen Kopf, aber keinen Schwanz. Über weite Strecken des Transformationsprozesses wird ausschließlich die sach-rationale Ebene betrachtet – man kommt dadurch auch scheinbar schneller voran – und die soziokulturelle sowie die Prozessebene werden weitgehend vernachlässigt. Aber spätestens bei Beginn der Umsetzung kommen alle bis zu diesem Zeitpunkt nicht berücksichtigten Veränderungswiderstände an die Oberfläche. Die soziokulturelle Ebene verschafft sich kraftvoll Raum, der Prozess kommt ins Stocken, und die Umsetzungsphase ist von Kompromissen geprägt. Oft kommt es in dieser Situation zu rigorosen Machteingriffen – mit allen negativen Auswirkungen –, um die Veränderung zu erzwingen. Doch auch bei dieser Vorgehensweise kommt es nur zu Scheinlösungen. Das System tut nur so, als ob es sich verändern oder entwickeln würde, de facto sind aber keine nachhaltigen Veränderungen beziehungsweise Entwicklungen eingetreten.

Systemisch gestaltete Transformationsprozesse berücksichtigen hingegen alle drei Ebenen der Transformation, um letztlich der sach-rationalen Ebene zum Durchbruch zu verhelfen.

9.2 Initiierungsphase

Positionierung des Veränderungsprozesses

Der Start jedes Transformationsprozesses ist von entscheidender Bedeutung. Bereits jetzt wird der Erfolg oder Misserfolg eingeleitet. Es muss zwischen strategischer und emotionaler Positionierung unterschieden werden.

Die strategische Positionierung beschreibt die Dimension und Zielsetzung des Veränderungsprozesses. Die Dimension gibt Auskunft über das angestrebte Ausmaß der Veränderung und über die involvierten Unternehmenseinheiten. So ist beispielsweise die Einführung eines neuen Software-Systems in den Sekretariaten des Unternehmens natürlich mit einer anderen Veränderungsdimension behaftet, als die einer Strategieentwicklung, die das gesamte Unternehmen erfasst. Die Zielsetzung des Transformationsprozesses versucht in visionärer Art, den angestrebten neuen Zustand zu beschreiben und damit transparent zu machen.

Bereits in der Initiierungsphase ist ein höchstmögliches Ausmaß an Transparenz und Informationsstand bei allen vom Transformationsprozess Betroffenen anzustreben, da damit Offenheit und Vertrauen auf der soziokulturellen Ebene signalisiert werden. Darüber hinaus muss der grobe Ablauf des Transformationsprozesses dargestellt und das Ausmaß der Einbeziehung erläutert werden. Das Commitment der obersten Führungsebene gegenüber der Transformation ist ein weiteres wichtiges Element der emotionalen Positionierung.

Entscheidend für jede Transformation, aber ganz besonders für revolutionäre Veränderungsprozesse ist das »Commitment« der obersten Führungsebene. Das Top-

Die strategisch-emotionale Positionierung des Transformationsprozesses ist der Grundstein zu Erfolg oder Misserfolg der Transformation.

Management muss unmissverständlich deutlich machen, dass der angestrebte Veränderungsprozess volle Unterstützung genießt und dass es auch dessen Gestaltung und Steuerung aktiv übernimmt. Diese Botschaft ist im Rahmen der Prozessinitiierung ein ganz entscheidender Akt. Der Erfolg der Transformation wird so mit der Reputation des Top-Managements eng verknüpft.[246]

Das Commitment der obersten Führungsebene ist ein unverzichtbarer Schritt im Rahmen der Initiierungsphase, insbesondere bei revolutionären Veränderungsprozessen.

Das Commitment der Unternehmensführung darf sich nicht nur in verbalen Aussagen niederschlagen, sondern muss durch konkrete Handlungen sichtbar werden. Erst dann wagen es die »Veränderungskräfte«, sich zu zeigen, zu artikulieren und den Kampf gegen die Stabilisierungskräfte im Unternehmen aufzunehmen.

Gestaltung der Projektorganisation

Grundsätzlich muss festgehalten werden, dass jeder Transformationsprozess größeren Ausmaßes in Form eines Projektes organisiert werden muss. Das heißt, es müssen bestimmte Projektstrukturen geschaffen werden, denen auch die notwendigen Ressourcen zugeordnet werden.

Jeder Veränderungsprozess muss in Form eines Projektes organisiert werden.

Im Folgenden werden Faktoren herausgegriffen, die für die Projektgestaltung von Veränderungsprozessen besondere Relevanz haben.

Rollenmuster im Veränderungsprojekt

Grundsätzlich müssen in einem Veränderungsprozess fünf Rollen wahrgenommen werden, wobei das nicht zwingend bedeutet, dass damit auch fünf verschiedene Personen notwendig sind. Im Gegenteil, in der Praxis kommt es oft zu einer Vermischung und Zusammenführung dieser Rollen. Letztlich ist entscheidend, dass alle Funktionen aktiv zur Wirkung kommen.

Es gibt fünf Rollen im Veränderungsprozess: Machtpromotor, Fachpromotor, Sozialpromotor, Prozesspromotor, Supervisionsrolle.

Die Rolle des Machtpromotors ist die, notwendige Entscheidungen zu treffen, aber auch erste Zielsetzungen und Visionen zu formulieren. In der Regel handelt es sich dabei um den Entscheidungsträger des betroffenen Fachbereiches oder bei unternehmensumfassenden

Veränderungsprojekten um die Geschäftsführung selbst. In revolutionären Veränderungsprojekten ist diese Rolle besonders wichtig und muss auf der obersten Führungsebene umfassend verankert werden.

Der Fachpromotor bringt das sachliche Fachwissen ein. Er ist Spezialist im betroffenen Aufgabenbereich. In der Regel üben mehrere Personen diese Rolle im Projekt aus. Der Projektleiter beziehungsweise der externe Berater muss im erforderlichen Fachbereich so weit über Wissen verfügen, dass er auch auf der sach-rationalen Ebene Impulse setzen und Analogien herstellen kann und ein akzeptierter Gesprächspartner ist.

Der Sozialpromotor sorgt auf der soziokulturellen Ebene einerseits dafür, dass vorhandene und potenzielle Widerstände aufgelöst und überwunden werden können, andererseits sorgt er für einen ausreichenden Informations- und Kommunikationsprozess.[247] Die Steuerung von Gruppenprozessen, von Konfliktmanagement und Kommunikationsfähigkeit sind die notwendigen Qualifikationen. Hohe soziale Kompetenz ist Voraussetzung dafür, diese Rolle wahrnehmen zu können.

Der Prozesspromotor stellt dem Veränderungsprozess sein Prozesswissen und seine -erfahrung zur Verfügung. Methoden-Know-how, das Wissen über notwendige Werkzeuge und Techniken zur Prozessgestaltung und -steuerung – beispielsweise Moderation und Workshop-Techniken – sind für diese Rolle notwendige Voraussetzungen.

Der Idealfall wäre, wenn der Projektleiter alle Rollen in sich vereinte, praktisch ist das aber so gut wie ausgeschlossen. In der Praxis übernimmt die Rolle des Projektleiters entweder der Prozesspromotor oder der Fachpromotor, da der Machtpromotor in der Regel nicht die notwendige Zeit hat, sich dieser Aufgabe zu widmen. Die Rolle des Sozialpromotors wird meist vom Prozesspromotor mit übernommen. Ob der Fach- oder Prozesspromotor die Rolle des Projektleiters bekommt, muss von Fall zu Fall entschieden werden. Dabei sollten die Führungsfähigkeit sowie die Persönlichkeitsmerkmale und damit verbunden die Akzeptanz den Ausschlag geben.

Bei tief greifenden Veränderungsprozessen ist die Rolle des »neutralen Dritten« unbedingt erforderlich, denn sie stellt die Supervision des Projektteams sicher. Mit Fortdauer des Projektes besteht auch im Projektteam die große Gefahr der Betriebsblindheit. Manche Rahmenbedingungen werden als unverrückbar angesehen, manche Lösungen als zu futuristisch, das Team verliert sich im Detail et cetera; die Behinderungsfaktoren sind vielseitig. Der neutrale Dritte ist nicht aktiv ins Projektgeschehen involviert, tritt normalerweise dem Klientensystem gegenüber nicht auf und stellt den Prüfstein für das Projektteam dar. Er trifft sich in periodischen Abständen – auf alle Fälle vor wichtigen Checkpoints – mit dem Projektteam und diskutiert sowohl Inhalte als auch Vorgehensweisen. Wichtig ist, dass er keinerlei Entscheidungsbefugnis hat und kein »Schattenprojektleiter« wird.

Projektstruktur bei Transformationsprozessen

In der Regel bilden ein Steuerungsteam, ein Projektteam – oft bestehend aus einem Projektkernteam und einem erweiterten Projektteam – und eine Reihe von Arbeitsgruppen die Projektorganisation. Abbildung 59 zeigt beispielhaft eine Projekt-Organisationsstruktur für Transformationsprozesse.

Steuerungsteam, Projektteam und einzelne Arbeitsgruppen bilden die Projektorganisation.

Die Steuerungs- und Lenkungsgruppe hat die Aufgabe, die Richtung des Transformationsprozesses zu bestimmen, die wichtigsten Entscheidungen zu treffen und auf mögliche Auswirkungen des Transformationsprozesses in anderen Unternehmensbereichen zu achten; sie übernimmt damit die Rolle des Machtpromotors. Darüber hinaus hat dieses Team auch mögliche soziale Auswirkungen zu betrachten. Die Teambesetzung muss so erfolgen, dass diese Aufgaben wahrgenommen werden können. In der Regel setzt sich die Gruppe aus der obersten Managementebene zusammen, die vom Transformationsprozess unmittelbar betroffen ist: aus dem Projektleiter, aus Vertretern von angrenzenden Bereichen – um eventuelle Auswirkungen auf diese Bereiche möglichst frühzeitig zu erkennen – und aus Vertretern der zuständigen Stabsstellen.

Phasen des Transformationsprozesses

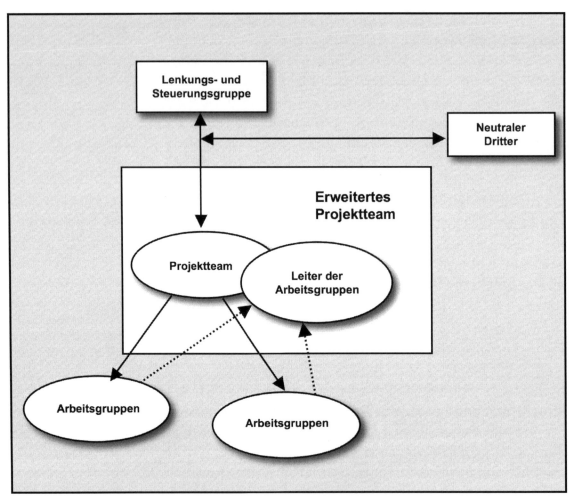

Abbildung 59: Projektstruktur bei Transformationsprozessen

Das Projektteam ist der Motor des Ganzen. Es besteht in der Regel aus einem Projektleiter und wenigen Teammitgliedern. Bei Einschaltung von externen Unternehmensberatern bilden diese, gemeinsam mit einem unmittelbar betroffenen Manager, das Projektkernteam. Das Team plant, steuert und koordiniert die einzelnen Aktivitäten, und zwar sowohl mit den einzelnen Arbeitsgruppen – die zum Großteil die eigentliche Arbeit erledigen – als auch mit dem Steuerungsteam. Oft wird ein sogenanntes erweitertes Projektteam gebildet, das sich aus dem Kernteam und den jeweiligen Leitern der einzelnen Arbeitsgruppen zusammensetzt, die dem Kernteam bei der Gestaltung und Steuerung des Transformationsprozesses zur Seite stehen. Damit kann die Akzeptanz im Unternehmen wesentlich gesteigert und unterschiedliche Betrachtungen können in den Transformationsprozess eingebracht werden. Dieses erweiterte Projektteam ist ebenfalls, wie die einzelnen Arbeitsgruppen, in Form der Stabs-Projektorganisation etabliert, das heißt, sie werden nur fallweise bei Bedarf herangezogen, und ihre Aufgaben in der Primärorganisation bleiben davon unberührt. Die einzelnen Arbeitsgruppen erledigen die konzeptionelle Arbeit und werden themenspezifisch, aber auch nach dem Grad der Betroffenheit zusammengesetzt. Die Ergebnisse dieser einzelnen Arbeitsgruppen werden dem Steuerungsteam zur Entscheidung vorgelegt.

Revolutionäre versus evolutionäre Transformation

Auf der Prozessebene gibt die Art und Weise der Projektinitiierung Auskunft über die Wichtigkeit der Transformation im Unternehmen und bietet auch die Möglichkeit, bestehende Ängste abzubauen beziehungsweise konstruktive Erwartungshaltungen zu verstärken und damit einen wesentlichen Beitrag für das Gelingen zu leisten.[248] Es ist ein Unterschied, ob ein Transformationsprozess in einem Rundschreiben bekannt gemacht wird, oder ob die Unternehmensführung eine Mitarbeiterversammlung einberuft, um über die Projektziele und die Dimension des Transformationsprozesses selbst zu berichten. Es sollte ein linearer Zusammenhang zwischen Veränderungsdimension und Initiierungsaufwand angestrebt werden, da es sonst zu Irritationen kommt. Wird der Initiierungsaufwand eher niedrig gehalten, aber eine hohe Veränderungsdimension angestrebt, so entsteht zu wenig Aufmerksamkeit, und der kommende Veränderungsprozess wird nicht ausreichend ernst genommen. Die Unternehmensführung ist zu wenig sichtbare Verpflichtung eingegangen. In Analogie könnte man sagen: Für eine große Welle muss ein großer Stein ins Wasser geworfen werden, für eine kleine Welle reicht ein kleiner Stein. Aber auch ein umgekehrtes Verhältnis kann zu Irritationen führen. Eine umfassende Mitarbeiterversammlung, zu der auch die Geschäftsführer der ausländischen Filialen eingeladen sind und auf der der Vorstand über die Einführung

Initiierungsaufwand und angestrebte Veränderungsdimension müssen im Einklang sein.

eines internen Ausbildungssystems referiert, kann Veränderungserwartungen wecken, die dann aber nicht erfüllt werden können.

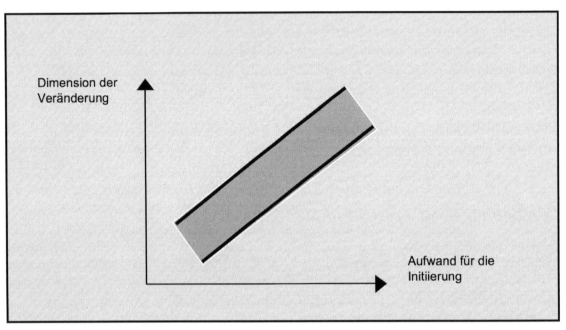

Abbildung 60: Bandbreite zwischen Veränderungsdimension und Aufwand der Initiierung

Die angestrebte Veränderung muss also auf der Prozessebene strategisch und emotional im Verhältnis Initiierungsaufwand zu Veränderungsdimension richtig positioniert werden. Je revolutionärer der Charakter des Transformationsprozesses ist, umso prominenter und kraftvoller muss die Initiierungsphase speziell auf der soziokulturellen Ebene gestaltet werden.

Die Initiierung von Veränderungsprozessen[249] geht in der Regel von der Unternehmensspitze aus. Bei Entwicklungsprozessen kommt es auch häufig zu Bottom-up-Initiierungen, ausgehend von einzelnen Organisationseinheiten, wie beispielsweise durch die Personalabteilung bei Personalentwicklungskonzepten. Selbstverständlich muss auch in diesen Fällen die Unternehmensspitze dafür gewonnen werden, aber im Unterschied zu Veränderungsprozessen ist eine aktive Mitarbeit des Top-Managements nicht unbedingt notwendig.

Auch bei Entwicklungsprozessen ist die Initiierungsphase von umfangreicher Informationsarbeit gekennzeichnet, die über Zielsetzung und Vorgehensweise informiert und die Gestaltung der Projektorganisation beinhaltet.[250]

9.3 Diagnosephase

Von der Analyse zur Diagnose

In der Initiierungsphase wurden die Führungskräfte und Mitarbeiter sachlich und mental auf den kommenden Veränderungsprozess eingestellt. Die systemische Diagnose hat die Aufgabe, die Ausgangssituation des Unternehmens zu beleuchten; sie untersucht dabei sowohl die sach-rationalen als auch die soziokulturellen Zusammenhänge. Es gilt die Systemzusammenhänge zu erfassen, darzustellen und damit transparent zu machen. Dazu ist es unumgänglich, nicht nur die Gegenwart zu behandeln, sondern auch die geschichtliche Dimension des Unternehmens zu begreifen. Aus diesen Erkenntnissen können die zentralen Stärken und Schwächen, die potenziellen Chancen und Risiken und vor allem die Beziehungen und damit ihre Vernetzung abgeleitet werden. Es muss also quasi die innere Logik der Funktionsweise des Systems erfasst werden. Entscheidend ist, die Ergebnisse der systemischen Diagnose so darzustellen, dass sie als Intervention und damit als Erkenntniszuwachs für das Unternehmen fungieren können.[251] Erst dann kann der Veränderungsprozess dynamisiert werden.

Zwischen Analyse und Diagnose ist grundsätzlich zu unterscheiden. Die Analyseergebnisse müssen zu einer Diagnose systemisch verdichtet werden. Im Gegensatz zur Analyse, in der die einzelnen Elemente des Unternehmens fokussiert werden, stellt die Diagnose die Zusammenhänge und die Vernetzungen in den Mittelpunkt der Betrachtung. Erst so kann ein zusammenhängendes Bild der Ausgangssituation im Unternehmen entstehen.

Die Analyse betrachtet die für den Transformationsprozess relevanten sach-rationalen und soziokulturellen

Sach-rationale und soziokulturelle Zusammenhänge werden in der Diagnosephase erfasst und ganzheitlich systemisch dargestellt.

Der beschreibende Charakter der Analyse weicht in der Diagnose einem erklärenden Charakter und beantwortet die Frage: Warum ist die Situation so, wie sie ist?

Systemische Diagnose betrachtet »den Wald, und nicht die Bäume«. Eine Auflistung der Stärken und Schwächen des Unternehmens ist zu wenig.

Stärken und Schwächen des Unternehmens. Eine Beschreibung dieser Elemente ist aber noch keine geeignete Basis für die Entscheidung über die Richtung des Transformationsprozesses. Anders formuliert: Aus dem beschreibenden Charakter der Analyseergebnisse können noch keine Lösungen abgeleitet werden. Die Gefahr, nur einzelne Symptome zu bearbeiten, ist viel zu groß. Die Beseitigung einzelner Schwächen im Unternehmen, ohne die systemischen Vernetzungen zu betrachten, kann oft fatale negative Auswirkungen auf ganz anderer Ebene im Unternehmen nach sich ziehen.

Im Rahmen der systemischen Diagnose gilt es, die Zusammenhänge der Funktionsweise des Unternehmens zu erfassen, also »den Wald, und nicht die Bäume« zu betrachten. Das Unternehmen ist ein Ganzes, und nur als solches ist es gestaltbar. Isolierte Betrachtungen führen zu isolierten Lösungen, die als Intervention das System mehr verunsichern, als dass sie konkrete Entwicklung und Veränderung auslösen. Während die Analyse beschreibenden Charakter hat, hat die Diagnose erklärenden Charakter. Damit wird die zentrale Frage beantwortet: Warum hat das Unternehmen diese Stärken und Schwächen sowohl auf sach-rationaler als auch auf soziokultureller Ebene? Oder: Warum ist die Situation so, wie sie ist? Es gilt also, das Muster der Ist-Situation zu erfassen. Die Entwicklung der Analyse zu einer Diagnose führt zu einem signifikanten Erkenntnisgewinn, und erst auf dieser Basis sind sinnvolle Veränderungs- oder Entwicklungskonzepte abzuleiten.

Generell gilt: Je mehr der Analyseprozess vorstrukturiert ist – beispielsweise vorselektierte Fragebogen – desto weniger kann das Ganze erkannt werden.[252] Die Qualität der Diagnose zeigt sich nicht in einer Anhäufung von Daten und Meinungen, sondern in der Darstellung der zum Thema relevanten Elemente und deren Beziehungen zueinander. Es geht darum, das innere Muster sowie die Logik des Unternehmens zu begreifen und diesem widerzuspiegeln. Nur so entsteht auch für das Unternehmen ein Erkenntnisgewinn, und aus der Analysearbeit ergibt sich eine systemische Diagnose.

Eine kurze Metapher soll das Gesagte illustrieren: Drei Blinde stießen auf einen Elefanten, begannen das Tier zu untersuchen und taten ihre Erkenntnisse lauthals kund: »Es ist ein raues Ding, groß und breit, wie ein Teppich«, sagte der eine, der ein Ohr untersuchte. Der Zweite, der den Rüssel ertastete, widersprach energisch: »Ich weiß, was es wirklich ist, es ist ein langer, hohler Schlauch.« Der dritte Blinde hielt ein Vorderbein umschlungen und verkündete: »Es ist groß und fest wie eine Säule.« Im Rahmen der Interviews beispielsweise mit dem Produktionschef, dem Marketingchef und dem Forschungsleiter scheinen oft ähnliche Bilder beschrieben zu werden. Jeder von ihnen hat eine klare Vorstellung über die Stärken und Schwächen des Unternehmens, und doch sind sie oft grundverschieden.[253]

Jede systemische Darstellung der Ausgangssituation stellt eine hohe kreative Anstrengung dar und lässt die Analyse in eine Diagnose münden.

Ein externer Berater hat aufgrund seiner offenkundigen Neutralität und seiner Distanz zum Unternehmen Vorteile.[254] In einer Reihe von themenzentrierten Tiefeninterviews – diese spezielle Interviewmethode wird im Rahmen dieses Kapitels noch näher beschrieben – kann die Ausgangssituation aus den verschiedensten Blickwinkeln betrachtet werden. So entsteht im Laufe der Analysearbeit – wie bei einem Puzzle – langsam ein Bild über die gesamte Ausgangssituation; aus der Analyse entwickelt sich dann eine Diagnose. Diese gilt es auch, dem Unternehmen in geeigneter Form zu übermitteln. Eine Auflistung der einzelnen Stärken und Schwächen führt weder zu einem Erkenntnisgewinn noch stellt es eine Diagnose der Ausgangssituation dar.

> **Fallvignette 17: Analyse versus Diagnose der Ausgangssituation**
>
> Bei dem folgenden Beispiel handelt es sich um ein Dienstleistungsunternehmen mit circa 400 Mitarbeitern, das, in eine Konzernstruktur eingebunden, in ganz Österreich tätig ist und in den letzten Jahren eine intensive Expansionspolitik in den angrenzenden osteuropäischen Ländern durchgeführt hat. Das Unternehmen hat sich in den letzten Jahren erfolgreich entwickelt. Dennoch sind einerseits immer stärkere interne Spannungen zu bemerken, und andererseits zeigt die Kostenkurve mittlerweile einen steileren Anstieg als die Ertragsentwicklung. Bereits durchgeführte Effizienz-

programme konnten nur kurzfristig Entspannung bringen, nicht aber den generellen Trend umkehren.

In einem ersten Schritt wurde eine klassische Unternehmensanalyse durchgeführt; daraus wurden dann Maßnahmen abgeleitet. Erst als dieser Versuch zu keinen nachhaltigen Verbesserungen führte, wurde in einem zweiten Schritt eine umfassende systemische Diagnose erstellt, die die einzelnen Erkenntnisse in Beziehung zueinander brachte und damit das gesamte Netzwerk der Zusammenhänge aufdeckte. Erst die Maßnahmen, die auf dieser Grundlage getroffen wurden, führten zu einer nachhaltigen Verbesserung der Gesamtsituation im Unternehmen.

Im Folgenden werden die beiden konträren Zugänge dargestellt und damit die Unterschiede herausgearbeitet.

Ergebnis der elementorientierten Analyse der Ausgangssituation

In einem ersten Schritt wurde eine elementorientierte Analyse des Unternehmens durchgeführt.

Als ein zentrales Problem wurden die veraltete Software und die dadurch entstandenen Schnittstellenproblematiken erkannt. Auf der Ebene der Transformation wurde ein Entwicklungsprozess eingeleitet, der sukzessive die bestehenden Software-Systeme austauschte und dadurch auch Verbesserung in den Schnittstellen erreichen wollte.

Als zweite zentrale Problematik wurde die bestehende Unternehmenskultur geortet, die sich einerseits auf Kulturunterschiede zwischen den einzelnen Gesellschaften und andererseits auf die Schwierigkeiten in der täglichen Arbeit mit den veralteten Software-Systemen zurückführen ließ. Neben den bereits angesprochenen EDV-Verbesserungen wurden Konflikt- und Kommunikationsseminare angeboten sowie »Get-together-Events« zwischen den Vertretern der einzelnen Länder und der Zentrale veranstaltet.

All diese Maßnahmen konnten die bestehende Situation nur teilweise verbessern, aber nicht wirklich lösen. Die weitgehend isolierte Betrachtung der einzelnen Elemente in der strategischen Unternehmensführung lässt die tatsächlichen Zusammenhänge nicht erkennen. Es wird auf die einzelnen Problematiken – Klimaverschlechterung und schlechte Kostenstruktur – reagiert. Diese isolierten Interventionen können aber nicht zu einer nachhaltigen Problemlösung führen.

Die folgende Abbildung zeigt die Zusammenhänge:

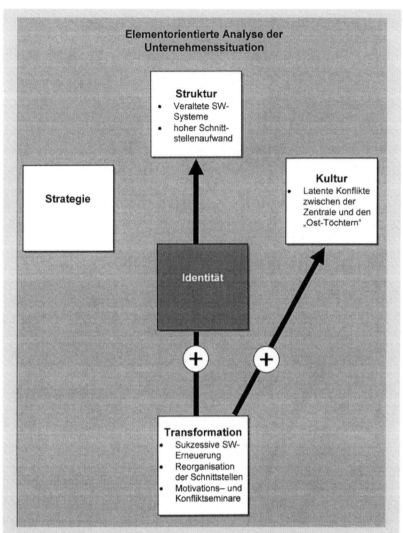

Ergebnis einer systemischen Diagnose der Ausgangssituation

In einem nächsten Schritt wurde eine systemorientierte Diagnose der Ausgangssituation des Unternehmens durchgeführt. Folgende Erkenntnisse konnten aus der vernetzten Betrachtung abgeleitet werden.

Identität und Strategie sind zueinander in einem positiven Verhältnis; sie ergänzen und verstärken sich gegenseitig. Die Identität des Unternehmens ist auf Qualität ausgerichtet, und auch Wachstum soll über den Faktor Qualität und nicht über das Massengeschäft gefördert werden. Das Unternehmen versteht sich als der Spezialist in der Branche, der in der Lage ist, die schwierigsten Projekte abzuwickeln und individuell auf die Kundenwünsche einzugehen. Demzufolge steht die Mitarbeiterqualität im Mittelpunkt der Betrachtung. Darüber hinaus strebt das Unternehmen eine führende Rolle im »Osteuropageschäft« an. Die Strategie, mit den Marktführern Joint Ventures zu gründen, ist stimmig mit der Unternehmensidentität. Ebenso wird ein Schwerpunkt auf die Mitarbeiteraus- und -weiterbildung gelegt, und das ergebnisorientierte Prämiensystem soll hohe Margen und nicht Umsatzdenken fördern.

Identität und Strategie sind auf hohes Know-how und auf Spezialistentum ausgelegt; eine funktionsorientierte Aufbaustruktur, die tendenziell Spezialisten fördert, steht damit im Einklang; allerdings sind auch zentrale Entscheidungsprozesse das Resultat dieser Strukturierung. Ein Hemmschuh sind zweitens die veralteten Software-Systeme, die als Ursache für die ansteigende Kostenkurve identifiziert wurden.

Als Dreh- und Angelpunkt stellt sich aber die Beziehung zwischen Struktur und Kultur dar. Die streng funktionsorientierte Aufbaustruktur führt einerseits zu einer weitgehenden Zentralisierung der Entscheidungen und andererseits zu einer Überbürokratisierung der Zentrale. Damit wurden die einzelnen Joint Ventures – auch im operativen Bereich – stark an die Entscheidungen der Zentrale gebunden, was wiederum die Flexibilität am Markt und damit die Kundenbetreuungsqualität stark einschränkte. Des Weiteren wurde dadurch auch der Aufbau von dezentralem Know-how behindert. Diese Problematik hatte auch der Österreich-Vertrieb, da auch hier die Abhängigkeiten von zentralen Spezialistenabteilungen sehr hoch waren. Einerseits wurde durch das hohe Aus- und Weiterbildungsniveau zwar der Verkauf gefördert, andererseits waren aber die Entscheidungskompetenzen sehr zentralisiert. Dies führte zu nachhaltiger Unzufriedenheit an der Verkaufsfront im In- und Ausland.

Des Weiteren führte die hohe Funktionsorientierung auch zu zerhackten Geschäftsprozessen – mit einer Unzahl von Schnittstellen. So war beispielsweise die gesamte Verwaltung über alle Produktsparten, die sehr unterschiedlich sind, zentralisiert. Eine Aufblähung des Apparates war die Folge. Die veraltete EDV-Situation verschärfte die Lage. Der isolierte Ersatz der Software-Systeme konnte, ohne die grundsätzlichen Strukturen zu verändern, nicht Abhilfe schaffen. Diese Verbesserungsversuche, durch die das Grundproblem aber nicht gelöst werden konnte, führten auf der Kulturebene erneut zu einer weiteren resignativen Stimmung. Die zunehmende Verschlechterung der Unternehmenskultur hatte natürlich auch negative Auswirkungen auf die Identität und die eingeschlagene Strategie des Unternehmens.

Die folgende Abbildung zeigt die Zusammenhänge:

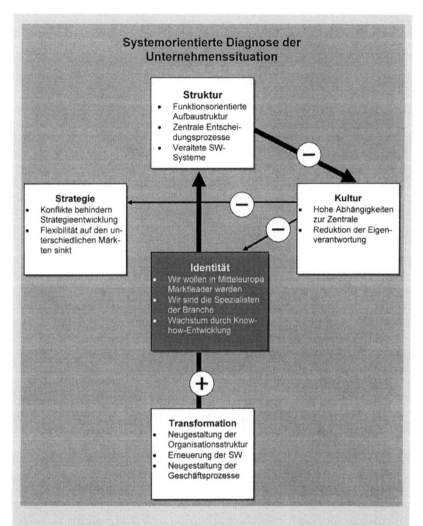

Erst die Einführung einer objektorientierten Aufbaustruktur mit funktionsorientierten Elementen im Fachbereich bei einer weitgehenden Dezentralisierung der operativen Entscheidungen an der Verkaufsfront konnte eine nachhaltige Verbesserung der bestehenden Situation erreichen. Darüber hinaus wurden die veralteten Software-Systeme erneuert und der neuen Organisationsstruktur angepasst.

So zeigte sich ganz klar, dass erst eine systemische Beurteilung der Situation die tatsächliche Problematik deutlich machen konnte und damit die Chance eröffnete, Interventionen zu setzen, die eine nachhaltige Problemlösung generieren.

Entscheidend ist es, die richtige Analysetiefe und -breite zu finden, die den Balanceakt zwischen Oberflächlichkeit und sinnwidriger Detailanalyse schaffen. Werden die notwendige Analysetiefe und -breite verfehlt, ist das Ergebnis – egal ob zu viel oder zu wenig – immer das Gleiche: Es können die Zusammenhänge nicht richtig

Die Analysetiefe und -breite ist ein Balanceakt zwischen Oberflächlichkeit und sinnwidriger Detailanalyse. Erst die richtige Dimensionierung der Analysearbeit führt zur Diagnose.

erkannt werden, und damit fehlt die Basis für den entscheidenden Schritt der Konzeptionsphase. Die Diagnose degeneriert zu einer Aneinanderreihung der einzelnen Analyseergebnisse.

In jedem Fall ist es im Rahmen einer Analyse notwendig, die Unternehmensgeschichte einer eingehenden Betrachtung zu unterziehen, um die bestehende Unternehmenssituation begreifen zu können. Auch hier gilt es, die richtige Analysetiefe zu finden. In der Regel können das Management und die Mitarbeiter genau die entscheidenden geschichtlichen Meilensteine definieren, die meist mit umfassenden Veränderungen im Unternehmen korrelieren, und damit markante, kulturprägende Krisen oder Erfolge beschreiben. Wenngleich die »Meilensteine« meist die gleichen sind, ist deren Bewertung oft unterschiedlich und vom jeweiligen Betrachtungsstand stark abhängig. Rationalisierungsprozesse werden wahrscheinlich vom Management anders bewertet als von den Mitarbeitern. Es ist daher notwendig, diese unternehmensgeschichtlich relevanten Ereignisse von verschiedenen Seiten zu beleuchten und zu analysieren. Erst durch das Verstehen der Unterschiede sind die Zusammenhänge begreifbar.

Die Analyse- und Diagnosearbeit muss auch den geschichtlichen Kontext erfassen.

Im Rahmen der geschichtlichen Betrachtung ist es auch wesentlich, vergangene Erfahrungen, die das Unternehmen mit ähnlichen Veränderungsprozessen gemacht hat, genauer zu untersuchen; besonders dann, wenn diese Versuche nicht von Erfolg gekrönt waren. Die Erkenntnisse daraus müssen in das Prozessdesign einfließen. In einem Unternehmen musste die Beratergruppe auf braunes Pin-Papier verzichten, weil dadurch negative Assoziationen mit einem anderen Beratungsprozess verbunden waren; in einem anderen Unternehmen konnte die erarbeitete Vision nicht unter dem Titel »Ins 3. Jahrtausend« laufen, da ein solcher Versuch bereits gescheitert war.

Von der Diagnose zur Komplexitätsreduktion

Die Analyse beschreibt die Stärken und Schwächen sowohl auf sach-rationaler als auch auf soziokultureller Ebene. Gegebenenfalls kann diese Betrachtung um die

Chancen und Risiken – also um den Blick nach außen – erweitert werden. Die Diagnose setzt diese einzelnen Elemente zusammen, um daraus ein ganzheitliches Bild der Ausgangssituation zu entwickeln. Dazu ist auch ein Blick in die Vergangenheit notwendig, da die bestehende Situation des Unternehmens immer auch ein Produkt der Historie ist. In der Regel zeigt die Diagnose, dass alle Elemente der Analyse in irgendeiner Form miteinander zusammenhängen[255] und sich gegenseitig beeinflussen; dadurch entsteht eher ein komplexes Bild. Jetzt gilt es, in diesem Bild die zentralen Muster zu erkennen, denn nicht alle Zusammenhänge sind gleichbedeutend, und als unwichtig eingestufte Zusammenhänge werden weggelassen. Durch diese Komplexitätsreduktion werden die zentralen Muster der Ausgangssituation erkennbar, und erst auf diesem Erkenntnisniveau ist es sinnvoll, zukünftige Entwicklungen beziehungsweise Veränderungen zu gestalten.

Der Schritt, aus der Diagnose über die Komplexitätsreduktion die zentralen Muster zu erkennen, setzt ein hohes Erfahrungswissen voraus und ist nicht methodisch-theoretisch ableitbar. So existiert auch nicht nur ein eindeutig definierbares zentrales Muster aus einer bestimmten Diagnose. Spätestens jetzt stößt jeder Transformationsprozess an die Grenzen der Objektivität. Die Ableitung des zentralen Musters aus der Diagnosephase ist ein subjektiver Akt, der durch den jeweiligen Betrachter gesteuert wird. Der Maßstab für die Qualität der Komplexitätsreduktion liegt weniger in deren Objektivität als vielmehr in der breiten Akzeptanz durch das soziale System, also durch das Unternehmen selbst.[256] Ist diese Akzeptanz gegeben, ist das erkannte zentrale Muster der Ausgangssituation eine Basis für die Entwicklungsrichtung des Transformationsprozesses. Ein etwas außergewöhnliches Beispiel soll die Zusammenhänge illustrieren.

Die Analyse beschreibt, die Diagnose erklärt, und durch die Komplexitätsreduktion der Diagnose werden die zentralen Muster erkennbar.

> **Fallvignette 18: Skiliftplan – Von der Diagnose zur Komplexitätsreduktion**
> Seit vielen Jahren fahren wir nach Kitzbühel zum Skifahren. Vor einigen Jahren wurde eine neue große Gondelbahn gebaut, die von einem Gipfel der Kitzbüheler Alpen weit über ein Tal führt. Da nicht klar erkennbar war, wo-

hin diese Gondelbahn führte, organisierten wir uns einen Skiliftplan. Die erste Seite dieses Plans zeigte alle Liftverbindungen im Detail. Aber erst die Rückseite dieses Liftplans demonstrierte klar die Sinnhaftigkeit dieser neuen Gondelbahn. Hier waren nur noch die zentralen Liftverbindungen dargestellt, die auf einen Blick ersichtlich machten, dass die neue Gondelbahn zwei bisher getrennte Skigebiete verbindet. Erst durch diese Komplexitätsreduktion konnte das zentrale Muster dargestellt und daraus die Sinnhaftigkeit einer Verbindungsbahn erkannt werden.

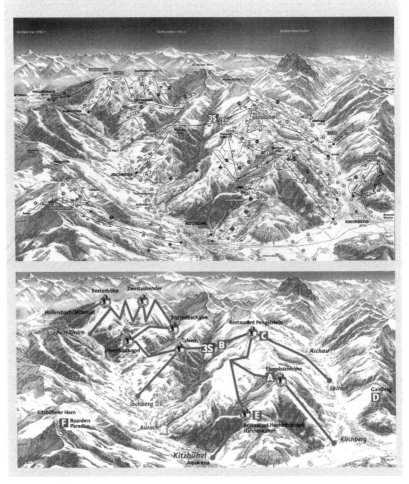

Erst der Prozess aus Analyse – Diagnose – Komplexitätsreduktion führt zum Erkennen der zentralen Muster einer Ausgangssituation und beantwortet ganzheitlich die Frage: Warum ist das Unternehmen in der Situation, in der es gerade ist? Nicht die gesteigerte Intensität der Analysearbeit führt zum Erkenntnisgewinn, sondern das Erkennen der Muster der Ausgangssituation.

Von der Komplexitätsreduktion zur Intervention

Die Transformationsschritte Analyse – Diagnose – Komplexitätsreduktion gehen von einer beschreibenden Elementorientierung in eine erklärende Systemorientierung über. Damit werden die zentralen Muster des Unternehmens sichtbar. Diese zentralen Muster können aber nicht ungeprüft dem Unternehmen rückgespiegelt werden, gilt es doch, die Diskrepanz zwischen Eigen- und Fremdbild in dosierter Form auszugleichen. Wie bereits dargestellt, ist die Wirksamkeit von Interventionen ein Produkt von sachlicher Qualität mal sozialer Akzeptanz. Die Radikalität der Intervention ist in diesem Zusammenhang nur im Einzelfall zu entscheiden. Wichtig ist die Frage: Wie stark sind die Systemkräfte auf Stabilität ausgerichtet? Die Radikalität der Intervention nimmt bei revolutionären Veränderungsprozessen gegenüber evolutionären Entwicklungsprozessen tendenziell zu.

Die Transformationsschritte Analyse – Diagnose – Komplexitätsreduktion gehen von einer beschreibenden Elementorientierung in eine erklärende Systemorientierung über.

> **Fallvignette 19: Systemisch ungeprüfte Intervention**
> Ein Industrieunternehmen beauftragte ein Beraterteam, die Organisations- und Entscheidungsprozesse zu untersuchen und geeignete Vorschläge zur Effizienzsteigerung zu erarbeiten.
> Die Schritte Analyse – Diagnose – Komplexitätsreduktion ergaben folgendes Muster der Ausgangssituation: Das Unternehmen hatte sich vor einigen Jahren durch die Aufnahme eines neuen Geschäftsfeldes total verspekuliert. Die Verluste waren so hoch, dass ein Konkurs unausweichlich gewesen wäre, wäre nicht die öffentliche Hand eingesprungen. Dieses »traumatische« Erlebnis steckte dem Unternehmen noch immer »in den Knochen«. Sämtliche Entscheidungsprozesse wurden dadurch beeinträchtigt, eine Risikobereitschaft war so gut wie nicht mehr vorhanden; was zählte, war Sicherheit. Das Beratungsunternehmen schlug daher vor, eine völlig neue Identität für dieses Unternehmen zu schaffen – einen neuen Firmennamen, ein neues Firmengebäude und einen neuen Markenauftritt. Während diese Vorschläge im Führungskreis präsentiert wurden, wurde es im Raum sehr still. Nach Beendigung der Präsentation stand der Vorsitzende des Vorstandes auf und sagte: »Ich finde, das Unternehmen neu zu erfinden, war nicht Ihr Auftrag!« Die Intervention ging ins Leere, und es kam zu keinem Fol-

> geauftrag an das Beratungsunternehmen. Eine gut gemeinte Intervention prallte wirkungslos vom Unternehmen ab, denn es gab keine ausreichende Akzeptanz für diesen Veränderungsschritt.

Veränderungsmotive und -potenziale

Die Erfassung der Veränderungsmotive und -potenziale ist eine wesentliche Zielsetzung der Analyse- und Diagnosearbeit. Welche Absichten, Erwartungen und Zielsetzungen sind mit dem geplanten Veränderungsprozess verbunden, und welche Fähigkeiten und Erfahrungen sind mit Transformationsprozessen vorhanden?

In der Diagnosephase müssen die Veränderungsmotive erhoben und begreifbar gemacht werden. In der betrieblichen Praxis sind die artikulierten Veränderungsmotive aber oft nicht die tatsächlichen. Nicht das EDV-System ist das Problem, sondern die Abläufe sind falsch; nicht die Abläufe müssen geändert werden, sondern die Konfliktsituation zwischen den beiden Abteilungen muss gelöst werden. Erst durch die gesamthafte systemische Diagnose sind solche »Irrtümer« zu erkennen und aufzulösen.

Die genannten Veränderungsmotive sind oft nicht die tatsächlichen.

> **Fallvignette 20: Die tatsächlichen Veränderungsmotive**
> Die Konzernmutter beauftragt ein Beratungsunternehmen, in einer Tochtergesellschaft ein aussagefähiges Controllingsystem zu etablieren, um die Entwicklungen der einzelnen Geschäftsfelder besser nachvollziehen zu können. Einige Versuche der konzerneigenen Controllingabteilung hatten nicht die gewünschte Transparenz gebracht.
> Für ein Konzernunternehmen ein etwas ungewöhnlicher Auftrag an ein Beratungsunternehmen, da wohl anzunehmen ist, dass genügend Know-how vorhanden ist, um so eine Aufgabenstellung eigenständig gestalten zu können. Sehr bald wurde auch klar, dass das Problem auf einer ganz anderen Ebene lag. Die Tochtergesellschaft verfügte über eine ganze Reihe von Geschäftsfeldern, von denen bei näherer Betrachtung immer nur eines positive Ergebnisse brachte. Dies allerdings in einem Ausmaß, dass dadurch die Verluste aller anderen Geschäftsfelder kompensiert werden konnten. Dieses Thema wurde im Unternehmen aber tabuisiert, niemand wollte diese Realität akzeptieren. Es wurden daher

> die einzelnen Geschäftsfelder so gebildet, dass diese Realität verschleiert und auch die Versuche, ein aussagekräftiges Controllingsystem aufzubauen, nachhaltig behindert wurden. Intuitiv wusste das Management, dass tief greifende strategische Neuorientierungen notwendig waren, aber man scheute sich, sie in Angriff zu nehmen. Es ging also nicht um ein Controllingsystem, sondern um die Überprüfung und Gestaltung der strategischen Positionierung. Schließlich wurde das Beratungsunternehmen damit beauftragt, ein strategisches Konzept mit dem Unternehmen zu erarbeiten, und das Controllingproblem wurde zu einem Randthema.

Eine wesentliche Fragestellung ist in diesem Zusammenhang folgende: Welche Kräfte im Unternehmen stehen hinter den Veränderungsideen und unterstützen diese? Und welche stehen diesen skeptisch oder gar ablehnend gegenüber? Es müssen also die fördernden und hemmenden Veränderungskräfte im Unternehmen erkannt und analysiert werden. Welche positiven und negativen Allianzen gibt es, und warum sind sie in dieser Form vorhanden? In der Praxis sind die hemmenden Veränderungskräfte oft auf der soziokulturellen Ebene zu suchen. In der folgenden Konzeptionsphase müssen diese Kräfte einerseits aktiv gefördert beziehungsweise andererseits überwunden werden, um eine erfolgreiche Transformation zu gewährleisten.

Umfassende Veränderungsprozesse scheitern selten auf der sach-rationalen Ebene, meist sind die Veränderungswiderstände auf der soziokulturellen Ebene der Engpass.

Je umfassender und revolutionärer der geplante Transformationsprozess ist, umso bedeutsamer ist die Analyse der Veränderungskräfte. Aus unserer Beratungserfahrung kann gesagt werden, dass große Veränderungsprozesse in einem Unternehmen fast nie durch Mangel an Fachwissen oder Kreativität scheitern, sondern sehr oft am zu späten Erkennen der veränderungshemmenden Kräfte.

Des Weiteren ist im Rahmen der Diagnosephase die Feststellung des Veränderungspotenzials wesentlich. Wie groß sind im Unternehmen die Kraft und die Fähigkeit, Veränderungen zu initiieren, zu konzipieren und auch umzusetzen? In der Praxis zeigt sich – wie bereits erwähnt – in den seltensten Fällen der Engpass in der konzeptionellen Arbeit. Das Problem liegt meist in der mangelnden Gestaltung und Steuerung des Transformationsprozesses. Was aber nützt die beste Strategie, die nie verwirklicht

Einstellungen und Erfahrungswissen über Transformationsprozesse entscheiden über das Veränderungspotenzial im Unternehmen.

werden kann, weil die Mitarbeiter nicht überzeugt sind, der Betriebsrat sich querlegt, oder aber die auftretenden Detailprobleme scheinbar überhandnehmen und plötzlich das Top-Management Angst vor der eigenen Courage bekommt? Das Ergebnis ist viel Unruhe, frustrierte projektverantwortliche Führungskräfte und eine unveränderte Situation. Das System hat sich erfolgreich gegen die Veränderungsattacke gewehrt. Im Wesentlichen sind zwei Faktoren für das Veränderungspotenzial ausschlaggebend: die Erfahrung mit Veränderungsprozessen und die grundsätzliche Einstellung des Managements zu Transformationsprozessen.

Jedes Unternehmen lernt aus den Erfahrungen, die es im Laufe der eigenen Unternehmensgeschichte gemacht hat. Erfolgreiche Situationen in der Vergangenheit werden gerne in der Zukunft wiederholt. Hier ist entscheidend festzustellen, worin dieser Erfolg in der Vergangenheit begründet war. Wurde der Erfolg durch rasches Anpassen an sich ändernde Rahmenbedingungen erzielt? Dann wird die Initiierung und Gestaltung von weiteren Veränderungsprojekten leichter fallen, da dies nichts Neues ist. Diese Situation ist typisch für Unternehmen in einer Wachstumsbranche. In Unternehmen, die ihren Erfolg in der Vergangenheit eher durch Kontinuität erzielten, ist die Initiierung, aber auch die Gestaltung von Transformationsprozessen, wesentlich schwieriger. Coaching und Ausbildungsprozesse müssen parallel oder auch vorab gestaltet werden, um das notwendige Veränderungspotenzial im Unternehmen aufzubauen.

Der zweite wesentliche Faktor, der über das Veränderungspotenzial Auskunft gibt, ist die Einstellung des Top-Managements gegenüber Transformationsprozessen. Wenn die oberste Führungsebene den Veränderungs- oder Entwicklungsprozess als Störfaktor und nicht als Chance für die Zukunft ansieht, also eine zögernde Grundeinstellung hat, so ist die Initiierung schwierig. Ganz unterschiedlich laufen die Dinge, wenn die erste Führungsebene eine chaotische, aktionistische Einstellung hat. Hier wird nicht lange »gefackelt«, das Motto lautet: »Veränderung ist immer gut, Hauptsache, es ist alles in Bewegung.«

Es ist schwer zu entscheiden, welche Haltung für Transformationsprozesse die schädlichste ist. Erst in Unternehmen, in denen das Management eine konstruktive Kultur der Veränderung etabliert hat, ist eine hohe Erfolgswahrscheinlichkeit von Transformationen gegeben.

Inhalts- und Prozessdesign der Diagnosephase

Zu Beginn der Analyse- und Diagnosearbeit müssen die inhaltlichen Themenkreise – sowohl auf der sach-rationalen als auch auf der soziokulturellen Ebene – sowie Vorgehensweise und Methodeneinsatz, also die Prozessgestaltung, erarbeitet werden.[257] Dies hat naturgemäß eine unmittelbare Beziehung zum eigentlichen Thema des Veränderungsprozesses. Die Diagnosethemen sind bei einem Strategieprojekt ganz andere als beispielsweise bei der Einführung eines neuen EDV-Systems.

Die Analyse- und Diagnosethemen sind nicht nur in der Gegenwart zu untersuchen; auch deren geschichtliche Entwicklung ist zu erfassen, denn erst in der geschichtlichen Betrachtung können betriebliche Zusammenhänge erkannt und im Weiteren gestaltet werden.

Inhalte, Vorgehensweisen und Methodeneinsatz werden für die Diagnoseerstellung erarbeitet.

Gleichbedeutend mit der Planung der inhaltlichen Themen ist die Designplanung des Transformationsprozesses. Das Prozessdesign der Diagnosephase stellt bereits eine Intervention in das Unternehmen dar. Was soll in welcher Form kommuniziert werden? Welche Personen sollen intensiv einbezogen werden? Wer wird in welcher Form interviewt? Wo findet ein erster Workshop statt et cetera? Darüber hinaus müssen auch Vertrauensbeziehungen zwischen den Betroffenen im Unternehmen und dem Projektteam aufgebaut werden, um so eine Kultur der Offenheit und Veränderungsbereitschaft etablieren zu können. Methodisch ist zwischen Einzelgesprächen, Gruppeninterviews, Workshops und dem Studium relevanter themenspezifischer Unterlagen zu unterscheiden. In der Regel stellt sich nicht die Frage des »Entweder-oder«, sondern die Frage nach der richtigen Kombination der Methoden. Selbstverständlich ist auch das Prozessdesign nicht von der sach-rationalen Fragestellung trennbar. Für die Analyse der strategischen Geschäftsfelder beispielsweise sind die Ergebniszahlen aus der Buchhaltung beziehungsweise der innerbetrieblichen Ergebnisrechnung notwendig und können nicht durch Interviews erhoben werden. Andererseits ist ebenso naheliegend, dass das tatsächliche Führungsverhalten nicht allein aus den dokumentierten Führungsprinzipien des Unternehmens ableitbar ist. Einzelgespräche und Workshops – in denen auch aktives Verhalten beobachtbar ist – sind für ein Begreifen dieser Fragestellungen unverzichtbar. Zweifellos stellt aber eine spezifische Form des Interviews – das noch näher behandelt wird – eine zentrale Methode der Analyse- und Diagnosephase dar.

Die soziokulturelle Ebene des Unternehmens muss mit der soziokulturellen Ebene des Veränderungsprozesses abgestimmt werden.

Bereits im Rahmen der Diagnosephase ist es entscheidend, die soziokulturelle Ebene des Unternehmens mit der soziokulturellen Ebene des Veränderungsprozesses in Einklang zu bringen. Dabei ist es nicht notwendig, eine völlige Deckung zu erzielen. Im Gegenteil: Die Diagnosearbeit bietet oft die Möglichkeit, Interventionen auf der soziokulturellen Ebene des Unternehmens einzuführen. Es muss allerdings eine Anschlussfähigkeit gewahrt werden, da es sonst zu Irritationen und massiven Widerständen bereits zu Prozessbeginn kommt und schon jetzt die Gefahr eines Abbruchs der Transformation besteht. In einem patriarchalisch geführten Unternehmen ist es beispielsweise fraglich, ob ein erster Stärken-Schwächen-Workshop auf breiter Ebene, der Offenheit und Konfliktfähigkeit voraussetzt, ein guter Projektstart ist.

> **Fallvignette 21: Leitbildentwicklung Unternehmens- versus Beratungskultur**
>
> In einem Know-how-orientierten Dienstleistungsunternehmen sollte ein Prozess zur Leitbildentwicklung durchgeführt werden. Das Unternehmen beauftragte ein Beratungsunternehmen, dieses Projekt zu initiieren, zu gestalten und zu steuern.
>
> Das Unternehmen war durch einen streng patriarchalischen Führungsstil geprägt, der auf Misstrauen und Kontrolle basierte. Die Mitarbeiter waren einer strengen Reglementierung unterworfen, beginnend bei einem Zeitkontrollsystem bis hin zu einer Zentralisierung der kleinsten operativen Entscheidungen. Nicht der Output der Arbeit wurde kontrol-

> liert, sondern der Input. Gerade in Leitbildprozessen geht es aber auch um die grundsätzlichen Einstellungen und Werthaltungen des Unternehmens gegenüber Kunden, Lieferanten und Mitarbeitern.
> Nach einer durchaus geglückten Initiierung – das Projekt wurde den wichtigsten Führungskräften präsentiert – stellte sich in fast allen Fragen der Prozessgestaltung rasch Uneinigkeit zwischen der Unternehmensführung und der Beratergruppe heraus. So wollten die Berater beispielsweise in einigen Workshop-Runden auf breiter Ebene Vorschläge zu einzelnen Themenkreisen des Leitbildes erarbeiten lassen. Die Unternehmensführung wollte hingegen im kleinen Rahmen das Leitbild ausarbeiten und dann präsentieren. Die Berater wiederum wünschten auch, Zwischenergebnisse darzustellen, um Diskussionsmöglichkeiten zu schaffen. Die Unternehmensführung wollte erst das Endresultat präsentieren et cetera. Es war ein ausgesprochen mühsamer Prozess, und es musste viel Energie aufgebracht werden, um das weite Auseinanderklaffen zwischen Unternehmenskultur auf der einen Seite und Kultur der Beratergruppe auf der anderen Seite zu überbrücken.

Noch viel stärker ergibt sich diese notwendige Abstimmung bei der Gestaltung der Konzeptionsphase; Top-down- versus Bottom-up-Elemente sind hier im Wesentlichen die Gestaltungselemente. Ein intensiver Meinungs- und Erfahrungsaustausch zwischen der Unternehmensführung und den Transformationsteams ist dabei unbedingt erforderlich.

> **Fallvignette 22: Design einer Diagnosephase**
> In einer österreichischen Regionalbank wurde ein Beratungsunternehmen beauftragt, eine Diagnose der strategischen Positionierung vorzunehmen.
> Das Beraterteam erarbeitete in Abstimmung mit dem Auftraggeber folgendes Design der Diagnosephase:

Phasen des Transformationsprozesses

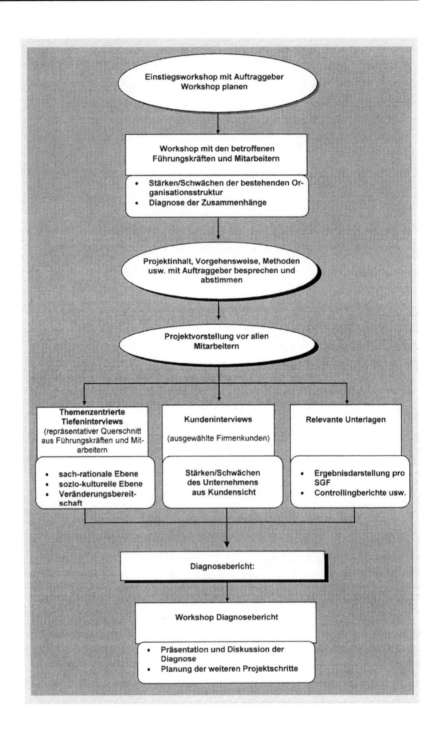

Narrative Interviews[258]

Das Interview ist das Hauptinstrument der Analysearbeit. In einem ersten Schritt werden Interviews mit der Unternehmensführung durchgeführt, um einerseits Motive, Zielsetzungen und Visionen der geplanten Transformation zu verstehen und andererseits einen Gesamtüberblick – auch in geschichtlicher Dimension – über das Unternehmen zu erhalten. Im nächsten Schritt werden Interviews mit einem repräsentativen Querschnitt an Führungskräften geführt, um individuelle Betrachtungsebenen und Sichtweisen kennenzulernen. Dabei muss ausreichend kommuniziert werden, wie die Auswahl der Interviewpartner zustande gekommen ist, da diese Entscheidungen eine massive Intervention auf der soziokulturellen Ebene darstellen. Im dritten Schritt werden Gespräche auf Mitarbeiterebene geführt, um auch Einblick in deren Betrachtungsweisen zu gewinnen. Im vierten Schritt werden wieder Interviews mit der Unternehmensführung durchgeführt. So können gewonnene Erkenntnisse und unternehmensweite Zusammenhänge diskutiert werden. In allen Gesprächen werden auch jeweils Lösungsmöglichkeiten beziehungsweise Visionsansätze eruiert.

Reihenfolge der Interviews: Top-Ebene, mittlere Führungskräfte, Mitarbeiterebene, Top-Management.

Alle Gespräche müssen in absoluter Vertraulichkeit geführt werden, da sonst vor allem die soziokulturellen Zusammenhänge nicht ausreichend beleuchtet werden können. Diese Vertraulichkeit muss bereits im Rahmen der Initiierungsphase auf breiter Ebene kommuniziert werden. Die folgende Grafik zeigt den prinzipiellen hierarchisch bezogenen Ablauf der Interviews.

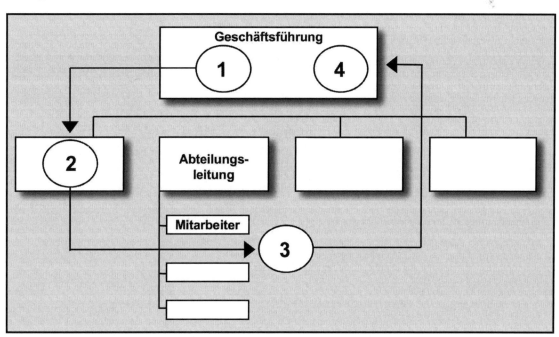

Abbildung 61: Interviewreihenfolge

Interviews, die sowohl die sach-rationale als auch die soziokulturelle Ebene im Unternehmen zum Thema haben – und nur solche sind geeignet, die Zusammenhänge im Unternehmen zu begreifen –, unterscheiden sich deutlich von den meisten anderen Interviewmethoden. Diese Interviewform nennt man Tiefeninterviews oder auch narrative Interviewmethode. Diese Untersuchungsmethode kommt aus der qualitativen Sozialforschung.[259] Es gilt, einen möglichst intensiven persönlichen Kontakt zum Gesprächspartner herzustellen, denn ohne den Aufbau einer sogenannten empathischen Beziehung bleiben die Gespräche auf einer oberflächlichen Ebene und sind weitgehend nutzlos.

Die narrative Interviewmethode hat erzählenden Charakter und setzt eine nicht-direktive Interviewführung voraus.

Die narrative Interviewmethode ist ein die Erzählung produzierendes Verfahren.[260] Der Interviewer ist scheinbar passiv, versucht den Redefluss des Gesprächspartners aufrechtzuerhalten und lenkt das Gespräch nicht-direktiv. Es wird nur der große Themenkreis vorgegeben und nach Aufbau einer empathischen Gesprächssituation darauf vertraut, dass der Interviewte die Themen und seine Aussagen nach seiner subjektiven Wichtigkeit gestaltet. Damit werden wichtige Erkenntnisse über eine subjektive Wirklichkeit erkennbar.[261]

Jeder Gesprächspartner hat seine subjektive Wirklichkeit, die sein Handeln prägt. Kategorien wie »richtig« und »falsch« sind in diesem Zusammenhang unangebracht.

Die Grundeinstellung, dass jeder Gesprächspartner Recht hat, ist Voraussetzung für eine effektive Interviewführung. Dies gilt auch dann, wenn er ganz allein mit seiner Meinung ist, denn jedes Mitglied eines komplexen sozialen Systems hat seine eigene subjektive Wirklichkeit, die die Basis seines Handelns darstellt. Äußerungen nach dem Motto »das stimmt ja gar nicht« stören die Herstellung der notwendigen Vertrauensbeziehung zu dem jeweiligen Gesprächspartner, sind schlicht unangebracht und zeugen von mangelnder sozialer Kompetenz des Interviewers.[262]

Die Beziehung zwischen Interviewer und Interviewtem

Wie bereits erwähnt, ist es oberstes Gebot der narrativen Interviewmethode, eine empathische Beziehung zu dem jeweiligen Interviewpartner herzustellen. Der Befragte soll möglichst frei und offen über alle Zwänge und Unzulänglichkeiten, die er im Unternehmen verspürt, reden können. Das probateste Mittel, um den Befragten zu einem freien Redestrom zu bewegen, liegt darin, sich als Interviewer möglichst schweigsam zu verhalten und alle Kraft auf aktives Zuhören zu konzentrieren.[263] Es geht darum, sich konzentriert auf seinen Gesprächspartner »einzulassen«, sich in den Befragten hineinzuversetzen. Alles andere ergibt sich fast von selbst. Empathie bedeutet, ein hohes Maß an Einfühlungsvermögen seinem Gesprächspartner gegenüber aufzubringen und darf nicht mit dem Begriff der Sympathie gleichgesetzt werden. Diese Grundeinstellung, ergänzt durch ein laufendes Hinterfragen, ob das Empfangene auch tatsächlich dem Gesendeten entspricht, führt in der Regel zu einer intensiven und offenen Gesprächsbeziehung. Dazu ist es eine unbedingte Voraussetzung, dem Gesprächspartner absolutes Vertrauen zuzusichern und dies auch unmissverständlich im Unternehmen zu kommunizieren.

Der Aufbau einer empathischen und geschützten Gesprächsbeziehung ist der Schlüssel zum Interviewerfolg.

Trotz der grundsätzlichen passiven Haltung des Interviewers sollen an dieser Stelle noch einige Regeln und Vorgehensweisen besprochen werden, die dem raschen Aufbau einer empathischen Gesprächsbeziehung förderlich sind.

Als ungeschriebenes Gesetz gilt, dass der Interviewer eine verständnisvolle und unterstützende Gesprächshaltung einzunehmen hat. Als grundlegende Einstellung gilt: Alle Äußerungen des Interviewten sind zumindest aus seiner Sicht sinnvoll und werden vom Interviewer aufgenommen und akzeptiert. Der Interviewer hat nur eine Aufgabe, die Sichtweise des Interviewten zu verstehen. Dies ist nicht gleichzusetzen mit Zustimmung. Es gilt, Verständnis, aber nicht übereinstimmende Sichtweisen zu signalisieren. Formulierungen wie »das habe ich auch schon erlebt«, »das Problem kennen wir«, »an Ihrer Stelle würde ich das wahrscheinlich auch so sehen«, sind daher völlig ungeeignete Unterstützungshilfen. Nonverbale Unterstützungen wie Kopfnicken, Augenkontakt et cetera sind hingegen äußerst hilfreich und fördern den Gesprächsfluss. Andererseits ist auch jetzt nicht der Zeitpunkt, unterschiedliche Meinungen zu artikulieren. Soll eine gegensätzliche Betrachtung ins Gespräch eingebracht werden, so könnte eine Formu-

Eine unterstützende Gesprächshaltung fördert die Vertrauensbeziehung und den Gesprächsfluss. Es gilt Verständnis, nicht Zustimmung auszudrücken.

lierung wie »manche Leute sehen das im Unternehmen aber ganz anders« hilfreich sein.[264]

Oft ist es nicht ganz einfach, ein Gespräch in Gang zu bringen. Hier empfiehlt es sich, mit problemlosen Fragen einzusteigen, die als Türöffner fungieren können. Ein Thema, das fast immer als Einstieg gute Dienste leistet, ist die Frage nach der eigenen Geschichte und Rolle im Unternehmen. Dies ist eine weitgehend unverfängliche Frage und zeigt die eigene Einschätzung der Funktion und Aufgaben im Unternehmen.[265]

Um das Gespräch nicht zu stören, sollte der Interviewer Punkte, die eingehender geklärt werden müssen oder die noch angesprochen werden sollen, auf ein extra Blatt notieren, und jede sich bietende Gelegenheit wahrnehmen, das Gespräch vorsichtig in diese Richtung zu lenken, ohne aber den Redefluss zu stören. Im Idealfall erkennt der Gesprächspartner den Themenwechsel gar nicht.

Prototypische Interviewpartner sind der offene, der vorsichtige, der gereizte und der berechnende Interviewpartner.

Im Wesentlichen gibt es vier Typen von Gesprächspartnern: Erstens denjenigen, der offen und konstruktiv in das Gespräch geht und darin die Chance zu einer möglichen Verbesserung der bestehenden Situation sieht. Ein zweiter Typus ist der vorsichtige Gesprächspartner. Er ist in seiner Rolle meist unsicher, traut der Vertraulichkeit nicht ganz und hat auch oft schon negative Erfahrungen mit zu viel Offenheit gemacht. Hier gilt es, besonders vorsichtig eine Vertrauensbeziehung aufzubauen, plumpe Annäherungsversuche sind meist nicht geeignet. Der gelangweilte oder gereizte Typ ist der, der das Gespräch als Zeitverschwendung ansieht und den Einsatz eines internen oder gar externen Beraters für den Transformationsprozess für vergebens hält. Im Grunde ist er der Auffassung, alles selber viel besser beurteilen zu können und ausreichendes Lösungspotenzial zu besitzen, man hört nur zu wenig auf ihn. Hier gilt es, durch Kompetenz Vertrauen zu gewinnen, aber auch das eine oder andere Mal einen Konflikt auszutragen. Der letzte Gesprächstypus ist der Berechnende. Er versucht Information gezielt zum eigenen Nutzen zu kommunizieren, und es besteht für den Interviewer die Gefahr, benutzt zu werden. Hier schützen wohl nur ausreichende Erfahrung und die Sichtweisen der anderen Interviewpartner.

Der zu Beginn der Interviewrunde erarbeitete Leitfaden dient dazu, die wichtigsten Themen zu fixieren. Er darf aber nicht dazu führen, dass in jedem Gespräch alle Themenkreise quasi »zwanghaft« abgearbeitet werden. Ganz im Gegenteil überlässt man die Themenwahl weitgehend den Gesprächspartnern in der Überzeugung, die wichtigen Themen wird er von selbst ansprechen. Wichtig ist nur, im Laufe der Interviewrunde ausreichende Informationen zu allen Themenkreisen zu bekommen.

Der Interviewleitfaden ist eine Hilfe; es darf aber nicht der Zwang entstehen, in jedem Gespräch alle Themen behandeln zu müssen.

Als konkreter Abschluss sollte dem Gesprächspartner die Möglichkeit angeboten werden, noch ein Thema, das ihm besonders am Herzen liegt, aber noch nicht angesprochen wurde, zur Sprache zu bringen.

Methoden und Techniken der Interviewführung[266]

Wie bereits erwähnt, kommt die beschriebene Interviewtechnik aus der qualitativen Sozialforschung und stellt das Gegenstück zur quantitativen Untersuchungsmethode dar.[267] Im Wesentlichen kommen zwei Techniken zum Einsatz: Verbalisieren und Fokussieren, um getilgte Informationen transparent zu machen. Diese Techniken muss der Interviewer beherrschen, will er zu aussagefähigen und umfassenden Informationen kommen. Ohne diese Techniken – die in der Praxis oft ineinanderfließen – wird es mit hoher Wahrscheinlichkeit nicht möglich sein, ein systemisches Gesamtbild des Unternehmens zu zeichnen.

Die wesentlichen Interviewtechniken sind Verbalisieren und Fokussieren.

Gerade bei der narrativen Interviewform erzählt der Interviewpartner seine Sicht der Dinge, das heißt seine Sicht der Realität. Es ist ihm dabei aber unmöglich, seinen gesamten Wissensstand in allen Zusammenhängen darzustellen. Es müssen daher Informationen »getilgt« werden, das heißt, sie werden nicht explizit genannt.[268] Diese Informationen sind aber in der Regel wichtig, um die Zusammenhänge zu verstehen, und müssen daher hinterfragt werden. Es kommt sowohl auf der sach-rationalen Ebene als auch auf der soziokulturellen Ebene zu Tilgungen. Oft werden heikle Zusammenhänge nur angedeutet. Beispielsweise sagt ein Gesprächspartner: »Unser alter Geschäftsführer hat sich intensiv um unsere

Stammkunden gekümmert.« Aber erst durch das Fokussieren des Interviewers, wie beispielsweise »Wie sehen Sie das heute?«, wird die gesamte Information preisgegeben, etwa »Die Kundenbeziehung ist heute unser Grundproblem, das mittlere Management hat das nie gelernt, und unser neuer Geschäftsführer sieht sich dafür nicht zuständig. Wenn das so weitergeht, verlieren wir unsere besten Stammkunden!« Ohne das Aufgreifen dieser getilgten Information wären wichtige Erkenntnisse verloren gegangen. Fokussieren bedeutet also, das angesprochene Thema durch weitere Fragen zu vertiefen.

Fokussieren und Widerspiegeln legen getilgte Informationen frei.

Weitere Beispiele, getilgte Themen zu fokussieren sind: »Ich hab das noch nicht genau verstanden, können Sie das noch erläutern«, oder »Können Sie in diesem Zusammenhang ein Beispiel nennen«; damit wird der Interviewpartner eingeladen, zu diesem Thema noch weitere Informationen preiszugeben. Die schwierige Aufgabe, vor allem zu Beginn der Interviewphase, ist es, das Wesentliche vom Unwesentlichen zu trennen und nicht die falschen – heißt unwichtigen – Themen zu fokussieren. In diesem Zusammenhang sind ein umfassendes Wissen und viel Erfahrung in wirtschaftlichen Zusammenhängen notwendig, um sich ausreichend in das Unternehmensgeschehen hineindenken zu können.

Die Technik des Verbalisierens bedeutet, das eben Gesagte mit eigenen Worten widerzuspiegeln, um damit den Interviewpartner indirekt aufzufordern, das Gesagte zu ergänzen oder auch Korrekturen anzubringen. Mit dieser Methode kann ein Gespräch fast beliebig lang fortgesetzt werden, und gerade bei der Form des narrativen Interviews ist das eine unverzichtbare Methode, die erstaunliche Ergebnisse bringt. Das Motto dieser Methode ist: Der Faden wird aufgegriffen und wieder zurückgegeben. Diese Technik eignet sich auch sehr gut, um Zusammenhänge auf der soziokulturellen Ebene zu beleuchten. So kann beispielsweise folgende Aussage: »In unserer Abteilung ist jeder Widerspruch verpönt, das Betriebsklima ist dementsprechend«, folgendermaßen widerspiegelt werden: »Das heißt, aus Ihrer Sicht gibt es gewisse Spannungen in Ihrer Abteilung?« – »Spannungen ist noch sehr vorsichtig ausgedrückt, da gibt es schon handfeste Konflikte, vor allem zwischen ...« Erst jetzt ist der Interviewpartner bereit, über sein tatsächliches Problem zu reden. Die meisten Themen haben unzählige Facetten und können daher fast beliebig lang behandelt werden; der Interviewer muss somit entscheiden, ob ihm das momentan angesprochene Thema wichtig genug ist oder nicht.

Das Interview wird entweder allein oder mit Unterstützung eines Assistenten durchgeführt, wobei der Assistent für die Dokumentation des Gesagten zuständig ist und auch treffende Zitate wörtlich festhalten sollte.[269] Bei besonders heiklen Themen, die auch nur unter Hinweis auf die Vertraulichkeit des Gesprächs angesprochen werden, sollte auf das Mitschreiben verzichtet werden. Es muss für den Interviewpartner sichtbar die »Feder« aus der Hand gelegt werden, um die Vertrauensbeziehung nicht zu stören. Erst wenn das Gespräch sich wieder allgemeineren Themen zuwendet, können diese wichtigen Informationen nachträglich dokumentiert werden.

Der Wissenstand des Interviewteams gegen Ende der Analysephase stellt auch eine notwendige Intervention in das Unternehmen dar.

So verwirrend und widersprüchlich vielleicht noch die ersten Interviews sein mögen, nach dem sechsten oder siebten Interview werden bereits erste Konturen der Zusammenhänge sichtbar. In jedem Gespräch steigt der Informationsstand, und das gerade Gehörte kann im nächsten Interview ergänzt, verdichtet beziehungsweise aus einem anderen Blickwinkel betrachtet werden. In der Regel sollten die letzten Interviewpartner von der bereits entstandenen Informationsdichte und dem Erkennen der Zusammenhänge des Interviewers beeindruckt sein. Auch dies stellt eine wichtige Intervention dar, da die generelle Vertrauensbeziehung in den Change-Agent dadurch erheblich gesteigert werden kann. »Der kennt sich wirklich aus, die können uns vielleicht wirklich helfen.«

Erst im etwa letzten Drittel der Interviews geht die Interviewtechnik allmählich in eine stärkere Beteiligung des Interviewers über. Es werden einzelne systemische Zusammenhänge thematisiert und mit dem Interviewpartner diskutiert. Damit können diese ersten Thesen über die systemischen Zusammenhänge hinterfragt und ergänzt, aber auch korrigiert beziehungsweise wieder verworfen werden. Das Interview ist in eine zweite Phase getreten, es werden nicht mehr einzelne Fakten gesammelt, sondern Thesen zu

In einer zweiten Interviewphase werden Thesen über die systemischen Zusammenhänge besprochen und erste Lösungsansätze diskutiert.

systemischen Zusammenhängen überprüft und darüber hinaus erste Lösungsansätze diskutiert.[270]

Aufarbeitung der Interviewergebnisse

Vorschnelle Thesen über gesamthafte, systemische Zusammenhänge können eine falsche Fährte legen.

Die laufende tägliche Verdichtung und Aufarbeitung der einzelnen Interviews ist von zentraler Bedeutung.[271] So können wichtige erste Erkenntnisse dokumentiert werden, offene oder unklare Sachverhalte herausgearbeitet und für den nächsten Interviewtag auf die Liste der zu klärenden Fragen gesetzt werden. Trotz dieser notwendigen permanenten Aufarbeitung der Interviewergebnisse dürfen erste Thesen über systemische Zusammenhänge nicht zu früh abgeleitet werden, auch wenn das noch so verlockend ist und es scheinbar hilft, die eigene Unsicherheit abzubauen. Die Gefahr, dadurch eine falsche Fährte zu legen und in den nächsten Interviews durch selektive Wahrnehmung[272] – man hört nur das, was man hören will – zu falschen Ergebnissen zu kommen, ist zu groß.[273] Ein systemisches Gesamtbild wird erst nach circa zwei Dritteln der durchgeführten Interviews vorgenommen.

Nach Abschluss der Einzelinterviews liegt eine schriftliche Verdichtung aus der täglichen Aufarbeitung vor. Diese Interviewzusammenfassung ist einerseits nach einzelnen Themen strukturiert, andererseits sind die einzelnen Aussagen auch nach Personen beziehungsweise Personengruppen geordnet. Jetzt werden die zentralen Aussagen zusammengefasst und dokumentiert. Aufgrund dieser Basis kann ein ganzheitlich-systemisches Bild entworfen werden, und damit wird aus der Analyse eine Diagnose. Jetzt gilt es – wie bereits dargestellt – die innere Logik des Systems zu erfassen und dem Unternehmen widerzuspiegeln.

Revolutionäre versus evolutionäre Transformation

Die Diagnosearbeit ist bei evolutionärer Transformation im Unterschied zu Veränderungsprozessen nicht auf wenige – oft externe Berater – verteilt, sondern wird auf breiter Ebene von den Betroffenen selbst durchgeführt. Dadurch ist einerseits eine höhere Identifikation mit den Ergebnissen erreichbar, andererseits wird in der Regel die Kritik an der Ist-Situation etwas »angepasster« ausfallen. Bei dieser Vorgehensweise besteht aber die Gefahr, dass tabuisierte Themen nicht aufgegriffen werden und dadurch kritische Punkte ausgeklammert bleiben. Beim Einsatz externer Unternehmensberater sind diese nicht Träger der inhaltlichen Diagnosearbeit, sondern übernehmen die Rolle der Prozess- und Moderationsbegleitung.

Die Diagnosearbeit ist im Rahmen von evolutionären Entwicklungsprozessen basisorientiert, bei revolutionären Veränderungsprozessen übernehmen externe Kräfte die Federführung.

Im Rahmen von revolutionären Veränderungsprozessen wird die Analyse- und Diagnosearbeit eher durch externe Kräfte – Berater beziehungsweise Mitarbeiter der Zentrale – dominiert, um so zu kantigeren und weniger angepassten Ergebnissen zu kommen, gilt es doch, das Unternehmen auf einen großen Veränderungsschritt vorzubereiten. Steht bei Veränderungsprozessen das Interview in der Analysearbeit im Vordergrund, nimmt bei Entwicklungsprozessen tendenziell die Workshop-Arbeit bereits in der Diagnosephase breiten Raum ein.

Bei revolutionären Veränderungsprojekten ist eine befürwortend-abwartende Haltung der Unternehmensspitze zu wenig. Das oberste Management muss Stellung beziehen und Verantwortung und Verpflichtung im Rahmen des Veränderungsprozesses übernehmen. Es muss klar sein, dass die Unternehmensspitze auch das Risiko eines Fehlschlages übernimmt. Diese Verantwortung ist auch nicht auf einen externen Unternehmensberater übertragbar. Nur unter diesen Voraussetzungen hat der Veränderungsprozess eine Chance auf Erfolg.

Bei revolutionären Veränderungsprozessen muss das Commitment der obersten Führungsebene deutlich ausgeprägt sein. Sie müssen die Federführung und die Verantwortung übernehmen.

9.4 Konzeptionsphase

In der Regel werden bereits in der Diagnosephase die einzelnen Varianten des künftigen Lösungsmodells sowohl auf einer sach-rationalen als auch auf einer soziokulturellen Ebene in Konturen sichtbar. Ist das nicht der Fall, so sind mit ziemlich hoher Wahrscheinlichkeit die inneren Zusammenhänge und damit die innere Logik beziehungsweise die zentralen Muster des Unterneh-

Jeder Transformationsprozess entwickelt eine Eigendynamik, wodurch ein Ergebnis nur bedingt vorhersehbar ist.

mens noch nicht ausreichend erfasst worden. In diesem Fall ist es notwendig, die Schritte Analyse – Diagnose – Komplexitätsreduktion einer kritischen Überprüfung zu unterziehen. In der Regel ist in diesem Zusammenhang der Schritt von der Analyse zur Diagnose und der anschließenden Komplexitätsreduktion noch nicht in ausreichender Qualität gesetzt worden. So lange die zentralen Muster der Ausgangssituation nicht klar erkennbar sind, können keine lösungsorientierten Interventionen gesetzt werden.

Der Transformationsprozess tritt mit Abschluss der Diagnosephase aus seiner Vergangenheitsorientierung heraus und wendet sich der Zukunft zu. In der Konzeption wird ein zukünftiges Soll-Bild erarbeitet und dessen Umsetzung vorbereitet.

Unternehmen sind jedoch hoch komplexe soziale Systeme, und daher sind die Auswirkungen von Interventionen – wie bereits mehrfach ausgeführt – nicht eindeutig vorhersehbar. Das zu erarbeitende Zukunftsbild des Unternehmens kann bestenfalls die Richtung der Veränderung beziehungsweise der Entwicklung bestimmen, und auch diese ist nur durch laufende Anpassungsarbeit zu gewährleisten. Das bedeutet, dass jeder Transformationsprozess eine Eigendynamik entwickelt und ein Ergebnis nur in groben Umrissen vorhersehbar ist. Veränderungsfördernde und -behindernde Kräfte liefern sich einen Kampf um die Vormachtstellung.

In den folgenden Kapiteln werden die wichtigsten Aktivitäten, Methoden und Vorgehensweisen im Rahmen der Konzeptionsphase erläutert.

Veränderungswiderstände

In jedem System gibt es bewahrende Kräfte und Kräfte, die auf Veränderung wirken. Die einen besitzen Vorteile aus der bestehenden Ordnung, die anderen erhoffen sich zukünftige Vorteile aus der Veränderung. Es geht also um Interessen im Unternehmen. Die Problematik ist, dass die bestehenden Vorteile der Gruppe der »Bewahrer« konkret und greifbar sind, während die Vorteile der Veränderer nur potenziell und zukunftsbezogen sind. Daher sind in der Regel die Veränderungskräfte gegenüber den bewahrenden Kräften im Nachteil.[274]

Veränderungen bringen Unsicherheit und Angst vor dem Neuen mit sich, und dies führt zu Widerstand.[275] In den seltensten Fällen scheitern Transformationsprozesse daran, dass auf einer sach-rationalen Ebene keine geeigneten Lösungsmodelle gefunden werden können. Viel häufiger scheitern sie auf der soziokulturellen Ebene an den unüberwindbaren Veränderungswiderständen, denn die Systemkräfte haben sich erfolgreich gegen die Veränderungsattacke gewehrt. Widerstände gegen Veränderungen müssen daher ernst genommen werden. Einige der häufigsten Beispiele von Veränderungswiderständen zeigt die folgende Darstellung.

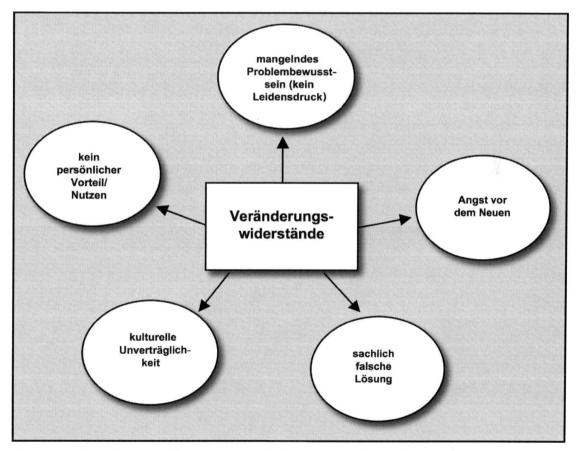

Abbildung 62: Häufigste Ursachen von Veränderungswiderständen

Sachlich falsche Lösung

Die meisten Mitarbeiter und Führungskräfte halten die geplante Veränderung für sachlich falsch.

Die sach-rationale Lösung, die in der Konzeptionsphase erarbeitet wurde, erscheint nicht wirklich Erfolg versprechend, Management und Mitarbeiter sind von der Sinnhaftigkeit der Veränderung nicht überzeugt.[276] Oft tritt diese Situation im Rahmen von strategisch-strukturellen Neuorientierungen ein. Das Unternehmen ist sich nicht ganz sicher, ob dieser Weg der richtige ist. Beispielsweise kann eine angestrebte Dezentralisierung der Aufgaben und Verantwortlichkeiten in die dezentralen Verkaufseinheiten tatsächlich zur personellen Aufblähung, zur Reduktion der Entscheidungsqualität und zur Verunsicherung des dezentralen Verkaufsmanagements führen.

Mangelndes Problembewusstsein

Es gibt zu wenig Problembewusstsein, warum Veränderung im Unternehmen überhaupt notwendig ist.

Ein weiterer Widerstand kommt aus mangelndem Problembewusstsein. Solange kein ausreichendes Problembewusstsein und damit die Notwendigkeit der Veränderung beziehungsweise Entwicklung auf allen betroffenen Ebenen im Unternehmen vorhanden sind, wird der Veränderungsprozess nur zögernd, wenn überhaupt, in Gang kommen. Die Notwendigkeit oder der Sinn der Veränderung ist im Unternehmen nicht transparent, und damit kann keine Motivation zur Veränderung entstehen. Verkürzt kann man daher sagen: Ohne Leidensdruck keine Veränderung. Problembewusstsein ausschließlich auf der Ebene der Geschäftsführung wird in der Regel nicht ausreichen, einen Veränderungsprozess in Gang zu setzen.

Kulturelle Unverträglichkeit

Veränderungsziele, die der herrschenden Unternehmenskultur entgegenstehen, sind schwer realisierbar, da die Veränderungswiderstände meist sehr emotional und leidenschaftlich sind. Kulturelle Unverträglichkeiten mit dem angestrebten Veränderungsziel müssen daher sehr ernst genommen und bearbeitet werden. In der Praxis sind sie oft schlecht als solche zu identifizieren, da sie meist auf einer scheinbar sach-rationalen Ebene ausgetragen werden, dort aber klarerweise nicht zu beheben sind. Das Wissen über kulturell unverträgliche Lösungsalternativen behindert allerdings nachhaltig den Glauben an deren Umsetzung im Unternehmen. Da jeder annimmt, die Verwirklichung der Veränderung findet nie statt, halten sich die Anstrengungen auch in Grenzen.

Veränderungen gegen die herrschende Kultur lösen entweder leidenschaftlichen Widerstand oder Teilnahmslosigkeit aus.

Die Liste der potenziellen kulturellen Unverträglichkeiten ist lang; es können in diesem Zusammenhang nur einige Beispiele erwähnt werden. Am häufigsten treten kulturelle Widerstände in Fusionsprozessen auf, wo unterschiedliche Kulturen zusammentreffen und oft die potenziellen Synergiemöglichkeiten bei Weitem übertreffen.

> **Fallvignette 23: Partizipative Führungsprinzipien**
> In einer österreichischen Regionalbank wurde ein Beratungsunternehmen beauftragt, mit der ersten und zweiten Führungsebene Führungsprinzipien zu erarbeiten. Dies ist zumeist ein sehr »heißes Thema«. In diesem Fall gab es aber kaum Emotionen, keine hitzigen Diskussionen und kein wirkliches Engagement. Nach drei Workshop-Halbtagen waren die Prinzipien festgelegt.
> Im Laufe dieser Meetings wurde dem Beraterteam allerdings zunehmend bewusst, dass »Wasser gepredigt und Wein getrunken« wurde. Der Vorsitzende des Vorstandes war aufgrund seiner Persönlichkeit gar nicht in der Lage, die erarbeiteten partizipativen Führungsprinzipien einzuhalten. Das wussten natürlich auch die Mitglieder auf Managementebene. Man machte zwar mit, aber es war allen bewusst, dass dieser Prozess zu keiner Verbesserung des Unternehmensklimas und der Zusammenarbeit führen würde. Der Versuch, diese Problematik beim Vorsitzenden des Vorstandes anzusprechen, scheiterte. Es war auch für das Beratungsteam ein sehr kurzes Projekt.

Kein persönlicher Nutzen

Natürlich werden in einem umfassenden Transformationsprozess auch Macht- und Einflussstrukturen verschoben,

Die potenziellen »Verlierer« werden den Veränderungsprozess nicht unbedingt unterstützen.

und nicht jeder kann als »Gewinner« aus diesem Prozess hervorgehen. Es ist daher naheliegend, dass die Mitarbeiter und Führungskräfte, die für sich eher Nachteile erwarten, nicht gerade die Träger dieser Transformation sein werden.[277] Beispielsweise wird die Neuetablierung einer Bereichsleiterebene im Unternehmen die Abteilungsleiter nicht gerade begeistern. Hier ist intensive Aufklärungs- und Überzeugungsarbeit zu leisten und – wenn nicht vermeidbar – auch die eine oder andere personelle Konsequenz zu ziehen.[278] Veränderungsprozesse können nicht in einem völligen Konsensklima gestaltet werden.

Angst vor Neuem

Eine häufige menschliche Reaktion auf Veränderung ist Angst. »Was bedeutet das für mich, und werde ich es schaffen?« sind die zentralen Fragen. Diese Ängste entstehen sehr oft aus einer Unwissenheit über die geplanten Veränderungsmaßnahmen und deren Konsequenzen heraus. Zu wenige Informationen lassen Gerüchte entstehen, und die sind in der Regel um Vieles dramatischer als die tatsächlich geplanten Veränderungen. Daher ist Aufklärungsarbeit und das Setzen von ausreichenden Begleitmaßnahmen – etwa Schulungen – ein wesentlicher Bestandteil jedes Veränderungsprozesses im Unternehmen.

Massive Veränderungswiderstände sind für jeden Transformationsprozess eine große Gefahr. Diese Gefahr tritt in der Konzeptionsphase klarerweise verstärkt auf. Eine Reaktion in dieser Phase ist oft, noch mehr Daten zu erheben; es werden weitere Arbeitsgruppen mit der Aufgabenstellung betraut, Alternativvorschläge zu erarbeiten; es wird eine »Nachdenkpause« eingeschaltet et cetera. Die Planung des Soll-Zustandes darf aber nicht zum Selbstzweck werden. In diesen Situationen sind Mut und Kraft zu einer »Trial-and-Error-Philosophie« unbedingt erforderlich, um über diese Barriere zu kommen. Mit der Erkenntnis ausgestattet, dass der Mensch im Grunde nur aus seinen eigenen Fehlern lernt, ist es wahrscheinlich leichter möglich, über den einen oder anderen Veränderungswiderstand hinwegzukommen.

Konfliktmanagement

Gerade in der Konzeptionsphase treten – speziell bei revolutionären Veränderungsprozessen – erfahrungsgemäß die meisten Konfliktsituationen auf. Unterschiedliche Einstellungen, Werthaltungen, persönliche Bedürfnisse, aber auch bestehende Konfliktsituationen prallen aufeinander. Damit kommt der Veränderungsprozess in eine schwierige Situation. Das gesamte Vorhaben wird infrage gestellt, und die Gefahr eines Abbruchs liegt oft in der Luft. Jetzt sind Change-Agents notwendig, die auch im Bereich des Konfliktmanagements Wissen und Erfahrungen anzubieten haben.[279]

Keine Veränderung ohne Konflikt.

Letztlich gibt es keine Veränderung ohne Konflikt. Konflikte können aber auch als normale alltägliche Begleiterscheinungen menschlichen Zusammenlebens gesehen werden. Auf Dauer gibt es keine konfliktfreien Beziehungen. Wo immer Menschen zusammenwirken, gibt es unterschiedliche Meinungen, Einstellungen, Bedürfnisse und Interessen. In Unternehmen ist das nicht anders. In jedem Konflikt steckt aber auch die Kraft, neue gemeinsame Lösungen zu finden. In den meisten Fällen können diese Konflikte freundschaftlich gelöst werden: durch Kompromisse, durch Toleranz oder eben durch das Finden einer neuen gemeinsamen Sichtweise. Nur manchmal kommt es zu einem Prozess des sich gegenseitigen Hochschaukelns, und der Konflikt eskaliert.[280]
Prinzipiell wird auf der einen Seite zwischen heißen und kalten Konflikten und auf der anderen Seite zwischen Sach- und Beziehungskonflikten unterschieden.

Heiße Konflikte

Die Parteien, die in einen heißen Konflikt verwickelt sind, zeichnen sich durch eine heftige Begeisterungsstimmung aus. Im Grunde geht es bei den Zusammenstößen zumeist darum, die Gegenseite zu einem gläubigen Anhänger der eigenen Ideale zu machen. In heißen Konflikten sind die Konfliktparteien in der Regel von der Redlichkeit, Reinheit und Heiligkeit ihrer eigenen Motive überzeugt.[281]

Heiße Konflikte zeichnen sich durch ein Handlungsüberangebot aus: Jede Seite möchte die andere überzeugen und entwickelt eine Führerzentrierung.

Heiße Konflikte leiden unter einem »Handlungsüberangebot« der Parteien: In der wenigen verfügbaren Zeit möchte jede Partei die Gegenseite bis weit über das Erträgliche hinaus in die Diskussion ziehen und mit den eigenen Auffassungen konfrontieren. Dies ähnelt einem kleinen Raum, in dem sich zu gleicher Zeit weit mehr Personen aufhalten, als der Raum zulässt.

Die Grundeinstellung der Konfliktparteien ist expansiv: Es wird »Gebietsvergrößerung« und ein Vermehren der Anhängerschaft angestrebt und damit die Erweiterung ihres Einflussbereiches. Heiße Konflikte entwickeln eine starke Führerzentrierung.

Kalte Konflikte

Desillusion und tiefe Frustration kennzeichnen den kalten Konflikt, die Kommunikation kommt zum Erliegen, und es entsteht ein Führungsvakuum.

Aus empirisch-sozialpsychologischen Untersuchungen von Konflikten kann leicht der Eindruck entstehen, dass Konflikte immer spektakuläre und äußerlich dramatische Formen annehmen, wie dies soeben bei den heißen Konflikten beschrieben worden ist. Daneben ist jedoch noch eine andere Form zu beobachten, die weniger augenscheinlich auftritt, in der die Wirkung aber genauso destruktiv ist wie heiße Konflikte – wenn nicht sogar noch destruktiver.[282] Anstelle des Feuers der Begeisterung begegnet man bei den Konfliktparteien tief verwurzelten Enttäuschungen, einer weitgehenden Desillusionierung und Frustration. Es hat sich eine Stimmung verbreitet, in der man Ideale eigentlich über Bord geworfen hat, weil sie illusorisch sind.

Erachtet man eine unangenehme Situation als ausweg- und chancenlos, so entstehen Hilflosigkeit und Resignation. Die Konfliktparteien haben den Eindruck, völlig das Produkt ihrer Umgebung zu sein. Deshalb müssen Änderungsversuche ihrer Meinung nach immer von außen, von oben, das heißt bei anderen ansetzen. Sie selbst sind nur ein reaktives Produkt der als feindselig erlebten Umgebung. In Wahrheit schafft erst diese Haltung die entsprechende soziale Wirklichkeit. Weil man sich selbst jegliche Initiative genommen hat, wird man völlig von außen bestimmt. Indem die eigenen Ängste und Unzulänglichkeiten auf die soziale Umgebung projiziert werden, lässt man sich durch diese Außenwelt aufs Neue mit seinen Ängsten konfrontieren. Dadurch entsteht ein Teufelskreis.

Dem »Handlungsüberangebot« steht im kalten Konflikt etwas völlig anderes gegenüber: Es kommt zum Erliegen der Kommunikation schlechthin. Nach und nach bildet sich zwischen den Parteien ein »soziales Niemandsland«. Die Konfliktparteien achten sehr darauf, dass keiner dieses Niemandsland betritt. Im Gegensatz zur Führerzentrierung in den heißen Konflikten zeigt sich in den kalten Konflikten ein Führungsvakuum.

Im kalten Konflikt erfordert es viel Mühe, die Konfliktparteien zur Anerkennung des Konfliktes zu bewegen. Da die Konfliktparteien keine Lösungschance sehen, scheint ihnen eine Auseinandersetzung sinnlos. Solange daher die Existenz des Konfliktes offiziell geleugnet wird, kann er auch nicht bearbeitet werden. Es ist frappant zu sehen, dass die Parteien, bei aller Uneinigkeit, offensichtlich einen ungeschriebenen Vertrag abgeschlossen haben, nämlich den der Konfliktleugnung.

Für die Bearbeitung ist es notwendig, den kalten Konflikt wieder »aufzutauen« und in seine heiße Form überzuführen. Dadurch wird er für alle Konfliktparteien wieder deutlich und unleugbar. Dafür sind in der Regel massive Interventionen seitens des Beraters notwendig. Eine intensive Vertrauensbeziehung zu beiden Konfliktparteien ist dafür allerdings eine unabdingbare Voraussetzung.

Sachkonflikte

Neben heißen und kalten Konflikten unterscheidet man noch zwischen Sach- und Beziehungskonflikten. Bei Sachkonflikten steht die sach-rationale Ebene im Vordergrund der Auseinandersetzung. Obwohl es keine klare Trennung zwischen Sach- und Beziehungsebene gibt, steht hier doch eindeutig die sachliche Diskussion im Vordergrund.

Bei Sachkonflikten muss die gemeinsame Problemlösung dominieren. Die Gegenpartei wird auf der Beziehungsebene voll respektiert. Die Interventionsmethoden auf der Sachebene zielen in der Regel auf die Gestaltung von Normen wie zum Beispiel auf Aufgaben- und Kom-

Sachkonflikte korrelieren mit heißen Konflikten und sind eher auf einer niedrigeren Eskalationsstufe vorzufinden.

petenzbeschreibungen, Regelung von Arbeitsprozessen, Gestaltung von Informationsströmen, Verteilung von Ressourcen und vieles mehr.

Tendenziell sind solche Konflikte auf einer niedrigeren Eskalationsstufe angesiedelt und korrelieren auch eher mit der Dimension der heißen Konfliktaustragung.

Beziehungskonflikte

Beziehungskonflikte korrelieren mit Konflikten auf einer tendenziell höheren Eskalationsstufe.

Neben den sachlichen Gründen der gegenseitigen Spannungen kommen zwischen den Konfliktparteien immer stärkere Reibungsflächen auf der Beziehungsebene zum Vorschein. Die Art und Weise des Umgangs miteinander wird zu einem Problem an sich, und das Sachthema tritt immer mehr in den Hintergrund. Es geht nicht mehr darum, eine gemeinsame Lösung auf der inhaltlichen Ebene zu finden, das wirkliche Problem sind die anderen.[283]

Ist die »Chance auf einen Sieg« nicht gegeben, tendieren Konflikte auf der Beziehungsebene, in die kalte Form der Konfliktaustragung auszuarten. Jedenfalls korrelieren Beziehungskonflikte mit einer höheren Eskalationsstufe und zeichnen sich in der Regel dadurch aus, dass die Parteien gegensätzliche Werthaltungen und Einstellungen in die Diskussion einbringen. So ist beispielsweise nicht der Dezentralisierungsgrad das eigentliche Thema, sondern die Frage: Kann man den Mitarbeitern trauen oder nicht? Interventionen auf der Beziehungsebene müssen daher auf die Einstellungen und Werthaltungen gerichtet sein, und erst in zweiter Linie auf die konkreten Verhaltensweisen.

Stufen der Eskalation

Jeder Konflikt trägt eine gewisse Eigendynamik in sich, die ihn von Stufe zu Stufe der Eskalation schreiten lässt, sofern keine deeskalierenden Maßnahmen getroffen werden.[284]
Die bereits auf der ersten Eskalationsebene entstehende Konfliktdynamik wird durch folgende Kreislaufbeziehung in Gang gebracht: A formuliert sein Argument, B erwidert, überzeichnet aber seinen Standpunkt etwas, B will ja

A überzeugen. Daraufhin wird A sein Argument auch mit mehr Vehemenz darstellen, um nicht ins Hintertreffen zu geraten et cetera. Auch Rüstungswettspiralen laufen nach diesem Muster ab.

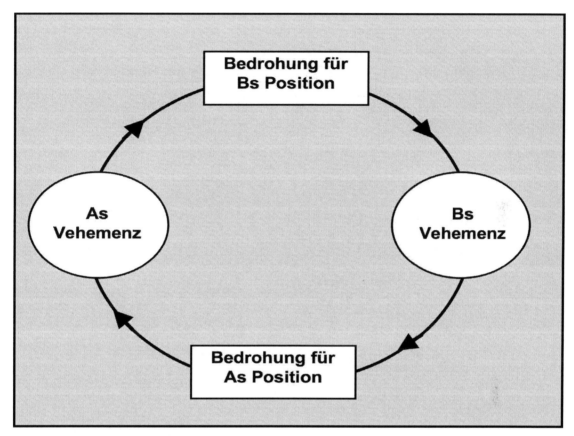

Abbildung 63: Konfliktdynamik[285]

In der Regel wird zwischen drei Hauptebenen des Konfliktes unterschieden. Bei jedem Übergang von einer Hauptebene der Eskalation zur nächsten wird eine meist sehr bewusst erlebte Schwelle der Konfliktaustragung überschritten. Doch auch innerhalb einer Konfliktebene nimmt die Konfliktdynamik ständig zu. Der Übergang von einer Hauptebene des Konfliktes in eine nächste ist nur eine sprunghafte und viel deutlichere Eskalation.

Auf der ersten Eskalationsebene sind die Differenzen zwischen den Parteien vorwiegend sachbezogen, und die Konfliktaustragung verläuft in Form des heißen Konfliktes. Noch scheut man davor zurück, die Eigenschaften und Qualitäten der Gegenpartei zum direkten Gegenstand

Auf der ersten Eskalationsebene bleibt der Konflikt auf die Sachinhalte fokussiert. Die Austragungsform ist die des heißen Konfliktes.

der Auseinandersetzung zu machen. Mit dem Überschreiten der ersten Hauptschwelle des Konfliktes begibt sich der Konflikt auf die zweite Ebene der Eskalation.

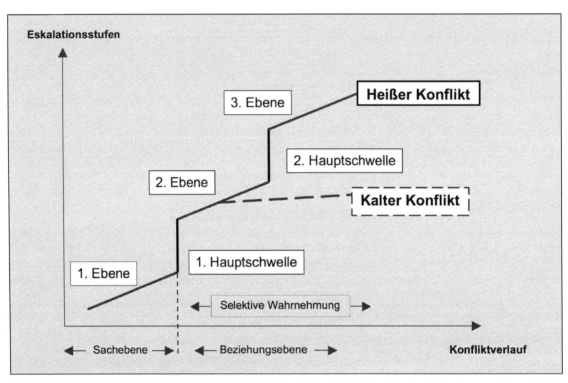

Abbildung 64: Eskalationsstufen im Konfliktverlauf[286]

Auf der zweiten Eskalationsebene treten die Sachargumente in den Hintergrund. Gegenstand der Betrachtung wird die als inakzeptabel erlebte Verhaltensweise der gegnerischen Partei.

Auf der zweiten Eskalationsebene steht nun nicht mehr das sach-rationale Problem im Mittelpunkt der Aufmerksamkeit. Das Hauptthema ist jetzt die Gegenpartei mit ihren Einstellungen und Verhaltensweisen geworden. Es entsteht der Eindruck, dass normalerweise eine Lösung zu finden sein müsste, die Gegenpartei aber einfach zu stur dafür ist. Ihre Verhaltensweise wird als uneinsichtig erlebt, und es geht immer stärker um die Frage, wer gewinnt. Diese Eindrücke entstehen natürlich bei beiden Konfliktparteien. Die sachbezogene Argumentation tritt damit in den Hintergrund, die Verhaltensweisen und Einstellungen der gegnerischen Partei werden zum Mittelpunkt der Diskussion, und daraus resultieren permanente »Gewinner-Verlierer-Situationen«.

Dennoch sind die Konfliktparteien in der Regel auch auf der zweiten Eskalationsebene darum bemüht, bestehende Normen der Konfliktaustragung formell anzuerkennen. Unter dem Schirm der Rechtmäßigkeit versuchen sie jedoch, die Normen zum Nachteil des Gegners anzuwenden. Dieses Handeln bestärkt die Parteien wiederum in der Auffassung, dass der anderen Seite offenbar jedes Mittel recht sei, um Schaden zuzufügen.[287]

Der Konflikt geht bei Überschreitung der ersten Hauptschwelle mehr oder minder sprunghaft von der Sachebene auf die Beziehungsebene über. Wenn weder Flucht noch Machteingriff möglich sind, tendiert der Konflikt aufgrund der Hoffnungslosigkeit zur Form des kalten Konfliktes. Gerade in der obersten Führungsebene sind solche Konflikte keine Seltenheit. Man kann sich seine Partner im Vorstand in der Regel nicht aussuchen, und es entstehen im Laufe der Zeit immer stärke Konfliktzonen. Machtverteilungsfragen, Anerkennungsproblematiken und vieles mehr kommen zum Vorschein, und die Fronten verhärten sich. Es gibt aber kaum Fluchtmöglichkeiten; einerseits ist der Job gut bezahlt, man ist oft nicht mehr der Jüngste, die finanziellen Verpflichtungen sind hoch, und andererseits ist der direkte Machteingriff nicht möglich, seinen Vorstandskollegen kann man nicht entlassen. Es entsteht ein Gefühl der Hoffnungslosigkeit und der Resignation. Der Konflikt gleitet in die kalte Form ab. Langfristig ist eine derartige Situation Nährboden für psychosomatische Erscheinungen. Trotz dieser tristen Situation haben die Konfliktparteien die Hoffnung auf Besserung der Situation oft noch nicht ganz begraben.

Mit dem Eintritt der dritten Eskalationsebene ändert sich das gegenseitige Feindbild abermals entscheidend. Die Konfliktparteien sehen jetzt ihre Gegner nicht mehr als Träger humaner Werte oder menschlicher Würde, die letztlich bei aller Aggression doch respektiert werden müsste. Es gilt vielmehr, die Gegenpartei mit allen Mitteln zu bekämpfen.

Die Kommunikation auf der dritten Eskalationsebene ist einseitig und nur als Botschaft und nicht als Aufforderung zum Dialog zu verstehen. Jede Konfliktpartei kümmert sich mehr darum, Botschaften so eindringlich wie möglich zu äußern und Antworten oder Reaktionen nicht aufzunehmen.

In der dritten Eskalationsebene werden alle Schranken fallengelassen, es geht nur mehr darum, dem anderen zu schaden, auch ohne Rücksicht auf die eigene Situation.

Die Hoffnung auf Konfliktlösung ist völlig begraben. Es geht nur noch darum, dem anderen zu schaden und dabei auch eigene »Verluste« in Kauf zu nehmen, solange nur die »Verluste« der Gegenpartei höher sind.

Methoden der Konfliktbehandlung

Die verschiedenen Ebenen der Konflikteskalation erfordern auch unterschiedliche Methoden der Konfliktbehandlung. In der Regel gilt aber, dass eine Intervention nur dann nachhaltig wirksam ist, wenn sie nicht isoliert erfolgt, sondern vorbereitet, flankiert und laufend vertieft wird. In der Praxis hat es sich daher bewährt, dass sich der Konfliktberater nicht abrupt aus dem Prozess zurückzieht. Der Berater kann die Frequenz seiner Anwesenheit nur Schritt für Schritt verringern und im Gegenzug dafür überprüfbare Eigenaktivitäten mit den Konfliktparteien vereinbaren. So ist es auf jeden Fall ratsam, mit den Konfliktparteien eine Evaluierung zu vereinbaren.

Je nach Eskalationsniveau werden Moderations-, Prozessbegleitungs- oder Machteingriffsstrategien angewendet.

Je nach Eskalationsebene unterscheidet man zwischen Moderationsstrategien, Prozessbegleitungsstrategien oder Machteingriffsstrategien.

Moderationsstrategien werden primär auf der ersten Eskalationsstufe eingesetzt und erfordern im Allgemeinen wenig Vorbereitung, Orientierung und Diagnose. In der Praxis sind einige Vorinterviews und Beobachtungen von Sitzungen, in denen die Konfliktparteien miteinander konfrontiert sind, ausreichend, um später intervenieren zu können. Die Interventionen konzentrieren sich auf die Beeinflussung des laufenden Geschehens und erfordern in der Regel wenig nachfolgende konsolidierende Aktionen. Bei der Moderation in Konfliktsituationen empfiehlt es sich, die gemeinsame Klärung des Konfliktgegenstandes als Ausgangspunkt zu nehmen.

Eine Intervention in Richtung ausgewogener Kommunikation zwischen Plädoyer und Erkunden reicht auf der ersten Konfliktebene meist zur Konfliktlösung aus.

In der Regel ist es notwendig, den beiden Parteien ein Gleichgewicht zwischen »plädieren« und »erkunden« nahezubringen und für Ausgewogenheit in der Kommunikation zu sorgen. Während das Plädoyer das Ziel hat, den eigenen Argumenten zum Durchbruch zu verhelfen, zielt das Erkunden auf das Verstehen der Argumente der anderen Partei ab. Es geht also darum, Vorgehensweisen und Verfahren zu finden, bei denen jede Konfliktpartei angehalten wird, die Situation aus der Sicht des Gegenübers zu betrachten und so zu neuen Einsichten zu kommen. In Konflikten der ersten Ebene reicht diese Intervention in der Regel aus, um gegenseitiges Verständnis und, darauf aufbauend, gemeinsame Konfliktlösungen zu finden.[288] So kann beispielsweise die Aufgabenstellung für jede Konfliktpartei sein, in einer Gruppenarbeit die Sichtweisen und Vorstellungen der anderen Partei darzustellen. Eine gegenseitige Präsentation und Diskussion führt bei den Konfliktparteien zu wichtigen Einsichten.

Prozessbegleitungsstrategien werden schwerpunktmäßig auf der zweiten Eskalationsebene angewendet. Der Prozessbegleiter arbeitet an bereits länger fixierten Einstellungen und Verhaltensweisen der Konfliktparteien. Gefestigte Rollen und Beziehungen müssen wieder aufgelockert werden.

Indem der Prozessbegleiter streng auf die Symmetrie in den Beziehungen zu den Konfliktparteien achtet, erleichtert er ihnen, ihm ihr Vertrauen zu schenken.[289] Im Konfliktverlauf haben die Parteien gelernt, sich mehr oder weniger voneinander zu isolieren und den physischen wie psychischen Abstand zu vergrößern. Der Prozessbegleiter muss diese Distanz für den Beginn seiner Aktionen unbedingt respektieren, und daher sind in der Regel zuerst Einzelgespräche mit dem Ziel notwendig, später eine gegenseitige Konfrontation zu ermöglichen.

Prozessbegleitung wird primär auf der zweiten Eskalationsstufe notwendig sein und setzt den Aufbau einer intensiven Vertrauensbeziehung zwischen dem Berater und den einzelnen Konfliktparteien voraus.

Prozessbegleitung im Rahmen von Konfliktsituationen erfordert ein intensives und persönliches Einbringen des Beraters. Die helfende dritte Partei bedeutet für die Konfliktparteien weitaus mehr als ein Berater, sie muss ein viel tieferes Vertrauensverhältnis aufbauen. Ehe die Parteien in direkter Konfrontation an der Klärung und Lösung ihrer Probleme arbeiten können, muss erst an ihrer internen Stabilisierung gearbeitet werden. Der Berater baut im ersten Schritt zu den Kernakteuren getrennte Beziehungen auf. Er gibt Feedback, analysiert mit ihnen ihr Verhalten und bereitet auf die Konfrontation vor. Auch hier ist der Aufbau einer empathischen Gesprächsbeziehung unbedingt erforderlich. Tritt der Konfliktlösungsprozess in die Phase der gegenseitigen Konfrontation ein, kann in der Regel auf die Methoden und Verfahren der Konfliktmoderation zurückgegriffen werden.

Auf der dritten Eskalationsstufe bleibt oft nur noch der direkte Machteingriff als Konfliktlösungsstrategie übrig.

Auf der dritten Eskalationsebene ist oft nur noch der direkte Machteingriff zur Problemlösung möglich. Es ist eine Machtinstanz notwendig, die ihre Maßnahmen den Parteien auferlegt und auch gegen den Willen der Betroffenen durchsetzt. Wenn dieser Machteingriff nicht zum Ausscheiden einer der Parteien führt, muss die Machtinstanz überdies in der Lage sein, die Situation auch nach ihrem Eingriff langfristig zu beherrschen.

In Rechtsstaaten sind es die unabhängigen Gerichte, die diese Funktion erfüllen, in Unternehmen übernimmt dagegen die Hierarchie diese Aufgabe.

Inhalts- und Prozessdesign

Prinzip der Konzeptionsphase: Von der Vision zur Realität, wobei die grundsätzlichen Eckpfeiler der Veränderung bei revolutionären Transformationsprozessen top-down vorgegeben sind.

Entscheidend ist, dass in dieser Phase der Konzeptionsarbeit zuerst ein zukünftiges Idealbild generiert wird, bei dem alle einschränkenden Rahmenbedingungen weitgehend außer Acht bleiben. So wird die motivierende Kraft der »Vision« genutzt, und bestehende Barrieren der Beharrung können leichter überwunden werden. Diese Vorgehensweise reduziert auch in sinnvoller Weise den Komplexitätsgrad und ist Garant, dass sich möglichst viele Komponenten der Vision letztlich auch in der Realität wiederfinden.

Workshops und funktionsübergreifende Arbeitsgruppen kennzeichnen die Konzeptionsphase.

Methodisch ist diese Phase durch Workshops mit den Schlüsselpersonen im Unternehmen geprägt, wobei es meist zu funktionsübergreifender Besetzung kommt, da ja alle Facetten einer zukünftigen Lösung einfließen müssen, um sie tragfähig und damit nachhaltig umsetzbar zu machen. In der Regel kommt es zu mehreren parallel arbeitenden Arbeitsgruppen, die je nach Wichtigkeit der Materie verschiedene oder auch gleiche Themenkreise behandeln, um so alternative Lösungsmöglichkeiten zu generieren. Bei evolutionären Entwicklungsprozessen sind diese Workshop-Runden primär gefordert, konzeptionelle Detailarbeit zu leisten, da die große Linie top-down vorgegeben ist.[290]

Methodisch können so in der Praxis relativ leicht, speziell bei evolutionärer Transformation, alternative Lösungen produziert werden. Sehr oft entscheidet man sich dann nicht für eine Alternative, sondern versucht, die Vorteile der jeweiligen Alternativen zu integrieren und zu einer neuen Lösung zusammenzuführen. Dadurch kann ein eklatanter Qualitätszuwachs erreicht werden, der meist in keinem Verhältnis zum zusätzlichen Aufwand steht, da ja mehrere Gruppen zum gleichen Thema arbeiteten.

Letztlich muss auch der Abschluss der Konzeptionsphase im Unternehmen ausreichend kommuniziert werden, da sonst die Gefahr besteht, dass – durch die zweifellos vorhandene Komplexität der Materie – der Prozess in der Konzeptionsarbeit stecken bleibt und nie in die Phase der Umsetzung kommt. Es ist daher notwendig, gemäß dem Prinzip »Trial and Error« die Konzeptionsphase zügig in die Umsetzung münden zu lassen.

Das Projektteam hat in der Konzeptionsphase die Aufgabe, den Prozess zu gestalten und zu steuern, die Workshops und Arbeitsgruppen zu moderieren und damit eine effiziente Arbeitsweise zu sichern, aber auch Inputs aus der Diagnosephase und eigene Lösungsvorstellungen einzubringen.

Der Einsatz mehrerer Arbeitsgruppen zur gleichen Themenstellung produziert, speziell bei evolutionärer Transformation, alternative Lösungsmöglichkeiten und erhöht die Qualität der Konzeption entscheidend.

> **Fallvignette 24: Design einer Konzeptionsphase**
> In einem österreichischen Industrieunternehmen mit knapp 1500 Mitarbeitern wurde nach Abschluss der Diagnosephase zum Thema »strategische Positionierung des Unternehmens« das Design für die anschließende Konzeptionsphase der Strategieentwicklung erarbeitet. Die folgende Abbildung stellt dies schematisch dar.

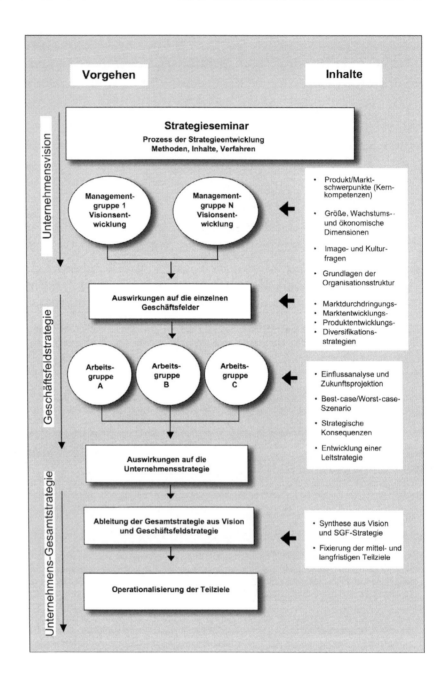

Workshop-Methode

Während in der Analyse- und Diagnosephase das Interview eine zentrale Methode darstellt, ist der Workshop das methodisch dominierende Element der Konzeptionsphase. Der Begriff Workshop hat sich für eine Veranstaltung eingebürgert, in der eine überschaubare Gruppe von Personen meist mithilfe eines Moderators gemeinsam ein konkretes Thema behandelt, dessen Komplexität den Rahmen einer normalen Besprechung sprengen würde.[291]

Es geht also um Themen, bei denen unterschiedliche Meinungen und Auseinandersetzungen vorprogrammiert sind und bei denen es Zeit und innerer Ruhe bedarf, um auch Einstellungs- und Werthaltungsfragen diskutieren zu können. Solche Themen benötigen eine andere Atmosphäre, ein anderes Ambiente als normale Besprechungen und Meetings. Die Hektik der operativen Tagesarbeit hat bei solchen Veranstaltungen keinen Platz.[292]

Die Methode des Workshops ist daher in der Konzeptionsphase das zentrale Instrument. Jetzt müssen die Diagnoseergebnisse aufgearbeitet und diskutiert werden. Darauf aufbauend werden Inhalte und Dimensionen und letztlich eine Umsetzungsstrategie der Transformation erarbeitet.

Der Workshop behandelt ein konkretes Thema, dessen Komplexität den Rahmen einer normalen Besprechung sprengen würde, und ist ein zentrales methodisches Element der Konzeptionsphase.

Rolle, Aufgaben des Moderators

Die Rolle des Moderators hat dem Workshop-Team so weit Unterstützung anzubieten, dass die Teilnehmer in der Lage sind, das vorgegebene Thema effizient und qualitativ abzuhandeln. Dies beginnt beim Design des Workshops und der konkreten Vorbereitung sowie Organisation, reicht über die Schaffung eines Klimas der Offenheit und des Vertrauens bis hin zur Ergebnisdokumentation. Eines ist der Moderator allerdings nicht: der alleinige Verantwortliche für das Gelingen des Workshops; er bietet vielmehr Hilfe zur Selbsthilfe. Diese Rolle ist gegenüber den Teilnehmern auch klar zu kommunizieren, um sie damit aktiv in die Verantwortung einzubinden. Ein Moderator, der sich in die Rolle des »Oberschiedsrichters« drängen lässt – und diese Versuche werden immer wieder unternommen –, kommt in eine unhaltbare Position.

Ein Moderator hat Hilfe zur Selbsthilfe zu leisten und darf nicht als »Oberschiedsrichter« fungieren.

Die Funktion des Moderators ist im Wesentlichen durch zwei Faktoren gekennzeichnet: durch seinen Methodeneinsatz und durch seine Fähigkeit im Umgang mit der Gruppe. Wie in der Interviewsituation ist es auch hier von entscheidender Bedeutung, sich wirklich auf die Gruppe »einzulassen«, um sich in die Ausgangslage jedes Einzelnen versetzen zu können.

Aufgaben des Moderators	
Gesprächssteuerung	• Hintergründe und Zusammenhänge klären • für Konkretisierung und Visualisierung sorgen • zum Thema zurückführen und das Wesentliche herausarbeiten • Zwischenergebnisse zusammenfassen • Zeitmanagement beachten et cetera
Steuerung der Gruppe	• stille Gesprächspartner aktivieren und Vielredner bremsen • Konflikte offenlegen und bearbeiten • Gefühle und Empfindungen – auch die eigenen – ansprechen • auf einer Metaebene die Arbeitsweise thematisieren und für periodische Zwischenchecks sorgen • dem Team eigenes Feedback geben
Einbindung in den Transformationsprozess	• das Ergebnis dokumentieren • die weitere Vorgangsweise klären

Tabelle 20: Aufgaben des Moderators

Der Moderator muss sich aber auch ausreichend über das zu behandelnde Thema sowohl auf der sach-rationalen Ebene als auch auf der soziokulturellen Ebene informieren. Ohne dieses Verständnis sind die dargestellten Aufgaben des Moderators nicht wahrzunehmen.

Workshop-Design

Ein entscheidender Erfolgsfaktor ist das Workshop-Design: Wie werden die Themen aneinandergereiht? Welche Methoden werden eingesetzt? Was wird im Plenum, was in Kleingruppen behandelt und wie werden diese gebildet? Gibt es eine Vorbereitungsarbeit? und vieles mehr.

Der Einstieg in den Workshop ist von großer Bedeutung und bedarf professioneller Vorbereitungsarbeit. Es gilt, die Ausgangssituation der Teilnehmer zu verstehen, Spielregeln transparent zu machen, eine Phase des

Auftauens zu planen et cetera. Gerade Fragen nach den Erwartungen der Teilnehmer können zu Beginn und am Ende des Workshops als Qualitätsmaßstab Verwendung finden.

Während des Workshops müssen Zeiten für Zwischenbilanzen eingeplant werden. Diese beziehen sich sowohl auf den sachlichen Arbeitsfortschritt als auch auf die Stimmung in der Gruppe. Gerade diese Abschnitte sollten nicht mit dem Hinweis auf die fortgeschrittene Zeit eingespart werden, denn dies führt in der Folge eher zu einer Verlängerung des Workshops, da notwendige Kurskorrekturen unterbleiben.

Auftauphase, Zeit für Zwischenbilanzen und professionelle Ergebnisdokumentation sind wesentliche Elemente des Workshop-Designs.

Nach Abschluss des Workshops müssen die Ergebnisse so dokumentiert werden, dass sie später weiterverarbeitet werden können. Die Qualität des Workshop-Protokolls ist eine entscheidende Größe, da es sonst nicht gelingt, auf diesen Ergebnissen aufzubauen und einen nächsten Schritt im Transformationsprozess zu setzen.

Abgeleitet aus der Kreativitätsmethodik sollten Einheiten zwischen eineinhalb und zwei Stunden abgehalten werden, die abwechselnd sach-rationale und soziokulturelle Themen behandeln.[293] Ebenso sollte es abwechselnde Sequenzen zwischen Plenar- und Gruppenarbeit geben, womit auch eine räumliche Veränderung und eine Veränderung der Teilnehmerzusammensetzung gegeben sind. Ein derartiges »Klausurpendel« führt die Teilnehmer zu einer unbewussten Einheit zwischen Wahrnehmung und Bewegung, Tun und Erleben.[294]

Das Workshop-Design realisiert eine Pendelbewegung zwischen sach-rationalen und soziokulturellen Themen auf der einen Seite und Plenararbeit und Gruppenarbeit auf der anderen Seite.

Trotz dieser grundlegenden Aussagen ist das Design jedes Workshops eine individuelle, ganz auf die jeweiligen Bedürfnisse abzustimmende Aufgabenstellung, die ohne Kreativität und Erfahrung nicht zu bewältigen ist.

Typische Interventionssituationen

Der Moderator muss das Geschehen sowohl auf der sach-rationalen als auch auf der soziokulturellen Ebene bei voller Konzentration laufend verfolgen und gleichzeitig einen Schritt voraus sein, um gegebenenfalls seine nächste Intervention vorzubereiten. Dies setzt höchste Konzentration und ein hohes Maß an Erfahrung und Wissen auf allen Ebenen des Transformationsprozesses voraus. Die besten Interventionen sind – ähnlich wie bei narrativen Interviews – jene Interventionen, die von den Teilnehmern gar nicht bewusst wahrgenommen werden. Interventionen im Workshop dienen dazu, den Arbeitsfortschritt zu sichern, eine offene konstruktive Gesprächsbasis aufzubauen und den Workshop-Verlauf zu steuern.

Im Folgenden sollen einige typische Workshop-Interventionen beschrieben werden.

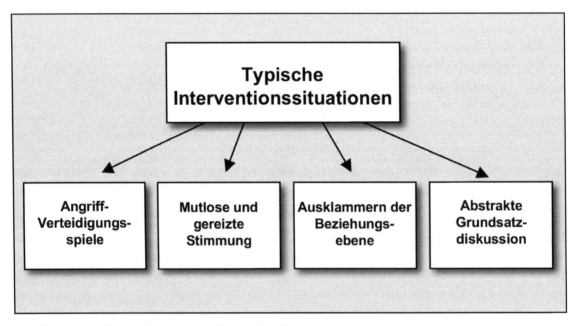

Abbildung 65: Typische Interventionssituationen

Angriff-Angriffs-Spiele kosten nur Zeit und müssen durch Intervention des Moderators beendet werden.

Angriff-Verteidigungs-Spiele beziehungsweise Angriff-Angriffs-Spiele treten in Workshops relativ häufig auf. Es kommt bei einer Sachfrage zu unterschiedlichen Auffassungen, und schnell kristallisieren sich zwei »Hauptgegner« heraus, die nun in Plädoyerform ihre Argumente mit steigender Intensität vortragen. Längst haben sich die anderen zurückgelehnt und beobachten – in einer Art »Arenasituation« – die kämpfenden Parteien und schließen innerlich Wetten über den Ausgang ab. Solche »Spiele« kosten wertvolle Zeit und bringen in der Regel keine Ergebnisse.

Es empfiehlt sich, das Streitgespräch eine Zeit lang laufen zu lassen, damit dessen Sinnlosigkeit allen übrigen

Teilnehmern ausreichend bewusst wird. Damit gewinnt der Moderator die unausgesprochene Unterstützung für seine Intervention, um dieses »Spiel« zu beenden. Die Intervention sollte nonverbal eingeleitet werden – der Moderator steht beispielsweise auf und geht in die Mitte des Raumes – und in einer Atempause unterbricht er mit Nachdruck das Gespräch. Diese Intervention muss nachdrücklich und unmissverständlich passieren, sonst besteht die Gefahr, dass der Moderator wieder aus dem Gespräch gedrängt wird, was schnell seine Rolle untergräbt und er damit die Möglichkeit verliert, den Ablauf zu steuern.[295] Bei massiver »Gegenwehr« empfiehlt es sich, das Thema sichtbar – etwa durch Notieren auf einem Flip-Chart – auf einen späteren Zeitpunkt zu vertagen.

Manchmal entsteht im Workshop auch eine mutlose und gereizte Stimmung. Die Komplexität des Themas ist größer als erwartet, tiefer liegende Konflikte kommen zum Vorschein, der Zeitplan hinkt uneinholbar hinterher, und die Stimmung schwankt zwischen Mutlosigkeit und Gereiztheit. Die ersten Teilnehmer machen sich auf die Suche nach Schuldigen. Eine Workshop-Pause als Einstieg in eine Intervention kann in dieser Phase nützlich sein. Auf alle Fälle muss die bestehende Problematik auf einer Metaebene thematisiert werden, und es muss eine Lösung für die weitere Vorgehensweise gefunden werden. Wichtig ist aber der Hinweis auf die Normalität dieser Situation, und Schuldzuweisungen sind auf alle Fälle zu unterbinden.

Die oft für viele Teilnehmer überraschende Komplexität des Themas kann zu einer Stimmung der gereizten Mutlosigkeit führen.

In manchen Workshops entsteht eine Situation, bei der die soziokulturelle Ebene in der Diskussion bewusst umgangen wird. Man redet nicht gerne über Konflikte, Ängste und Befürchtungen. Trotzdem wissen alle Teilnehmer, dass diese Zusammenhänge in der konkreten Situation eine wesentliche Rolle spielen. Jetzt ist der Moderator auf seine Erfahrungen angewiesen: Er muss diese Situationen erkennen, Tabuthemen ansprechen und zum Diskussionsgegenstand erheben. Nötigenfalls kann auch ein »Kurzvortrag« über die Zusammenhänge zwischen sachrationaler und soziokultureller Ebene das Eis auftauen. Erst nach Klärung der Beziehungsebene können sachliche Lösungen gefunden werden, denn die Beziehungsebene dominiert immer die Sachebene.

Die Beziehungsebene dominiert immer die Sachebene.

Grundlagendiskussionen sollen konkrete Maßnahmen verhindern.

Manchmal entstehen im Rahmen von Workshop-Veranstaltungen auch Grundsatzdiskussionen. Zuerst erscheint diese Diskussion durchaus sinnvoll, doch bei Fortdauer zeigt sich die dahinterliegende, eventuell unbewusste Absicht: Es geht um die Verhinderung von konkreten Maßnahmen. In dieser Situation ist der Moderator ebenfalls aufgerufen zu intervenieren.

Diese Liste typischer Interventionssituationen ist selbstverständlich nicht vollständig. Grundsätzlich muss aber festgehalten werden, dass Störungen Vorrang haben und immer eine Intervention des Moderators auslösen müssen.

Revolutionäre versus evolutionäre Transformation

In der Konzeptionsphase unterscheiden sich revolutionäre von evolutionären Transformationsprozessen primär durch den Grad, wie sie die betroffenen Führungskräfte und Mitarbeiter einbeziehen. Je revolutionärer die Transformation zu gestalten ist, umso geringer ist der Einbeziehungsgrad beziehungsweise umso stärker ist der gesamte Prozess top-down zu gestalten.

Revolutionäre Veränderungsprozesse[296] beschränken die aktive Einbeziehung auf einen kleinen Kreis, meist auf die wichtigsten Vertreter der zweiten Führungsebene, deren Aufgabe die Erarbeitung von Detail- und Umsetzungskonzepten ist, während die erste Führungsebene die konzeptionellen Rahmenbedingungen definiert. Dies ist erforderlich, da der Veränderungsschritt so groß ist, dass er gegen die herrschenden Systemkräfte gerichtet ist. Eine breite Einbeziehung der Betroffenen birgt die hohe Wahrscheinlichkeit in sich, dass aus einem revolutionären Veränderungsprozess letztlich ein evolutionärer Entwicklungsprozess entsteht und damit die radikale Richtungsänderung nicht umsetzbar ist.

Je evolutionärer der Transformationsprozess gestaltet werden kann, umso breiter erfolgt die Einbeziehung der Betroffenen.

Bei evolutionären Entwicklungsprozessen kann dem Postulat, den Transformationswiderstand zu reduzieren, durch breite Einbeziehung der Betroffenen und damit der Verringerung des Veränderungswiderstandes voll Rechnung getragen werden.

Diese grundlegende Erkenntnis, den Transformationswiderstand durch Einbeziehung der Betroffenen zu reduzieren, geht auf die Impulse von Kurt Lewin und seinen Experimentalstudien zurück, bei denen es um die Überwindung der Abscheu gegenüber gewissen Speisen in den USA ging. Als die USA in den Zweiten Weltkrieg eintraten und es daraufhin zu Lebensmittelknappheit kam, beauftragte das Food Habits Committee Lewin herauszufinden, wie man die Essgewohnheiten der Amerikaner verändern könne. Ziel war es, den amerikanischen Hausfrauen Innereien als schmackhafte Alternative zu Fleisch näherzubringen. Der Verzehr von Innereien war aber stark emotional besetzt, da dies als das Essen der armen Leute galt und grundsätzlich als unhygienisch eingestuft wurde. Lewin bildete zwei Kategorien von Gruppen. Die eine Gruppe der Hausfrauen wurde in Vortragsreihen über die ernährungswissenschaftlichen Vorzüge von Innereien aufgeklärt, über ihre Zubereitungsmöglichkeiten informiert, und die Vortragenden berichteten über ihre eigenen positiven Erfahrungen. Die andere Gruppe der Hausfrauen wurde in sogenannte Diskussionsgruppen zusammengefasst, wo nach einer kurzen Einführung über die Problemlage der allgemeinen Fleischverknappung aufgrund der Kriegszustände informiert wurde. Anschließend wurde darüber eine allgemeine Diskussion gestartet, wie die Zielsetzung erreicht werden könnte. In einem ersten Schritt sammelten die Diskussionsgruppen die Gründe für die Ablehnung und entwickelten in einem zweiten Schritt gemeinsam Maßnahmen, wie dieser begegnet werden könnte. Sieben Tage danach wurde der Erfolg dieser Aktionen überprüft. Das Ergebnis war, dass drei Prozent der Frauen aus den Vortragsgruppen und 32 Prozent aus den Diskussionsgruppen Innereien auf ihren Speiseplan gesetzt hatten.[297]

Lewin schloss aus diesen beeindruckenden Ergebnissen, dass im Wesentlichen zwei Gründe für die signifikant besseren Ergebnisse – besser im Sinne der Zielsetzung – der Diskussionsgruppen verantwortlich waren. Erstens die aktive Teilnahme am Veränderungsgeschehen und zweitens die Gruppenkraft, die durch intensive Kooperation die Veränderungsängste leichter überwinden lässt.

Aktive Teilnahme am Veränderungsgeschehen und die Gruppenkräfte leisten einen wichtigen Beitrag zur Überwindung der Veränderungsängste und -widerstände.

Darauf aufbauend entwickelte Lewin seine bekannte Theorie zur organisationalen Transformation: Auftauen, Verändern, Stabilisieren. Jede Transformation braucht diese drei Phasen.[298] Erstens muss es eine Art Auftauphase geben, in der die Problematik bewusst gemacht und in das Thema eingeführt wird. Darauf aufbauend kann tatsächlich eine Veränderung durch ein hohes Maß an Einbeziehung der Betroffenen erreicht werden. Letztlich müssen die neuen Einstellungen und Verhaltensweisen ausreichend stabilisiert werden, damit es nicht zu einer sukzessiven Rückkehr zu alten Normen und Gebräuchen kommt.[299]

Evolutionäre Transformationsprozesse machen sich diese Erkenntnis auf breiter Ebene zunutze. Das Postulat der massiven Einbeziehung der Betroffenen in den Entwicklungsprozess ist keine Sozialromantik, sondern hat ganz konkrete, nicht zu unterschätzende konstruktive Auswirkungen auf die Transformation im Unternehmen. Die folgende Abbildung zeigt die Zusammenhänge:

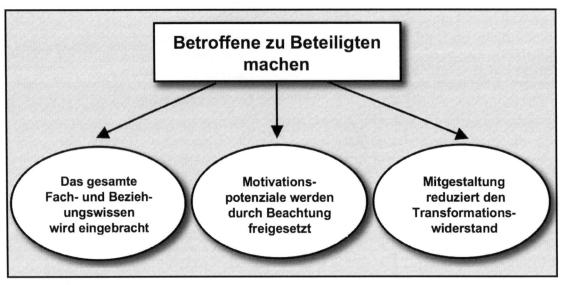

Abbildung 66: Motive der Einbeziehung[300]

In der Regel besitzen die unmittelbar Betroffenen ein hohes fachliches Wissen über ihren Arbeitsbereich, kennen aber auch die zwischenmenschlichen Strukturen in ihrem Einflussbereich sehr gut. Dieses Wissen hilft nicht nur in der Analysephase, sondern ist vor allem in der Konzeptionsphase des Entwicklungsprozesses von großer Bedeutung.

Die Frage, wie man die Mitarbeiter in den Transformationsprozess einbezieht, ist keine »Ja-Nein-Entscheidung«. Es gilt, einerseits mehrere Stufen der Einbeziehung und andererseits die Breite der Einbeziehung der Mitarbeiter mit zu bedenken. So kann die Einbeziehung die Delegation der Entscheidung über Art und Inhalt der Transformation beinhalten oder aber, im Rahmen eines Informationsprozesses, nur die Möglichkeit bieten, Verständnisfragen zu stellen. Die folgende Darstellung zeigt prinzipiell fünf Ebenen der Einbeziehung.

Stufen der Partizipation	Das Top-Management entscheidet ...	Die Betroffenen entscheiden gemeinsam ...
1	dass etwas geschieht	was geschieht
2	was geschieht	wann, wie, wo, durch wen et cetera etwas geschieht
3	wann, wie, wo, durch wen et cetera etwas geschieht	der Mitarbeiter erfährt die Gründe, warum etwas geschieht, kann nachfragen und dazu Stellung nehmen (Zweiwegkommunikation)
4	alles	der Mitarbeiter hört nur zu, das heißt, er erfährt, was entschieden worden ist, kann selbst aber keinen Einfluss mehr nehmen (Einwegkommunikation)
5	alles	der Mitarbeiter erfährt nicht von der Entscheidung, jedenfalls nicht rechtzeitig beziehungsweise auf formellem Weg, sondern über Gerüchte

Tabelle 21: Unterschiedliche Stufen der Einbeziehung

In einem evolutionären Entwicklungsprozess herrschen die Einbeziehungsstufen 1 und 2 in der Gestaltung des Transformationsprozesses vor, während in revolutionären Veränderungsprozessen, die eher top-down-orientiert sind, die Stufen 3 und 4 dominieren. Keinesfalls sollte die Einbeziehung auf die Stufe 5 absinken.

In revolutionären Transformationsprozessen dominieren die Stufen 3 und 4, in evolutionären Transformationsprozessen die Stufen 1 und 2.

Letztlich spielt der Zeitfaktor bei der Einbeziehung der Mitarbeiter – vor allem in Rahmen von revolutionären Veränderungsprozessen – noch eine wichtige einschränkende Rolle. Das Einbeziehen der Mitarbeiter in den Transformationsprozess kostet Zeit, vor allem in der Analyse- und Konzeptionsphase. In Krisensituationen ist diese Zeit beispielsweise nicht vorhanden. Trotzdem sollte die Einbeziehung der Betroffenen nie unter die Stufe 4 fallen. Den Betroffenen muss zumindest klargemacht werden, warum es in dieser Situation nicht möglich ist, eine stärkere Einbindung zu praktizieren.

9.5 Umsetzungsphase

Wirklich schwierig ist im Transformationsprozess nur eines: die Umsetzung. Jetzt ist die oberste Führungsebene gefordert, die notwendige Umsetzungskonsequenz zu zeigen.

Die Konzeptionsarbeit wird meist als anregende, gestaltungsorientierte Arbeit erlebt. Sie bietet Abwechslung zur operativen Tagesarbeit und darüber hinaus die Möglichkeit, über die Zukunft nachzudenken, was oft als ein intellektuelles Erlebnis empfunden wird. Wirklich schwierig ist nur eines: die Umsetzung.[301] Gegen Ende der Konzeptionsphase und zu Beginn der Umsetzung tritt der Transformationsprozess – insbesondere bei revolutionär orientierten Veränderungsprozessen – in seine schwierigste Phase ein.

Spätestens jetzt ist die oberste Führungsebene gefordert zu zeigen, dass sie wirklich hinter den geplanten Veränderungen beziehungsweise Entwicklungen steht und diese mit aller Konsequenz vorantreibt. Es ist auch keine Zeit mehr zur Diskussion, einzig zielgerichtetes Handeln ist gefordert. Unschlüssigkeiten auf der obersten Führungsebene können dem Transformationsprozess in dieser Phase Schaden zufügen.[302]

Inhalts- und Prozessdesign

Das Design der Umsetzungsphase ist von einer detaillierten Aktivitätenplanung gekennzeichnet, in der Umsetzungsaufgaben und Verantwortlichkeiten verteilt werden.[303]

Der Erfolg hängt speziell in dieser Phase des Transformationsprozesses stark von einem straffen und professionellen Projektmanagement ab. Der Informationsarbeit kommt auch jetzt wieder – speziell im revolutionären Transformationsprozess – ein wesentlicher Stellenwert zu. Ist die Diagnose-, aber auch die Konzeptionsphase primär durch Informationsveranstaltungen am Ende der jeweiligen Phase gekennzeichnet, ist Informationsarbeit jetzt kontinuierlich notwendig.

Prozesshaft betrachtet ist es wichtig, dem Transformationsprozess einen für alle Beteiligten erkennbaren Schlusspunkt zu setzen. Damit wird die in der Phase der Veränderung starke »Innenorientierung« des Unternehmens wieder durch eine Stärkung der Außen- und Marktorientierung ersetzt.

Detaillierte Maßnahmen- und Zeitpläne kennzeichnen gemeinsam mit kontinuierlicher Informationsarbeit die Umsetzungsphase.

Evaluierung

Nach Abschluss des Projektes und einer Eingewöhnungszeit, die der Größe der Veränderung angepasst ist, erfolgt eine Evaluierung der gesetzten Maßnahmen und deren Rückkoppelung an die betroffenen Stellen im Unternehmen.[304] Diese Phase dient einerseits der Stabilisierung erfolgreicher Transformationsfaktoren, andererseits bietet sie die Möglichkeit, Punkte, die noch nicht voll umgesetzt sind beziehungsweise die sich nicht bewährt haben, nochmals zu betrachten.[305] Damit ist es auch möglich, einen oft notwendigen zweiten, wenn auch kleineren Veränderungsschub in das Unternehmen einzubringen.

> **Fallvignette 25: Design einer Umsetzungsphase**
> In einem österreichischen Industrieunternehmen wurde zum Thema Strategieentwicklung folgendes Design der Umsetzungsphase entworfen:

Phasen des Transformationsprozesses

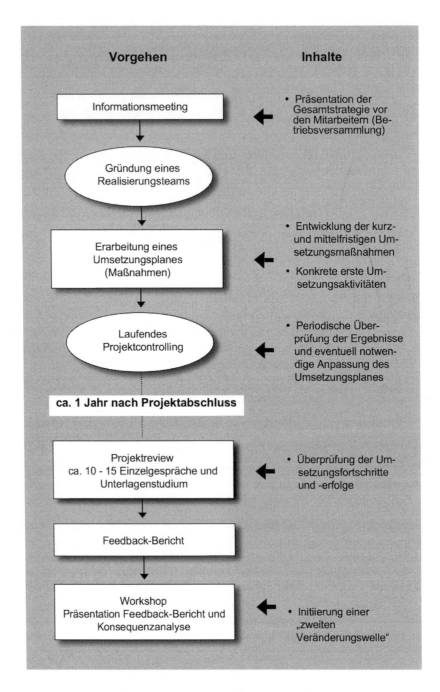

9.6 Veränderungs- und Entwicklungsprozesse im Vergleich

In diesem abschließenden Kapitel werden die wichtigsten Unterschiede zwischen revolutionären Veränderungs- und evolutionären Entwicklungsprozessen nochmals zusammenfassend dargestellt.

Charakter des Transformationsprozesses

Revolutionäre Veränderungsprozesse sind der Versuch, die selbststeuernden Kräfte des Unternehmens nachhaltig so zu beeinflussen, dass grundsätzliche Systembeziehungen geändert werden und eine neue Kontextbetrachtung Platz finden kann. Diese Vorgehensweise ist nicht ungefährlich, da sie die selbsterhaltenden Kräfte des Systems herausfordert. Das System muss so weit geändert werden, dass de facto eine neue Ausgangsbasis geschaffen wird, auf der neue evolutionäre und selbststeuernde Entwicklungsprozesse aufsetzen können.[306]

> **Revolutionäre Veränderungsprozesse versuchen die Selbststeuerungskräfte nachhaltig so zu beeinflussen, dass eine neue kontextbezogene Betrachtung Platz finden kann.**

Revolutionäre Veränderungsprozesse sind in der Praxis spektakulärer und um Vieles schwieriger zu gestalten und zu steuern; ihr Ausgang ist in der Regel nur sehr begrenzt vorhersagbar.

Revolutionsorientierte Veränderungsprozesse gehen zumeist von der sach-rationalen Ebene aus, beziehen aber die soziokulturelle Ebene als untrennbaren Faktor aktiv in die Gestaltung und Steuerung des Transformationsprozesses ein. Veränderungsprozesse sind in der Regel problemindziert, wobei in diesem Zusammenhang auch die Kategorie der »zukünftigen Problemsituation« integriert wird.

> **Veränderungsprozesse gehen von der sach-rationalen Ebene aus, sind primär probleminduzierte Transformationen und auf das Gesamtunternehmen gerichtet.**

Revolutionäre Veränderungen streben maximale Veränderung in einem relativ kurzen Zeitraum an, während evolutionäre Entwicklungsprozesse stufenweise vorgehen und langfristig orientiert sind.

Evolutionäre Entwicklungsprozesse sind gegenüber revolutionären Veränderungsprozessen tendenziell visionsorientiert und stellen die soziokulturellen Themen auf eine gleichrangige Ebene mit den sach-rationalen. Sie sind vom Charakter her konsensorientierter. Sie sind eher langfristig angelegt und verlaufen in kleineren Stufenprozessen. Individuelles und soziales Lernen ist ein wesentlicher Bestandteil von evolutionären Entwicklungsprozessen.[307]

Evolutionäre Entwicklungsprozesse bauen ganz bewusst auf die Selbststeuerungskräfte des Systems, und alle Interventionen fördern diese explizit, indem bewusst die Varietät des Systems erhalten beziehungsweise er-

Evolutionäre Entwicklungsprozesse sind bewusst auf die Förderung der Selbststeuerungskräfte im Unternehmen ausgerichtet.

höht wird. Der dadurch entstehende Freiraum bringt die evolutionären Selbststeuerungskräfte zur Entfaltung.[308] Diese Form der selbstgesteuerten Transformation setzt allerdings einen klaren Orientierungsrahmen in Form einer expliziten Unternehmensidentität voraus, damit die Förderung der Varietät nicht im Chaos endet.

Die Basis der evolutionären, weitgehend selbstgesteuerten Unternehmensentwicklungsprozesse stellt das Konzept der Organisationsentwicklung der 60er Jahre dar. Diese beschäftigt sich mit der Initiierung, Planung und Realisierung von Entwicklungsprozessen im Unternehmen auf Basis einer breiten Einbeziehung der Mitarbeiter und ist in Amerika entstanden.[309] Wenngleich man nicht von einem geschlossenen Theoriegebäude sprechen kann, beeinflusste die Organisationsentwicklung die Diskussion und Vorgehensweise der Praxis doch bis in die Gegenwart.[310]

Die Organisationsentwicklung ist eine methodische Interventionsstrategie, die durch Beratung eingeleitet wird, sowohl Partizipationsmöglichkeiten und das Lernen durch Erfahrung fördert als auch eine höhere Leistung der gesamten Organisation zum Ziel hat. Dabei werden neben betriebswirtschaftlichen auch psychologische Erkenntnisse berücksichtigt.[311] Bei externer Beratung liegt die Betonung auf der Prozessebene. Der Berater soll den Prozess moderieren und Methoden zur Verfügung stellen, die inhaltliche Lösung soll jedoch von den Führungskräften selber kommen.[312]

Die Organisationsentwicklung geht davon aus, dass Transformation nicht von außen in Systeme hineingetragen werden kann, sondern dass als Ansatzpunkt für Transformation die Verhaltensweisen und Einstellungen der Organisationsmitglieder zu wählen ist. Transformation wird initiiert, indem die Systemteilnehmer Neues gelehrt wird. Daraus leitet sich auch das Partizipationsbestreben der Organisationsentwicklung ab.[313]

Evolutionäre Transformation setzt bewusst auf die selbststeuernden und Selbstentwicklungskräfte eines komplexen sozialen Systems und ist damit basisorientierter. Dadurch sind diese Prozesse in der Praxis zwar unspektakulärer, aber von einer wesentlich höheren Erfolgsaussicht gekennzeichnet.

Revolutionäre Transformation versucht die Selbststeuerungskräfte im System bewusst zu verändern. Damit ist der Kraftaufwand für diese Form der Transformation ungleich höher als bei evolutionären Prozessen. Demgegenüber ist die Erfolgswahrscheinlichkeit deutlich geringer. Das Ziel von revolutionärer Transformation ist es, einige zentrale Grundsätze des Systems nachhaltig zu verändern, sodass folgende evolutionär orientierte Selbststeuerungsprozesse von anderen, eben bewusst geänderten Prämissen ausgehen. Es gilt also, den Betrachtungskontext zu ändern und dies setzt direktere und machtorientiertere Intervention als bei evolutionären Entwicklungsprozessen voraus. Der Konflikt ist daher quasi vorprogrammiert und stellt auch eine notwendige Veränderungskraft dar.

Die Bewältigung einer existenziellen Krise im Unternehmen ist daher doppelt problematisch. Der Zeitdruck in solchen Situationen begleitet den Einsatz von revolutionären Veränderungen. Diese sind aber sehr risikoreich, womit bei einem Misslingen der Transformation keine zweite Chance mehr gegeben ist und das Unternehmen Gefahr läuft, aus dem Markt zu fallen.

Projektinitiierung

Die Projektinitiierung im revolutionären Veränderungsprozess erfolgt top-down; sie geht damit von der ersten Führungsebene aus und ist in der Regel probleminduziert. Wie bereits dargestellt, erfordert diese Vorgehensweise machtvolle Systeminterventionen, um sich gegenüber den systemstabilisierenden Kräften im Unternehmen durchsetzen zu können. Daraus folgt zwingend, dass das Projekt durch die oberste Führungsebene initiiert wird und auch durch die Eigentümerstruktur abgesichert ist. Gerade in dieser Form der Transformation ist ein klares und erkennbares Commitment der Führungsspitze unerlässlich.

Aufgrund der relativ hohen Misserfolgswahrscheinlichkeit sind solche Transformationen in der Regel problemmotiviert und weniger visionsorientiert, obwohl es auch solche gibt: Man denke nur an Fusionsprozesse. Die Probleminduzierung solcher revolutionärer Veränderungen ist üblicherweise mit einem hohen Leidensdruck im Unternehmen verbunden, der hilft, die veränderungshemmenden Kräfte zu reduzieren und die veränderungsfördernden Kräfte, die als Motor für die Transformation wirken, zu stärken. Daher sind revolutionäre Transformationsprozesse, die visionsinduziert sind, doppelt schwierig zu gestalten.

Evolutionäre Entwicklungsprozesse werden in der Praxis manchmal auch durch das operative Management initiiert und vorangetrieben und haben tendenziell visionsorientierten Charakter. So werden beispielsweise Personalentwicklungsprozesse in der Regel durch die Personalabteilung in das Unternehmen hereingetragen.

Einbeziehung der Mitarbeiter

In den evolutionär orientierten Entwicklungsprozessen spielt die Einbeziehung der Mitarbeiter eine ganz wesentliche Rolle. Es sollen einerseits die systemgestaltenden Kräfte gefördert werden, und durch die Einbeziehung auf breiter Ebene soll eine zu große Reduktion der bestehenden Komplexität hintangehalten werden. So kann quasi im Gegenzug die Varietät der Betrachtungsweisen und damit der Lösungsalternativen gesteigert werden. Durch diese Prozesse soll die Qualität der Entscheidungen gesteigert werden. Andererseits wird durch die Einbeziehung der Mitarbeiter deren Angst vor der Transformation entscheidend gemindert, die Motivation zur Realisierung gestärkt und damit insgesamt die Veränderungswiderstände maßgeblich reduziert. Zweifellos erfordert dieser aufwendige Prozess Zeit. Die relativ hohe Erfolgswahrscheinlichkeit rechtfertigt diesen Aufwand aber in der Regel. Die Workshop-Methode als Instrument der Konzeptionsphase rückt gerade durch diese Form der Transformation in den Mittelpunkt der Betrachtung.

Im Rahmen revolutionärer Veränderungsprozesse ist die Einbeziehung der Mitarbeiter naturgegeben geringer ausgeprägt und anders gelagert. Einerseits erfordert es der Zeitdruck, den Prozess »schlanker« zu gestalten, andererseits sind die Interventionen – wie bereits erwähnt – ausreichend machtpolitisch abzusichern. Es geht nicht darum, auf breiter Ebene zu diskutieren, ob etwas getan wird oder nicht, sondern nur darum, wie es getan werden soll. Damit ändert sich auch der Charakter der Einbeziehung. Werden im Rahmen evolutionärer Entwicklungsprozesse die Lösungen auf breiter Ebene gemeinsam erarbeitet, so werden bei revolutionären Prozessen die Ziele der Veränderung top-down vorgegeben und die Einbeziehung der Mitarbeiter ist auf die Frage reduziert, wie diese Transformation zu bewerkstelligen ist.

Rolle der ersten Führungsebene

Ohne hohes und sichtbares Commitment der obersten Führungsebene sind revolutionär orientierte Veränderungsprozesse nicht zu gestalten. Es muss unmissverständlich klar sein, dass die angestrebte Veränderung unter allen Umständen realisiert wird und nur die Möglichkeit besteht, an deren Umsetzung konstruktiv mitzugestalten oder aus dem System auszuscheiden. Dies setzt ein hohes Engagement und eine aktive Mitarbeit der obersten Führungsebene voraus; in der Regel wird ein Mitglied der Geschäftsführung als Projektleiter nominiert. Aktives und kontinuierliches Kommunizieren der Transformationsziele durch die erste Führungsebene ist eine Voraussetzung, muss aber nicht zwingend mit den gesetzten Handlungen im Einklang stehen. Gerade bei revolutionären Veränderungsprozessen wird den konkreten Handlungen, aber auch den nonverbalen Äußerungen der obersten Führungsebene besondere Bedeutung zugemessen.

Evolutionäre Entwicklungsprozesse setzen zwar den fördernden und unterstützenden Einfluss der obersten Führungsebene voraus, müssen aber nicht zwingend durch diese aktiv gestaltet werden.

Konsens- versus konfliktorientiert

Revolutionäre Veränderungsprozesse sind vom Charakter her konfliktorientiert, geht es doch darum, Veränderung teilweise gegen die Systemkräfte durchzusetzen. Darin manifestiert sich auch die grundsätzliche Problematik von revolutionärer Transformation. Ein ausgeprägtes Konfliktmanagement kann helfen, diese Situation einigermaßen im Griff zu behalten und die gestalterischen Kräfte des Konfliktes zu fördern.

Demgegenüber sind evolutionäre Entwicklungsprozesse konsensorientiert. Eine der primären Zielsetzungen ist es, die Mitarbeiterorientierung im Unternehmen mit den sach-rationalen Themen in Einklang zu bringen.

Sach-rational versus soziokulturell

Wie bereits angedeutet, sind evolutionär orientierte Transformationen wesentlich stärker soziokulturell ausgerichtet als revolutionäre Veränderungsprozesse. Der Beziehungs- und Mitarbeiterebene wird dabei sehr hohe Beachtung geschenkt, und die Eigenentwicklung der Systemkräfte wird gezielt gefördert.

Revolutionäre Transformation ist primär sach-rational orientiert. Zwar wird die soziokulturelle Dimension nicht geleugnet, sondern aktiv berücksichtigt, aber nur soweit sie für die Zielerreichung der Sachebene notwendig ist. Im Vordergrund steht nicht die Entfaltung der Mitarbeiter, sondern die Umsetzung der revolutionären sach-rationalen Transformationsziele.

Eigen- versus fremdgesteuert

Letztlich ist als Unterscheidung zwischen den beiden grundsätzlichen Formen der Transformation noch die Eigen- versus die Fremdsteuerung zu sehen.

Revolutionär orientierte Veränderungsprozesse sind in der Regel fremdgesteuert. So übernimmt ein externer Berater nicht nur die Rolle des Prozessberaters, sondern bringt auch sachliche Inhalte ein und fördert aktiv die Transformationsziele. Die Analysearbeit wird ausschließlich vom externen Berater durchgeführt und dem System zurückgespiegelt; auch bei der Konzeption bietet der externe Berater sachlichen Input.

Evolutionäre Prozesse sind primär eigengesteuert, gilt es doch, die Selbstgestaltungskräfte zu fördern. Die Systemmitglieder übernehmen die Analyse- und Konzeptionsarbeit, und ein externer Berater ist in der Rolle des Prozessbegleiters. Schon die Eigensteuerung zeigt die höhere Konsensorientierung und den evolutionären Charakter des Transformationsprozesses auf. In diesem Sinne kann die These aufgestellt werden, dass sowohl die Analysearbeit als auch die Konzeptionsarbeit mehr vergangenheitsorientiert ist und mehr auf eine möglichst konsensorientierte Gestaltung und Umsetzung baut als ein fremdgesteuerter Transformationsprozess. So werden in der Regel wohl auch kaum vorhandene Tabuthemen in der gleichen Deutlichkeit angesprochen wie bei fremdgesteuerten Prozessen.

Zweifellos hat diese Unterscheidung nur tendenziellen Charakter. Allen voran kommt es – wie schon dargestellt – häufig zu einer Aneinanderreihung von Veränderungs- und Entwicklungsprozessen.

Zusammenfassend kann festgehalten werden, dass es keine Entweder-oder-Frage ist, ob nun eher revolutionäre Veränderungsprozesse oder evolutionäre Entwicklungsprozesses die richtige Form der Transformation sind; vielmehr haben beide Formen ihre Berechtigung und sind jeweils der individuellen Unternehmenssituation entsprechend anzuwenden. Die komplexe betriebliche Realität fordert letztlich für jeden Transformationsprozess einen hohen Grad an Individualität. Diese Feststellung macht die Unternehmenstransformation nicht gerade einfacher und stellt hohe Anforderungen an das Management, die Mitarbeiter und an externe Berater, bietet aber zugleich eine hohe Lernchance für alle Beteiligten.

In der Praxis kommt es häufig zu einer Aneinanderreihung von Veränderungs- und Entwicklungsprozessen.

	Revolutionäre Veränderungsprozesse	Evolutionäre Entwicklungsprozesse
Charakter der Transformation	Veränderungsprozesse haben revolutionären Charakter und streben maximale Veränderungen in einem kurzen Zeitraum an.	Entwicklungsprozesse haben evolutionären Charakter, gehen stufenweise vor sich und sind langfristig orientiert.
Projektinitiierung	Die Projektinitiierung erfolgt top-down. Veränderungsprozesse sind tendenziell problemorientiert.	Die Projektinitiierung geht auch häufig von einzelnen Funktionseinheiten aus. Entwicklungsprozesse sind tendenziell visionsorientiert.
Rolle der ersten Führungsebene	Setzt ein hohes aktives Engagement der ersten Führungsebene voraus.	Setzt den fördernden Einfluss der ersten Führungsebene voraus.
Einbeziehung der Mitarbeiter	Die Einbeziehung der Mitarbeiter ist eingeschränkt, ist qualitätsmotiviert und bezieht sich ausschließlich auf das »Wie« der Transformation.	Die Einbeziehung der Mitarbeiter soll auf breiter Ebene die Selbstgestaltungskräfte des Systems fördern und dient der Konsensorientierung.
Eigen- versus fremdgesteuert	Der Veränderungsprozess hat stark fremdgesteuerten Charakter.	Der Entwicklungsprozess ist primär eigengesteuert.
Konsens- versus konfliktorientiert	Aufgrund der revolutionären Grundeinstellung sind Veränderungsprozesse konfliktorientiert.	Aufgrund der evolutionären Grundeinstellung sind Entwicklungsprozesse eher konsensorientiert.
Sach-ratinal versus soziokulturell orientiert	Veränderungsprozesse stellen tendenziell die sach-rationale Ebene in den Vordergrund.	Entwicklungsprozesse stellen tendenziell die soziokulturelle Ebene in den Vordergrund.

Tabelle 22: Veränderungs- und Entwicklungsprozesse im Vergleich

Anmerkungen

[1] Vgl. Crichton (1995), S. 17
[2] Vgl. Turnheim (1993), S.12
[3] Vgl. Turnheim (1993), S. 6
[4] Vgl. Senge (1996), S. 28
[5] Vgl. zum Beispiel Picot/Reichwald/Wigand (1996), S. 2ff
[6] Vgl. Turnheim (1993), S.97
[7] Vgl. Heimbrock (1997), S. 5
[8] Vgl. Staehle (1994), S. 561ff
[9] Vgl. Simon (2007), S. 365
[10] Vgl. Mann (1996), zitiert in: Eschenbach/Kunesch (1996), S. 199
[11] Vgl. Ulrich (1995), in: Gomez/Hahn/Müller-Stewens/Wunderer (Hrsg.), S. 25
[12] Vgl. Hahn (1995), in: Gomez/Hahn/Müller-Stewens/Wunderer (Hrsg.), S. 70f
[13] Vgl. zum Beispiel Haase (1995), S. 127ff; Scheurer (1997), S. 35ff
[14] Vgl. Ansoff (1976), zitiert in: Eschenbach/Kunesch (1996), S. 40; Ansoff (1979/1990), zitiert in: Crainer (1997), S. 41ff
[15] Vgl. Mintzberg (1995), zitiert in: Eschenbach/Kunesch (1996), S. 215; Mintzberg (1991, 1995), in: Crainer (1997), S. 185ff
[16] Vgl. Ulrich (1995), in: Gomez/Hahn/Müller-Stewens/Wunderer (Hrsg.), S. 25
[17] Vgl. Turnheim (1993), S. 227
[18] Vgl. Große-Oetringhaus (1996), S. 288
[19] Vgl. Zimmer/Ortmann (1996), in: Hinterhuber/Al-Ani/Handlbauer (1996) (Hrsg.), S. 89
[20] Vgl. zum Beispiel Knyphausen-Aufsess (1995)
[21] Vgl. Prahalad/Hamel (1991), in: Havard-Manager 2/1991, S. 66-78
[22] Vgl. zum Beispiel Sattelberger (1996)
[23] Vgl. zum Beispiel Hammer/Champy (1995) oder Demmer/Gloger/Hoerner (1996)
[24] Vgl. zum Beispiel Kieser (1996), in: zfo 3/1996, S. 179-185
[25] Vgl. Eschenbach/Kunesch (1996), S. 8
[26] Vgl. Eschenbach/Kunesch (1996), S. 6
[27] Vgl. zum Beispiel Schreyögg (1978/1995)
[28] Vgl. Eschenbach/Kunesch (1996), S. 7
[29] Vgl. Knyphausen-Aufsess (1995), S. 274ff
[30] Vgl. zum Beispiel Probst (1993), S. 482ff
[31] Vgl. Malik (2000), S. 43
[32] Vgl. Hayek (1978)
[33] Vgl. Lilienfeld (1978), S. 14
[34] Vgl. Malik (2000), S. 44
[35] Vgl. zum Beispiel Scheurer (1997), S. 156ff
[36] Vgl. Luhmann (1990)
[37] Vgl. Steinkellner (2007), S. 53f
[38] Vgl. Malik (2000), S. 56f
[39] Vgl. Capra (1996), S.194
[40] Vgl. Malik (2000), S. 108
[41] Vgl. zum Beispiel Luhmann (1995), in: Grossmann/Krainz/Oswald (1995) (Hrsg.), S. 9ff
[42] Vgl. Capra (1996), S. 43f
[43] Vgl. Herbek (2000), S. 40
[44] Vgl. zum Beispiel Scholz (1997), S. 194ff
[45] Vgl. Capra (1996), S. 186ff
[46] Vgl. Luhmann (2004), S. 116
[47] Vgl. Kieser (1994), S. 223
[48] Vgl. Malik (2000), S. 170
[49] Vgl. Hayek (1969), S. 36
[50] Vgl. Malik (2000), S. 165
[51] Vgl. Probst/Gomez (1996), zitiert in: Eschenbach/Kunesch (1996), S. 253
[52] Vgl. Eschenbach/Kunesch (1996), S. 17
[53] Vgl. Probst (1993), S. 455
[54] Vgl. Mayrhofer (1996), in: Kasper/Mayrhofer (1996), S. 231ff
[55] Vgl. zum Beispiel Kasper/Heimerl-Wagner (1996), in: Kasper/Mayrhofer (1996), S. 78ff
[56] Vgl. zum Beispiel Peters/Waterman (1984)
[57] Vgl. zum Beispiel Probst (1993), S. 491ff
[58] Vgl. Exner (1990), in: Königswieser/Lutz (1990) (Hrsg), S. 195ff
[59] Vgl. Große-Oetringhaus (1996), S. 147
[60] Vgl. Barney (2002), S. 10
[61] Vgl. Kaplan/Norton (2001), S. 67
[62] Vgl. Doppler/Lauterburg (1996), S. 405
[63] Vgl. IKEA Katalog 2010, S. 15, © Inter IKEA Systems B. B. 2009
[64] Vgl. zum Beispiel Nanus (1994), S. 19ff
[65] Vgl. Nagel/Wimmer (2009), S. 39
[66] Vgl. Drucker (2005), S. 41
[67] Vgl. Hahn (1995), in: Gomez/Hahn/Müller-Stewens/Wunderer (Hrsg.), S. 81f
[68] Vgl. Nanus (1994), S. 144ff
[69] Vgl. Turnheim (1993), S.84f
[70] Vgl. Große-Oetringhaus (1997), S. 157
[71] Vgl. Senge (1996), S. 181f
[72] Vgl. Montgomery (2008), in: Harvard Business Manager, Mai 2008, S. 13
[73] Vgl. Hahn (1995), in: Gomez/Hahn/Müller-Stewens/Wunderer (1995) (Hrsg.), S. 65
[74] Vgl. Senge (1996), S. 190
[75] Vgl. Senge (1996), S. 268
[76] Vgl. zum Beispiel Lombriser/Abplanalp (1997), S. 271f
[77] Vgl. Große-Oetringhaus (1996), S. 145
[78] Vgl. Prahalad/Hamel (1991), in: Harvard-Manager 2/1991, S. 69ff
[79] Vgl. Osterloh/Frost (1996), S. 152ff
[80] Vgl. Bea/Haas (1995), S. 110ff
[81] Vgl. Große-Oetringhaus (1996), S. 23
[82] Vgl. Osterloh/Frost (1996), S. 151
[83] Vgl. Hiroyki Itami (1996), zitiert in: Eschenbach/Kunesch (1996) (Hrsg.), S. 171
[84] Vgl. Rühli (1995), in: Gomez/Hahn/Müller-Stewens/Wunderer (1995) (Hrsg.), S. 45
[85] Vgl. Friedrich (1996), in: Hinterhuber/Al-Ani/Handlbauer

Anmerkungen

(1996) (Hrsg.), S. 294
[86] Vgl. Jarillo (2003), S. 197f
[87] Vgl. Ulrich (1995), in: Gomez/Hahn/Müller-Stewens/Wunderer (1995), S. 37
[88] Vgl. zum Beispiel Bea/Haas (1995), S. 164ff
[89] Vgl. Jarillo (2003), S. 65
[90] Vgl. Porter (1996), zitiert in: Eschenbach/Kunesch (1996) (Hrsg.), S. 238
[91] Vgl. Barney (2002), S. 234
[92] Vgl. Porter (1995), S.63f
[93] Vgl. Porter (1995), S. 69f
[94] Vgl. Große-Oetringhaus (1996), S. 234
[95] Vgl. Porter (1995), S. 75f
[96] Vgl. Harvard Business Manager, April 2009, in: Christensen/Johnson/Kagermann: Wie Sie ihr Geschäftsfmodell neu erfinden, S. 48f
[97] Vgl. zum Beispiel Scholz (1997), S. 240ff
[98] Vgl. Bea/Haas (1995), S. 124
[99] Vgl. Bea/Haas (1995)
[100] Vgl. Mintzberg (1995), S. 29ff
[101] Vgl. Gomez/Stewens (1995), in: Gomez/Hahn/Müller-Stewens/Wunderer (1995) (Hrsg.), S. 147
[102] Vgl. Zimmer/Ortmann (1996), in: Hinterhuber/Al-Ani/Handlbauer (1996) (Hrsg.), S. 100f
[103] Vgl. van Well (1996), in: Hinterhuber/Al-Ani/Handlbauer (1996) (Hrsg.), S. 161f
[104] Vgl. Bea/Haas (1995), S. 157ff
[105] Vgl. Kreikebaum (1981/1993), S. 113
[106] Vgl. Drucker (2007), S. 44
[107] Vgl. Bea/Haas (1995), S. 130ff
[108] Vgl. Hamel, Coimbatore, Prahalad (1996), zitiert in: Eschenbach/Kunesch (1996) (Hrsg.), S. 128f
[109] Vgl. Drucker (1996), zitiert in: Eschenbach/Kunesch (1996) (Hrsg.), S. 61
[110] Vgl. Große-Oetringhaus (1996), S. 246
[111] Vgl. Große-Oetringhaus (1996), S. 215
[112] Vgl. Ansoff (1957), zitiert in: Kotler/Armstrong (1988), S. 51ff
[113] Vgl. Ansoff, S. 127
[114] Vgl. zum Beispiel Lombriser/Abplanalp (1997), S. 281ff
[115] Vgl. zum Beispiel Lombriser/Abplanalp (1997), S. 236ff
[116] Vgl. Stahl (1996), in: Hinterhuber/Al-Ani/Handlbauer (1996) (Hrsg.), S. 384
[117] Vgl. Dernbach (1996), in: Eschenbach/Al-Ani/Handlbauer (1996) (Hrsg.), S. 202
[118] Vgl. Bea/Haas (1995), S. 83ff und 102f
[119] Vgl. Porter (1995), S. 54f
[120] Vgl. zum Beispiel Bea/Haas (1995), S. 83ff
[121] Vgl. Harvard Business Manager, Mai 2009, K. Coyne, J. Horn: Wie Sie die Aktionen ihrer Konkurrenten vorhersagen, S. 36
[122] Vgl. Becker/Fallgatter (2002), S. 107
[123] Vgl. Porter (1995), S. 106f
[124] Vgl. Porter (1995), S. 275ff
[125] Vgl. Porter (1995), S. 299ff
[126] Vgl. Porter (1995), S. 251ff
[127] Vgl. Porter (1995), S. 3461ff
[128] Vgl. Porter (1995), S. 3201ff
[129] Vgl. Grant, (2004), S. 16
[130] Vgl. König/Volmer (1996), S. 238
[131] Vgl. König/Volmer (1996), S. 234
[132] Vgl. dazu zum Beispiel Probst (1993), S. 60ff
[133] Vgl. Schreyögg (1996), S. 114ff
[134] Vgl. Schreyögg (1996), S. 132f
[135] Vgl. Senge (1996), S. 360
[136] Vgl. zum Beispiel Lombriser/Abplanalp (1997), S. 230ff
[137] Vgl. Schreyögg (1996), S.132f
[138] Vgl. Schreyögg (1995), S. 134f
[139] Vgl. Schreyögg (1996), S. 139
[140] Vgl. Schreyögg (1996), S. 185
[141] Vgl. Schreyögg (1996), S. 181
[142] Vgl. Schreyögg (1996), S. 190f
[143] Vgl. Warnecke (1992), S. 136ff
[144] Vgl. Capra (1996), S. 162f
[145] Vgl. Turnheim (1993), S. 29
[146] Vgl. Turnheim (1993), S. 31
[147] Vgl. Herbek/Heimerl-Wagner (1994), in: Müller (Hrsg.), S. 144f
[148] Vgl. zum Beispiel Sohn (1993)
[149] Vgl. zum Beispiel Lombriser/Abplanalp (1997), S. 48f
[150] Vgl. zum Beispiel Probst (1993), S. 194ff
[151] Hall/Johnson: Wie standardisiert müssen Prozesse sein, in: Harvard Business Manager, Mai/2009, S. 80
[152] Vgl. Osterloh/Frost (1996), S. 31
[153] Vgl. Schreyögg (1996), S. 122
[154] Vgl. Doppler/Lauterburg (1996), S. 63
[155] Vgl. Titscher (1997), S. 101f
[156] Vgl. Scott-Morgan (1995), S. 23
[157] Vgl. König/Volmer (1996), S. 199
[158] Vgl. zum Beispiel Schreyögg (1995), S. 38ff
[159] Vgl. Doppler/Lauterburg (1996), S. 54
[160] Vgl. zum Beispiel Scholz (1997), S. 225ff
[161] Vgl. Lombriser/Abplanalp (1997), S. 149ff
[162] Vgl. Kasper (1987)
[163] Vgl. Glasl (1996), S. 9ff
[164] Vgl. Schreyögg (1996), S. 442f
[165] Vgl. Schreyögg (1996), S. 472f
[166] Vgl. zum Beispiel Probst (1993), S. 209ff
[167] Vgl. Doppler/Lauterburg (1996), S. 66
[168] Vgl. Kasper,Mayerhofer, Meyer (1999), in: Eckardstein/Kasper/Mayrhofer (1999) (Hrsg.), S. 189ff
[169] Vgl. Doppler/Lauterburg (1996), S. 62
[170] Vgl. Heimerl,Brunnmayr-Grüneis,Huber,Pacher (2006), S. 20f
[171] Vgl. Heimbrock (1997), S. 303f
[172] Vgl. Steyrer (2002), in: Kasper/Mayrhofer
[173] Vgl. Bennis/Nanus (1992), S. 128
[174] Vgl. Steyrer (2002), S. 184ff
[175] Vgl. Herbek (2007)
[176] Vgl. Steyrer (2002), S. 187 ff
[177] Vgl. Steyrer (2002), S. 161
[178] Vgl. Krüger (1995), in: Gomez/Hahn/Müller-Stewens/Wunderer (1995) (Hrsg.), S. 222
[179] Vgl. Steyrer (1995), S. 315
[180] Vgl. Steyrer (1995), S. 219ff
[181] Vgl. zum Beispiel Höhler (1990), in: Königswieser/Lutz (1990) (Hrsg.), S. 345ff
[182] Vgl. Schreyögg (1996), S. 468f
[183] Vgl. Doppler/Lauterburg (1996), S. 54f
[184] Steyrer (1995), S. 193f
[185] Vgl. zum Beispiel Scholz (1997), S. 83ff
[186] Vgl. Probst/Gomez (1996), zitiert in: Eschenbach/Kunesch (1996) (Hrsg.), S. 256f
[187] Vgl. König/Volmer (1996), S. 143
[188] Vgl. Turnheim (1997), S. 80
[189] Vgl. zum Beispiel Lombriser/Abplanalp (1997), S. 228ff
[190] Vgl. Hinterhuber (1996), zitiert in: Eschenbach/Kunesch (1996), S. 157
[191] Vgl. Hinterhuber (1996), zitiert in: Eschenbach/Kunesch (1996), S. 159

[192] Vgl. zum Beispiel Nanus (1994), S. 103ff
[193] Vgl. Aronson (1994), S. 47f
[194] Vgl. Eckardstein, Kasper, Mayrhofer (1999), in: Eckardstein/Kasper/Mayrhofer (1999), S. 359ff
[195] Vgl. zum Beispiel Buchinger (1995), in: Grossmann/Krainz/Oswald (1995) (Hrsg.), S. 119ff
[196] Vgl. zum Beispiel Fischer (1997), S. 20ff
[197] Vgl. zum Beispiel Probst (1992), S. 206ff
[198] Vgl. Krüger (1995), in: Gomez/Hahn/Müller-Stewens/Wunderer (1995) (Hrsg.), S. 216
[199] Vgl. zum Beispiel Scheurer (1997), S. 177ff.
[200] Vgl. Scott-Morgan (1995), S. 83
[201] Vgl. König/Volmer (1996), S. 220
[202] Vgl. Heimbrock (1997), S. 184
[203] Vgl. Senge (1990), S. 107ff
[204] Vgl. Heimbrock (1997), S. 403
[205] Vgl. Heimbrock (1997), S. 186
[206] Vgl. Luhmann (2004), S 169f
[207] Vgl. zum Beispiel Vranken (1997), in: Reiß/Rosenstiel/Lanz (1997) (Hrsg.), S. 214ff
[208] Vgl. Rosenstiel (1997), in: Reiß/Rosenstiel/Lanz (1997) (Hrsg.), S. 196ff
[209] Vgl. Kasper, Mayerhofer, Meyer (1999), in: Eckardstein/Kasper/Mayrhofer (1999) (Hrsg.), S. 186ff
[210] Vgl. Kasper, Mayerhofer, Meyer (1999), in: Eckardstein/Kasper/Mayrhofer (1999) (Hrsg.), S. 188ff
[211] Vgl. Krüger (1995), in: Gomez/Hahn/Müller-Stewens/Wunderer (1995) (Hrsg.), S. 214
[212] Vgl. zum Beispiel Wimmer (1995), in:Grossmann/Krainz/Oswald (1995) (Hrsg.), S. 35ff
[213] Vgl. Gomez/Stewens (1995), in: Gomez/Hahn/Müller-Stewens/Wunderer (1995) (Hrsg.), S. 169
[214] Vgl. Doppler/Fuhrmann/Lebbe-Waschke/Voigt (2002), S. 231
[215] Vgl. Gomez/Stewens (1995), in: Gomez/Hahn/Müller-Stewens/Wunderer (1995) (Hrsg.), S. 155
[216] Vgl. Aronson (1994), S. 28f
[217] Vgl. Heimbrock (1997), S. 112
[218] Vgl. Staehle (1994), S. 882ff
[219] Vgl. Lueger (1996), in: Kasper/Mayrhofer (1996) (Hrsg.), S. 447
[220] Vgl. Titscher (1997), S. 80f
[221] Vgl. Steinkellner(2007), S. 191f
[222] Vgl. Watzlawick/Beavin/Jackson (1969/1990), S. 50ff
[223] Vgl. Titscher (1997), S. 133f
[224] Vgl. Pechtl (2001), S. 250
[225] Vgl. Kasper, Mayerhofer, Meyer (1999), in: Eckardstein/Kasper/Mayrhofer (1999) (Hrsg.), S. 188
[226] Vgl. Kasper, Mayerhofer, Meyer (1999), in: Eckardstein/Kasper/Mayrhofer (1999) (Hrsg.), S. 198
[227] Vgl. Kieser (1994), S. 200f
[228] Vgl. Titscher (1997), S. 135f
[229] Vgl. Watzlawick/Beavin/Jackson (1969/1990), S. 171, 196ff, Kasper (1985), S. 75
[230] Vgl. Titscher (1997), S. 153
[231] Vgl. Schreyögg (1996), S. 517f
[232] Vgl. Heimbrock (1997), S. 25
[233] Vgl. zum Beispiel Schwarzecker/Spandl (1996)
[234] Vgl. Titscher (1997), S. 37
[235] Vgl. Schreyögg (1996), S. 43
[236] Vgl. Schreyögg (1996), S. 221ff
[237] Vgl. zum Beispiel Hofmann/Rosenstiel/Zapotoczky (1991)
[238] Vgl. König/Volmer (1996), S. 23
[239] Vgl. Titscher (1997), S. 41f
[240] Vgl. Schreyögg (1996), S. 511
[241] Vgl. Lohmer (1995), in: Grossmann/Krainz/Oswald (1995) (Hrsg.), S. 205ff
[242] Vgl. Staehle (1994), S. 882ff
[243] Vgl. zum Beispiel Titscher (1997), S. 119ff
[244] Vgl. zum Beispiel Rosenstiel (1997), in: Reiß/Rosenstiel/Lanz (1997) (Hrsg.), S. 203ff
[245] Vgl. Drennan (1993), S. 237ff
[246] Vgl. Drennan (1993), S. 206ff
[247] Vgl. Drennan (1993), S. 81ff
[248] Vgl. Drennan (1993), S. 213ff
[249] Vgl. zum Beispiel Krainz (1995), in: Grossmann/Krainz/Oswald (1995) (Hrsg.), S. 3ff
[250] Vgl. zum Beispiel Streich (1997), in: Reiß/Rosenstiel/Lanz (1997) (Hrsg.), S. 238ff
[251] Vgl. Jarmai/Königswieser (1990), in: Königswieser/Lutz (1990) (Hrsg.), S. 18ff
[252] Vgl. Titscher (1997), S. 125
[253] Vgl. Senge (1996), S. 86
[254] Vgl. Jarmai (1997), in: Reiß/Rosenstiel/Lanz (1997) (Hrsg.), S. 171ff
[255] Vgl. Maeda (2007), S. 5f
[256] Vgl. Sculdt (2005), S. 21f
[257] Vgl. zum Beispiel Comelli (1997), in: Reiß/Rosenstiel/Lanz (1997) (Hrsg.), S. 399ff
[258] Vgl. Lamneck (1989), Band 2, S. 70ff
[259] Vgl. Mayring (2002), S. 72f
[260] Vgl. Sarges (1990), S. 386
[261] Vgl. König/Volmer (1996), S. 110
[262] Vgl. Gomez/Stewens (1995), in: Gomez/Hahn/Müller-Stewens/Wunderer (1995) (Hrsg.), S. 171
[263] Vgl. Gordon (1979), S. 64
[264] Vgl. Scott-Morgan (1995), S. 184
[265] Vgl. König/Volmer (1996), S. 106
[266] Vgl. Lamneck (1989), Band 2, S. 99ff
[267] Vgl. Froschauer/Lueger (2003), S. 179f
[268] Vgl. König/Volmer (1996), S. 83
[269] Vgl. zum Beispiel Comelli (1997), in: Reiß/Rosenstiel/Lanz (1997) (Hrsg.), S. 410ff
[270] Vgl. Scott-Morgan (1995), S. 212
[271] Vgl. Turnheim (1993), S.14;. Lamneck (1989), Band 2, S. 104ff
[272] Vgl. Sarges (1990), S. 376
[273] Vgl. Lueger (1996), in: Kasper/Mayrhofer (1996) (Hrsg.), S. 431ff, 440ff
[274] Vgl. Titscher (1997), S. 84f
[275] Vgl. Schreyögg (1996), S. 489
[276] Vgl. Doppler/Lauterburg (1996), S. 294
[277] Vgl. Schreyögg (1996), S. 489
[278] Vgl. Große-Oetringhaus (1996), S. 34
[279] Vgl. Deutsch (1976), S. 19ff; Bleicher (1994), S. 193ff und 228ff
[280] Vgl. Doppler/Lauterburg (1998), S. 369
[281] Vgl. Glasl (1994), S. 70 ff
[282] Vgl. Glasl (1994), S. 73ff
[283] Vgl. Glasl (1994), S. 85ff
[284] Vgl. zum Beispiel Deutsch (1976), S. 185ff
[285] Vgl. Senge (1996), S. 243
[286] Vgl. Glasl (1994), S. 215ff
[287] Vgl. König/Volmer (1996), S. 172
[288] Vgl. Senge (1996), S. 244
[289] Vgl. Watzlawick (2000), S. 104
[290] Vgl. Kieser (1994), S. 212
[291] Vgl. Doppler/Lauterburg (1996), S. 335
[292] Vgl. Doppler/Lauterburg (1996), S. 337
[293] Vgl. Turnheim (1993), S. 43
[294] Vgl. Turnheim (1993), S. 19
[295] Vgl. König/Volmer (1996), S. 189

Anmerkungen

[296] Vgl. zum Beispiel Wimmer (1995), in: Grossmann/Krainz/Oswald (1995) (Hrsg.), S. 21ff
[297] Vgl. Schreyögg (1996), S. 492f
[298] Vgl. Lueger (1996), in: Kasper/Mayrhofer (1996) (Hrsg.), S. 563
[299] Vgl. zum Beispiel Lombriser/Abplanalp (1997), S. 332f
[300] Vgl. Doppler/Lauterburg (1996), S. 158
[301] Vgl. Doppler/Lauterburg (1996), S. 151
[302] Vgl. Große-Oetringhaus (1996), S. 437
[303] Vgl. zum Beispiel Probst (1992), S. 372ff
[304] Vgl. zum Beispiel Titscher (1997), S. 204ff
[305] Vgl. zum Beispiel Lombriser/Abplanalp (1997), S. 356ff
[306] Vgl. Kieser (1994), S. 206
[307] Vgl. Sprüngli (1990), in: Königswieser/Lutz (1990) (Hrsg.), S. 57
[308] Vgl. zum Beispiel Malik (1986), 265ff
[309] Vgl. Becker/Langosch (1995), S. 2; Staehle (1994), S. 868ff; Heimerl-Wagner (1996), in: Kasper/Mayrhofer (1996) (Hrsg.), S. 541ff
[310] Vgl. zum Beispiel Richter (1994), S. 227ff
[311] Vgl. Wohlgemuth (1991), S.57
[312] Vgl. Kieser (1994), S. 213
[313] Vgl. Titscher (1997), S. 46

Abbildungen und Tabellen

Abbildung 1: Von der Agrargesellschaft zur Informationsgesellschaft 12
Abbildung 2: Gleichrangigkeit von strategischer und operativer Unternehmensführung 20
Abbildung 3: Unternehmensstrategie im Spannungsfeld der theoretischen Entwicklungslinien 23
Abbildung 4: Systemisches Modell der strategischen Unternehmensführung 46
Abbildung 5: Unternehmensidentität 52
Abbildung 6: Themen und Inhalte der Unternehmensvision 62
Abbildung 7: Schematischer Vergleich zwischen dem Produktlebenszyklus und der Entwicklung von Kernkompetenzen 68
Abbildung 8: Entwicklung der Kernkompetenzen im Spannungsfeld 72
Abbildung 9: Marktdifferenzierung 80
Abbildung 10: Von der Identität zur Strategie 89
Abbildung 11: Strategiefindung 90
Abbildung 12: Strategische Geschäftsfelder 94
Abbildung 13: Produkt-Markt-Kombination 95
Abbildung 14: Produkt-Markt-Kombinationen und strategische Geschäftsfelder 97
Abbildung 15: Schematische Darstellung einer Produkt-Marktsegment-Matrix 99
Abbildung 16: Produkt-Markt-Kombinationen und strategische Geschäftsfelder in einem Engineering-Unternehmen 100
Abbildung 17: Produkt-Markt-Matrix 102
Abbildung 18: Funktion der strategischen Erfolgspotenziale 105
Abbildung 19: Schematisches Beispiel einer Erfolgspotenzialanalyse 108
Abbildung 20: Brancheneinflussfaktoren 111
Abbildung 21: Kundenstruktur-Matrix 112
Abbildung 22: Konkurrenzanalyse 116
Abbildung 23: Branchenlebenszyklus 119
Abbildung 24: Struktur- und Prozessmanagement 132
Abbildung 25: Organisationsstruktur als dynamischer Faktor 134
Abbildung 26: Zentral-funktionsorientierte Aufbaustruktur 140
Abbildung 27: Dezentral-objektorientierte Aufbaustruktur 140
Abbildung 28: Matrixorganisation 142
Abbildung 29: Am strategischen Geschäftsfeld orientierte Aufbaustruktur 145

Abbildung 30: Abbildung einer funktionalen Organisationsstruktur 147
Abbildung 31: Abbildung einer produktorientierten Organisationsstruktur 148
Abbildung 32: Unternehmenskultur und Verhalten der Entscheidungsträger 160
Abbildung 33: Gestaltungselemente der Unternehmenskultur 167
Abbildung 34: Vier Dimensionen der Führung 171
Abbildung 35: Kategorisierung der Marktdifferenzierung 176
Abbildung 36: Thesen im Zusammenspiel zwischen Differenzierungspolitik und Führungsmuster 177
Abbildung 38: Situationsbezogene prototypische negative Führungsmuster 180
Abbildung 38: Systemische Diagnose der Ausgangssituation 184
Abbildung 39: Strategieformulierung und Strukturgestaltung 184
Abbildung 40: Implementierung 185
Abbildung 41: Unternehmens- und Geschäftsfeldvisionen 188
Abbildung 42: Geschäftsfeldstrategien und abgeleitete Unternehmensstrategie 190
Abbildung 43: Kreislaufschema zur Erarbeitung der Gesamtstrategie 191
Abbildung 44: Revolutionäre und evolutionäre Transformationsprozesse 201
Abbildung 45: Transformationsprozesse bei geringer Umweltveränderung 204
Abbildung 46: Transformationsprozesse bei starker Umweltveränderung 205
Abbildung 47: Transformationsmotive 206
Abbildung 48: Zusammenhang zwischen Art der Transformation und Veränderungswiderstand 208
Abbildung 49: Kategorien von Transformationsprozessen 210
Abbildung 50: Zwei Grundmuster von Transformationsprozessen 211
Abbildung 51: Grundorientierung Veränderungsprozesse 215
Abbildung 52: Sach-rationale und soziokulturelle Ebene 220
Abbildung 53: Überlappung der beiden Ebenen 222
Abbildung 54: Gestaltung und Steuerung der Prozessebene 223
Abbildung 55: Fünf Schritte einer Intervention 224
Abbildung 56: Wirksamkeit von Interventionen 228
Abbildung 57: Schematische Darstellung eines Transformationsprozesses 230
Abbildung 58: Idealtypischer Verlauf von Transformationsprozessen 237
Abbildung 60: Projektstruktur bei Transformationsprozessen 242
Abbildung 60: Bandbreite zwischen Veränderungsdimension und Aufwand der Initiierung 244
Abbildung 61: Interviewreihenfolge 263
Abbildung 62: Häufigste Ursachen von Veränderungswiderständen 273
Abbildung 63: Konfliktdynamik 281
Abbildung 64: Eskalationsstufen im Konfliktverlauf 282
Abbildung 65: Typische Interventionssituationen 292
Abbildung 66: Motive der Einbeziehung 296

Tabelle 1: Mögliche Haltungen zu einer Vision 65
Tabelle 2: Funktionen der Unternehmensvision 66
Tabelle 3: Ressourcenkategorisierung 70
Tabelle 4: Eigenschaften von Kernkompetenzen 71
Tabelle 5: Wesentliche Unterschiede zwischen Preisführerschaft
und Produktdifferenzierung 79
Tabelle 6: Beispiele für Kriterien zur Bestimmung eines strategischen
Geschäftsfeldes 101
Tabelle 7: Markteintrittsbarrieren in Abhängigkeit von der Preis-
beziehungsweise Leistungsdifferenzierung 118
Tabelle 8: Strukturmerkmale einer jungen Branche 120
Tabelle 9: Strukturmerkmale einer reifen Branche 121
Tabelle 10: Strukturmerkmale regionalorientierter, fragmentierter Branchen 122
Tabelle 11: Strukturmerkmale weltweit konzentrierter Branchen 123
Tabelle 12: Strukturmerkmale schrumpfender Branchen 125
Tabelle 13: Faktoren der Funktions- beziehungsweise Objektorientierung 135
Tabelle 14: Vor- und Nachteile der Matrixstruktur 142
Tabelle 15: Sichtbare Kulturmerkmale 162
Tabelle 16: Kulturelemente 165
Tabelle 17: Elemente der Veränderungskultur 175
Tabelle 18: Charakteristika von Entwicklungs- und Veränderungsprozessen 202
Tabelle 19: Gestaltungselemente von revolutionären versus
evolutionären Transformationsprozessen 214
Tabelle 20: Aufgaben des Moderators 290
Tabelle 21: Unterschiedliche Stufen der Einbeziehung 297
Tabelle 22: Veränderungs- und Entwicklungsprozesse im Vergleich 308

Literatur

Ansoff, H.:Management-Strategie, Moderne Industrie, München 1966.

Aronson, E.: Sozialpsychologie. Menschliches Verhalten und gesellschaftlicher Einfluss, Spektrum, Heidelberg, Berlin 1994.

Barney, J. B.: Gaining And Sustaining Competitive Advantage, Pearson Education Inc., New Jersey 2002.

Bea, F. X. | Haas, J.: Strategisches Management, Fischer, Stuttgart, Jena 1995.

Becker, H. | Langosch, I.: Produktivität und Menschlichkeit, 4., erweiterte Auflage, Enke, Stuttgart 1995.

Bennis, W. | Nanus, B.: Führungskräfte, Campus, Frankfurt, New York 1992.

Berkel, K.: Konflikttraining, 2., überarbeitete Auflage, Sauer, Heidelberg 1990.

Bidlingmayer, J.: Marketing I & Marketing II, Rowohlt, Hamburg 1973.

Blake, R. R. | McCanse, A. A.: Das GRID-Führungsmodell, Econ, Düsseldorf, München 1995.

Bleicher, K.: Normatives Management. Politik, Verfassung und Philosophie des Unternehmens, Campus, Frankfurt, New York 1994.

Brunsson, N.: Mythos Change Management, in: Harvard Business Manager, Mai 2007, S. 104–110.

Buchinger, K.: Zur Problematik von Fusionsprozessen im Bankenwesen. Fallbericht einer Beratung, in: Grossmann, R. | Krainz, E. E. | Oswald, M. (Hrsg.): Veränderung in Organisationen. Management und Beratung, Gabler, Wiesbaden, 1995, S. 119–128.

Capra, F.: Lebensnetz, Scherz, München 1996.

Comelli, G.: Gruppendynamische Turbulenzen im Verlauf einer Umorganisation: Vorbereitung und Moderation eines Teamprozesses, in: Reiß, M. | Rosenstiel, L. v. | Lanz, A. (Hrsg.): Change Management. Programme, Projekte und Prozesse, Schäffer-Poeschel, Stuttgart 1997.

Crainer, S.: Die ultimative Managementbibliothek, Campus, Frankfurt, New York, 1997.

Crichton, M.: Vergessene Welt, Knaur, München 1995.

Demmer, C. | Gloger, A. | Hoerner, R.: Erfolgreiche Reengineering-Praxis in Deutschland: die Vorbildunternehmen, Metropolitan, Düsseldorf, München 1996.

Dernbach, W.: Die Rolle der Organisation als strategische Waffe, in: Hinterhuber, H. H. | Al-Ani, A. | Handlbauer, G. (Hrsg.): Das neue strategische Management. Elemente und Perspektiven einer Zukunftsorientierten Unternehmensführung, Gabler, Wiesbaden, 1995, S. 187–216.

Deutsch, M.: Konfliktregelung. Konstruktive und destruktive Prozesse, Reinhardt, München 1976.

Doppler, K. | Lauterburg, C.: Change Management, Campus, Frankfurt, New York 1996.

Doppler, K. | Fuhrmann, H. | Lebbe-Waschke, B. | Voigt, B.: Unternehmenswandel gegen Widerstände, Campus, Frankfurt, New York 2002.

Drennan, D.: Veränderung der Unternehmenskultur, McGraw-Hill, London 1993.

Eschenbach, R. | Kunesch, H. (Hrsg.): Strategische Konzepte, Schäffer-Poeschel, Stuttgart 1996.

Exner, A. et al.: Unternehmensberatung – systemisch, in: Königswieser, R. | Lutz, C. (Hrsg.): Das systemisch evolutionäre Management, Orac, Wien, 1990, S. 208–236.

Exner, A.: Unternehmensidentität, in: Königswieser, R. | Lutz, C. (Hrsg.): Das systemisch evolutionäre Management, Orac, Wien, 1990, S. 195–207.

Fischer, H.-P. (Hrsg.): Die Kultur der schwarzen Zahlen. Das Fieldbook der Unternehmenstransformation bei Mercedes-Benz, Klett-Cotta, Stuttgart 1997.

Friedrich, S. A.: Outsourcing – Weg zum führenden Wettbewerber oder gefährliches Spiel? Plädoyer für eine kompetenzorientierte Sichtweise, in: Hinterhuber, H. H. | Al-Ani, A. | Handlbauer, G. (Hrsg.): Das neue strategische Management. Elemente und Perspektiven einer zukunftsorientierten Unternehmensführung, Gabler, Wiesbaden 1995, S. 277–300.

Froschauer, U. | Lueger, M.: Das qualitative Interview. Zur Praxis interpretativer Analyse sozialer Systeme, Facultas, WUV-Universitätsverlag, Wien 2003.

Gerhard, T.: Moderne Management Konzepte. Die Paradigmenwechsel in der Unternehmensführung, Gabler, Wiesbaden 1997.

Glasl, F.: Konfliktmanagement. Diagnose und Behandlung von Konflikten in Organisationen, Haupt, Bern, Stuttgart 1994.

Glasl, F.: Die Führungs- und Organisationslehre in Entwicklung, in: Glasl, F. | Lievegoed, B. (Hrsg.): Dynamische Unternehmensentwicklung. Wie Pionierbetriebe und Bürokratien zu schlanken Unternehmen werden, Haupt, Bern, Stuttgart 1996, S. 99–132.

Gomez, P. | Hahn, D. | Müller-Stewens, G. | Wunderer, R. (Hrsg.): Unternehmerischer Wandel. Konzepte zur organisatorischen Erneuerung, Gabler, Wiesbaden 1995.

Gordon, T.: Managerkonferenz. Effektives Führungstraining, Hoffmann & Campe, Hamburg 1979.

Große-Oetringhaus, W. F.: Strategische Identität, Orientierung im Wandel, Springer, Berlin 1996.

Grossmann, R. | Krainz, E. E. | Oswald, M. (Hrsg.): Veränderung in Organisationen. Management und Beratung, Gabler, Wiesbaden 1995.

Haase, E.: Organisationskonzepte im 19. und 20. Jahrhundert. Entwicklungen und Tendenzen, Gabler, Wiesbaden 1995.

Hahn, D.: Unternehmungsziele im Wandel, in: Gomez, P. | Hahn, D.I Müller-Stewens, G. | Wunderer, R. (Hrsg.): Unternehmerischer Wandel, Gabler, Wiesbaden 1995, S. 59–84.

Hammer, M. | Champy, J.: Business Reegineering: Die Radikalkur für das Unternehmen, 5. Auflage, Campus, Frankfurt, New York 1995.

Heimbrock, K. J.: Dynamisches Unternehmen. Erfolgreiche Unternehmens-Architektur durch Organisations-Evolution, Datakontext, Frechen-Königsdorf, Köln 1997.

Heimerl-Wagner, P.: Veränderung und Organisationsentwicklung, in: Kasper, H. | Mayrhofer, W. (Hrsg.): Personalmanagement, Führung, Organisation, Ueberreuter, Wien 1996, S. 541–567.

Herbek, P. | Heimerl-Wagner, P.: Lean-Banking: Das Ende der traditionellen Universalbankstruktur, in: Müller, M. (Hrsg.): Lean-Banking, Ueberreuter, Wien 1994, S. 143–204.

Herbek, P.: Führung – rund um die Zone der Inkompetenz, in: Magazin Training, Nummer 4/Juni 2007, Wien, S. 62–65.

Hill, W.: Marketing I & Marketing II, Haupt, Bern, Stuttgart 1992.

Hinterhuber, H. H. | Al-Ani, A.| Handlbauer, G. (Hrsg.): Das neue strategische Management. Elemente und Perspektiven einer zukunftsorientierten Unternehmensführung, Gabler, Wiesbaden 1995.

Hofmann, M. | Rosenstiel, L. v. | Zapotoczky, K. (Hrsg.): Die soziokulturellen Rahmenbedingungen für Unternehmensberater, Management Consulting 4, Kohlhammer, Stuttgart, Berlin, Köln 1991.

Höhler, G.: Unternehmenskultur als Erfolgsfaktor, in: Königswieser, R. | Lutz, C. (Hrsg.): Das systemisch evolutionäre Management, Orac, Wien 1990, S. 342–351.

Jarillo, J. C.: Strategische Logik, Gabler, Wiesbaden 2003.

Jarmai, H. | Königswieser, R.: Problemdiagnose, in: Königswieser, R. | Lutz, C. (Hrsg.): Das systemisch evolutionäre Management, Orac, Wien 1990, S. 18–21.

Kasper, H.: Double-Bind-Theorie, in: Dichtl, E. | Issing, O. (Hrsg.): Wirtschaftswissenschaftliches Studium, 14. Jahrgang, Heft 2, Februar 1985, S. 75–76.

Kasper, H.: Organisationskultur. Über den Stand der Forschung, Service, Wien 1987.

Kasper, H. | Heimerl-Wagner, P.: Struktur und Kultur in Organisationen, in: Kasper, H. | Mayrhofer, W. (Hrsg.): Personalmanagement, Führung, Organisation, Ueberreuter, Wien 1996, S. 9–108.

Kasper, H. | Mayrhofer, W. (Hrsg.): Personalmanagement, Führung, Organisation, Ueberreuter, Wien 1996.

Kasper, H. | Mayrhofer, W. | Meyer, M.: Management aus systemtheoretischer Perspektive – eine Standortbestimmung, in: Eckardstein, D. v. | Kasper, H. | Mayrhofer, W. (Hrsg.): Management, Schäffer-Poeschel, Stuttgart 1999, S. 161–209.

Kieser, A.: Fremdorganisation, Selbstorganisation und evolutionäres Management, in: zfbf 46. Jahrgang., Heft 3, 1994.

Kieser, A.: Business Process Reengineering – neue Kleider für den Kaiser, in: zfo, Heft 3, 1996, S. 179–185.

Kieser, A. | Kubicek, H.: Organisationstheorien, 2 Bände, Kohlhammer, Stuttgart 1978.

Kirsten, R. | Müller-Schwarz, J.: Gruppentraining, Rowohlt, Hamburg 1995.

Knyphausen-Aufsess, D. z.: Theorie der strategischen Unternehmensführung. State of the Art und neue Perspektiven, Gabler, Wiesbaden 1995.

König, E. | Volmer, G.: Systemische Organisationsberatung. Grundlagen und Methoden, 2. Auflage, Gabler, Wiesbaden 1996.

Kotler, P. | Armstrong, G.: Marketing. Eine Einführung, Service, Wien 1988.

Kotter, J. P.: Acht Kardinalfehler bei der Transformation, in: Harvard Business Manager 1995.

Krainz, E.: Veränderung in Organisationen, Einführung in die Fragestellung, in: Grossmann, R. | Krainz, E. E. | Oswald, M. (Hrsg.): Veränderung in Organisationen. Management und Beratung. Gabler, Wiesbaden 1995, S. 3–8.

Kreikebaum, H.: Strategische Unternehmensplanung, 5., überarbeitete Auflage, Kohlhammer, Stuttgart, Berlin 1993.

Krüger, W.: Transformations-Management. Grundlagen, Strategien, Anforderungen, in: Gomez, P. | Hahn, D. | Müller-Stewens, G. | Wunderer, R. (Hrsg.): Unternehmerischer Wandel. Konzepte zur organisatorischen Erneuerung, Gabler, Wiesbaden 1995, S. 199–228.

Lamneck, S.: Qualitative Sozialforschung. Methoden und Techniken, Band 2, Psychologie Verlags Union, München 1989.

Lilienfeld, R.: The Rise of Systems, John Wiley & Sons, New York 1978.

Lohmer, M.: Dompteur oder Diplomat. Die Rollen des internen Beraters im Management von Veränderungen, in: Grossmann, R. | Krainz, E. E. | Oswald, M. (Hrsg.:) Veränderung in Organisationen. Management und Beratung, Gabler, Wiesbaden 1995, S. 205–214.

Lombriser, R. | Abplanalp, P. A.: Strategisches Management. Visionen entwickeln – Strategien umsetzen – Erfolgspotenziale aufbauen, Versus, Zürich 1997.

Lueger, G.: Personalarbeit und Wahrnehmung, in: Kasper, H. | Mayrhofer, W. (Hrsg.): Personalmanagement, Führung, Organisation, Ueberreuter, Wien 1996, S. 421–449.

Luhmann, N.: The Autopoiesis of Social Systems, Essays on Self-Reference, Columbia University Press, New York 1990.

Luhmann, N.: Einführung in die Systemtheorie, Carl Auer, Heidelberg 2004.

Malik, F.: Strategie des Managements komplexer Systeme. Ein Beitrag zur Management-Kybernetik evolutionärer Systeme, 2. Auflage, Haupt, Bern, Stuttgart 1986.

Mayring, P.: Einführung in die qualitative Sozialforschung, 5. Auflage, Beltz, Weinheim, Basel 2002.

Mintzberg, H.: Mintzberg über Management, Gabler, Wiesbaden 1991.

Mintzberg, H.: Die strategische Planung, Hanser, München 1995.

Müller, M. (Hrsg.): Lean Banking, Ueberreuter, Wien 1994.

Müller, R. | Rupper, P. (Hrsg.): Lean Management in der Praxis. Beiträge zur Gestaltung einer schlanken Organisation, 2., ergänzte Auflage, Industrielle Organisation, Zürich 1995.

Nanus, B.: Visionäre Führung, Campus, Frankfurt, New York 1994.

Nagel, R. | Wimmer, R.: Systemische Strategieentwicklung, Schäffer-Poeschel, Stuttgart 2009.

Osterloh, M. | Frost, J.: Prozessmanagement als Kernkompetenz. Wie Sie Business Reengineering strategisch nutzen können, Gabler, Wiesbaden 1996.

Peters, T. J.: Der Innovationskreis, Econ, Düsseldorf, München 1998.

Peters, T. J. | Watermann, R. H.: Auf der Suche nach Spitzenleistungen. Was man von den bestgeführten US-Unternehmen lernen kann, 10. Auflage, mvg, Landsberg am Lech 1984.

Picot, A. | Reichwald, R. | Wigand, R. T.: Die grenzenlose Unternehmung. Information, Organisation und Management, 2. Auflage, Gabler, Wiesbaden 1996.

Porter, M.: Wettbewerbsstrategie, Campus, Frankfurt, New York 1995.

Prahalad, C. K. | Hamel, G.: Nur Kernkompetenzen sichern das Überleben, in: Harvard-Manager, Heft 2, 1991, S. 66–78.

Probst, G. J. B.: Organisation. Strukturen, Lenkungsinstrumente, Entwicklungsperspektiven, Moderne Industrie, Landsberg am Lech 1993.

Reibnitz, U. v.: Szenarien – Optionen für die Zukunft, McGraw Hill, Hamburg 1987.

Reiß, M. | Rosenstiel, L. v. | Lanz, A. (Hrsg.): Change Management. Programme, Projekte, Prozesse, Schäffer-Poeschel, Stuttgart 1997.

Richter, M.: Organisationsentwicklung. Entwicklungsgeschichtliche Rekonstruktion und Zukunftsperspektiven eines normativen Ansatzes, Haupt, Bern, Stuttgart 1994.

Rosenstiel, L. v.: Verhaltenswissenschaftliche Grundlagen von Veränderungsprozessen, in: Reiß, M. | Rosenstiel, L. v. | Lanz, A. (Hrsg.): Change Management. Programme, Projekte, Prozesse, Schäffer-Poeschel, Stuttgart 1997, S. 191–212.

Rosenstiel, L. v. | Einsiedler, H. E. | Ruede-Wissmann, W.: Crash-Coaching, Wirtschaftsverlag Langen, Frankfurt 1991.

Rühli, E.: Die Resource-based View of Strategy. Ein Impuls für einen Wandel im unternehmenspolitischen Denken und Handeln?, in: Gomez, P. | Hahn, D. | Müller-Stewens, G. | Wunderer, R. (Hrsg.): Unternehmerischer Wandel. Konzepte zur organisatorischen Erneuerung, Gabler, Wiesbaden 1995, S. 31–58.

Sarges, W.: Management-Diagnostik, Hogrefe, Göttingen 1990.

Sattelberger, T. (Hrsg.): Die lernende Organisation, 3. Auflage, Gabler, Wiesbaden 1996.

Scheurer, S.: Bausteine einer Theorie der strategischen Steuerung von Unternehmen, Duncker & Humblot, Berlin 1997.

Scholz, C.: Strategische Organisation. Prinzipien zur Vitalisierung und Virtualisierung, Moderne Industrie, Landsberg am Lech 1997.

Schreyögg, G.: Organisation. Grundlagen modernerer Organisationsgestaltung, 2. Auflage, Gabler, Wiesbaden 1997.

Schreyögg, G.: Umwelt, Technologie und Organisationsstruktur. Eine Analyse des kontingenztheoretischen Ansatzes, 3. Auflage, Haupt, Bern, Stuttgart 1978/1995.

Schwarzecker, J. | Spandl, F.: Krisenmanagement mit Kennzahlen, 2., aktualisierte Auflage, Ueberreuter, Wien 1996.

Scott-Morgan, P. | Little, A. D.: Die heimlichen Spielregeln. Die Macht der ungeschriebenen Gesetze im Unternehmen, Campus, Frankfurt, New York 1995.

Senge, P. M.: Die fünfte Disziplin, Klett Cotta, Stuttgart 1996.

Simon, H.: Hidden Champions des 21. Jahrhunderts, Campus, Frankfurt, New York 2007.

Sohn, K.-H.: Lean-Management, Econ, Düsseldorf, Wien 1993.

Sprüngli, R. K.: Zur Evolution von Entscheidungen: Reflexionen aus der Praxis, in: Königswieser, R. | Lutz, C. (Hrsg.): Das systemisch evolutionäre Management, Orac, Wien 1990.

Staehle, W. H.: Management. Eine wissenschaftliche Perspektive, Vahlen, München 1994.

Stahl, P.: Die Rolle des Controllers bei der Erneuerung des Unternehmens, in: Hinterhuber, H. H. | Al-Ani, A. | Handlbauer, G. (Hrsg.): Das neue strategische Management. Elemente und Perspektiven einer zukunftsorientierten Unternehmensführung, Gabler, Wiesbaden 1995, S. 365–387.

Steyrer, J.: Charisma in Organisationen. Sozial-kognitive und psychodynamisch-interaktive Aspekte von Führung, Campus, Frankfurt, New York 1995.

Streich, R. K.: Wertewandel als Herausforderung für Unternehmenspolitik, Schäffer-Poeschel, Stuttgart 1987.

Streicher, R. | Turnheim, G.: Strategisch planen – managen, Manz, Wien 1997.

Thommen, J.-P. | Achleitner, A.-K.: Allgemeine Betriebswirtschaftslehre. Umfassende Einführung aus managementorientierter Sicht, 2. Auflage, Gabler, Wiesbaden 1998.

Titscher, S.: Professionelle Beratung. Was beide Seiten vorher wissen sollten, Ueberreuter, Wien, Frankfurt 1997.

Turnheim, G.: Chaos und Management, Manz, Wien 1993.

Ulrich, H.: Reflexionen über Wandel und Management, in: Gomez, P. | Hahn, D. | Müller-Stewens, G. | Wunderer, R. (Hrsg.): Unternehmerischer Wandel, Gabler, Wiesbaden 1995, S. 5–30.

Unger. M. | Wüest, G.: Controlling Sommerakademie 1997, Österreichisches Controller Institut e.V., Wirtschaftsuniversität Wien.

Vranken, U.: Führung durch Prozessmanagement, in: Reiß, M. | Rosenstiel, L. v. | Lanz, A. (Hrsg.): Change Management. Programme, Projekte, Prozesse, Schäffer-Poeschel, Stuttgart 1997, S. 213–222.

Warnecke, H.-J.: Die fraktale Fabrik. Revolution der Unternehmenskultur, Springer, Berlin, Heidelberg 1992.

Watzlawick, P.: Wie wirklich ist die Wirklichkeit, Piper, München 1989.

Watzlawick, P. | Beavin, J. | Jackson, D.: Menschliche Kommunikation, Huber, Bern 1969/1990.

Well, B. v.: Ressourcenmanagement in strategischen Netzwerken, in: Hinterhuber, H. H. | Al-Ani, A. | Handlbauer, G. (Hrsg.): Das neue strategische Management. Elemente und Perspektiven einer Zukunftsorientierten Unternehmensführung, Gabler, Wiesbaden 1995, S. 159–186.

Wimmer, R.: Die permanente Revolution. Aktuelle Trends in der Gestaltung von Organisationen, in: Grossmann, R. | Krainz, E. E. | Oswald, M. (Hrsg.): Veränderung in Organisationen. Management und Beratung, Gabler, Wiesbaden 1995, S. 21–42.

Wohlgemuth, A. C.: Das Beratungskonzept der Organisationsentwicklung, Haupt, Bern, Stuttgart 1991.

Zimmer, M. | Ortmann, G.: Strategisches Management, strukturationstheoretisch betrachtet, in: Hinterhuber, H. H. | Al-Ani, A. | Handlbauer, G. (Hrsg.): Das neue strategische Management. Elemente und Perspektiven einer Zukunftsorientierten Unternehmensführung, Gabler, Wiesbaden 1995, S. 87–114.

Register

A

Analysetiefe 251, 252
Anreizsystem 77, 79
Autopoiese 34, 42

B

Bedürfnisebenen, maslowsche 49
Bedürfnispyramide, maslowsche 232
Betrachtung, systemische 24
Betriebsgrößenersparnis 118, 123
bottom-up(-orientiert) 209, 211
Brancheneinflussfaktoren 111, 118
Branchenlebenszyklus 119
Branchenstruktur 114, 120

C

Chaos 9, 10, 32, 35, 43, 60, 90, 302
Chaosforschung 143
Chaoslehre 10
Commitment, siehe auch Teilnehmerschaft 63 ff., 238, 239, 271, 303, 305

D

Delegationsverhalten 166, 167
Detailkonstruktion 30
Diagnose, systemische 25, 26, 27, 183, 184, 185, 235, 245, 246, 248, 256

Diagnosephase 187, 192, 227, 235, 245 ff., 259 ff., 271, 272, 287, 288
Differenzierungspolitik 67, 88, 125, 175, 177
Diversifikation 54, 91, 102, 104
Diversifikationsstrategie 102, 104

E

Ebene, soziokulturelle 21, 57, 66, 73, 77, 85, 127, 129, 141, 152, 154, 169, 183, 186, 194, 208, 214, 218 ff., 235 ff., 244, 252, 257, 259, 264, 267, 290, 301, 308
Effizienzorientierung 131, 178, 179
Elementorientierung 255
Emotion 159, 164, 275
Engpassfaktor 133
Entwicklungsprozesse, evolutionäre 200, 202, 211, 214, 301 ff.
Erfolgspotenzialanalyse 106 ff.
Eskalationsstufe 279, 280, 282, 284 ff.
Evaluierung 53, 89, 195, 224, 235, 284, 299

F

Fachpromotor 239, 240
Formalisierungsgrad 151, 192 ff.
Fraktale 143 ff., 235
Führungsebenen 149, 192 ff.

Führungsmuster 175, 177, 178, 179, 180, 181
Führungsstil 17, 49, 77 ff., 166, 169, 170, 172, 178, 219, 260
Führungsvakuum 278, 279

G

Geschäftsfeld, strategisches 25, 26, 48, 62, 71, 87, 92 ff., 141, 145, 185, 187 ff., 260, 317
Geschäftsfelder-Organisation 143
Geschäftsfeldstrategie 97, 98, 139, 189 ff.
Geschäftsführung 63, 83, 135, 149, 150, 153, 240, 274, 305
Geschäftsprozess 48, 129, 132, 155, 185, 199, 250

H

Heisenberg, Werner 39

I

Individualgeschäft 112
Informationsarbeit 235, 244, 299
Informationsprozess 78, 79, 240, 297
Informationsverhalten 166, 167
Initiierungsphase 212, 235, 238 ff., 244, 245, 263
Innovationsorientierung 131, 178, 179

Intervention 27, 45, 158, 168, 186, 200, 214, 220 f., 222 ff., 235 f., 245, 251, 255 ff., 284

Interventionssituation 291 ff.

Interviewmethode 247, 264

K

Kernkompetenz, strategische (SKK) 53, 104, 106, 110

Kommunikationsprozess 43, 44, 57, 62 f., 165, 240

Kommunikationsverhalten 55, 166, 167

Komplexitätsgrad 33, 41, 286

Komplexitätsniveau 41, 168

Komplexitätsreduktion 33, 41, 252 ff., 272

Konfliktdynamik 280, 281

Konkurrenzanalyse 74, 115 ff.

Konzeptionsphase 235, 236, 252, 257, 261, 271 ff.

Kundenstruktur 51, 79, 97, 112

L

Langfristplanung 17, 18, 19

Leistungsdifferenzierung 75 ff., 83, 117 f., 121, 125, 131, 176 f.

Leistungsprozess, betrieblicher 155

Lieferantenmacht 113

Luhmann, Niklas 33

M

Machtpromotor 239, 240, 241

Management by Objectives 36, 59

Management by Vision 59

Mandelbrot, Benoit 143

Marktdifferenzierung 51, 52, 54, 61, 74 ff., 93, 176, 186

Marktdurchdringung 102 ff.

Markteintrittsbarriere 115, 118

Marktentwicklung 18, 54, 102, 103 f.

Markterfordernisse („kritische, KME)) 53, 69, 71, 72, 87, 91, 93, 104 ff., 186

Marktflexibilität 168

Marktorientierung 21, 72, 91, 115, 135, 299

Marktpositionierung 7, 51, 74, 77, 79, 83, 87, 92, 117, 138
- , geografische 82
- , strategische 55, 71, 72, 82, 87

Matrixorganisation 135, 141, 142, 143, 145

Mengengeschäft 112

N

Nachfrageverhalten, instabiles 18

Netzwerk, autopoietisches 42, 43

Netzwerkdiagramm 187

O

Ordnung, spontane 44, 45, 50, 66

Organisation, lernende 21, 213

Organisationsoverkill 129

Organisationssoziogramm 151 ff.

Organisationsstruktur 21, 48, 78, 129 ff., 145, 147, 148, 150 ff., 185, 192 ff., 251, 317, 318

P

Pettigrew, Andrew 160

Positionierung, strategische 12, 35, 81, 183, 238, 287

Preisdifferenzierung 51, 74, 75 ff., 88, 117, 118, 121, 125, 131, 175, 176, 178

Preisführerschaft 75, 79

Preiswettbewerb 117, 118

Produktdifferenzierung 74, 78, 79

Produktentwicklung 48, 59, 67, 93, 102, 103 f., 120

Produktlebenszyklus 18, 22, 68

Produkt-Markt-Kombination 87, 92 ff.

Produkt-Markt-Matrix 98, 99, 102, 104

Projektgeschäft 112, 178

Projektinitiierung 214, 235, 243, 303, 308

Projektstruktur 223, 239, 241 ff.

Projektteam 144, 223, 241, 242, 243, 259, 287

Prozessebene 194, 222 ff., 232, 233, 235 ff., 243, 244, 302

Prozesspromotor 239, 240

Prozess-Reengineering 131, 132

Q

Qualifikationsniveau 118

R

Reengineering 22, 30

Ressourcenmanagement

24, 71 f., 138, 139

Ressourcenorientierung 23, 92

S

Selbstähnlichkeit 143, 144

Selbstorganisationskraft des Systems 31, 42

Sozialisierungsprozess 165

Sozialpromotor 239, 240

Sozialpsychologie 170, 219, 221

Stammkundengeschäft 112

Standardisierung(-sgrad) 151, 161, 193, 194

Steuerungsteam 241, 242, 243

Strategiefindung 90

Strategieformulierung 110, 183, 184, 187 f.

Strategieimplementierung 183, 194

Strategiemanagement 61, 87, 115, 124 ff.

Struktur, dissipative 34, 35, 37

Substitutionsgüter 111, 114, 125

Supervisionsrolle 239

System, soziales 7, 25, 33, 41, 186

Systemdenken 32, 38, 39, 40

Systemkomplexität 31, 32, 36, 43

Systemkräfte 32, 36, 42, 44, 45, 65, 169, 201, 207, 209, 214, 215, 230, 232, 255, 273, 294, 305, 306

Systemorientierung 173, 255

T

Taylor, Frederick 231

Teilnehmerschaft, siehe auch Commitment 64 ff.

Tochtergesellschaft 36, 69, 83, 93, 98, 146, 149, 150, 256

top-down(-orientiert) 57, 209, 211, 212, 214, 286, 294, 297, 303, 305, 308

Top-Down-Beziehung 20

Tranformation, tayloristische 231

Transformationsfähigkeit 185

Transformationsmotiv 206

U

Überflussfaktor 133

Überkapazität 121, 125

Umfeldanalyse 24, 185, 186

Umsetzungsphase 235, 236, 237, 298 ff.

Umwelteinfluss 19, 38, 43

Unternehmensanalyse 25, 26, 183, 185, 186, 248

Unternehmensführung
- , operative 18, 20, 139
- strategische 8, 9, 13, 21, 29, 35, 38, 45 ff., 104, 112, 139, 217, 248

Unternehmenskultur 13, 25, 39, 48, 49, 61, 70, 79, 82, 121, 125, 133, 151, 159 ff., 174 ff., 185, 192, 193, 219, 234, 248, 250, 261, 274

Unternehmenspositionierung 7, 110

Unternehmensrealität 37, 136, 200

Unternehmensvision 7, 36, 57 ff., 67, 88, 89, 187, 189

Unternehmenswert 52, 55, 71, 76

Unternehmensziel, operatives 36, 87, 88, 89

V

Veränderungskultur 174, 175

Veränderungsmotiv 256

Veränderungspotenzial 256, 257, 258

Veränderungsprozess 10, 50, 145, 174, 200, 202, 203, 204, 211, 213, 214, 255, 258, 294, 300 ff.

Veränderungswiderstand 58, 144, 194, 201, 207, 208, 221, 232, 237, 257, 272 ff., 304

Visionsentwicklung 58, 61, 62

W

Workshop-Design 225, 259 ff., 271, 286 f., 292 ff.

Workshop 225, 259 ff., 271, 286 f., 292 ff.

Autoreninformation

Ein wirtschaftswissenschaftliches Studium zu absolvieren war für mich immer klar und rückblickend betrachtet, auch die richtige Entscheidung. Vielleicht würde ich statt Betriebswirtschaft heute Volkswirtschaft studieren, aber was nicht ist, kann ja noch werden. Nach einem ersten kurzen beruflichen Ausflug in die EDV-Branche, hatte ich das große Glück, Zugang zur Unternehmensberatung zu finden. Das war für mich von Beginn an eine sehr spannende Aufgabe und fasziniert mich heute in einem noch größeren Ausmaß. Ständig neue Unternehmen kennenzulernen, mit immer neuen Situationen konfrontiert zu werden ohne Gefahr zu laufen, in der täglichen Routine zu versinken, das war genau das, was ich immer tun wollte. Daran hat sich bis heute nichts geändert.

Mein Beratungsjob wurde im Laufe der Jahre immer interessanter. Ich hatte immer mehr Möglichkeiten mich mit umfassenden strategischen, strukturellen aber auch klimatischen Themen auf der Gesamtunternehmensebene zu beschäftigen und damit eng mit dem Topmanagement zusammen zu arbeiten. Hier hat man gemeinsam einen großen „Veränderungshebel" in der Hand, den man bewusst, und auch mit der notwendigen Demut vor der Komplexität sozialer Systeme, wie es Unternehmen sind, einsetzten muss. Meine Erfahrung hat mich zur festen Überzeugung gebracht, dass nur ein systemisch-konstruktivistischer Beratungsansatz dem Aufgabengebiet der strategischen Unternehmensführung gerecht wird.

Neben meiner beratenden Tätigkeit als geschäftsführender Gesellschafter der WBG (WirtschaftsBeratungsGesellschaft), hat sich ein zweites wissenschaftsorientiertes Standbein herausgebildet. Seit vielen Jahren halte ich an einer Reihe von Universitäten – Wirtschaftsuniversität Wien, Technische Universität Wien, Donauuniversität

Krems – Lehrveranstaltungen zum Themenkreis strategische Unternehmensführung, schwerpunktmäßig im postgradualen Segment. Mein universitärer Schwerpunkt liegt in meiner Rolle als wissenschaftlicher Leiter des MBA Lehrganges Entrepreneurship an der PEF Privatuniversität für Management in Wien.

Meine beiden Tätigkeitsbereiche – die Unternehmensberatung einerseits und die universitäre Arbeit andererseits – ergänzen sich hervorragend und befruchten sich dabei täglich aus Neue. Meine Studenten freuen sich über meine „Histörchen" aus der Praxis und meine zu beratenden Unternehmen bietet es eine zusätzliche Dimension der Sicherheit, wissenschaftlich fundierte Beratungsleistung zu erhalten.

Aus den Erfahrungen beider Welten ist auch dieses Buch entstanden. Ein Buch zu schreiben oder auch in Form einer verbesserten Auflage weiter zu entwickeln, zwingt implizites Wissen explizit und damit kommunizier- und anwendbar zu machen. Ich hoffe, dass diese Neuauflage meines Buches interessierte Leser aus Theorie und Praxis findet.

Druck:
Canon Deutschland Business Services GmbH
im Auftrag der KNV-Gruppe
Ferdinand-Jühlke-Str. 7
99095 Erfurt